Jenne Riemann, Steffi Jöst, Catrin Fischer, Nicc

Beziehungsweise Bindung

Intensivpädagogische Hilfeverläufe unter der Lupe

ziel

Wichtiger Hinweis des Verlages: Der Verlag hat sich bemüht, die Copyright-Inhaber aller verwendeten Zitate, Texte, Bilder, Abbildungen und Illustrationen zu ermitteln. Leider gelang dies nicht in allen Fällen. Sollten wir jemanden übergangen haben, so bitten wir die Copyright-Inhaber, sich mit uns in Verbindung zu setzen.

Inhalt und Form des vorliegenden Bandes liegen in der Verantwortung der Autoren.

Bibliografische Information der Deutschen Nationalbibliothek
Die Deutsche Nationalbibliothek verzeichnet diese Publikation in der Deutschen Nationalbibliografie; detaillierte bibliografische Daten sind im Internet über http://dnb.d-nb.de abrufbar.

Printed in Germany

ISBN 978-3-944 708-02-7

Verlag: ZIEL – Zentrum für interdisziplinäres erfahrungsorientiertes Lernen GmbH
Zeuggasse 7 – 9, 86150 Augsburg, www.ziel-verlag.de
1. Auflage 2014

Titelbild: Phöinix e.V.

Grafik und Layoutgestaltung: Susanne Mader,Stefanie Huber
Friends Media Group GmbH, Zeuggasse 7 – 9, 86150 Augsburg

Druck und buchbinderische Verarbeitung: Kessler Druck + Medien,
Michael-Schäffer-Straße 1, 86399 Bobingen

Vorwort

Individualpädagogische Langzeitprojekte stehen häufig in der Kritik der Öffentlichkeit und werden auch in der Fachdiskussion kontrovers diskutiert. Sie unterliegen einem besonderen Legitimationsdruck.

Kritisiert werden die hohen Kosten sowie der enorme Zeitaufwand. Ausgewählte Negativbeispiele dienen als Beleg für ein verfehltes Modell. Dem Normalbürger sind Auszeiten auf den Philippinen oder in Thailand nur schwer vermittelbar. Reisen und Urlaub als Belohnung für Aussteiger oder Straftäter, statt ,Law and order'!?

Deshalb geht es heute mehr denn je um die Glaubwürdigkeit und Legitimation der ,finalen Rettungsprogramme', ihre Verantwortbarkeit gegenüber der Gesellschaft, wie auch zugleich um die Rechtfertigung der eigenen Praxis, nicht zuletzt gegenüber den Betreuten selber. Lösen die Konzepte ein, was sie versprechen? Wie und wodurch wirken sie? Welche Angebote sind wann und für wen geeignet?

Die Studie der Jugendhilfe Phöinix e.V. greift diese Fragen auf. In einer qualitativ angelegten Langzeituntersuchung stellt sie ihre intensiven sozialpädagogischen Einzelbetreuungen auf den Prüfstand.

Die exemplarisch dargestellten Fallbeispiele geben nicht nur Einblick in die konkrete Arbeit des Trägers, sondern öffnen darüber hinaus weiterreichende Perspektiven. Das macht sie interessant und herausfordernd zugleich.

Wie kann die Zielsetzung gelingen, schwer traumatisierte, randständige Jugendliche aus abgebrochenen Hilfemaßnahmen zu befähigen, ein durch sie selbst und die Gesellschaft akzeptiertes autonomes Leben zu führen?

Individuell gestaltete Arrangements sollen den komplexen heterogenen Lebenslagen der Jugendlichen gerecht werden und ihnen die Möglichkeit eröffnen, ihren Bedürfnissen und Interessen entsprechend neue Zielorientierungen sowie Handlungsweisen zu finden.

Dieser Weg ist nicht leicht, unstetig und immer wieder gefährdet – eine Gratwanderung wie die Biografien der heranwachsenden jungen Menschen selber: fragil, zerbrechlich.

Ihre unmittelbaren Aussagen und Rückerinnerungen geben einen bewegenden Eindruck von dem Kampf mit sich selbst, wie schwierig es ist, belastende Krisensituationen zu überstehen, emotionale Barrieren zu überwinden, festgefahrene Verhaltensmuster in Frage zu stellen und zu korrigieren, Neuorientierungen zu gewinnen.

Schwierig ist die Aufgabe auch für die Betreuenden. Oft stoßen sie an die Grenzen der zumutbaren Belastbarkeit, wenn die Jugendlichen Irrwege und Umwege einschlagen, sich in Sackgassen verlieren, sie sogar körperlich bedrohen. Wie können sie Zugang zu den Heranwachsenden finden und aufbrechende Konflikte durchstehen? Wie lassen sich vorhandene Ressourcen entdecken und konkrete Bewältigungsstrategien erproben? Wodurch werden Selbstwertgefühl und Selbstkonzept der jungen Menschen gestärkt, Bedingungen, die gerade für die Identitätsbildung in der Pubertät eine wichtige Rolle spielen? Wie können der positive Blick, der Glaube an verschüttete Stärken und Fähigkeiten aufrecht erhalten werden, um nicht in die allgemein vorherrschende Defizitorientierung zu verfallen? Wie sind partizipatorische und emanzipatorische Zielsetzungen pädagogischer Intervention zu verwirklichen?

Die Fallbeispiele werfen ein bezeichnendes Schlaglicht auf depravierende gesellschaftliche Ausgangslagen und Entwicklungen, in die Jugendliche eingebunden sind. Es kann deshalb nicht darum gehen, nur den Betroffenen die eigentliche Schuld zuzuweisen, ihr destruktives oder dissoziales Verhalten als individuelles Versagen zu stigmatisieren.

Gerade die Sozialpädagogik hat die Aufgabe, solche Auslösefaktoren zu benennen und gesellschaftliche Veränderungen zu reklamieren. Sie hat einerseits eine integrative Funktion, andererseits ist sie aber auch kritische Instanz der Gesellschaft.

Die Studie der Jugendhilfe Phöinix e.V. legt ihren Focus vor allem auf die Binnenstruktur der Betreuungsangebote. Die zentrale These der Studie lautet, dass es bei allen ‚Maßnahmen' entscheidend auf die Beziehungsebene sowie die Passung von Betreuern und Betreuten ankommt, auf die personale Ebene.

Die notwendige Beziehung: Wertschätzung und gegenseitiges Vertrauen müssen aber erst aufgebaut werden – ein langwieriger Prozess, der sich erst allmählich bilden kann und immer wieder unterbrochen wird, sind doch gerade die Bindungserfahrungen der betreffenden Jugendlichen fundamental gestört.

Erfolg und Wirksamkeit der Angebote hängen, so die Autoren, eng von der Gestaltung dieser persönlichen Beziehung ab. Doch auch dann gibt es keine Garantie. Die Fallbeispiele zeigen, wie jeder junge Mensch als ein individuelles lebendes System sich grundsätzlich „autopoietisch" (Maturana), d.h. selbstorganisiert verhält. Sie sind zwar mit der Außenwelt verbunden, können aber nicht von außen determiniert oder kontrolliert werden.

Mit der Einsicht in die Eigendynamik autopoetischer Prozesse wird deutlich, warum Erfolgsgarantien in pädagogischen Kontexten nur schwer möglich sind. Sie können weder vorausgesetzt, erwartet, von Auftraggebern verlangt, noch von Seiten der Anbieter versprochen oder erzeugt werden. Der Mensch ist kein Regelkreis, den man steuern kann – Wunschbild von behavioristischem und kybernetischem Denken, von Sozialtechnologie und totalitärer Gesellschaftsplanung

Diesem Grundsatz trägt die Arbeit der Jugendhilfe Phoinix e.V. Rechnung. Erstaunlich ist, wie offen die Autoren Einblick in die eigene Praxis geben und sich nicht gescheut haben, auch negative Beispiele, ungewollte Nebeneffekte oder gegenläufige Tendenzen darzustellen. Durch solche Selbstkritik werden eine reflektierte, pädagogische (Um)Gestaltung des Handlungsfelds sowie eine ideologiekritische Sicht erst möglich.

Insgesamt stellt die Evaluationsstudie einen beachtenswerten Beitrag zur fachlich-konstruktiven Auseinandersetzung mit dem Konzept der intensiven sozialpädagogischen Einzelbetreuungen dar.

Sie ergänzt die bereits vorhandenen quantitativen als auch qualitativen Studien und belegt, wie grundlegend es ist, in die Praxis der sozialen Arbeit Forschung und Evaluierung standardmäßig zu integrieren. Damit trägt sie zugleich zu deren konzeptionellen Weiterentwicklung, Legitimierung und Profilbildung bei.

F. Hartmut Paffrath

Danksagung

Wir freuen uns sehr darüber, dass wir nach nunmehr vier Jahren intensiver Forschungsarbeit in einem hoch motivierten Team das Ergebnis unserer internen Untersuchungen in diesem Buch präsentieren können.

Viele Menschen haben in unserem beruflichen Umfeld zur Realisierung dieses Forschungsvorhabens beigetragen. Unser erster und ganz besonderer Dank geht an die Jugendlichen und ihre Eltern, an die Betreuerinnen und Betreuer, an die Mitarbeiterinnen und Mitarbeiter der Jugendämter sowie an die Koordinatorinnen und Koordinatoren von Jugendhilfe Phöinix e.V., die sich bereit erklärt haben, uns für die Interviews zur Verfügung zu stehen. Ohne ihre Unterstützung, ihre Offenheit und ihr Vertrauen sowie die zeitliche Flexibilität wäre diese Untersuchung nicht zu realisieren gewesen.

Gedankt sei ebenfalls sehr herzlich Anke Fröhlich, Susanne Reslo, Anne Strauß, Regine Syrbe, Christiane Thiesen, Werner Frenzel, Uwe Frischmuth, Jochen Greissl, Wieland Hübner, Thomas List, Uwe Schönemann und Alfred Wesolek, die uns in fachlichen Diskussionen und mit wertvollen kritischen Einschätzungen bereichert haben.

Unser Dank geht außerdem an Leonore Fischer für das Korrekturlesen.

1 Vorstellung des Untersuchungsdesigns

1.1 Ausgangssituation und Forschungsstand

Jugendhilfe Phöinix e.V. führt seit 16 Jahren intensive sozialpädagogische Einzelbetreuungen im Sinne des § 35 SGB VIII im In- und Ausland durch. Bis Dezember 2013 befanden sich mehr als 700 Mädchen und Jungen in einer ambulanten oder stationären Betreuung des Trägers bzw. absolvierten eine Clearingphase. Diese Jugendlichen bringen traumatische biographische Erfahrungen mit und blicken zumeist auf eine mehrjährige Karriere in Jugendhilfe und Psychiatrie zurück.

Die am Hilfeprozess Beteiligten fühlen sich dem übergreifenden Ziel verpflichtet, die Jugendlichen in einem individuell ausgerichteten Setting dazu zu befähigen, ein durch sie selbst und die Gesellschaft akzeptiertes autonomes Leben zu führen. Das bedeutet insbesondere, die Jugendlichen dabei zu unterstützen, Erfahrungen mit alternativen Handlungsmöglichkeiten und -konzepten zu machen, diese als lohnenswert zu begreifen und nachhaltig in ihr Handlungsrepertoire zu integrieren.

Angesichts des hohen Individualisierungsgrades der angebotenen Hilfen stellte sich den verantwortlichen Fachberaterinnen[1] bei Jugendhilfe Phöinix e.V. 12 Jahre nach Gründung des Trägers verstärkt die Frage, inwieweit es genügt, sich in diesen Gestaltungsprozessen von eigenen Erfahrungen und Überzeugungen, von „vorherrschenden" Meinungen und von empirisch kaum gesichertem Wissen leiten zu lassen. Auf der Leitungsebene von Jugendhilfe Phöinix e.V. gab es eine Reihe von handlungsleitenden Hypothesen über Wirkkriterien und Erfolgsfaktoren von individual-sozialpädagogischen Hilfen (siehe Kapitel 1.3), zu denen ein interner Austauschprozess initiiert wurde. In diesem Zusammenhang entstanden die Idee und der Wunsch, diese Hypothesen in einer eigenen Forschungsarbeit einer empirischen Überprüfung zu unterziehen.

Zu dieser Zeit wandte sich die Sozialarbeitsforschung im Rahmen quantitativer und qualitativer Studien verstärkt dem Thema der Wirksamkeit der intensiven sozialpädagogischen Einzelbetreuungen zu. Die Forschungslandschaft weist inzwischen eine kleine Reihe sowohl quantitativ als auch qualitativ angelegter Studien auf. Darunter

1 Die Verwendung der weiblichen Pluralform verweist in der vorliegenden Studie auf jedes biologische Geschlecht.

finden sich selbstevaluative Arbeiten der durchführenden Einrichtungen, aber auch Forschungsarbeiten, die einrichtungsübergreifend im Rahmen von Dissertationen veröffentlicht wurden. Nachfolgende Erläuterungen geben einen Überblick über die Forschungsdesigns dieser Studien.

Eine solche frühe Promotionsarbeit von Klaus Fröhlich-Gildhoff widmete sich im Jahr 2003 dem Arbeitsfeld der Einzelbetreuung in der Jugendhilfe und untersuchte die Konzepte, Prozesse und wirksamen Faktoren.[2] Gildhoffs Zielsetzung bestand darin, „ein möglichst ganzheitliches Bild der Praxis von Einzelbetreuungen in ihren vielfältigen Formen und Ausgestaltungen“[3] zu erhalten, um eindeutige „harte“ Wirkfaktoren[4] zu identifizieren.[5] Er legte dabei ein besonderes Augenmerk auf die Analyse der Betreuungsbeziehungen sowie der Rahmenbedingungen in den einzelnen Hilfeverläufen.

Im Jahr 2007 erschien eine Evaluationsstudie, die im Auftrag eines Zusammenschlusses mehrerer Träger individualpädagogischer Betreuungsformen durch das Institut des Rauhen Hauses für Soziale Praxis gGmbH durchgeführt wurde. Erforscht wurden Aspekte einer gelungenen Alltagsbewältigung (Schule, Arbeit, Wohnraum, Legalbewährung) während der andauernden intensiven Betreuung im In- oder Ausland. In einem Fragebogen mit 60 standardisierten und offenen Fragen wurden die Antworten von 355 Probanden erfasst und ausgewertet.[6]

Zwei Jahre später richteten Torsten Fischer und Jörg Ziegenspeck in einer qualitativen Forschungsarbeit das Augenmerk auf die intensivpädagogischen Auslandsbetreuungen. Die Studie sollte klären, welche Wirkungen in informellen Lern- und Erfahrungsprozessen in solchen Hilfeformen entfaltet werden können und welche Persönlichkeitsdispositionen praktisch ausgebildet werden können.[7]

---

2 Fröhlich-Gildhoff 2003

3 Fröhlich-Gildhoff 2003: 24

4 Mit harten Wirkfaktoren sind eindeutig zuzuordnende Indikatoren gemeint, die für den Erfolg oder Mißerfolg einer Hilfe sprechen, wie beispielsweise die Analyse der Anfangsphase, die Ereignisse und Veränderungen im Verlauf, die Betreuungsbeziehungen sowie die zentralen Einflussfaktoren in den Einzelbetreuungen.

5 vgl. Fröhlich-Gildhoff 2003: 21

6 AIM e. V. 2007

7 Fischer; Ziegenspeck 2009

Zeitgleich erschien eine Dissertation von Matthias Witte. Er rekonstruierte insbesondere biographische und sozialökologische Aspekte von Jugendlichen in intensivpädagogischen Auslandsbetreuungen, indem er die Wirklichkeitssicht der Adressaten unter die Lupe nahm. Diese Thematik wird in 12 ausführlichen Einzelfallanalysen behandelt, die auf biographisch-narrativen Interviews, teilnehmenden Beobachtungen und Fotointerviews basieren.[8]

Die Verläufe und Wirkfaktoren von individualpädagogischen Hilfen aus Adressatensicht waren die Schwerpunkte in der Studie von Willy Klawe ein Jahr später. Klawe richtete erstmalig das Augenmerk darauf, eine multiperspektivische Rekonstruktion der pädagogischen Prozesse und Interventionen zu erhalten, indem er verschiedene Hilfebeteiligte nach Abschluss der Hilfen in seine Forschungsarbeit einbezog. Zusammenfassend generierte Klawe aus 12 Fallmonographien Schlüsselprozesse und Wirkfaktoren, die für eine gelingende Alltagsbewältigung maßgeblich sind.[9]

Im Jahr 2011 erschien die sogenannte InHAus Studie (Individualpädagogische Hilfen im Ausland), die erstmalig mit Experimental- und Kontrollgruppen arbeitete. Gemessen wurden Effekte von intensivpädagogischen Auslandsbetreuungen im Vergleich zu den Effekten, die in Heimgruppen erzielt werden.[10]

1.2 Die Entscheidung für eine qualitative Evaluationsforschung

Der Anspruch der Einrichtungsleitung, den intensiven sozialpädagogischen Einzelbetreuungen bei Jugendhilfe Phöinix e.V. auf den Zahn zu fühlen, mündete schließlich in ein Evaluationsforschungsvorhaben, das von 2010 bis 2013 durch Mitarbeiterinnen von Jugendhilfe Phöinix e.V. mit externer Beratung realisiert wurde. Die Erwartung der Verantwortlichen des Trägers bestand darin, aus der Perspektive der Beteiligten heraus sowohl die Prozesse und Entscheidungsvorgänge während einer Betreuung in der Tiefe zu erfassen als auch den Blick auf mögliche entscheidende Faktoren für das Gelingen oder Scheitern einer Hilfe zu schärfen und daraus Rückschlüsse für die eigene Arbeit zu ziehen.

8 Witte 2009

9 Klawe 2010

10 Klein; Arnold; Mascenaere 2011

Die Spezifik des Forschungsgegenstandes drückt sich bereits in der Bezeichnung Individualpädagogik aus. Jede durchgeführte Hilfe ist sowohl inhaltlich-methodisch als auch personell und regional auf den Bedarf des Einzelfalls abgestimmt, sodass kein Projekt dem anderen gleicht. Von daher schlossen sich für quantitative Datenerhebungen unabdingbar vorzunehmende Standardisierungen von vornherein aus.

Deshalb wurde für das Evaluierungsvorhaben ein qualitatives Forschungsdesign gewählt.

> *„Qualitative Forschung hat den Anspruch, Lebenswelten ‚von innen heraus' aus der Sicht der handelnden Menschen zu beschreiben. Damit will sie zu einem besseren Verständnis sozialer Wirklichkeit(en) beitragen und auf Abläufe, Deutungsmuster und Strukturmerkmale aufmerksam machen."* [11]

Durch die qualitativen Forschungsmethoden mit ihren meist auf Erzählungen basierenden Erhebungen wird eine offenere Zugangsweise zu den untersuchten Phänomenen unterstützt. Dadurch ergibt sich ein plastisches und konkretes Bild über die Perspektive der Betroffenen. [12]

Um dem Untersuchungsgegenstand gerecht zu werden, darin war sich das Forschungsteam einig, bedurfte es der Rekonstruktion und der Analyse von einzelnen spezifischen Fallverläufen und insbesondere der hierzu vorhandenen Wirklichkeitsauffassungen und Deutungsmuster der Fallbeteiligten. Diese sollten nach einer detaillierten fallbezogenen Betrachtung in einem zweiten Schritt vergleichend und verallgemeinernd gegenübergestellt werden.

Der Sinn der Forschung bestand nunmehr – abweichend von der ursprünglichen Intention des Trägers – weniger darin, vorhandene Hypothesen zu den Wirkkriterien und Erfolgsfaktoren individual-sozialpädagogischer Betreuungsangebote zu überprüfen. Vielmehr lag der Fokus darauf, in einem offen gehaltenen induktiven Untersuchungsprozess auf Neues, Interessantes oder – nach einem systematischen Vergleich der fallbezogenen Erkenntnisse – auch Typisches zu stoßen.

---

11 Flick; Kardorff; Steinke 2010: 14

12 vgl. Flick; Kardorff; Steinke 2010: 17

Die vorliegende Untersuchung trägt somit dem konstruktivistischen Wirklichkeitsverständnis qualitativer Evaluationsforschung Rechnung, in dem soziale Wirklichkeit verstanden wird

> *„als Ergebnis kommunikativ und interaktiv ausgehandelter Strukturen, die sich in Deutungsmustern, Diskursen, sozialen Repräsentationen und Handlungsmustern niederschlagen. Der reflexive und prozessuale Charakter der Wirklichkeit wird in der qualitativen Evaluationsforschung aus der Sicht der unterschiedlichen Rollen und Positionen der Beteiligten nachgezeichnet. Die wissenschaftliche Deutung wird dabei selbst Teil der rekonstruktiven Entdeckung und Gestaltung der sozialen Wirklichkeit, die Gegenstand der Veränderung der evaluierten Maßnahme ist.“* [13]

Diesem Verständnis entsprechend wurde durch Jugendhilfe Phöinix e.V. ein vier Jahre währender diskursiv und reflexiv angelegter Forschungsprozess initiiert, an dem sich die Mitarbeiterinnen des Trägers im Rahmen verschiedener „Rückkopplungsschleifen“ [14] aktiv beteiligen konnten. Im Verlauf wurden – auch im Zusammenhang mit eigenen fachlichen Weiterentwicklungen – Fragestellungen, Annahmen und Auswertungskriterien durch die Mitarbeiterinnen in regelmäßig stattfindenden Teams immer wieder einer kritischen Prüfung unterzogen.

Im Ergebnis konnten Rückschlüsse über die Angemessenheit des beruflichen Handelns der an individual-sozialpädagogischen Einzelbetreuungen beteiligten Akteure formuliert werden, die – begünstigt durch das nach innen hin offen gestaltete Forschungsdesign – bereits in Lernprozesse des Unternehmens einfließen.

Zugleich sind die gewonnenen Einblicke und Erkenntnisse geeignet, den fachlichen Diskurs in der Jugendhilfe zu Fragen der Qualität und Wirkfaktoren von individualsozialpädagogischen Einzelbetreuungen voranzubringen. Dazu möchte die vorliegende Studie einen Beitrag leisten.

13 Wilson zit. nach von Kardorff 2010: 244 f.

14 v. Kardorff 2010: 246

1.3 Zentrale Evaluationsfrage und Ausgangshypothese

Die Evaluation ist darauf ausgerichtet, in einem offen gehaltenen, explorativ angelegten Forschungsprozess Erkenntnisse zu folgender **Fragestellung** zu gewinnen:
Wie gelingt es Jugendhilfe Phöinix e.V., Jugendliche mit traumatischen biographischen Erfahrungen und Erlebnissen aus abgebrochenen Jugendhilfemaßnahmen durch individual-sozialpädagogische Einzelbetreuungen dabei zu unterstützen, ein durch sie selbst und die Gesellschaft akzeptiertes autonomes Leben zu führen?

Die **Ausgangshypothese** der Verantwortlichen bei Jugendhilfe Phöinix e.V. lautet:
Die intensive sozialpädagogische Einzelfallbetreuung kann Jugendlichen mit traumatischen biographischen Erfahrungen und Erlebnissen aus abgebrochenen Jugendhilfemaßnahmen die größtmögliche Unterstützung bieten, ein durch sie selbst und die Gesellschaft akzeptiertes autonomes Leben zu führen, wenn sie ihnen in einem individuell ausgerichteten Setting neue Erfahrungen mit alternativen Handlungsmöglichkeiten und -konzepten anbietet, die der oder die Jugendliche nachhaltig in sein Handlungsrepertoire integrieren kann.

Aus dieser Hypothese ergibt sich die Frage, welche Merkmale als wesentlich für einen gelingenden Hilfeprozess erachtet werden. Das Forschungsteam einigte sich zu Beginn der Evaluation auf folgende Kriterien:

1. ein dem explorierten Bedarf der Jugendlichen angemessenes, individuell zugeschnittenes **Setting** (Betreuerinnenpersönlichkeit, Angebote/Medien, Umgebung, Einbindung ins Umfeld...) und eine **Beziehungsgestaltung zwischen Betreuenden und Jugendlichen**, die sich voraussichtlich förderlich auf die Bewältigung der Themen und Entwicklungsaufgaben der Jugendlichen auswirken
2. **Ressourcen der Jugendlichen**
3. **Ressourcen der Familie**
4. **weniger belastende biographische Erfahrungen**
   Von einer besonders belastenden Biographie sprechen wir, wenn die Jugendlichen folgende Erfahrungen mitbringen:
   - Vernachlässigung (Unterversorgung im emotionalen, hygienischen, basalen Bereich),
   - Gewalterfahrungen (erlittene und miterlebte psychische und physische Gewalt, miterlebte Suizidversuche, Miterleben häuslicher Gewalt),
   - langanhaltender Drogenmissbrauch der Eltern mit daraus resultierendem, durch das Kind nicht einschätzbarem elterlichen Verhalten,

- psychisch kranke Eltern,
- eigene Erfahrungen der Jugendlichen mit Drogen
- lange Jugendhilfe- und ggf. Psychiatriekarrieren mit häufigen Wechseln

Wenn es in der Kindheit einen Ort der Verlässlichkeit, des Vertrauens, des Rückzugs gab, dann schätzen wir die biographischen Erfahrungen als weniger belastend ein.

5. **niedriges Einstiegsalter**
   Je früher die Kinder/Jugendlichen in eine intensiv-sozialpädagogische Einzelbetreuung (ISE) kommen, desto größer ist die Chance einer gelingenden Betreuung, weil sich bestimmte Muster noch nicht so verfestigt haben.
   Andererseits: Je mehr die Jugendlichen an emotionalem Rüstzeug und weiteren Ressourcen mitbringen, umso wahrscheinlicher ist es, dass sie später einsteigen können.
6. **Hilfeplanung und -gestaltung** (Anbahnung, Übergänge, Beendigung, Anschlusshilfen)
7. **Partizipation** der Jugendlichen und Eltern
   - Aus diesen Kriterien ergab sich eine vorläufige Fokussierung auf folgende fallbezogene Untersuchungseinheiten:
   - Biographische Erfahrungen/Vorgeschichte
   - Situation der Jugendlichen und ihrer Familien zu Beginn der ISE – Ausgangslage, Probleme/Themen, Ressourcen
   - Hilfeplanung und -gestaltung/(Anbahnung, Übergänge, Beendigung, Anschlusshilfen) – Wege der Entscheidung/Partizipation
   - Settinggestaltung (Passgenauigkeit Jugendlicher – Angebot der Betreuerin)
   - Beziehungsgestaltung/Interventionen
   - Elternkontakte/Elternarbeit
   - Zusammenarbeit zwischen Betreuerin – Fachberatung des Trägers – Jugendamt – anderen Akteuren des Hilfesystems
   - Auswirkungen/Transfer/Lebenssituation heute

Das Evaluationsteam ging von Anbeginn davon aus, dass es weitere, im Einzelfall bzw. in einer detaillierten Betrachtung der Wirklichkeitskonstruktionen und Deutungen einzelner Fallbeteiligter sichtbar werdende Wirkfaktoren geben kann, und begab sich in einen in diesem Punkt absichtlich offen gehaltenen Prozess auf die Suche danach.

1.4 Erhebungsmethoden und Erhebungskontext

Als Basisdesign für die Evaluation fiel die Wahl auf Fallstudien, da diese dem hohen Individualisierungsgrad des Untersuchungsgegenstandes entsprechen und ein exploratives Vorgehen am ehesten ermöglichen.

> *„[Fallstudien] zielen auf die genaue Beschreibung oder Rekonstruktion eines Falles ab. Das Fallverständnis ist dabei eher weit gefasst – neben Personen können auch soziale Gemeinschaften (z.B. Familien), Organisationen und Institutionen (z.B. Pflegeheim) Gegenstand einer Fallanalyse werden. Dabei ist das entscheidende Problem die Identifikation eines für die Fragestellung der Untersuchung aussagekräftigen Falls, die Klärung, was zum Fall noch dazugehört und welche methodischen Zugänge seine Rekonstruktion erfordert.“* [15]

Zur Absicherung der Ergebnisse durch mehrere Methoden mit dem Ziel der besseren Validierung der Ergebnisse wurde ein Methodenmix gewählt, der im Folgenden vorgestellt werden soll.

1.4.1 Aktenanalyse

Mit der Sichtung der Akten erfolgte eine Rekonstruktion des Hilfeverlaufs und – soweit möglich – der Vorgeschichte anhand der Protokolle von Hilfeplangesprächen, mithilfe von Berichten, Gutachten, Notizen, Memos und Briefen. Diese Ergebnisse wurden in einem dafür entwickelten Auswertungsbogen (Anlage 1) dokumentiert.

Das Aktenstudium diente außerdem als Einstimmung auf die folgenden Interviews und half der Interviewerin, sich für bestimmte Themen und Erfahrungen der Jugendlichen zu sensibilisieren und die Interviewtätigkeit auf den spezifischen Fallverlauf abzustimmen.

Schließlich erlaubten die Aktenanalysen Rückschlüsse über die Aktenführung beim Träger und ermöglichten die Erarbeitung von Hinweisen für deren Qualifizierung.

15 Flick 2010: 254

1.4.2 Leitfadengestützte Interviews

Vor dem Hintergrund forschungspraktischer Erwägungen (Forschungsinteresse, Auswertungsaufwand und die damit verbundenen zur Verfügung stehenden zeitlichen und personellen Ressourcen) wurde die Entscheidung für teilstandardisierte Interviews getroffen, die ausschließlich von einem Mitglied der Forschungsgruppe durchgeführt wurden.

Interviewleitfäden

Die Interviewleitfäden enthielten eine Reihe von in der Abfolge weitestgehend festgelegten Fragen, die entlang der vermuteten Wirkfaktoren erarbeitet, jedoch absichtsvoll offen formuliert wurden. Dabei konnten die Frageformulierungen durch die Interviewerin in Abhängigkeit vom individuellen Fallverlauf und den spezifischen Themen variiert werden. Die Fragen wurden so formuliert, dass sie eine Aufforderung zum Erzählen darstellen, damit narratives Erzählen und aktives Zuhören dominieren. Dies war mit der Absicht verbunden, dass sich die Interviewpartner relativ frei äußern können und sich Erzählstrukturen in den durch die Fragen gesteckten inhaltlichen Rahmen entwickeln dürfen. Am Ende des Interviews erhielten die Interviewpartnerinnen die Gelegenheit, weitere Gedanken zu äußern und Ergänzungen vorzunehmen („Gibt es eine oder mehrere Fragen, die ich Ihnen nicht gestellt habe, auf die Sie aber gern geantwortet hätten?“).

Die Interviewleitfäden wurden für die jeweiligen Interviewpartnerinnen (Jugendliche, Eltern, Betreuerinnen, Fachberatung, fallführende Mitarbeiterinnen des Jugendamtes) modifiziert (Anlage 2). Ein Pretest wurde mit je einer Interviewpartnerin durchgeführt und die hierbei gewonnenen Erfahrungen flossen in die Gestaltung der Leitfäden ein.

Durchführung der Interviews

Es bestand der Anspruch, sämtliche Hilfebeteiligten zu interviewen. In allen Fallstudien konnten die Jugendlichen, die Betreuerinnen und die Fachberaterinnen der Hilfe interviewt werden. Soweit es möglich war, wurden auch die fallführenden Stellen der entsendenden Jugendämter sowie Elternteile der Jugendlichen interviewt. Letzteres gelang jedoch nicht in allen Fällen, da entweder die Erreichbarkeit oder die Bereitschaft zur Teilnahme fehlte. Die Interviews fanden im Zeitraum Juni 2010 bis September 2011 statt, ein letztes Interview konnte erst im Dezember 2012 geführt werden. Die Interviews wurden überwiegend face to face und im Ausnahmefall telefonisch absolviert. Sie wurden mit einem Diktiergerät aufgezeichnet.

Im Rahmen der Evaluation fanden insgesamt 32 Interviews statt – davon 7 mit ehemals betreuten Jugendlichen, 4 Elterninterviews, 9 Interviews mit Betreuerinnen, 9 mit Koordinatorinnen/Fachberaterinnen von Jugendhilfe Phöinix e.V. und 3 mit fallführenden Mitarbeiterinnen der entsendenden Jugendämter.

Transkription der Interviews

Bei der Transkription wurde darauf geachtet, dass nur solche Merkmale des Gesprächsverhaltens transkribiert werden, die auch analysiert werden sollen.

Alle geführten Interviews wurden vollständig und unter Wiedergabe aller gesprochenen Wörter (einschließlich der verwendeten Füllwörter) transkribiert. Um die Lesbarkeit der Zitate in der vorliegenden Studie zu erleichtern, wurden alle nicht bedeutungstragenden Füllwörter entfernt.

Parasprachliche Merkmale wurden in eckigen Klammern vermerkt, z.B. [lacht], [seufzt]. Auffällige Betonungen einzelner Wortteile, Wörter oder Wortgruppen wurden durch eine Unterstreichung derselben gekennzeichnet.

Prosodische Merkmale wurden wie folgt markiert:
.. kurze Sprechpause
... längere Sprechpause

Insgesamt wurde darauf geachtet, dass die Texte lesbar sind und angemessene Vorstellungen von einem Gesprächsverlauf beim Leser auslösen. Jedes Interview wurde von einer zweiten Person Korrektur gehört und gelesen, um eventuelle Abweichungen vom gesprochenen Text zu berichtigen.

Im Anschluss wurden sämtliche Namen und geographischen Bezeichnungen nach einem Leitfaden anonymisiert. Die Namen konnten sich die interviewten Jugendlichen selbst aussuchen. Ortsangaben und die Namen der weiteren Beteiligten wurden durch die Forschungsgruppe festgelegt.

Die Transkription erfolgte unter Angabe der Zeilennummern, die in den Fallstudien als Quellenangabe verwenden wurden.

1.4.3 Gruppendiskussionen

Bei der Auswertung von drei Fällen wurden verschiedene Mitarbeiterinnen von Jugendhilfe Phöinix e.V. eingeladen, an der Brainstormingphase mitzuwirken.

Zu zwei Fällen (Lena und Sebastian) wurden nach dem Lesen der anonymisierten Interviews Gruppendiskussionen initiiert, in denen sich die Teilnehmenden frei zu ihren Gedanken und Assoziationen im Zusammenhang mit den Interviews äußern konnten. Darüber hinaus wurden offene Fragen und fachliche Anmerkungen ausgetauscht. Die Diskussionen wurden auf Diktiergerät aufgezeichnet und schriftlich protokolliert, damit diese Ergebnisse in den folgenden Auswertungsschritten Berücksichtigung finden konnten. Die Gruppendiskussionen enthielten im Erleben der Teilnehmerinnen und der Moderation einen hohen Weiterbildungs- und (Selbst)Reflexionsanteil.

Zum Fall Marvin wurde ein Gruppen-Brainstorming per Mail-Post initiiert. Auch hier war die Voraussetzung zur Teilnahme das Lesen aller anonymisierten Interviews zum Fall. Diese Form der Mitarbeiterinnenbeteiligung erwies sich als wenig zielführend und wurde nach der ersten Austauschrunde beendet.

1.4.4 Sampling

Zur Ermittlung der Stichprobe wurden sechs für die Arbeit des Vereins typische Kombinationen aus den Merkmalen

- Hilfestatus (ambulant/stationär),
- Einstiegsalter (hoch: ab 15 Jahre, niedrig: unter 15 Jahre),
- In- oder Auslandsbetreuung

festgelegt.

Diese Kombinationen sind wie folgt:

a) Hilfestatus ambulant und höheres Einstiegsalter
b) Hilfestatus ambulant und niedrigeres Einstiegsalter
c) Hilfestatus stationär im In- und/oder Ausland und höheres Einstiegsalter
d) Hilfestatus stationär im In- und/oder Ausland und niedrigeres Einstiegsalter
e) Mischung des Hilfestatus ambulant im Inland und stationär im In- und/oder Ausland und höheres Einstiegsalter
(f) Mischung des Hilfestatus ambulant im Inland und stationär im In- und/oder im Ausland und niedrigeres Einstiegsalter

Der Abschluss der Hilfe musste zum Zeitpunkt der Erhebung mindestens 3 Jahre zurückliegen, um Langzeitbeobachtungen zu den Auswirkungen treffen zu können.

Entsprechend der Merkmalskombinationen wurden anhand der bei Jugendhilfe Phöinix e.V. vorhandenen Statistik sechs Gruppen mit jeweils drei bis acht Fällen gebildet, aus denen ein Fall nach dem Zufallsprinzip für die Stichprobe ausgewählt wurde.

Es stellte sich jedoch heraus, dass nicht bei allen ausgewählten Fällen die erforderlichen Kontaktdaten der Hilfebeteiligten beschafft werden konnten, so dass das Vorhandensein der entsprechenden Daten als ein weiteres Auswahlkriterium Berücksichtigung fand. Ein letztes Kriterium bestand darin, dass mindestens die Bereitschaft der Jugendlichen, der Betreuerinnen und der Fachberaterinnen zur Teilnahme vorhanden sein musste. Die Kontaktaufnahme erfolgte telefonisch durch die Interviewerin, die das Ziel des Forschungsvorhabens erklärte und sich somit die Motivation und Zustimmung zur Mitwirkung einholte.

Letztendlich ergab sich folgende geschichtete Stichprobe, die das Leistungsspektrum im Bereich der Hilfen zur Erziehung in dem Verein Jugendhilfe Phöinix e.V. weitestgehend abdeckt:

André a)	männlich, höheres Einstiegsalter: 15;11, Hilfestatus ambulant
Lara a)	weiblich, hohes Einstiegsalter: 18;5, Hilfestatus mbulant
Marvin b)	männlich, niedriges Einstiegsalter: 10;9, Hilfestatus ambulant
Lena c)	weiblich, hohes Einstiegsalter: 18;10, Hilfestatus stationär im Ausland, ambulante Nachbetreuung
Sebastian d)	männlich, niedriges Einstiegsalter: 13;1, Hilfestatus stationär im Inland und Ausland
Christian e)	männlich, höheres Einstiegsalter: 15;1, Hilfestatus stationär im Inland und Ausland, ambulante Nachbetreuung
Katja f)	weiblich, niedriges Einstiegsalter: 14;5, Hilfestatus stationär im Ausland und im Inland, ambulante Nachbetreuung

Für die Kategorie (a) wurden zwei Jugendliche mit aufgenommen, die im Hilfestatus ambulant unterschiedliche Merkmale aufzeigten. André lebte während der Hilfe auf der Straße bzw. übergangsweise im Hotel, während Lara im eigenen Wohnraum betreut wurde. Dies erschien vom Setting her so unterschiedlich, dass die Leistungsart doppelt belegt wurde.

1.4.5 Auswertung des Datenmaterials

Die im Laufe der Forschungsarbeit entwickelte Auswertungsstrategie wird sowohl „dem offenen Charakter des theoretischen Vorverständnisses" dieser Studie als auch den vorab formulierten „explizite[n] Vorannahmen"[16] (vgl. Kapitel 1.3) gerecht und orientiert sich zugleich an forschungspraktischen Erfordernissen. Mit Schmidt gehen wir davon aus, dass es bei der Analyse von leitfadengestützten Interviews naheliegt, „eigene, passende Wege zu finden."[17] Die zur Anwendung gekommenen Auswertungstechniken werden im Folgenden kurz erläutert:

a) Brainstormingphase

Sämtliche Fallinterviews wurden durch das Forschungsteam, welches aus vier Personen bestand, gelesen. In einer gemeinsamen Brainstorming-Phase wurden die ersten Assoziationen, Auffälligkeiten und als wichtig erscheinenden Phänomene ausgetauscht und diskutiert. Daraus ergaben sich verschiedene Themen und Fragestellungen. Ein Protokoll darüber bildete die Vorarbeit für die folgenden Kategorisierungsphasen. Ergänzend wurden Kleingruppen von FachkollegInnen gebildet, die sich mit jeweils einem Fall auseinandersetzten. Die Ergebnisse aus diesen Runden flossen ebenfalls in die Überlegungen zur Kategorienbildung ein.

b) Bildung von Auswertungskategorien

Ausgehend von den vorliegenden Interviewtexten eines ausgewählten Falles wurden auf zunächst induktivem Weg Kategorien entwickelt. Zunächst arbeiteten alle Mitglieder des Forschungsteams unabhängig voneinander an dieser Aufgabe. Im sich anschließenden Austausch wurden die Zuordnungen und Formulierungen miteinander verglichen und diskutiert. Diese Vorschläge wurden auf die Interviews der nächsten

16 Schmidt 2010: 447

17 a.a.O.: 447 ff.

zwei Fälle angewandt. Das geschah in Teams zu je zwei Personen, in denen nach einer Phase der Einzelarbeit die Ergebnisse wiederum verglichen und diskutiert wurden. Die so gewonnenen Kategorien wurden im Gesamtteam unter Berücksichtigung fachlicher Vorannahmen systematisiert und zu einem Codierleitfaden weiterentwickelt. Dieser enthält Haupt- und Unterkategorien, die das Auswertungsraster für die Analyse aller weiteren Interviews bildeten. Das letztlich zur Anwendung gekommene Auswertungsraster befindet sich in Anlage 3.

c) Codierung der Interviews

Anhand dieses Rasters wurden die Interviews eines jeden Falles Satz für Satz (bzw. Wort für Wort) ausgewertet, indem die identifizierten Aussagen den entsprechenden Kategorien und Unterkategorien zugeordnet, d.h. verschlüsselt wurden. Neben einer inhaltlichen Zusammenfassung der einer Kategorie/Unterkategorie zugeordneten Aussage enthalten die Auswertungsübersichten auch eigene Interpretationen, Fragen und Anmerkungen der Codierenden sowie einen Verweis auf die Quelle bzw. den Textbeleg.

d) Erarbeitung der Fallanalysen

Auf der Grundlage der erarbeiteten Systematisierung der Aussagen in den Interviews und der dazu vorliegenden Interpretationsversuche erfolgte im nächsten Schritt die Erarbeitung der Fallanalysen. Für jeden Fall wurde ein Zweierteam aus Autorin und Co-Autorin gebildet, das eine strukturierte Fallbetrachtung in Textform erarbeitete. Diese orientierte sich an der folgenden, im Prozess der Arbeit an den Fallanalysen entstandenen Struktur:

1. Beschreibung der aktuellen Lebenssituation der Jugendlichen zum Zeitpunkt der Interviews

2. Beschreibung der biographischen Vorgeschichte, die auf Aktenerkenntnissen als auch auf der Darstellung der Betroffenen basiert

3. Darstellung der zentralen Themen und Entwicklungsaufgaben, die bei den Jugendlichen zur Bearbeitung anstanden. Die individuellen zentralen Themen wurden wie folgt zusammengefasst:
   a) Problematisches Sozialverhalten, z.B.:
   - Fremdgefährdendes Verhalten wie Gewaltbereitschaft, Aggressivität
   - Kriminelle Potentiale

- Mangelnde Sozialkompetenzen (mangelnde Konfliktfähigkeiten, fehlende Offenheit, soziale Ängste, Promiskuität, übergriffiges Verhalten)

b) Lebenspraktische Themen, z.B.:
- Schule/Ausbildung/Beruf
- Wohnen
- Freizeitverhalten
- Lebensperspektiven

c) Platz im Familiensystem, z.B.:
- Kontakt zur Herkunftsfamilie
- Rolle der Herkunftsfamilie für die Entwicklung
- Aufarbeitung familiärer Konflikte oder traumatischer Ereignisse (z.B. Tod, Verlust)

d) Kindliche Nachreifungsbedürfnisse, z.B.:
- Regressive Tendenzen
- Nachholung des kindlichen Spieltriebes
- Emotionale Nachreifung

4. Rekonstruktion des Hilfeverlaufs

5. Beschreibung der Transferprozesse unter folgenden Aspekten:
   a) Persönliche und familiäre Ressourcen
   b) Hilfeplanung
   - Anbahnung
   - Ziele der Hilfe
   - Settinggestaltung
   - Partizipation der Jugendlichen und ihrer Angehörigen
   - Beziehungsqualitäten der verschiedenen Konstellationen
   - Prozessgestaltung/Interventionen unter Bezugnahme auf die individuellen zentralen Themen und Entwicklungsaufgaben
   - Beendigung der Hilfe/Anschlusshilfen

6. Auswirkungen der Einzelbetreuung aus Adressatensicht und aus der Sicht der sonstigen Hilfebeteiligten

e) Vergleichende Betrachtung aller Fallanalysen

Im Anschluss wurde durch das Forschungsteam eine vergleichende Analyse der Befunde aus den sieben Fallstudien vorgenommen, in der Gemeinsamkeiten und Unterschiede innerhalb der vereinbarten Items erarbeitet wurden. Diese Vorgehensweise erlaubte es, mit der gebotenen Vorsicht und Sorgfalt vom Individuellen auf Generalisierbares, möglicherweise Typisches zu schließen – und umgekehrt eine Rückkopplung zu ausgewählten Details der einzelnen Fälle vorzunehmen, diese vertiefend zu betrachten, Besonderheiten zu identifizieren und Hypothesen nochmals am Einzelfall zu überprüfen.

Die Zusammenfassung enthält eine systematische Darstellung der Ergebnisse dieser vergleichenden Betrachtung.

2 Fallstudie André

Quellen:

- Aktenanalyse
- Interviews mit:
  - André (André)
  - Betreuer (BE Werner M.)
  - Koordinator (KO Herr T.)
  - Kindsvater (KV Herr R.)
  - fallführende Mitarbeiterin vom Jugendamt (JA Frau K.)

  Weitere Personen:
  - Betreuerin (Ulrike O.)

2.1 Aktuelle Lebenssituation des Jugendlichen

André lebt in einer eigenen Wohnung, geht einem regelmäßigen Aushilfsjob im Hotel nach: „Ich stehe um halb fünf auf, gehe um sechs Uhr arbeiten so bis halb eins, eins" (André 8-9) und trainiert regelmäßig Fußball. Eine Ausbildung ist nicht angestrebt bzw. scheiterte am mangelnden Schulabschluss, den er derzeit über die Volkshochschule versucht nachzumachen. „ [Er] versucht seinen Hauptschulabschluss bei der Volkshochschule S. nachzumachen, aber ich glaub da irgendwo nicht richtig dran, weil der geht nur da hin, weil er halt das bezahlt kriegt mehr oder weniger" (KV Herr R. 446–447). Über kriminelle Handlungen ist nichts bekannt.

Das Verhältnis zum Vater hat sich stabilisiert: „Na gut, mit meinem Vater und ich, wir haben jetzt einen super Kontakt halt" (André 269). Wenngleich der Betreuer es kritischer einschätzt:

> *„[A]ber ansonsten verbringt der fast jeden Tag irgendwie glaub ich inzwischen mit seinem Vater, der ihn dann mit dem Auto abholt, der ihn von Pontius zu Pilatus fährt, die sitzen dann völlig cool" (BE Werner M. 591–593).*
> *„Ich glaub, das ist zur Zeit die Beziehung, also kümmern um Sohn über Audi" (BE Werner M. 596–597).*
> *„André muss immer noch seine Anträge alleine ausfüllen, der Vater lässt ihn in solchen Sachen auch faktisch hängen" (BE Werner M. 598–599).*

Ansonsten hat André Freunde und ist gerne und viel unterwegs: „[I]ch bin im Fußballverein, trainiere zweimal in der Woche und wenn ich mal kein Training habe, gehe ich zu meinen Freunden, also chatten und so was halt, ne, und .. ich bin einer so, immer sehr viel unterwegs“ (André 10 – 13).

2.2 Hilfeverlauf

Quelle: Akte, Interviews

Beginn der Hilfe:	15.12.2004
Einstiegsalter:	15;9
Ende der Hilfe:	28.02.2007
Dauer der ISE:	2;2

Betreuungsabschnitte

15.12.2004 bis 21.02.2005:
ambulante Hilfe als Clearing definiert für André und den Kindsvater mit 15h/Woche

15.01.2005 bis 15.02.2005:
stationäre Betreuung in einem Standortprojekt in Deutschland in Vollzeit mit weiterer ambulanter Betreuung

17.02.2005 bis Anfang April 2005:
André war im Agnesheim (Jugendschutzstelle) untergebracht, mit ambulanter Betreuung durch Jugendhilfe Phöinix e.V. von anfangs 15h/Woche, dann 5h/Woche, bis er Anfang April 2005 eine Unterkunft im Hotel erhält

18.05.2005 bis 28.02.2007:
ambulante Betreuung für André und den Kindsvater im Hotel oder auf der Straße, zum Ende in Andrés eigener Wohnung mit 108h/Monat

Nach einer ambulanten Anbahnungsphase für André und den Kindsvater von ca. 3 Monaten wurde zunächst eine Standort-Projektstelle in Deutschland bei Phöinix ausprobiert, die jedoch laut Aktenlage relativ kurzfristig (nach ca. einem Monat) wieder beendet wurde. Exakte Gründe hat keiner der Interviewten erwähnt.

„Ich weiß, dass der André, bevor der im Hotel untergebracht worden ist, von uns in einem stationären Projekt gewesen ist und zwar war der damals bei einem Kollegen in H. und dort ist das eskaliert, dass klar war, er kann da nicht mehr bleiben und viele Jugendhilfemaßnahmen vorausgegangen sind, so dass klar war, er kann nicht mehr in ein Gruppen-Setting, er muss anderweitig untergebracht werden" (KO Herr T. 7–11).
„Das in der Projektstelle war einfach viel zu dicht, viel zu nah, da konnte der André gar nicht mit umgehen"(KO Herr T. 27–28).

Daraufhin wurde eine intensive ambulante Betreuung mit einem hohen Stundenkontingent, welches von einer Betreuerin und einem Betreuer geteilt wurde, verbunden mit einer Unterbringung im Hotel für André installiert. Es gab ein ständiges Auf und Ab mit der Unterbringung. André flog aus dem Hotel, ging in die Jugendschutzstelle, wieder zurück ins Hotel oder auf die Straße, immer im Wechsel. Die männliche Betreuung blieb konstant über die gesamte Zeit. Aufgrund von Problemen in der Zusammenarbeit mit dem Betreuer stieg die weibliche Betreuerin nach ca. einem Jahr aus.

Trotz der hohen Delinquenz und Aggressivität von André auch in der Zeit der ambulanten Betreuung (er machte Presseschlagzeilen wegen S-Bahn-Surfen, Steine auf ICE werfen, bedrohte andere mit Messern etc.) konnte der Betreuer ihn immer wieder erreichen und die ambulante Betreuung konnte kontinuierlich fortgesetzt werden. Schlussendlich gelang es, eine Wohnung für André zu finden, die er auch über einen längeren Zeitraum halten konnte. André zeigte jedoch während der gesamten Betreuungszeit immer wieder delinquentes/kriminelles Verhalten.

Vor Beendigung der ambulanten Hilfe wurde eine gesetzliche Betreuung für André installiert, da das Helfersystem die Einschätzung hatte, dass André in Teilbereichen nicht alleine in der Lage ist, verantwortlich zu handeln. Die Einstellung der Hilfe erfolgte mit dem 18. Lebensjahr. Der Kontakt zum Betreuer besteht auch noch heute.

2.3 Vorgeschichte

Nachdem im Jahr 1994 (André war 5 Jahre alt) die Mutter nach einer Krebserkrankung verstorben war, lebte André mit seinem alleinerziehenden Vater und dem älteren Bruder in einer Wohnung in einem sozialen Brennpunkt. Der Vater hatte einen Vollzeitjob und hatte bei der Kindererziehung keinerlei familiäre Unterstützung. André wurde von seinem 6 Jahre älteren Bruder häufig versorgt, wenn der Vater arbeiten musste. „Sein Bruder, der große, der, also wie gesagt, der Alex, der hat mir also sehr, sehr viel geholfen auch“ (KV Herr R. 406–407). Zwischenzeitlich hatte der Vater eine neue Lebensgefährtin. In deren Haus lebte die Familie dann gemeinsam mit den Kindern der Lebensgefährtin. Nachdem André zunehmend ein aggressives und gefährdendes Verhalten (S-Bahn-Surfen, Straffälligkeiten) zeigte, kam er ab 2003 in verschiedene Betreuungsformen der Jugendhilfe von einer Tagesgruppe bis hin zu verschiedenen Außenwohngruppen, Jugendschutzstellen und zwischenzeitlichen Aufenthalten in der Psychiatrie.

Da der Gruppenkontext eines Heimes André immer wieder überforderte, gab es sehr viele Wechsel. „Keiner dieser Hilfen hat jedoch über einen längeren Zeitraum gehalten, da André ein sehr aggressiver auffälliger Jugendlicher war, der teilweise den Rahmen der Gruppen auch sprengte“ (JA Frau K. 25–27).

André wurde als aggressiv, gruppenunfähig und delinquent beschrieben. Er selbst bezeichnet sich als „auf Deutsch gesagt zu faul und hatte auf nichts Bock“ (André 68–69). Auch zu Hause beim Vater konnte er nicht mehr leben, der Vater hatte Angst vor einem Wohnungsverlust, weil er André nicht händeln konnte. „[D]er hat alles rebellisch gemacht. Und dat macht die Nachbarschaft ja auf Dauer nicht mit“ (KV Herr R. 100–101). Der Vater spürte eine totale Überforderung und hatte André überhaupt nicht im Griff: „[W]eil ich war mit dem Jungen total überfordert“ (KV Herr R. 67–68). Der Betreuer beschrieb André zu Beginn so: „André war völlig grenzenlos, .. hat auf jegliche Grenze geschissen, der ist permanent schwarz gefahren, der war kriminell“ (BE Werner M. 103–105).

André wurde mit einer Lernbehinderung in eine Sonderschule verwiesen, in einer Anamnese des Jugendamtes (Bericht Jugendamt 05.05.04) war die Rede von der Grenze zur geistigen Behinderung. Von einer Eingliederungshilfe wurde jedoch abgesehen, weil Erziehungsdefizite im Vordergrund standen.

Zum Vater hatte André ein sehr angespanntes Verhältnis: „[D]as war die Katastrophe hier, das war also halt so, das war so .. wie Mord und Totschlag so, also mein Vater und ich haben uns gehasst“(André 282–283). Der Betreuer spricht von „kränkenden, dissozialen Strukturen seines Vaters“ (BE Werner M. 123–124). „André war an sich die ganzen Jahre das Nicht-Kind, also der hat noch einen älteren Bruder, der war der Lieblingssohn“ (BE Werner M. 191–192). Weitere familiäre Bezüge gab es zum Bruder und zur Stiefmutter, wobei zur letzteren das Verhältnis sehr unzuverlässig war: „[D]ie mal versucht hat die Mutterrolle auszuüben, die aber im Prinzip ja emotional völlig schwankend war“ (BE Werner M. 214–216).

2.4 Kontaktaufnahme/Anbahnung der Hilfe

In einem Beratungsgremium des Jugendamtes, welches sich besonders schwierigen Fällen widmet, wurde eine ambulante Betreuung von André, die durch Jugendhilfe Phöinix e.V. durchgeführt werden sollte, entschieden. Zunächst stand das Ziel im Vordergrund, André für eine intensivpädagogische Hilfeform zu motivieren. André lebte zum Zeitpunkt der Installation der ambulanten Betreuung in der Jugendschutzstelle, und eine weibliche und eine männliche Betreuungsperson von Jugendhilfe Phöinix e.V. nahmen ambulant Kontakt zu ihm auf. „Er lebte dann eine Zeitlang in unserer Jugendschutzstelle, da ging's also auch rein und raus, hatte aber immer Kontakt zu dem Mitarbeiter von Phöinix" (JA Frau K. 35–37).

Der erste Kontakt zwischen André und den Betreuenden fand im Jugendamt statt. „[U]nd ja, dann kam der Werner zum Einsatz. Ja, also mir hat man gesagt, kommt mal hier hin, sagen wir mal jetzt Mittwoch um vierzehn Uhr zur Jugendamtsstelle hier" (André 127–129). „Gut und dann war der Werner da, plötzlich und sogar auch noch ein, zwei hhmm später kam die Frau O. dann auch dazu" (André 130–132).

2.5 Zentrale Themen und Ziele der Hilfen

2.5.1 Problematisches Sozialverhalten

Bereits bei der Anfrage für eine Hilfe für André gab das Jugendamt an, dass Straffälligkeit ein Thema sei bei ihm; „Es gab keine Angebote, weil durch seine Straffälligkeit, aber auch bedingt auch dadurch, dass er oft auch eine Eigengefährdung mit dieser Straffälligkeit einherging, war kaum jemand bereit, diese Hilfe zu leisten außer Phöinix" (JA Frau K. 55–58). Die Aktenanalyse sagte aus, dass bei André sowohl ein delinquentes als auch gewaltbereites Verhalten vorlag. Ein Verdacht auf Prostitution lag laut Akte vor, wurde aber während der Betreuung bei Jugendhilfe Phöinix e.V. nicht weiter thematisiert. André selber beschreibt sich als kriminell: „[U]nd da hab ich immer so eine Scheiß-Bock-Einstellung gehabt, so, nee, kein Bock, lieber illegale Sachen machen" (André 50–51). Bestätigt wird das Thema auch durch das Jugendamt: „[D]a André ein sehr aggressiver auffälliger Jugendlicher war"(JA Frau K. 26). Der Betreuer drückt es so aus: „[A]ber das Hauptthema zwischen André und mir war an sich immer, Schlimmeres zu verhindern .. weil der war einfach irgendwann schon damals so dissozial unterwegs" (BE Werner M. 237–239).

Das delinquente Verhalten von André steigerte sich während der Betreuungszeit und mündete zum Schluss in sehr gefährlichen (eigen- und fremdgefährdenden) Situationen, wie sich die Beteiligten erinnern: „Also ich mein der André hat ja, es haben sich ja zum Schluss eine kriminelle Aktion nach der anderen gereiht" (KO Herr T. 72–73). „So der ist auch mit Messern auf Leute los gegangen und ich hab den samt Messer an die Wand geknallt" (BE Werner M. 255–256). „[D]ie war wirklich lebensgefährlich, wie die haben auf fahrende S-Bahn Züge in U. irgendwie, nee U. nicht, in W. haben die auf so einem S-Bahnhof wirklich auf ICE Steine geschmissen und Feuerlöscher auf fahrende S-Bahn-Züge" (BE Werner M. 351–354).

2.5.2 Kindliche Nachreifungsbedürfnisse

Die Mutter von André verstarb im Jahr 1994, als dieser 5 Jahre alt war, an Krebs. Der Vater schildert emotional tief bewegt, dass André seine Mutter nicht kennt „[...] der kann sich an seine Mutter *überhaupt* nicht mehr erinnern. Auch wenn wir mal auf dem Friedhof waren oder so, der weiß gar nicht, wer da liegt" (KV Herr R. 399–400). Ebenso sagt der Vater, André habe ihn für schuldig am Tod der Mutter erklärt: „[...] weil er hat mir immer vorgehalten, du bist ein Scheiß Vater, du bist Schuld, dass ich keine Mutter mehr hab und so" (KV Herr R. 396–398). Er schildert die Belastungen im Alltag, die sich aus dem Verlust für ihn und die Kinder ergaben. Darüber hinaus erklärt er, dass es in der akuten Trauerphase keinerlei Hilfen für ihn und die Kinder gab:

> *„Wir haben ja überhaupt keine* ***Hilfe*** *bekommen in* ***dem*** *Sinne. Was, gibt ja – wie sagt man jetzt – so Trauerseminare, dass man mit der ganzen Situation fertig wird, und dann hatte man uns mal was angeboten, da sollten wir über 4.000 Euro bezahlen [unverständlich]. Da brauch ich doch kein Trauerseminar für. .. Sag ich, die Mutter wird man, oder beziehungsweise die Frau wird man nie vergessen, die trägt man immer im* ***Herzen weiter****. Ja, und die Schwiegereltern und so, auch* ***gar kein****, die haben sich um* ***gar*** *nichts gekümmert, was die Kinder angeht. Weder zum Geburtstag, wenn die Kinder Geburtstag hatten, zu Weihnachten, Sankt Martin, das ganze Programm" (KV Herr R. 418–425).*

Das zentrale Thema des Vaters – seine Überforderung nach dem Tod seiner Frau – überlagert sich mit dem Thema Abwesenheit der Mutter für André und seinen älteren Bruder. Dabei geht es nicht nur um die originäre Bedeutung der Abwesenheit eines Elternteils, sondern auch um die nicht stattgefundene Be- und Verarbeitung eines Trauerprozesses.

Die fallführende Mitarbeiterin des Jugendamtes bezeichnet André zum Zeitpunkt des Kennenlernens als „überhaupt nicht [...] beziehungsfähig [...] durch den frühen Tod der Mutter, den er nie verarbeitet hatte" (JA Frau K. 316–317).

„Er und seine Traumata dann auch noch mal so mit seiner Mutter und mit dem frühen Tod" (BE Werner M. 75–76) waren Thema, wurden aber – so der Betreuer – von André abgeblockt: „[...] aber Mutter war an sich immer ein Tabu mit ihm, da ist er auch nicht wirklich ran gegangen" (BE Werner M. 535–536).

2.5.3 Platz im Familiensystem

Zum Zeitpunkt des ersten Jugendhilfeantrages des Vaters von André im Juni 2003 lebte dieser getrennt von seiner Lebensgefährtin und sorgte allein für André:

> *„[I]ch hab mit ihm **allein** gelebt, ich hab mit ihm **allein** gelebt. Hatte ja nachher auch 'ne Beziehung, aber die Frau hat das nicht mitgetragen. Die hat gesagt, hör mal das ist .. wenn wir in Urlaub waren oder so, der hat nur Scheiße gemacht, Theater gemacht ohne Ende. Und die hat das nachher einfach nicht mehr mitgetragen, weil die sagte, hör mal, ich hab meine Kinder groß, und da hab ich keinen Bock mehr drauf. Daran ist die Beziehung kaputt gegangen, **mit** kaputt gegangen" (KV Herr R. 125–130).*

Die Überforderung des Vaters führte dazu, dass er sich von André völlig abwendete:

> *„Weil ich hatte einfach kein Bock mehr gehabt, hätte ich nie für möglich gehalten, verdammt noch mal, kein Bock mehr auf sein Kind gehabt, weil ich war mit den Nerven am Ende. .. Allein durch meinen Beruf, musst gucken, dass du zeitig Feierabend kriegst, gucken, dass du nach Hause kommst, gucken, dass das Kind wat zu essen kriegt und, und, und .. das ist keine einfache Situation für mich gewesen" (KV Herr R. 114–120).*

Er nahm André nicht mehr bei sich auf, wenn dieser von der Polizei aufgegriffen wurde, hatte keine Kraft und auch keine Lust mehr, André zu helfen, wenn er Mist gebaut hatte. „[I]ch [lacht] war mit dem Jungen total überfordert, das können Sie mir glauben" (KV Herr R. 263–264). Dem Vater wurde laut Aktenlage durch einen Psychiater eine vernachlässigende Erziehungshaltung bescheinigt. Die daraus entstehende emotionale Belastung beeinflusste André in seiner Entwicklung. Der Betreuer dazu: „[...] der war ja einfach nur *Straßen*kind im weitesten Sinne des Wortes" (BE Werner M. 236–237). „Und eine Vater-Bindung hat der ja auch nie gehabt, eigentlich hatte der Vater nie eine wirklich positiv versorgende Rolle" (BE Werner M. 554–556).

André bestätigt das sehr schlechte Verhältnis zu seinem Vater in jener Zeit. Sein Vater habe ihn gehasst, aber aus heutiger Sicht erklärt André: „Auch zu Recht, ich sag mal, .. wo ich Scheiße gebaut habe war das für ihn nicht so toll und ich hatte da so eine Einstellung – Kein-Bock-Stellung so!“ (André 281–285).

Der Betreuer berichtet darüber hinaus von Unterschieden, die der Vater zwischen seinen beiden Söhnen machte. Demzufolge war sein älterer Bruder Alex das „*Super*-Kind“, der „*Lieblings*sohn“ und André das „*Nicht*-Kind“ (BE Werner M. 191–198). Der ältere Bruder hat André zwar „*teilweise* zu Hause *aufgenommen* [...], weil er so'n bisschen der ältere Bruder war, .. aber dass es auch immer diese *Eifersucht* gab, weil der ältere Bruder hat immer alles gekriegt, ne, und die Mutter war ja früh *tot*“ (BE Werner M. 211–214). Neben dieser ambivalenten Brüderbeziehung

> *„gab's halt noch die **Freundin** des **Vaters**, die mal so ein bisschen versucht hat die Mutterrolle auszuüben, die aber im Prinzip .. ja emotional völlig schwankend war, und André war teilweise der völlig asoziale Sohn, mit dem sie nichts zu tun haben will, bis hin zu: Komm mit mir nach Italien, ich finanzier dir 'n Urlaub .. und jetzt hat sie Streit mit Andrés **Vater**, und jetzt ist sie grad die versorgende **Mutter**, .. aber das ist auch erst, nachdem die Beziehung zum Vater sich getrennt hat .. und die im **Streit** auseinander gegangen sind, seitdem versorgt sie den Sohn“ (BE Werner M. 211–220).*

Zusammengefasst lässt sich sagen, dass André sicherlich keinen zuverlässigen Platz in dieser von Auseinandersetzungen, Trennungen, Eifersucht und Abbrüchen gekennzeichneten Patchwork-Familie hatte.

2.5.4 Lebenspraktische Themen

Mit 16 Jahren wies André eine abgebrochene Schulkarriere vor, die zudem verhinderte, mit ihm eine Ausbildungsperspektive zu erarbeiten. Weiterhin lebte er mehr oder weniger auf der Straße und schlug sich so durch.

Im Zusammenhang mit diesen Themen standen folgende Ziele der Hilfe:
Da keine Einrichtung bereit war, André aufzunehmen, entschied sich das Jugendamt dafür, eine niedrigschwellige ambulante Betreuung zu installieren mit dem Ziel, einen Bezug zu André herstellen zu können. Nach und nach sollte eine Einflussnahme erreicht werden, damit André in eine Normalität zurückkehren kann: „[D]amit der André abgesichert war, weil dass wir gesagt haben, um eine Beziehungsaufnahme zumindest zu versuchen, um ihn zu beeinflussen, um bestimmte Verhaltensweisen wieder in die normalen Bahnen zu bekommen“ (JA Frau K. 60–62).

Andrés Ziele deckten sich damit. „[D]er hatte ja auch so seine eigenen Ziele damals im Kopf von wegen so alleine wohnen wollen und, und, und Familie, Selbständigkeit und weg vom Vater und Loslösung" (BE Werner M. 85–87).

Weitere Ziele laut Aktenlage waren:

- Grenzen aufzeigen, ohne starre Regeln einzuführen
- Konsequenzen einhalten
- Ableistung von Sozialstunden, um angedrohte Haftstrafe zu vermeiden
- Elternkontakte und -gespräche, begleiteter Vater-Sohn-Kontakt mit dem Ziel, das Familiensystem tragfähiger zu gestalten, um eine Anbindung von André dort zu erwirken
- Zukunftsperspektiven (Schule, Arbeit)
- gesetzliche Betreuung nach dem 18. Lebensjahr
- Wohnsituation klären (eigene Wohnung)

2.6 Ressourcen des Jugendlichen und der Familie

2.6.1 Ressourcen André

Der Betreuer W. sieht bei André viele Überlebensstrategien:

> *„[D]er hat so eine Bauernschläue, also der hatte so eine Überlebensschläue" (BE Werner M. 122–123).*
> *„[D]er ist immer durchgekommen, also der hat an sich immer etwas zu essen gehabt, der hat immer irgendwie Geld gehabt, der ist immer versorgt gewesen, der hat immer an sich einen Weg gefunden" (BE Werner M. 146–148).*

Werner M. spricht außerdem von einer absolut hohen Systemkompetenz bei André: „Der kommt immer wieder durch, irgendwie, und der trickst die Systeme aus, das hat der gut gelernt" (BE Werner M. 151–152). Außerdem besaß André ein hohes Maß an Empathiefähigkeit: „[D]er hat 'nen gutes Gefühl dafür, erstens welche Menschen ihm gut tun. Der hat 'nen gutes Gefühl dafür abzuschätzen, ob es Leute mit ihm ehrlich meinen, .. ob die ihn ausnutzen" (BE Werner M. 164–166).

Das Jugendamt schätzt André als beziehungsfähig ein, was durch die Betreuenden aufgegriffen werden konnte. Sowohl vom Jugendamt als auch von der Koordinatorin wurde André als charmant und nett eingeschätzt: „[A]lso der hat dann auch so eine,

eine, eine charmante und nette Art gehabt, dass ihm dann auch keiner mehr böse war“ (KO Herr T. 110–111). Dadurch wurden André wohl auch sehr viele Türen immer wieder geöffnet.

2.6.2 Familiäre Ressourcen

Bei Hilfebeginn scheint es seitens des Vaters keine hilfreiche Ressource gegeben zu haben. Der Vater war erst mal froh, dass er die Verantwortung für André los war:

> *„Der war den ganzen Prozess an sich immer nur froh, sämtliche Verantwortung delegieren zu können“ (BE Werner M. 178–179).*
> *„[...]‘ne Ressource der Familie, auf die hätte André zurückgreifen können, war an sich nie da, weil Vater hat den an sich immer nur weggeschickt“ (BE Werner M. 184–185).*

Diese Einschätzung teilt auch das Jugendamt: „Ja, welche Ressourcen? Also der Vater hatte überhaupt keine“ (JA Frau K. 148–149). So wird mehrfach erwähnt, dass der Vater nicht in der Lage war, seine Erziehungsrolle auszuüben: „Der Vater konnte die Vaterrolle nicht ausführen“ (JA Frau K. 65–66), „ihm war das immer scheiß egal, auch immer der Spruch ist mir scheiß egal er ist zwar mein Sohn aber es interessiert mich nicht, was Sie mit dem machen“ (BE Werner M. 567–568). „Und eine Vater-Bindung hat der ja auch nie gehabt, eigentlich hatte der Vater nie eine wirklich positiv versorgende Rolle“ (BE Werner M. 554–556).

Andererseits beschreibt das Jugendamt den Vater durchaus auch als sehr offen und kooperativ: „die Offenheit des Vaters eben halt mir gegenüber dann“ (JA Frau K. 388–389). Zumindest scheint der Vater mit seiner Haltung insgesamt dem Hilfesystem wenigstens nicht im Weg gestanden zu haben.

2.7 Settinggestaltung

Nachdem eine stationäre Jugendhilfemaßnahme gescheitert war, kamen die Hilfebeteiligten zu der Überzeugung, dass ausschließlich eine niedrigschwellige ambulante Betreuung in Frage komme. Eine Schlafmöglichkeit wurde André in einem Hotel zur Verfügung gestellt: „[D]ass es da immer wieder zu Eskalationen kam bei der kleinsten Anforderung – das hat eher so dafür gesprochen, ihn ein bisschen niedrigschwellig zu betreuen, also in einem Hotel“ (KO Herr T. 29–30). Es gab aber auch Einwände:

„Dagegen sprach natürlich die fehlende Kontrolle und auch der fehlende Einfluss besonders in den Nachtstunden so und auch an den Wochenenden, wo es ja dann letztendlich auch zu den meisten schwierigen Situationen kam. So. Das war aber hier auch dem .. dem Jugendamt bekannt und das war dann auch eher so eine Form mangels Alternativen" (KO Herr T. 31–34).

Es wurde ein sehr hoher Betreuungsumfang genehmigt, um durch die engmaschige Verfügbarkeit der Betreuenden eine Schadensbegrenzung im Hinblick auf die kriminellen Energien von André herstellen zu können: „[U]nd ansonsten ging das wirklich darum, ihn so viel wie möglich von der Straße zu kriegen"(BE Werner M. 282–283).

Es wurden ein Betreuer und eine Betreuerin (beides Sozialpädagoginnen) zur Verfügung gestellt mit dem Ziel, dass André beide Elternrollen neu kennenlernen kann. Durch die hohe Betreuungsstundenanzahl konnte André auch in das Privatleben der Betreuenden integriert werden. Gemeinsame Wochenendaktivitäten oder auch ein Kurzurlaub waren wesentliche Elemente, um zu André eine Beziehung aufzubauen und ihn zeitweise aus seinem kriminellen Milieu herauszuholen.

2.8 Partizipation des Jugendlichen und der Eltern

2.8.1 Partizipation von André

André konnte die Entscheidung für die ambulante Betreuung nicht nachvollziehen. Im Interview bezeichnet er sich in der Heute-Sicht mit Blick auf damals als zu unreif: „Nein, da nicht, da war ich noch so auf Deutsch gesagt zu doof für. Also noch nicht so reif und dachte mir, jo, das ist hier ein Spiel" (André 143–144). Er war auch mit vielen Entscheidungen nicht einverstanden und hatte wenig Motivation, an seiner Zukunft selbstbestimmt zu basteln. „Also das war schon für mich sehr, sehr anstrengend, weil da war der Werner, die Ulrike war da, die Frau K. dann und haben da ein paar Sachen entschieden, wo ich nicht einverstanden war ... und da bin ich immer da ausgerastet" (André 253–255).

Der Betreuer hingegen sieht im Rückblick, dass André voll in die Entscheidung einbezogen war. „[A]lso ihm war klar, ich will vom Vater weg, ich brauche aber jemanden, der mir hilft, der mich begleitet, der hatte ja schon so seine eigenen Ziele damals im Kopf" (BE Werner M. 83–85). Dies deckt sich mit dem Rückblick des Jugendamtes: „[I]ch glaube, dass er relativ schnell erkannt hat, dass er die Hilfe annehmen musste, um nicht weiter abzurutschen" (JA Frau K. 97–99). Und schließlich sind die

Hilfebeteiligten dem Zeichen, welches André durch seine ständigen Rauswürfe aus stationären Einrichtungen gesetzt hat, gefolgt und haben ihn trotz der Gefahren, die von ihm ausgingen, ambulant auf der Straße und im Hotel betreut, ohne ihm eine weitere stationäre Unterbringung anzubieten.

2.8.2 Partizipation der Eltern

Der Vater hat einen Antrag auf Hilfen zur Erziehung gestellt, weil er mit André nicht mehr klar gekommen ist. Bei der weiteren Hilfeplanung war der Vater nicht mehr aktiv beteiligt. „[D]iese Entscheidung konnte der Vater überhaupt nicht nachvollziehen, für ihn war es einfach nur erleichternd, dass er die Verantwortung endlich los hatte" (JA Frau K. 92–94). Der Vater erinnert sich ähnlich: „Ich hab da mehr oder weniger alles blanko unterschrieben, weil es hieß, wir brauchen nur 'ne Unterschrift" (KV Herr R. 158–159). Er nahm aber an den Gesprächen im Jugendamt sowie an den Gesprächen von der Helferseite regelmäßig teil:

> *„Ja gut, wir haben ja Gespräche geführt gehabt nachher, det war ja immer so eine Art Meeting, sprich Jugendamt, so" (KV Herr R. 345–346).*
> *„Also das was also vorgegeben worden ist von Seiten des Jugendamtes, das hab ich mehr oder weniger versucht, so jut wie es geht halt umzusetzen" (KV Herr R. 330–331).*

2.9 Beziehungsqualität zwischen Jugendlichem und Helfersystem

2.9.1 Beziehung André – Betreuer Werner M. und Betreuerin Ulrike O.

André bezeichnet die Beziehung sowohl zu Werner M. als auch zu Ulrike O. als sehr gut:

> *„Der Werner das ist, der, also das ist ein sehr, sehr guter Betreuer sag ich mal, also wer den hat, der kann gut glücklich sein mit dem, also" (André 71–73).*
> *„[D]a war die Ulrike … richtig nett für mich, so ganz in Ordnung" (André 165–166).*
> *„[U]nd wie es so war, war es ein sehr gutes Verhältnis" (André 196).*
> *„[U]nsere Wege trennen uns auf jeden Fall nicht" (André 204).*

Bis heute besteht immer noch Kontakt zwischen Werner M. und André, der von André aus forciert wird. Werner M. bezeichnet die Beziehung zu André ebenfalls als vertrauensvoll und gut: „[D]as war an sich relativ schnell klar, da stimmt irgendwo die Chemie, so“ (BE Werner M. 64–65). Werner M. nahm eine Art Vaterrolle ein:

> *„[A]lso ich war an sich eher vier Jahre Andrés Vater so, auch figürlich so“ (BE Werner M. 186–187).*
> *„[A]ls die Beziehung dann klar war, als dann wirklich klar war der hat da was Tragfestes und dann gab es natürlich auch wirklich so diese, diese Veränderungen bei ihm“ (BE Werner M. 265–267).*
> *„Mir hat er vertraut, ich war sehr verbindlich“ (BE Werner M. 268).*

Ehrlichkeit und Konsequenz machten die Beziehung aus: „Also wenn ich was gesagt habe, dann hab ich das durchgezogen“ (BE Werner M. 363–364). Die Beziehung und die Nähe standen im Vordergrund:

> *„Und ich glaube aber genau an dieser großen Nähe hat auch, das war auch die große Chance für diesen Prozess glaub ich“ (BE Werner M. 449–450).*
> *„Wenn ich da heute drei Jahre zurückgucke, ist da 'ne Menge, Menge passiert. Ich glaube, das wäre nicht passiert, wenn es diese Beziehung zwischen ihm und mir in den vier Jahren nicht gegeben hätte“ (BE Werner M. 460–462).*
> *Unterstrichen wird diese Einschätzung auch durch das Jugendamt:*
> *„[U]nd es war relativ schnell klar, dass der André eine Bindung zu den beiden Betreuern aufgenommen hat“ (JA Frau K. 71–72).*
> *„Aber das passte eben halt alles und dadurch war André auch relativ schnell, dass er sich öffnete und die Hilfe annehmen konnte“ (JA Frau K. 104–105).*
> *„Und wenn jemand Einfluss hatte, dann waren es ganz klar die Betreuer“ (JA Frau K. 127).*

Ebenfalls bestätigt die Koordinatorin die Tatsache, dass die gute Beziehung zwischen André und den Betreuenden Schlimmeres verhindern konnte: „[A]lso das war für ihn schon .. was sehr Stabilisierendes“ (KO Herr T. 93). Betont wird auch noch die Tatsache, dass der Betreuer immer wieder für André da war, der ihn auch immer wieder als Anlaufpunkt nutzte, egal, was vorher gewesen war:

> *„André ist aber immer wiedergekommen und war immer wieder da und wusste auch genau, eigentlich ist Werner M. für ihn da“ (KO Herr T. 200–201).*
> *„Man hat den André einfach so genommen wie er ist und das gar nicht mehr so sehr in Frage gestellt“ (KO Herr T. 216–217).*

Auch der Vater unterstreicht die vorhandene Bindung zwischen André und Werner M.: „Und .. der Herr M. hat ja nachher irgendwie ´n Draht zu ihm gekriegt" (KV Herr R. 259–260).

2.10 Prozessgestaltung zwischen Jugendlichem und Helfersystem

2.10.1 Sozialverhalten

Der Betreuer arbeitete sehr viel mit Grenzsetzung, wies André in seine Schranken und begegnete ihm mit konsequentem Verhalten:

> *„Ja so, bei André ging das wirklich erst mal um wirklich ständiges Begrenzen, also auch wirklich erst mal wirklich dieses Ding, ein System mit dem herzustellen irgendwie, wenn ich was sagen will, dass du tust und dann tust du, und ich bin erwachsen und du bist jetzt gerade noch der Jugendliche, und da wird auch nicht diskutiert und ich entscheide für dich und Punkt und Aus und Ende" (BE Werner M. 244–249).*
> *„[P]fft, glaub ich eher so diese, diese konfrontative Klarheit" (BE Werner M. 103).*

Konsequenterweise hat der Betreuer sich auch zurückgezogen, wenn André sein Verhalten nicht adäquat angepasst hat:

> *„Also erst einmal wirklich – dieses tust du mit mir nicht, also wenn du so unterwegs bist mit deinen dissozialen Sprüchen wie Adolf und so weiter – dann gehe ich oder dann lege ich auf oder dann haste mich heute halt nicht mehr" (BE Werner M. 239–251).*
> *„[U]nd das in der Pubertät [lacht], eine völlige Herausforderung einfach nochmal so massiv begrenzt zu werden .. auch körperlich teilweise. Ich hab mich auf den draufgesetzt und hab den geklammert und gehalten" (BE Werner M. 253–255).*
> *„[E]s da geschafft zu haben, den begrenzen zu können, dem wirklich mal Grenzen in der Pubertät nochmal klar zu machen" (BE Werner M. 320–321).*

Begrenzen, Konfrontieren, Unmittelbarkeit, Authentizität, Aushalten waren die Stichworte in der Betreuung.

> *„So hilfreiche Interventionen waren wirklich immer dann, wenn ich wirklich mir André gepackt hab und ihn festgehalten habe oder wirklich gegen die Wand geknallt habe. ... So als er plötzlich mit zwei Messern in der Hand auf den los-*

> *ging und ich mir den dann auch nur noch gegriffen habe und gesagt hab, so, du stichst hier niemanden ab, solange ich daneben stehe" (BE Werner M. 406–410).*

Es gab immer wieder viele Gesprächseinheiten rund um die Themen Delinquenz, Aggressivität, Wertesystem: „[D]as waren glaub ich eher diese Auseinandersetzungen, das waren glaub ich das, das wirklich immer wieder Verhindern von irgendwelchen Dingen" (BE Werner M. 310–311). Eine tragende Intervention war es, André einerseits zu begrenzen und ihm andererseits zu ermöglichen, dass er durchaus wieder willkommen ist, wenn er seine Verhaltensweisen überdenkt und verändern kann: „[I]ch glaube, es war einfach dieses klare Halt, Stopp, so geht's nicht so .. und hier ist die Grenze bis – und ich mag dich trotzdem"(BE Werner M. 107–108).

André betont, dass Werner M. ihn bei Problemen jederzeit unterstützt hat: „[W]enn du ein Problem hast, dann regelt der das auch mit dir sofort" (André 65). Hervorheben tut André auch das oftmals deeskalierende Verhalten des Betreuers: „[W]enn es mal Stress gibt, bleib ruhig, Ball flach halten, nicht immer so ausflippen. Also das hat er mir schon beigebracht" (André 88–89). Der Betreuer hat ihm außerdem immer eine Tür offen gelassen. Dies wird auch von der Koordinatorin so geschildert:

> *„Und was hat er den Herrn M. manchmal beschimpft, also ich das hab ich ja auch mitbekommen… und trotzdem: Er ist aber immer wieder wiedergekommen und war immer wieder da und wusste auch genau, eigentlich ist Werner M. für ihn da und der Werner M. hat ihm das nie wirklich so auf einer persönlichen Ebene übel genommen" (KO Herr T. 198–202).*
> *„[W]as hat der den mal angebrüllt. … Dann hat er ihn weggeschickt und hat gesagt: Wenn du dich wieder beruhigt hast, dann kannst du dich wieder bei mir melden" (KO Herr T. 205, 207–208).*

Bei dem Jugendlichen sehr klar zu bleiben wird als wichtige Intervention genannt:

> *„[A]lso dem Werner M. ist es wirklich gelungen, dieselbe Sprache von André zu sprechen, also das war glaub ich was, da konnte er ganz gut mit umgehen. Das war, ja, das war nicht so verkopft und nicht so pädagogisch und nicht so mit viel Moral, sondern das war einfach, ja, ganz klar, ganz deutlich" (KO Herr T. 156–159).*

Die anwaltliche Tätigkeit für André wird von der Koordinatorin hervorgehoben: „[S]ich letztendlich auch für den André einsetzen, das hat der Werner M. schon auch getan, also das war schon auch .. dass André so seine Rechte durchgesetzt bekommt, da hat der Werner M. sehr für gesorgt" (KO Herr T. 193–194).

Zusammenfassend ging es bei André auch weitestgehend darum, ihn auszuhalten:

> *„[U]nd das war ja so ein ständiges Auf und Ab, weil an sich hat André keiner ausgehalten" (BE Werner M. 285–286).*
> *„Und natürlich ständig auch seine, seine emotionalen Attacken und seine dissozialen Verhaltensweisen ertragen zu müssen. Also es ging auch wirklich viel um Ertragen, Aushalten in dem Fall" (Werner M. 397–399).*
> *„Mir hat er vertraut, ich war da sehr verbindlich" (BE Werner M. 268).*

Das Jugendamt sieht als wichtige Intervention noch Folgendes an: „Also die ständige Verfügbarkeit fast von dem männlichen Betreuer .. war sehr hilfreich" (JA Frau K. 09–210). Dies wird auch durch die Koordination bestätigt:

> *„[D]iese .. intensive Ansprechbarkeit, das war, das war wirklich sehr spezifisch und durch diese hohe Stundenzahl auch gut aufgegeben, also der hatte jederzeit die Möglichkeit, in Kontakt zu gehen und hatte auch täglich Kontakt zu den Pädagogen" (KO Herr T. 88–90).*

2.10.2 Kindliches Nachreifen

Leider scheint es seitens des Helfersystems nur wenige Angebote an André gegeben zu haben, einen nachholenden Trauerprozess durchzuführen. In den Interviews finden sich hierzu lediglich die bereits zitierten Hinweise auf die Tabuisierung des Themas durch André:

> *„Puhh. Die ist **nie** einbezogen gewesen, weil das war der Versuch also immer mal Trauerarbeit mit André zu machen sprich mal in so Abschiedsprozesse zu gehen, auf den Friedhof zu gehen, zu gucken, mit ihm da zu arbeiten, nee, das hat er immer verweigert " (BE Werner M. 527–529).*

Es stellt sich die Frage, inwieweit die Helferinnen von Andrés Tabuisierung des Themas Tod der Mutter „angesteckt" wurden.

Dem Thema Nachreifung widmeten sich eine Reihe von Interventionen – beginnend mit der Settinggestaltung (Frau und Mann als Betreuende):

> *„Und darum war dann ja irgendwann mal die Idee, die weibliche Kollegin mit ins Spiel zu bringen, dass er genau diesen weiblichen Part auch nochmal abarbeiten kann" (BE Werner M. 530–531).*

„Und da war ja 'ne Zeitlang auch 'ne Kollegin dann mit im Spiel, war aber auch noch mal so ein, ein Stück über seine Traumatisierung durch den frühen Tod der Mutter irgendwie, genau noch mal 'ne Kollegin mit rein genommen haben, um diese Rolle einfach auch noch mal abzudecken" (BE Werner M. 271–273).

„Ulrike O. hingegen hat so den ganz anderen Part übernommen, eher so das Besonnene und auch zum Teil Liebevolle, ich will nicht sagen, dass Werner M. nicht liebevoll war, aber einfach auch noch mal so auf einer anderen Ebene, die hat den eher auch noch mal eher so ein Stück bemuttert und war mit ihm Anziehsachen einkaufen, hat ihn bekocht, also die hat so das andere auch noch mal bedient, so. Das fand ich war eigentlich eine schöne .. eine, eine schöne Verbindung. So, das war eine schöne Kombination gewesen" (KO Herr T. 165–171).

„Die weibliche Betreuerin hatte .. ein mütterliches Wesen, also die konnte André auch mal in den Arm nehmen und die hat auch mit ihm am Wochenende gekocht und hat ihn mal eingeladen und, oder Kuchen gebacken, also alles das, was eigentlich so eine Mutter, die hatte ein sehr warmherziges Wesen und das war genau stimmig" (JA Frau K. 119–123).

Infolge der Dissonanzen zwischen den beiden Betreuenden wurde dieser Weg jedoch nach einem Jahr abgebrochen. Interessant ist hierzu die Deutung des Koordinators:

„Als Außenstehende betrachtet könnte man fast sagen, war das eine Übertragung, also die haben sich auch so ein Stück als Vater, Mutter im Bezug auf André auch noch mal – es war so eine, so eine Gegenübertragung des Systems so [...] und haben das immer mal wieder auch punktuell mit Absprachen und mit Vereinheitlichung und auch mit Aufdecken des Phänomens, was da gerade wohl so passieren mag, haben wir versucht die noch mal auf einen Nenner zu kriegen, aber das hat dann nicht mehr funktioniert. [...] Ich glaub da hat sich auch was von Andrés Geschichte auf die Helfer noch mal .. ja, projiziert, oder da war dann Wiederholung" (KO Herr T. 180–191).

Neben der weiblichen Betreuerin gab es noch die Lebensgefährtin des Vaters, die ebenfalls für das zumindest teilweise Ausfüllen der Mutterrolle in Frage kam.

*„[...] diese Freundin von dem Vater, die hat so ein bisschen je nachdem wie die gerade gelaunt war, welchen Stress sie grad mit dem Vater hatte so 'ne Mutter-Ersatz-Rolle zumindest im **Versorgungsbereich** ausgefüllt, nie im emotionalen" (BE Werner M. 537–539).*

Als ein „Highlight" im Betreuungsprozess beschreibt der Betreuer eine Intervention, die André durchaus die Gelegenheit gegeben haben dürfte, etwas Kindheit nachzuholen:

> *„Ich hab mit André an sich eine Nachbekindheit durchgeführt, also ich hab mit dem, ich hab dem irgendwann mal so einen Spruch gedrückt, also noch einmal und ich kauf dir einen Schnuller und dann wollte der in der Tat mit seinen sechzehn Jahren einen Schnuller haben, dann sind wir zum Fußballclub gefahren, das musste dann auch einer von seiner Mannschaft sein, dann hab ich dem einen Schnuller gekauft, den hat er drei Monate lang getragen – Tag und Nacht – im* ***Mund****, in H. auf offener Straße, hier in S. auf offener Straße, hat damit Mädchen angegraben, aber er hat diesen Schnuller getragen und dann bin ich mit dem noch eine Woche in die Sandkiste gegangen und dann war das Thema durch. Damit war der Jugendlicher, ich glaub das hat noch mal eher etwas mit dem Nachholprozess von Mutter zu tun, aber die Mutter selber hat nie eine Rolle gespielt" (BE Werner M. 545–554).*

2.10.3 Platz im Familiensystem

Zu Beginn der Hilfe gab es keinen Kontakt zwischen Vater und Sohn. „Im Laufe der Zeit hat er erst dann wieder Kontakt zu André über diese Betreuer, also den männlichen Betreuer gefunden" (JA Frau K. 147–148). Zunächst stand der Betreuer vor der Aufgabe, im direkten Kontakt zwischen Vater und Sohn zu deeskalieren. Der Vater erinnert sich dementsprechend an seine erste Begegnung mit dem Betreuer Werner M.:

> *„Werner M., den hab ich so kennengelernt gehabt, da ist dat also damals eskaliert zu Hause oder .. ich weiß es gar nicht mehr, und wie gesagt, ein Wort gab dat andere, André sagte was zu mir und da wollte ich auf ihn eindreschen, und der Werner M. war dabei gewesen und der hat versucht, erst mal die ganze Situation erst mal zu beruhigen" (KV Herr R. 102–105).*

„Das war schon immer schwierig, überhaupt den in irgendeinen Besuchskontakt, wenn André seinen Vater sehen wollte, zu kriegen .. und nur mit Pöbeleien und beleidigend" (BE Werner M. 198–200). Im weiteren Betreuungsverlauf gelangen auch Unternehmungen zu dritt. Interessant ist der Zusammenhang, den der Vater dafür herstellt (Verbesserungen bei André führten zu diesen gemeinsamen Ausflügen):

> *„Und denn nachher natürlich mit späteren Treffen. Da is mal, wie sich dat mit dem André nachher gebessert hat, dat wir mal zusammen, was weiß ich jetzt, nach McDonalds gegangen sind, oder am Vatertag hatten wir uns getroffen, beim Fußball, irgendwie Vatertagsturnier oder wat, da waren sie denn auch gegenwärtig" (KV Herr R. 109–113).*

Der Koordinator vermutet, dass der Vater „wohl täglich bei André ein Thema gewesen" ist:

> *„Also ich kann mich immer entsinnen, dass André vom Vater erzählt hat, und wenn der den mal nur kurz bei McDonalds getroffen hat oder .. er ihn wieder angerufen hat und um Geld gefragt hat. […] Wir selber haben ihn schwer in die Betreuung mit einbinden können" (KO Herr T. 285–290).*

Weiter erinnert er sich, dass die beiden Brüder und der Vater immer im Kontakt waren – und sei es über den Streit:

> *„Also, obwohl, da gab es ja noch den Bruder, und obwohl die alle, jeder über jeden geschimpft hat und .. es da nach außen hin immer so aussah, als hätten die sich täglich in der Wolle, waren die aber alle im Kontakt miteinander. Und wenn es auch über den Streit war. Und ich finde, das war schon eine Ressource. Also so einen Kontaktabbruch von irgendeiner Seite hat es nie gegeben. So, der Vater hat zwar viel über den André geschimpft und der André über seinen Vater und dann der Bruder über Vater und über André, aber trotzdem waren die in ihrem .. in ihrer Familienstruktur trotzdem füreinander da. […] Herr R. hat ja auch Kontakt gehalten zu Werner M. und, und war da ja auch in Gesprächen, und hat – also ich glaub schon im Rahmen seiner Möglichkeiten auch da versucht .. dem André was anzubieten, aber der ist da auch genauso an Grenzen gestoßen" (KO Herr T. 295–307).*

Als das Ende der Hilfe nahte,

> *„da ist er plötzlich in die* ***Versorgung*** *gegangen, also da ist er dann plötzlich in die Rolle gegangen, wenn du zu mir kommst ich* ***koch*** *für dich, so. Das hat er zwar immer so zwischendurch angeboten und dann kam André eine halbe Stunde zu spät und dann gab es kein Essen mehr, da hatte er das inzwischen in den Mülleimer geschmissen, und dann gab es Randale und Beschimpfungen, und dann war es wieder monatelang nicht und kaum war ich raus aus der Betreuung oder es war klar, dass ich raus ging, da hat er plötzlich einen Streit mit mir angefangen, da ist er also mit zunehmendem Ende der Betreuung ist sein*

Vater in die Konkurrenz zu mir gegangen. Und hat in den letzten Monaten der Betreuung plötzlich um die Liebe seines Sohnes gebuhlt, was natürlich nochmal zu so einer völligen Zerrissenheit zwischen André, oder, und irgendwie bei André geführt hat weil, jetzt Werner da und der geht und es kommt ein neuer und der kämpft da noch irgendwie um mich und, und sagt jetzt plötzlich Werner war Scheiße" (BE Werner M. 571–583).

Das Thema Konkurrenz zwischen zwei „Vätern" (leiblicher Vater und Betreuer) und das Abwählen des Betreuers aus dieser Rolle dürfte es André leichter gemacht haben, von diesem (vorläufig) Abschied zu nehmen. Inwieweit dies seine eigene Verortung im Familiensystem unterstützen konnte, bleibt dagegen fraglich.

Die fallführende Mitarbeiterin des Jugendamtes sah große Anstrengungen des Betreuers, den Vater in die Betreuung von André einzubinden. Aber auch sie wies auf die Konkurrenzen zwischen Vater und Betreuer hin:

„Also im Rahmen dessen, was der Vater überhaupt als Zusammenarbeit leisten konnte, hat Phöinix das gemacht. Also der hat sehr den Vater immer mit eingebunden, dieser Werner M. .. Andererseits habe ich ja schon geschildert auch diese Schwierigkeit der Konkurrenz des Vaters zu dem Betreuer. Im Rahmen wie gesagt dieser geistigen Begrenzung, auch der Vater ist sehr begrenzt, das darf man nicht vergessen oder nicht außer Acht lassen, ist natürlich, da hat Phöinix wirklich diese Elternarbeit gut geleistet. Also in der Motivation und in der Auseinandersetzung auch mit dem Vater in dem versuchten Nahebringen von dem, wie fülle ich Vatersein aus, aber wie gesagt auch darauf nochmal zu gucken ist immer da auch die Begrenztheit dieses Vaters" (JA Frau K. 278–287).

Gegenüber der Lebensgefährtin des Vaters, die „zum Schluss nach dieser Hilfe wieder Kontakt zum Vater bekommen" hat, konnte André während der Hilfe keine Beziehung aufbauen. Laut Betreuer war diese mal für ihn da und mal nicht – je nachdem, wie es mit dem Vater gerade lief (vgl. BE Werner M. 537–539). „Die hatten ja ihre Beziehung beendet und er war ja ausgezogen wie ich anfänglich erwähnte und die war nicht bereit, mit Phöinix zusammenzuarbeiten. Die wollte dann mit André überhaupt nichts mehr zu tun haben" (JA Frau K. 287–292).

2.10.4 Lebenspraktische Themen

Während der Betreuung durchlief André einen ständigen Wechsel zwischen Hotel, Straße, bei Freunden, auf einem Campingplatz und in Notunterkünfte, weil er durch sein Verhalten immer wieder rausgeflogen war. Eine Einschätzung vonseiten der Koordinatorin lautet so: „Vielleicht hat André sich auch im Nachhinein zu sehr auf die Hilfe verlassen und sich dadurch auch mehr, mehr getraut, weil er dachte: Ach die Hilfe, die rettet mich schon und die werden mich schon an den Haaren aus der Scheiße ziehen" (KO Herr T. 390–393).

Ähnlich verhielt es sich mit der Erarbeitung von schulischen und/oder beruflichen Perspektiven. Die anderen Themen überlagerten offensichtlich dieses Thema, sodass in keinem der Interviews erwähnt wurde, ob und mit welchen Ergebnissen Versuche diesbezüglich während der Betreuung gemacht wurden.

2.11 Zusammenarbeit auf Helferebene

Nach Einschätzung des Koordinators lief die Zusammenarbeit von Koordination und Betreuenden zeitweise holprig, als Werner M. sich die Arbeit mit Ulrike O. teilte: „[W]ürde Ulrike O. eher sagen, sie hätte sich mehr gewünscht, dass wir von Phöinix sie mehr stärken" (KO Herr T. 242–243). Als nur noch ein Betreuer involviert war, bezeichnet der Koordinator die Kommunikation als offen und gut. „Ich war immer sehr dicht auch dran an, an André und an den Themen [...] da würde ich wirklich sagen, da hat die Zusammenarbeit gut geklappt" (KO Herr T. 245–246, 248). Der Betreuer erläutert, dass Jugendhilfe Phöinix e.V. zum damaligen Zeitpunkt noch sehr familiär war, man sich gut kannte und von daher auch die vertrauensvolle Zusammenarbeit gegeben war: „[E]infach eine sehr unterstützende Sache, weil man auch genau über die .. die kannten einen so genau, dass die halt auch einfach gut sagen konnten, was schwappt denn da von dir grade wieder rein" (BE Werner M. 485–487). Gleichzeitig sah der Betreuer aber auch die Gefahr darin:

> *„Weil das nimmt viel eventuelle Konfrontationsmöglichkeiten oder von außen Reflexionsmöglichkeiten, was ja auch noch mal, so, man tut dem anderen nicht weh"(BE Werner M. 479–481).*

> *„[F]ällt dieses nette familiäre Kutschikutschi auch einfach runter – das wird dann professioneller und strukturierter, so .. Herrn T. konnte man nachts um zehn noch anrufen und sagen, ich muss jetzt eben nochmal über den Fall quatschen, das war völlig okay" (BE Werner M. 514–517).*

Die Kommunikation und Zusammenarbeit mit dem Jugendamt wurde von der Koordination als sehr schwierig und wenig loyal eingeschätzt aufgrund der jahrelangen Verstrickungen, die das Jugendamt mit der Familie bereits hatte.

> *„Also was, was spezifisch in dem Fall auch war, das war die ganz, ganz schwierige Kommunikation mit dem Jugendamt, das war die damalige Sachbearbeiterin .. die war sehr überfordert, generell mit ihrer Arbeit, aber auch sehr überfordert mit André" (KO Herr T. 66–69).*
> *„Also die Kooperation mit dem Jugendamt, würde ich wirklich sagen, die ist überhaupt nicht gut gelaufen" (KO Herr T. 336–337).*

Die Koordination bemängelt, dass die gesamte Verantwortung an die ambulante Betreuung abgegeben wurde, das Jugendamt gleichzeitig aber auch sehr fordernd aufgetreten sei, indem mehrmals täglich angerufen wurde und Informationen benötigt wurden. „[U]nd hat da so ein Stückchen, hat da die Grenzen nicht mehr hingekriegt" (KO Herr T. 356–357).

Diese Einschätzung unterscheidet sich sehr von der des Jugendamtes. Das Jugendamt erlebte die Kommunikation und Zusammenarbeit mit Träger und Betreuenden als sehr positiv: „Also ich kann nur sagen, die Zusammenarbeit war sehr positiv" (JA Frau K. 247). „Es gab regelmäßig alle zwei Monate auch mit dem Betreuer Kontakte … und wenn irgendetwas sehr Dringliches war, wurde auch sofort Kontakt aufgenommen" (JA Frau K. 249–252).

Auch wurden in diesem Fall Kooperationen mit externen Personen getätigt, insbesondere mit dem Hotelchef, was ebenfalls sowohl von der Koordination als positiv bewertet wurde.

> *„[E]s gab noch den Kollegen aus dem Hotel, der Chef dort, da haben die ambulanten Helfer, beziehungsweise Werner M., der hat mit dem kooperiert. … Das hat sehr gut geklappt, der Werner M., der ist immer relativ zeitnah informiert worden und umgekehrt" (KO Herr T. 363–366).*

2.12 Beendigung der Hilfen und Anschlusshilfen

Obwohl André nicht in der Lage war, mit dem 18. Lebensjahr selbständig und eigenverantwortlich zu leben, beendete das Jugendamt mangels Mitwirkung durch André die Betreuung zum 18. Geburtstag.

Abschied

Die Beendigung wurde zwar frühzeitig angekündigt, das Ende wurde jedoch trotzdem vom gesamten System als ein „Sprung ins kalte Wasser" wahrgenommen: „[U]nd ich sag mal das ist sehr, sehr schwer, wenn man die Betreuung nicht mehr hat, und dann musst du alleine da kämpfen" (André 421–422). Aber er hat die Beendigung zum Anlass genommen, aufzuwachen und etwas zu tun.

> *„Also zum Glück hab ich das sehr, sehr früh erkannt .. noch, also die paar Meter wurde ich erst wach und dachte mir: Oh, die Betreuung ist jetzt zu Ende und ich muss jetzt so viel mitnehmen wie kann, und dann habe ich mich auch mit denen so gehen lassen halt, und .. also es hat geholfen" (André 422–425).*

Der Betreuer sieht die Beendigung des Projektes als mangelhaft an:

> *„Ich glaube, da gab es keine gute Vorbereitung jetzt zumindest sag ich mal von Jugendamtsseite" (BE Werner M. 648–649).*
> *„[D]ie haben gar nichts vorbereitet, die haben einfach gesagt, wir machen dicht, wir stellen ein, wir spielen noch eine gesetzliche Betreuung ein" (BE Werner M. 656–657).*
> *„Ich hab mich einfach gar nicht von ihm verabschiedet. Der nicht von mir und ich nicht von ihm" (BE Werner M. 690–691).*

Diese Aussage basiert darauf, dass der Betreuer noch bis heute regelmäßigen Kontakt zu André hat und ihm auch über die Hilfe hinaus ehrenamtlich zur Seite stand. „[J]a, ich glaub das ist so einer der Jungs, ja .. ja da gibt's erst mal so noch keinen Abschied, weil irgendwo gibt's da einfach noch eine Beziehung" (BE Werner M. 701–702). Als Anschlusshilfe wurde eine gesetzliche Betreuung aktiviert:

> *„[D]ass die Volljährigkeit von André anstand, dann wie gesagt die geistige Begrenztheit von ihm auch dazu führte, dass ich einen Antrag auf gesetzliche Betreuung gestellt habe, damit er jemand hat, der ihn in Antragstellung seiner Rechte, Sozialhilfe usw., Wohnungssuche unterstützen konnte" (JA Frau K. 298–302).*

Weitere Hilfen, außer dass der Betreuer informell André immer wieder unterstützt hat, gab es keine. Folgende Tatsachen lagen bei der Beendigung vor: André hatte eine eigene Wohnung und eine gesetzliche Betreuung. Ansonsten hatte er weder eine berufliche noch schulische Perspektive, lebte von ALG II (bekannt als „Hartz IV") und war immer noch mehr oder weniger in kriminelle Handlungen verstrickt. Die Hilfebeteiligten hatten eine skeptische Prognose abgegeben, was den weiteren Lebensverlauf von André betraf: „[W]o wir glaub ich, als wir die Betreuung eingestellt haben, nicht auch nur 'ne Idee von gehabt hätten, dass der das hinkriegen würde" (BE Werner M. 719–720). „Also ich hab immer damit gerechnet, dass wenn wir aussteigen ist das eine Frage der Zeit, dann wird der im Gefängnis sein" (KO Herr T. 389–390). Das Jugendamt sah die Beendigung der Hilfe etwas positiver: „Also in der gesamten Betreuungszeit war ich zufrieden und auch anschließend. Also da hab ich andere Jugendhilfefälle, da könnte ich jetzt was zu sagen. Aber bei André war ich zufrieden, weil es wirklich einer der schwierigsten Fälle war" (JA Frau K. 334–337).

2.13 Auswirkungen der Hilfe in der Wahrnehmung und Deutung der Befragten

2.13.1 Sozialverhalten

André hat, wie er selbst schildert, durch die Betreuung gelernt, respektvoller mit anderen Menschen umzugehen:

> *„Und der Werner und der, ja der hat, hmm, viele Sachen erreicht mit mir und hab auch sehr viele Sachen von ihm gelernt, was man, wie man mit Leuten umgeht halt, ne, also Respekt zeigen halt so was"(André 69–71).*
> *„[U]nd der meinte ja auch, wenn es mal Stress gibt, bleib ruhig. Ball flach halten, nicht immer so ausflippen. Also das hat er mich schon so beigebracht, der Werner" (André 88–89).*

Andrés kriminelle Energie flaute ab: „Ja, irgendwann hat sich das so eingependelt, dass ich nicht mehr so viel Scheiße gebaut habe" (André 242–243). Auch wenn unmittelbar bei der Beendigung der Betreuung das gesamte Helfersystem der Überzeugung war, dass André über kurz oder lang im Gefängnis landen würde, hat André das System mit einer anderen Perspektive überrascht. Insgesamt gesehen: „Von daher im Nachhinein gesehen ist da glaub ich mehr passiert als wir damals gesehen hätten und gesehen haben" (BE Werner M. 737–738).

Die kriminellen und dissozialen Auffälligkeiten hat André wohl gut im Griff: „Probleme nicht nur aggressiv verbal oder mit körperlichen Auseinandersetzungen oder Gewalt gegen Gegenstände, sondern dass er gelernt hatte, Konflikte etwas ruhiger anzugehen" (JA Frau K. 319–320).

2.13.2 Kindliches Nachreifen

Andrés emotionale Entwicklung hat sich stabilisiert: „[H]at er es glaube ich geschafft, zumindest einem Erwachsenen zu vertrauen .. und den nicht auszunutzen" (BE Werner M. 759–760). „Also dass der also auch Beziehungen inzwischen wertschätzen kann und die nicht einfach nur als Mittel zum Zweck des Überlebens benutzt" (BE Werner M. 766–767). Das Jugendamt sieht besonders in der Emotionalität den Fortschritt: „[E]s hat unter Anleitung von Phöinix einen Entwicklungssprung in seiner emotionalen Seite stattgefunden" (JA Frau K. 314–315).

2.13.3 Platz im Familiensystem

Den Kontakt zum Vater empfindet André inzwischen als sehr positiv: „Na gut, mit meinem Vater und ich, wir haben jetzt einen super Kontakt halt" (André 269). „Die haben wieder die gute Zusammen- oder das Verhältnis zwischen mir und meinem Vater besser gemacht" (André 276–277).

Zum Ende der Hilfe bemerkte der Betreuer positive Veränderungen in der Vater-Sohn-Beziehung, die bis dahin durch immer wieder hochkochende Emotionen und Auseinandersetzungen sowie wiederkehrende Kontaktabbrüche gekennzeichnet war. Die familiären Konflikte haben sich reduziert. Der Vater übernahm Verantwortung nach Beendigung der Hilfe:

> *„Ahh .. und der Vater ist an sich erst, der hat seine Ressourcen an sich erst entdeckt .. oder wieder hervorgeholt irgendwie in der Fürsorge für seinen Sohn als .. meine Betreuung aufgehört hat" (BE Werner M. 188–190).*
> *„Die, phh, die Anbindung ist in dem Moment gelungen, wo ich aus der Betreuung ausgestiegen bin" (BE Werner M. 561–562).*
> *„Aber ansonsten verbringt der fast jeden Tag irgendwie glaub ich inzwischen mit seinem Vater" (BE Werner M. 591–592).*

2.13.4 Lebenspraktische Themen

André „wachte“ erst auf, als die Hilfe beendet wurde:

> *„Also man wird erst später wach und ja, dann wurde ich erst so mit siebzehn, achtzehn erst ein bisschen wach und hab gedacht, oh, [schmunzelt] Jugendhilfe ist bald zu Ende .. dann muss ich mich mal ein bisschen bewegen halt, ja, und dann hat das Hotel gesagt, ja hier, .. kannst hier anfangen und wir können das mal versuchen mit dir und jetzt klappt alles“ (André 51–55).*
> *„[U]nd wenn ich früher Rechnungen bezahlen musste oder so, hatte er mir gezeigt wie man das macht, dies und das – man sollte das sofort bezahlen und nicht so in drei Wochen, vier Wochen, sechs Wochen zahlen, natürlich so einer bin ich irgendwie und jetzt wenn was kommt, zahle ich sofort“ (André 84–87).*

Auch die Einstellung zu Arbeit und Geld verdienen hat sich verändert. So fand er sogar einen festen Aushilfsjob in dem Hotel, in dem er während der Betreuung überwiegend gewohnt hat: „[D]er hat den vor zwei Jahren sogar eingestellt, als Rezeptionisten“ (BE Werner M. 263–264).

> *„Ich will arbeiten gehen, das kommt auch besser an auch tatsächlich bei den Leuten, bei den Mädels besonders“ (André 450–451).*
> *„[W]as, was macht der Staat mit der Kohle, dass so faule, so'n faules Gesöcks wie hier – die haben auf nix Bock, geht nicht – und da dachte ich mir – hm – ich muss einen Weg finden. Wenn das andere finden, kann ich das auch“ (André 455–456).*
> *„Ich hab Spaß und jetzt weiß ich wie man sich fühlt, wenn man was tut und dafür macht und ein paar Sachen sich leisten kann“ (André 463–464).*

André lebt nun in einer eigenen Wohnung, die er über einen langen Zeitraum halten konnte. Er geht einer regelmäßigen Arbeit nach, konnte aber bislang noch keinen Schulabschluss erreichen.

> *„Genau, was war denn sonst – ach ja, in der eigenen Wohnung, das ging dann relativ gut, also da hatte der endlich so seinen Platz“ (BE Werner M. 287–288).*
> *„So und seine Wohnung hat er aber an sich immer sauber halten können, das hat er wirklich hingekriegt, der hat ja sogar in der .. ja, in der letzten Wohnung bis letztes Jahr durchgehalten“ (BE Werner M. 298–300).*
> *„[E]r hat es geschafft, einen Mietvertrag für sich abzuschließen, er hat es geschafft, den Umzug über die ARGE organisiert zu kriegen irgendwie und diesen ganzen Kram, der hat sein eigenes Bankkonto, was er selbst verwaltet, was funktioniert“ (BE Werner M. 720–724).*

Der Koordinator sieht ganz klar, dass die erlernten Dinge André erst nach der Beendigung so richtig entfalten konnte: „Aber ansonsten hab ich da auch eher 'ne Chance für André gesehen" (KO Herr T. 439–440). Der Vater sieht ebenfalls positive Veränderungen an André: „Gut, er ist, sage ich jetzt mal, selbstbewusster geworden, selbständiger auch, versucht, seinen eigenen Weg zu gehen" (KV Herr R. 432–433). Er gibt gleichzeitig an, dass André sehr unrealistische Zukunftspläne hat: „Er will Fußballprofi werden" (KV Herr R. 445–446).

2.14 Zukunftsvorstellungen von André

André hat sich noch ein paar Dinge vorgenommen: „Also .. ich möchte jetzt auf jeden Fall meine Schule zu Ende machen" (André 490–491). Außerdem: „[W]enn ich mit der Schule anfange, würde ich nebenbei Führerschein machen" (André 496).

2.15 Zusammenfassung

Zum Zeitpunkt der Beendigung der Zusammenarbeit mit André bestand im Helfersystem keine positive Lebensprognose für ihn. Bei oberflächlicher Betrachtung des Fallverlaufes mit einem ständigen Auf und Ab zwischen Gewalt, Kriminalität und Boykottierung sämtlicher Hilfeangebote, die in Richtung Lebens- und Zukunftsperspektive gingen, erschien ein Gefängnisaufenthalt nach Hilfebeendigung die realistischste Einschätzung zu sein, darin waren sich die Helferinnen einig. Jedoch zeigt die rekonstruktive Sicht nach einiger Zeit eine überraschende Wende in Andrés Leben. Insbesondere der tiefere Blick auf die Beziehungsgestaltung zwischen André und seinem männlichen Betreuer und den langen Atem bzw. das Durchhaltevermögen des Betreuers lässt den Rückschluss zu, dass André einen großen Nutzen für sich und seine Entwicklung aus der Betreuungszeit ziehen konnte – mehr als zum Zeitpunkt der Beendigung anzunehmen war. Beachtlich ist, dass der Betreuer immer an André „drangeblieben" ist. Er konnte gut zwischen dem Verhalten differenzieren und der Person von André. Andrés kriminelles und gewalttätiges Verhalten hat der Betreuer nie toleriert und hat ihm dies auch stets unmissverständlich durch Worte und Konsequenzen zu verstehen gegeben. Dennoch ist es ihm gelungen, die Person André immer wieder willkommen zu heißen und anzunehmen. Dies scheint ein eindeutiges Indiz in dieser Betreuung zu sein, dass André einiges an Verhaltensveränderungen internalisieren und im Rahmen seiner selbständigen Lebensform umsetzen konnte.

Dies setzt sowohl ein gutes Reflexionsvermögen des Betreuers voraus, als auch ein hohes Maß an Aushaltevermögen und Engagement über den bezahlten Job hinaus. Wichtig für die dauerhafte Stabilität von André ist sicherlich, dass der Betreuer auch nach Beendigung der Hilfe sporadisch für André zum Gespräch oder zur Unterstützung bei Formalitäten zur Verfügung stand.

Aufgrund vieler Unwägbarkeiten während der Betreuungszeit wie z.B. die unlösbaren Differenzen zwischen den Betreuenden, die zu einem erneuten Abschiedsprozess für André führte oder die mangelnde Trauerbearbeitung blieben einige Themen, die als wichtig erachtet wurden, auf der Strecke. Dennoch oder glücklicherweise scheint dies der aus heutiger Sicht positiven Entwicklungsschritte, die André gehen konnte, keinen Abbruch getan zu haben.

3 Fallstudie Christian

Quellen:

- Aktenanalyse
- Interviews mit:
  - Christian (Christian)
  - Betreuerin von Christian in Deutschland (BE Heike A.)
  - Betreuer in Italien (BE Klaus B.)
  - Koordinatorin (KO Herr S.)

  Weitere Personen:
  - Lebensgefährte der Betreuerin in Deutschland (U.)

3.1 Aktuelle Lebenssituation des Jugendlichen

Das Interview mit Christian findet in einem kleinen Hotel in L. statt. Die Interviewerin trifft auf einen jungen Mann von stämmiger Erscheinung, groß, kräftig, aber nicht unbedingt sportlich. Er ist schwarz gekleidet. Der Interviewerin fällt sein schwarzer Mantel auf – es ist Ende Juni und warm draußen.

Zum Zeitpunkt des Interviews ist Christian 26 Jahre alt und lebt in einer eigenen kleinen Wohnung in L. Er absolviert eine Ausbildung zum Kunstschmied und wird das dritte Ausbildungsjahr wegen zu großer Fehlzeiten wiederholen.

In der Beschreibung des jungen Mannes gibt es einen relativ großen Freundeskreis am Wohnort. Christian hat eigenen Angaben zufolge keine besonderen Hobbies. Über seine Freizeitgestaltung berichtet er etwas ausführlicher:

> *„[…] also am Wochenende wird [lachend] sehr viel Alkohol getrunken, ähm, eigentlich, ähm, gemütliches Beisammensitzen, reden, Filme gucken, eventuell irgendwelche Computerspiele, ähm, teilweise hier die Landschaft um L. rum, der Wald, der ist ja sehr ansprechend, und ich hab, äh, mit einigen Freunden, wir gehen des Öfteren halt einfach nur in den Wald, machen Spaziergänge, Picknick, recht spießbürgerlich also [räuspert sich]“ (Christian 20–24).*

3.2 Hilfeverlauf

Quelle:	Akte, Interviews
Beginn der Hilfe:	1999
Einstiegsalter:	15
Ende der Hilfe:	31.06.2003
Dauer der ISE:	ca. 4 Jahre

Betreuungsabschnitte

1999 bis Februar 2001:
Bezugsbetreuung durch die Betreuerin Heike A. in einer Jungen-WG des Trägers ca. 1,5 Jahre, dann Rauswurf wegen ständiger Regelverletzungen; danach lebte Christian einige Monate mehr oder weniger auf der Straße und wurde dort durch die gleiche Betreuerin ambulant weiter betreut

April 2001 bis Juli 2002:
stationäre 1:1-Betreuung in einem Auslandsprojekt in Italien durch das Betreuerpaar Klaus B. und seine Frau, ländlicher abgelegener Standort; Beendigung durch Christian mit Eintreten der Volljährigkeit

02.07.2002 bis 31.06.2003:
ambulante Nachbetreuung im eigenen Wohnraum mit abnehmender Stundenzahl in Deutschland durch die ambulante Betreuerin des ersten Betreuungsabschnittes Heike A.

3.3 Vorgeschichte

In der Falldokumentation befinden sich nur spärliche Informationen über die Vorgeschichte von Christian. Bekannt ist nur, was dieser und seine späteren Betreuerinnen dazu in den Interviews erzählten.

Christian selbst berichtet, dass er unmittelbar vor der Hilfe durch Jugendhilfe Phöinix e.V. in einer Notschlafstelle/Jugendschlafstelle lebte. Er war damals 15 Jahre alt und erinnert die Ereignisse, die zum Rauswurf aus der elterlichen Wohnung führten, so:

„... weil meiner Erinnerung nach hab ich eigentlich nicht mehr getan als meine Mutter wegzustoßen in dieser Auseinandersetzung, ähmm, aber aufgrund dessen hat mich meine Mutter einen Tag später auf die Straße gesetzt, also, ich sollte irgendwie meine Sachen packen und gehen und bin dann irgendwie auch von ihr und ihrem damaligen Lebensgefährten halt in diese Notschlafstelle in K. abgeliefert worden .. und ähm, bin auch zeitgleich von der Schule geflogen damals" (Christian 117–122).

Seine spätere Betreuerin Heike A. berichtet von einer großen emotionalen Zerrissenheit, in der sich Christian aufgrund des Rauswurfes befand:

„Also der hat sich unheimlich verstrickt, also er war jetzt von seiner Mutter weg, das ist zu Hause nur eskaliert, ganz schlimm gewesen und [...] war aber denke ich auch ein Stück weit, äh, gekränkt und verletzt, dass er jetzt nicht mehr zu Hause sein konnte, obwohl er's nicht mehr wollte auch, ne ... " (BE Heike A. 35–38).

Der Betreuer in Italien – Klaus B. – spricht das Problem der spärlichen Vorinformationen über Christian gleich zu Beginn des Interviews an:

„Ich muss auch dazu sagen, dass ich nicht allzu viel über die Vorgeschichte von Christian weiß. Ich habe nicht so viele Unterlagen bekommen, dass ich mich zur damaligen Zeit hätte umfassend einarbeiten können. Das wäre von mir, von meiner Seite aus wünschenswert gewesen, damals alles gewusst zu haben. Familiärer Hintergrund, Entscheidungshintergründe" (BE Klaus B. 16–19).

Er ist sich aber sicher, „dass er [Christian, Anm. d. Verfasser] letztendlich so viele familiäre .. ja, im weitesten Sinne negative familiäre Vorerfahrungen gemacht hat, die ihn letztendlich in eine Ecke gedrängt haben, die ihm selbst und der Gesellschaft nicht mehr gut tat" (BE Klaus B. 40–42). Und weiter:

„Bloß dass dem jungen Menschen nie jemand zugehört hat und auch nie jemand zugetraut hat, etwas im intellektuellen Bereich oder im körperlichen Bereich oder im handwerklichen Bereich .. erleben zu dürfen. Er durfte also nie.. denke ich mal, aus sich rauskommen. Ich denke auch, dass also sein Elternhaus und viele andere mit ihm selbst also sehr, sehr stark überfordert waren, er war halt intelligenter als viele andere" (BE Klaus B. 104–108).

Vom Jugendamt kam 1999 die Anfrage an Jugendhilfe Phöinix e.V., Christian in die gerade gegründete Jungen-WG in G. aufzunehmen. Christian wurde in den „relativ wenig aussagefähigen Berichten" als „begrenzt gruppenfähig" beschrieben (KO Herr S. 31).

3.4 Kontaktaufnahme/Anbahnung der Hilfe

Der Koordinator erinnert sich an die Anbahnung der Hilfe:

> *„Wir hatten damals eine Jungenwohngemeinschaft eröffnet in G. und hatten da meines Wissens noch Betreuungskapazitäten frei. Die war ausgerichtet für maximal drei Jugendliche und Christian ist vom Jugendamt der Stadt K. angefragt worden für eine stationäre Unterbringung, er galt zumindest als kleingruppenfähig damals und ist uns von der Kollegin Frau P. aus K. für die WG in Anführungsstrichen ‚empfohlen' worden. Wir haben dann nach einer kurzen Kennenlernphase und nachdem wir einige wenige Berichte über Christian gekriegt haben entschieden, Christian in die Jugend-WG aufzunehmen" (KO Herr S. 7–14).*

In Christians Berichten über den Beginn der Hilfe scheint es so, dass er sich wenig erinnern möchte oder kann. Das ist möglicherweise ein Hinweis darauf, dass dies in seiner Erinnerung sehr belastende Momente waren:

> *„Mmmh, ehrlich gesagt [...] ich habe irgendwie nicht so präzise Erinnerungen, was geschehen ist, nachdem ich den Herrn S. äh, da in der Notschlafstelle kennen gelernt hab, äh, wenn ich mich recht erinnere, .. war das so, dass wir nach einigen gemeinsamen Gesprächen .. dass ich irgendwann mal in diese .. Jugend-WG in G. mitgenommen wurde, ähm .. ich bin mir da nicht mehr recht sicher, aber ich glaube, ich habe damals .. einen Betreuer kennen gelernt [...]" (Christian 70–75).*

Seinen Einstieg in die WG erlebte er als nicht gelungen. Er spielt dabei sowohl auf personelle als auch materiell-sachliche bzw. ästhetische Probleme an:

> *„Ähmmm, ich bin mir ziemlich sicher, dass ich die Heike A. erst kennengelernt habe an dem Tag, wo ich in die WG eingezogen bin. .. Ähmm, ja der erste Eindruck, der war nicht sonderlich positiv, ähm, da gab's irgendwie ein Vorkommnis [...] dass .. irgendwie der damalige Betreuer oder die Aufsichtsperson, ich*

> *hab den Menschen selber nicht wirklich kennen gelernt, irgendwie 'n Suizidversuch unternommen hat, das war [lacht] erst mal etwas komisch und danach, ähm, keine Ahnung, also, von der, von dem Haus an und für sich .. hatt ich irgendwie keinen sonderlich positiven Eindruck, weil .. es war irgendwie schon 'n ziemliches Loch, also das Haus war sehr alt irgendwie, mmh" (Christian 94–103).*

Die Betreuerin in der WG erinnert sich, wie es für sie zu dieser Zusammenarbeit mit Christian kam:

> *„[...] ich bin damals von einem Kollegen in der Notschlafstelle gefragt worden, ob ich mir nicht vorstellen könnte, .. in der 1:1-Betreuung zu arbeiten, weil [lachend] er sich ganz gut vorstellen könnte, dass ich das machen könnte. Und ich hab mich dann beworben und, äh, Christian war dann mein erster Jugendlicher" (BE Heike A. 27–31).*

3.5 Zentrale Themen und Ziele der Hilfen

3.5.1 Problematisches Sozialverhalten

Christian zeigte in der Wahrnehmung des Koordinators in der ersten Betreuungsphase eine „nichteinzuschätzende Gewaltbereitschaft" (KO Herr S. 186). Die Frage, „ist der nun wirklich psychisch krank oder spielt der auch damit?" habe das Helfersystem sehr beschäftigt, aber auch die Psychiatrie habe diese Frage „über 'n langen Zeitraum nicht beantworten" können (KO Herr S. 187–188).

In einem Telefonat mit dem Therapeuten von Christian – Dr. Y. – vom 22.11.2000 äußerte dieser, Christian sei ein „sehr kranker Jugendlicher". Er formulierte die Vermutung, dass Christian narzisstische und depressive Persönlichkeitsanteile aufweise. Eine psychiatrische Diagnose ist in der Akte jedoch nicht enthalten.

Es ist aufgrund der Erinnerungen der interviewten Helferinnen anzunehmen, dass der Jugendliche alles, was um ihn herum geschah, als auf sich bezogen erlebte und jegliches Infragestellen seines Verhaltens eine persönliche Kränkung für ihn darstellte.

Die Schilderungen der Betreuerin bestätigen, dass Christian viel kontrollieren musste und laufend Machtspiele inszenierte. Mal war er bedürftig, mal bedrohlich. Er äußerte Todes- und Gewaltfantasien und verfügte über ein fundiertes philosophisches

Wissen zu diesen Themen, scheiterte aber an alltäglichen Herausforderungen im Zusammenleben mit anderen Menschen. Christian sprach gern und viel, beim Handeln habe er aber große Widerstände gehabt, habe Regeln ignoriert bzw. gegen sie gehandelt und sich auf nichts eingelassen (vgl. BE Heike A. 39–43).

Die Betreuerin bezeichnet Christian weiter als „eigentlich 'ne total ängstliche Persönlichkeit" (BE Heike A. 81–82), was sich insbesondere dann zeigte, wenn es darum ging, neue Erfahrungen zu machen (z.B. der Aufenthalt in einem „Hunnen-Camp", mit dem Flugzeug fliegen usw.).

Es gab viele von der Betreuerin als grenzwertig und bedrohlich erlebte Momente in der Zusammenarbeit mit Christian:

> *„... war ziemlich schnell klar, dass ich seine und nur seine Betreuerin bin .. seine Heike .. also keiner von den anderen Jugendlichen durfte mit mir .. mmh .. und parallel dazu hat er mich aber konsequent bedroht, konsequent. .. Super sexualisiert .. mir nackig, äh, die Tür aufgemacht, sich nicht anziehen wollen, also auch ganz viele Sachen, die so sehr kindlich noch waren, aber die natürlich bei 'nem 15-Jährigen etwas, äh, heftiger rüberkommen" (BE Heike A. 43–51).*
> *„Ja, weil der hat mich, ich bin, es gab 'ne lange Phase [...] wo ich wirklich mit dem Rücken an der Wand in diese Wohngruppe reingegangen bin, weil der da mit 'nem Messer stand oder der hatte damals 'n langes Schwert .. mmh, .. ich immer wirklich auch Angst hatte, dass ich, dass ich den auf dem falschen Fuß erwische, also Situationen auch, wo ich ins Haus komme und überall ist Blut und, also es war schon nicht witzig, ne" (BE Heike A. 159–165).*

Auch der Betreuer in Italien kann sich durchaus vorstellen, dass die vermuteten Persönlichkeitsstörungen bei Christian vorhanden waren. Er machte aber Entdeckungen, die vor ihm niemand gemacht zu haben schien:

> *„[...] ich habe in .. diesen Grundannahmen Dinge entdeckt, Widersprüche, wo ich mir gesagt habe, nach dem ersten Gespräch mit Christian: Es ist Substanz da, es ist nicht eine verhärtete, verkrustete statische Situation. .. Die Annahmen, die bei ihm festgestellt worden sind .. diese Störungen können .. wenn .. wenn sie jetzt angegangen werden, also damals, könnten sie noch zum Teil verändert oder gelindert werden ..." (BE Klaus B. 132–137).*

Er erinnert sich an Christian als einen sehr lichtscheuen jungen Mann, dessen großes Thema „der Tod, *Gewalt* im weitesten Sinne“ war (BE Klaus B. 63). Er sei „ganz bleich [...], ganz starr im Gesichtsfeld“ gewesen, „kaum ein Muskelspiel [...], kaum ein Augenspiel“ und er habe „in der Frühlingswärme Italiens mit einem langen, dicken, schwarzen Ledermantel“ dagestanden, „der erinnern lässt an die NS-Zeit in Deutschland, oder eben halt so an die dunklen Mächte“, Goethes Faust oder Shakespeares Macbeth zum Beispiel. „So ein Mensch, der beschlossen hat, die dunkle Seite der Menschheit zu verkörpern“ (BE Klaus B. 164–170). Es gelang dem Betreuer und seinen Kollegen jedoch, in einer zugewandten, wertschätzenden Art und Weise hinter diese Drohkulisse zu schauen:

> *„Und er hat diese ganzen Dinge wie einen* ***Panzer*** *getragen. Wenn er sich aus seinen Bekleidungsgeschichten herausgeschält hat, ich muss wirklich sagen* ***geschält*** *hat, stand da ein stattlicher junger Mann, der eben halt .. eher eine zarte Blüte seines Lebens darstellen könnte, die er aber selbst schwarz angemalt hat, um genau so gesehen zu werden. Er* ***wollte*** *so gesehen werden, er* ***wollte*** *ein Bild abgeben .. ihr* ***könnt*** *mich mal, ihr könnt mir* ***nichts****, ich sitz hier meine Zeit ab, ich werde das machen, aber ihr werdet mich nicht verändern“ (BE Klaus B. 174–179).*

Er skizziert ein Bild von Christian, das dessen Habitus in einen wechselseitigen Bezug zu seiner Umwelt setzt. Christian habe sich Interessen und Verhaltensweisen zugelegt, „die ihm Sicherheit gegeben haben, um sich selbst nicht angreifbar zu machen.“ Seine Versuche, andere „immer wieder mit Tod, mit Leben nach dem Tod, Todesfantasien, Gewaltfantasien“ zu konfrontieren, hätten eigentlich dem Zweck gegolten „zu zeigen .. nun hört, das ist meine *Welt*, die lebe ich ... wobei wir auch da ganz schnell feststellen mussten, dass Christian diese ganzen Dinge für sich einfach nur hinterfragt hat.“ Er habe „Death Metal, Black Metal, zur damaligen Zeit von der härtesten Couleur, englische und auch deutsche Gruppen, die für ihn halt sehr so das *Satanistische* darstellten“, gehört (BE Klaus B. 191–198).

> *„Und .. wir hörten ganz schnell raus, dass er gar keine andere Möglichkeit hatte in Deutschland .. etwas anderes zu* ***leben****. Damit wurde er negativ gesehen, ernstgenommen. Es ist klar, wenn einer eben halt auf einem Friedhof an den Grabsteinen rüttelt und vielleicht Leute ausbuddeln möchte, dann kann er sich gewiss sein, dass er Aufmerksamkeit bekommt. Oder wenn einer extrem gekleidet über die Domplatte läuft mit 'ner Axt oder Schwert über der Schulter, dann ist ihm auch Aufmerksamkeit sicher“ (BE Klaus B. 198–203).*

Für den Koordinator war Christian aufgrund all dieser Beobachtungen einer „der interessantesten, aber mit Sicherheit auch der schwierigsten Jugendlichen in den letzten 15 Jahren […] .. und er war definitiv auch im Nachgang ein absoluter Grenzfall zwischen Psychiatrie und Jugendhilfe […]" (KO Herr S. 302–305).

3.5.2 Kindliche Nachreifungsbedürfnisse

Christian, der als 15-Jähriger in die Hilfe zu Jugendhilfe Phöinix e.V. kam, befand sich emotional immer wieder auf der Stufe eines Kleinkindes. Er wollte von der Betreuerin ins Bett gebracht werden und Lieder vorgesungen bekommen, äußerte sich in nörgelndem, kindlichem Tonfall, wollte in den Arm genommen und getröstet werden usw. Zugleich hatte er aber etwas Bedrohliches (vgl. BE Heike A. 46–51):

> *„Also, weil Christian hatte immer so diese Taktik irgendwann zum Kleinkind zu werden, ich denk, dass er bei seiner Mutter erlebt hat, wenn er dann den kleinen Jungen gegeben hat, hat die immer nachgegeben. Und das, also der hat mit mir Theater gemacht wegen 'ner Tafel Schokolade im Aldi bis hin zu ‚ich bring dich um'" (BE Heike A. 333–336).*

Dem Betreuer in Italien fielen an dem dann schon fast 17-jährigen Jugendlichen fehlende spielerische Erfahrungen auf:

> *„Christian war ein Mensch, der .. sehr kopfgesteuert sein Leben geregelt hat. Kopfgesteuert, aber abdriftend in eine Fantasie, in eine irreale Welt, denn die reale Welt war nicht unbedingt seine Welt. Zumal er in seiner Kindheit wohl nicht hat erfahren dürfen, wie es ist, mit seinen Händen zu spielen, Dinge zu erleben, zu erarbeiten" (BE Klaus B. 314–317).*

3.5.3 Platz im Familiensystem

Über die familiäre Situation zu Beginn der Betreuung ist nur bekannt, dass Christian aufgrund von Handgreiflichkeiten gegen seine Mutter durch diese der Wohnung verwiesen worden war. Er erzählt im Interview, dass er mit seiner Mutter „als Jugendlicher nie zurechtgekommen" sei und nimmt eine geteilte Verantwortungszuweisung vor: „das liegt daran, dass meine Mutter, mmh, ein sehr schwieriger Mensch ist und äh, ich zu der Zeit auch nicht gerade irgendwie einen Heiligenschein getragen hab und .. ich hatte keine Lust auf Schule, hab Schule verweigert" (Christian 111–114).

Das Interview mit dem Betreuer in Italien liefert die Information, dass die Mutter außer Christian noch zwei Töchter in der Pubertät hatte. Er geht von einer Überforderung der Mutter mit der Erziehung ihrer drei Kinder aus. Sie habe auf ihn „eher einen .. labilen, leicht ins Esoterische abgleitende[n]" Eindruck gemacht und sei sehr mit sich selbst beschäftigt gewesen. Er „hatte nicht das Gefühl, dass da emotionale Wärme rüberkam, eigentlich eher Kühle" (BE Klaus B. 464–467) und er geht davon aus, dass „Christian [...] so das schwarze Schaf der Familie" war und dass er – und erst recht seine Familie – damit nicht umgehen konnte (BE Klaus B. 117–119).

> *„Ich denke, er wurde damals .. sehr stark abgelehnt, bevor er zu uns kam." Und weiter: „Ich denke, dass .. seine Familie und viele ihn schon abgeschrieben hatten, ihn schon in die Richtung Psychopath, Borderliner und so weiter, in diese Richtung rein gedrängt hatten. Nach dem Motto, ein Kandidat, der ewig in der Psychiatrie oder in einem ähnlichen Umfeld wird leben müssen. Darunter hat er sehr stark gelitten, denn das war ja eigentlich nicht so, er fühlte sich nicht verstanden" (BE Klaus B. 119–125).*

Christian erinnert sich an eine konfliktbeladene Beziehung zu seiner Mutter:

> *„Ich würde sagen, ich hatte zu der Zeit eigentlich kein Verhältnis zu meiner Mutter, wir haben gelegentlich mal telefoniert, aber, ähm, ich erinnere mich dran, dass wir uns auch des Öfteren gestritten haben und äh, nach jedem Streit war irgendwie auch 'ne Zeitlang wieder Funkstille" (Christian 204–207).*

Es gab in der Erinnerung der Betreuerin noch einen Lebensgefährten der Mutter, „und der hat auch schon mal Musik gehört wo Christian gerne hörte und den fand er irgendwie nett, aber das ist auch eingeschlafen". Christian habe sich – trotz der großen Konflikthaftigkeit – immer wieder zur Mutter hingezogen gefühlt, „von den Vätern hat er denk ich nur Abweisung erlebt. Ich denke, .. dass das 'n großer Punkt war, also dass ihn das sehr .. ihn sehr gekränkt hat" (BE Heike A. 1050–1061). Sie räumt aber auch mögliche Loyalitätskonflikte bei Christian ein – er habe sich nur negativ über seinen Vater geäußert, aber sie glaube, „dass das, was die Mutter über den Vater gesagt hat, immer 'ne Rolle gespielt hat" (BE Heike A. 1052–1053).

Sie vermutet, dass Christians Aggressionen in hohem Maße durch die Abwesenheit, das Nicht-zur-Verfügung-Stehen des leiblichen Vaters gerade auch in finanziellen Fragen verursacht wurden:

> *„Ich fand das auch schade und das ist ja auch jetzt so, dass der, äh, unheimlich viele .. nicht, finanzielle Schwierigkeiten hat, weil sein Vater ihn, äh, einfach bei*

seinem BaföG-Antrag nicht unterstützt und den nicht ausfüllt, also den Part den er ausfüllen muss und Christian deswegen seit hundert Jahren kein Geld bekommen hat, ne. Mmh, und da denk ich einfach so, das ist so .. so dieses typische Verhalten, was er halt kennengelernt hat, ne, dieses Sich-nicht-Kümmern, ne, und du bist mir egal, ne. Ich glaub das hat viel von seiner Wut auch ausgemacht, ne" (BE Heike A. 1073–1079).

Der Betreuer in Italien bestätigt:

*„Sein Vater spielte in Christians Leben zu dem Zeitpunkt **keine** Rolle, er hatte keinen weiteren Kontakt. Sein Vater hat ihn auch meines Erachtens .. finanziell oder anderweitig **nicht** unterstützt. Seine Mutter .. hat eigentlich auch den Vater nie in Gesprächen mit einbezogen, ich denke, dass dieses Verhältnis, Vater-Mutter-Sohn, Scheidung, Trennung in diesem Dreieck zwischen Vater, Mutter und Sohn .. eine Rolle gespielt hat, das hätte schon zu dem damaligen Zeitpunkt, vor uns .. therapeutisch aufgearbeitet werden müssen, um den Kopf vom Christian frei zu bekommen. Das war da vorher nicht geschehen" (BE Klaus B. 457–463).*

3.5.4 Lebenspraktische Themen

Während der WG-Zeit besuchte Christian keine Schule. Er wurde aufgrund seiner dissozialen und destruktiven Verhaltensweisen mehrfach in die Psychiatrie eingewiesen. In den „Pausen dazwischen" hing er seinen Gewaltfantasien nach und zeigte sich in bedrohlicher Kulisse. Ihm fehlte es an Lebensmut, an tragfähigen Orientierungen und an Lebensperspektiven. Die Ziele der Betreuerin in Deutschland waren im Rückblick die folgenden:

„Mein Ziel war jetzt nicht wirklich, dass Christian, äh, studiert, ne, das war insgesamt ein persönlicher Wunsch, dass er 'ne gute Ausbildung macht, natürlich, ne, mmh .. aber ich hab ... viel, viel wichtiger gesehen, dass der Christian einen Platz findet in der Gesellschaft, wo er existieren und überleben kann, mit sich. .. Also das war mir unheimlich wichtig, ne, weil da hab ich den gar nicht gesehen, als ich mit dem angefangen hab" (BE Heike A. 896–901).

Der Betreuer in Italien wollte Christian dabei unterstützen, „einen neuen Lebensmut zu finden, einen Überlebenswillen in unserer Gesellschaft" (BE Klaus B. 531–532).

Den wenigen in der Akte enthaltenen Hilfeplanprotokollen sind – abgesehen vom Erreichen des Hauptschulabschlusses während der Projektphase in Italien – keine Hilfeziele zu entnehmen.

3.6 Ressourcen des Jugendlichen und der Familie

3.6.1 Ressourcen Christian

Die am Helfersystem Beteiligten heben übereinstimmend Christians Intelligenz als ganz wichtige Ressource hervor. Das implizierte die Möglichkeit, sich mit Christian auf einer kognitiven Ebene auseinanderzusetzen. Die Betreuerin in Deutschland betont darüber hinaus sein Durchhaltevermögen, seine Ordnungsliebe, seinen Humor, seine Offenheit für Neues und seinen Mut:

> *„Dann ist er so .. wenn er sich für was interessiert, sich auch wirklich reinkniet und viel liest und .. da auch viel drüber sagen kann, dann, also auch 'n enormes Wissen dann dadrüber hat, ne, mmh, .. das hat mir immer sehr gefallen, find ich ist 'ne Ressource, also so über 'n Tellerrand gucken, mmh … natürlich seine Intelligenz sowieso, ne. … Dass er über sich selber auch mal lachen kann .. das fand ich auch sehr wichtig und das hat ihm glaub ich auch in .. hat uns in vielen Situationen geholfen, dass wir beide über uns lachen können. .. Also dass man beim Reflektieren auch dann schon mal schwierige Themen ansprechen konnte mit 'nem Schmunzeln. […] Dann finde ich, dass er häufig auch .. über seinen Schatten gesprungen ist, also mutig .. war. Also wie die Maßnahme in Italien, also da weiß ich, dass er Angst hatte … Schon auch 'ne gewisse Offenheit und Neugierde so fürs Leben und für andere Menschen, auch wenn er sich häufig lange Zeit nur um sich selber gedreht hat und nur um sich selbst und noch mal um sich selbst, ne. .. Mmmh .. aber das hat was, denke ich, auch damit zu tun, dass er sich dann auch mal einlassen konnte" (BE Heike A. 284–302).*

Darüber hinaus betont sie Christians Ehrlichkeit, die aber möglicherweise eher für seine Impulsdurchbrüche stehen könnte:

> *„Mmmh, Offenheit und Ehrlichkeit, also Christian ist wirklich keiner, der .. hintenrum ist. Das ist 'ne ganz wichtige Charaktereigenschaft von dem, finde ich, also das hat mir auch sehr an ihm gefallen, also dass er .. es war zwar auch heftig und es hat einem nicht alles gefallen, aber zumindest wusste man so, das kommt jetzt wirklich ungefiltert aus dem raus, ne, das ist Christian, ne. .. Ja ich mein, es ist ja gut, wenn man weiß, mit wem man's zu tun hat" (BE Heike A. 291–296).*

Der Betreuer in Italien erinnert sich:

> *„Ich konnte an alle Sachen anknüpfen. Es war* ***alles*** *beim Christian vorhanden. War* ***alles*** *.. nur, wollen wir mal sagen alle Zugänge zu seinen Ressourcen waren verstopft. .. Sämtliche, wirklich sämtliche Ressourcen waren letztendlich wie durch ein Sieb gefiltert worden, nicht respektiert worden und .. sie mussten alle nur wieder geöffnet werden. Es war mir schon relativ schnell klar, dass Christian ein junger Mensch ist, der letztendlich* ***gefordert*** *werden will, aber Forderung nicht zulassen konnte, weil das, was ihm angeboten worden war vorher, nicht seinem Weltbild oder seinem Lebensbild entsprach und wenn diese Ressourcen auch nur im kleinsten Sinne so angestochen worden sind, dann waren sie obenauf, ne, sie mussten wirklich nur* ***gefunden*** *werden, sie waren da. Sie waren alle letztendlich vorhanden, sie waren bloß* ***verschüttet****. .. Und, ja .. von daher kann ich sagen, dass Christian ein junger Mensch war, der .. wenn man das mit einer bildlichen Metapher belegen darf, er war von oben bis unten mit allem Möglichen verklebt. Und es war wirklich .. seine sämtlichen Zugänge waren verstopft, verklebt, er hatte einen Kokon gebildet, der ihm selbst nicht mehr ermöglichte, auf normalem Wege mit der Außenwelt zu kommunizieren. .. Und das .. haben wir schon sehr, sehr schnell und sehr früh entdecken dürfen, dass sämtliche Anlagen beim Christian eigentlich vorhanden waren" (BE Klaus B. 90–104).*

Letztlich waren Christians Intelligenz und sein Hunger nach Bildung und Auseinandersetzung über philosophische und Lebensfragen der wichtigste Aufhänger in der Beziehungsarbeit in der Projektstelle in Italien.

3.6.2 Familiäre Ressourcen

In der Wahrnehmung des Koordinators spielte die Familie keine oder kaum ein Rolle (vgl. O Herr S. 79–85), obwohl Christian zu Hilfebeginn gerade einmal 15 Jahre alt war.

Die Betreuerin erwähnt auf die Frage nach den familiären Ressourcen die grundlegende Unterstützung der Hilfen durch die Mutter. Relativierend fügt sie hinzu:

> *„Wobei ich glaube, dass er manchmal auch agiert hat, wie er agiert hat, um seiner Mutter, weil er wusste, das hört sein, kriegt seine Mutter mit, um der eins auszuwischen. Mmmh, Verhältnis Mutter-Sohn war unheimlich schwierig und deswegen .. auch schlecht einzuschätzen, ob das jetzt unbedingt gut oder schlecht war ne, dass .. die Mutter das unterstützt hat" (BE Heike A. 358–362).*

Es gab noch eine Großmutter, zu der Christian ein gutes Verhältnis hatte und die ihn im Rahmen ihrer Möglichkeiten unterstützte.

> *„Zur Oma ist er immer gefahren, da bin ich auch immer mitgegangen. Ja Oma war Oma, so, wie man sich das vorstellt, also, da hab ich mich auch gar nicht eingelassen, also es war der Christian und der Christian ist zwar schlimm, aber er ist halt der Enkel, ne und ach hier haste 'n bisschen Geld, und, ist auch ok" (BE Heike A. 694–697).*

Der Betreuer in Italien lernte Christian in einer Situation kennen, in der seine Familie und vor allem seine Mutter „ratlos" schien, „weil sie letztendlich schlichtweg gar nicht ertragen konnte, was da mit ihrem Sohn geschah. Ich hatte damals auch so den Eindruck, dass .. sie eigentlich ihren Sohn schon abgeschrieben hatte .. und auch ganz deutlich ihre Töchter vorgezogen hat" (BE Klaus B. 115–117). Er nahm die Mutter als „labile" Frau wahr, die „mit sich selbst .. nicht zufrieden und auch nicht im Reinen" schien und ihrem Sohn keine große Unterstützung sein konnte. Dem Betreuer fiel insbesondere „eine bestimmte emotionale Kühle" zwischen Mutter und Sohn auf. „[E]s .. passierte nichts zwischen Mutter und Sohn, so wie ich es von anderen Familien her kannte, wenn man längere Zeit getrennt war. Ich denke, dass die Mutter sehr vorsichtig war, sie war sehr bewertend zu sehen, was geschieht da denn gerade mit ihrem Sohn. Und nicht .. ich hatte nicht das Gefühl, dass da emotionale Wärme rüberkam" (BE Klaus B. 465–471).

3.7 Settinggestaltung

3.7.1 Betreuung in der Jungen-WG und in der Notschlafstelle (Deutschland)

Nachdem Christian im Alter von 15 Jahren bei Jugendhilfe Phöinix e.V. für eine intensivpädagogische Betreuung angefragt worden war, beschloss man, dass er in eine vor kurzer Zeit ins Leben gerufene Jungen-WG ziehen sollte. In dieser WG wohnte auch ein Betreuer, der durch ambulante Betreuerinnen von außen zeitweise entlastet wurde. Christians Bezugsbetreuerin wurde Heike A., Sozialarbeiterin mit mehrjähriger Erfahrung in der Drogenhilfe in einer Notschlafstelle.

Der Koordinator erklärt, dass ausgehend von den Vorberichten über Christian „eigentlich wenig gegen eine Aufnahme von Christian [sprach], aus dem Grunde, weil er als .. begrenzt gruppenfähig galt .. und von daher dieses Setting, was wir damals da neu kreiert hatten mit einem relativ intensiven Betreuungsschlüssel, für ihn eigentlich geeignet schien [...]" (KO Herr S. 30–33). Bereits im Kennenlerngespräch kamen jedoch „schon erste Zweifel" am vorgesehenen Setting auf. Dieser Eindruck wurde beim Start in die Betreuung verstärkt – es „stellte sich relativ .. alsbald heraus, dass [...] die Konstruktion innerhalb der WG .. sprich unser theoretisches .. konzeptionelles Modell für die WG gerade auch für Christian in seiner Form eher ungeeignet waren" (KO Herr S. 93–96). Auch der weitere Verlauf, in dem „die Ausraster von Christian deutlich zunahmen, er hat sich dann auch mit der Kollegin im Zimmer eingeschlossen, mit Vergewaltigung gedroht, ihr 'n Messer an den Hals gesetzt, also schon .. massiv gedroht" (KO Herr S. 130–133) verhinderte jedoch nicht, dass Christian immerhin 1,5 Jahre in dieser Betreuungsform belassen wurde.

Der Jugendliche selbst beschreibt die Zeit in der WG als chaotisch, das Ambiente in der WG als hässlich, und er erinnert sich an ausdrücklich negative Gefühle seine Mitbewohner betreffend:

> *„Ähm, also .. wenn ich an die Zeit jetzt in der Jugend-WG zurückdenke, dann .. sind das eher gemischte Gefühle, größtenteils negativ. Ähm, dann fange ich mit den positiven an. Die positiven waren rückblickend gesehen .. ja, ich hab zu der Zeit mal richtig die Sau rausgelassen .. also Alkohol-, auch Drogenerfahrung .. ähm, ja .. das war irgendwie so 'ne rebellische Zeit, also ich hab Schule verweigert, äh, um meine Betreuer zu ärgern .. auch noch andere Sachen verweigert wie .. einfache Haushaltspflichten und sonstwas. Ähm, das war irgendwie 'ne Zeit .. teilweise denk ich ganz gerne dran zurück, weil .. ja einfach so Sturm-und-Drang-Phase. Die negativen Erinnerungen an die Zeit sind, .. dass ich's im Grunde gehasst hab in diesem Haus zu wohnen, das war, wie ich schon erwähnt hab .. ich hab das Haus als ziemliches Loch empfunden. Ich .. hatte eigentlich während meiner ganzen Zeit .. in dieser WG nicht so was wie 'ne wirkliche Zimmereinrichtung, also ich erinner mich, dass ich sehr lange nur auf 'ner Matratze geschlafen hab .. ich glaub zu besten Zeiten hatte ich einen einzigen Schrank in meinem Zimmer, also das war 'n bisschen .. ähm, ja, ärmlich. Und .. was ich definitiv gehasst hab, das waren die anderen Jugendlichen, die da gewohnt haben, mit denen man stellenweise ganz gut ausgekommen ist, wenn's darum ging, äh, irgendwas zusammen zu trinken heimlich oder äh, sich gegen die Betreuer zu verbrüdern .. aber im Grunde würde ich sagen, waren wir charakterlich dermaßen unterschiedlich, .. dass ich die nicht sonderlich mochte und .. also es war sehr chaotisch irgendwie" (Christian 212–230).*

Folge und Teil dieses „Chaos“ war die häufige Konfrontation des Jugendlichen mit der Polizei und Psychiatrie:

> *„Und die Polizei hat den auch, weil der ja auch immer so Amokläufer-.. Tendenzen hatte .. auch richtig heftig da auch aus dem Haus rausgeholt, mit Sondereinsatzkommando und das ganze Programm mit gezogener Knarre, und, also nicht schön, auch für ihn nicht schön. […] Und was mir sehr geholfen hat damals, war, dass ich endlich, endlich irgendwann mit der Psychiatrie .. 'n Arrangement machen konnte, dass die gesagt haben, Junge und jetzt sagen wir dir noch mal ganz deutlich, auch wenn du Drohungen aussprichst ist das schon 'ne Grenzüberschreitung und dafür schon kann die Heike dich zwangseinweisen lassen und wir werden dich jedes Mal nehmen und wenn das überhandnimmt, dann halten wir dich mal richtig lange hier“ (BE Heike A. 165–176).*

Diese Kooperationen und die ständige Erreichbarkeit des Koordinators halfen der Betreuerin, die damals neu im Job und sich mitunter unsicher war, wie sie vorgehen sollte, in der als „permanenten Krise“ (BE Heike A. 572) erlebten Betreuung durchzuhalten: „Und das hat mir halt geholfen, dann … weiterzumachen, also ich war da schon sehr darauf angewiesen, dass auch das System drum herum mich 'n Stück weit unterstützt, ne“ (BE Heike A. 186–188).

Im Nachgang stellt sich die Frage, inwieweit Christian unter diesen Umständen deutlich wurde, dass die Aufenthalte in der Kinder- und Jugendpsychiatrie seinem und dem Schutz anderer dienten und als Hilfe gemeint waren.

Als die Situation mit Christian völlig außer Kontrolle geriet und die Erkenntnis unausweichlich wurde, dass die WG als Betreuungsform für diesen Jugendlichen nicht geeignet war, wurde er der WG verwiesen, in einer Jugendschutzstelle untergebracht und dort durch seine Bezugsbetreuerin weiter ambulant betreut. Seine Verweigerungshaltung gab er auch hier zunächst nicht auf und die Suche nach Alternativen gestaltete sich wie zuvor schwierig. Christian kann oder will sich an die Zeit auf der Straße nicht mehr so recht erinnern, das Gefühl der Orientierungs- und Hoffnungslosigkeit benennt er aber heute noch:

> *„[…] also ich erinnere mich, dass ich mich gelegentlich mit der Heike dann in der N.'er Innenstadt getroffen hab … ja, im Grunde über die Situation geredet oder über andere Sachen, an die ich mich nicht mehr so erinnern kann und ähm … ja … also, äh .. ja das war halt, äh, im Grunde Straßenleben und .. vielleicht kann das jemand nachvollziehen, der die Erfahrung selber mal gemacht hat, öh, wenn man*

schon so weit ist, dann .. hat man eigentlich keine Hoffnungen mehr oder sonst was, also ich .. hab zu der Zeit, äh, auch Drogen genommen ... mmmh .. ja eigentlich Orientierungslosigkeit, würd ich sagen, aus heutiger Sicht" (Christian 271–278).

Als Christian nach einigen Monaten Straßenleben ein eigenes Interesse am Schulbesuch signalisierte und bekundete, dass er „da halt irgendwie, ja, schon irgendwie irgendwas aus [s]einem Leben machen wollte", bot das Jugendamt ihm als einzige „Alternative zur Straße [...] halt diese Auslandsmaßnahme in Schweden" an (Christian 284–291).

Das Setting in Schweden schien dem Träger zur damaligen Zeit angemessen zu sein, da es für Christian einen engen überschaubaren Rahmen bot, der in der nötigen Form in der Jungen-WG nicht gegeben war. Die Projektstruktur war geprägt durch die Arbeit mit Hunden und deren Fütterung, Training und sonstige Versorgung. Da Christian in der Jungen-WG zunehmend Alkohol konsumierte, waren die Abgeschiedenheit des Hofes und die hohen Kosten für Alkoholika in Skandinavien ein weiteres Argument. Die intensive Arbeit mit den Hunden sollte es ermöglichen, dass Christian sich in Auseinandersetzungen begeben musste, die er nicht verbal bestreiten konnte. Die Arbeit mit den Hunden und das Erlernen des Schlittenfahrens sollten die Möglichkeit bieten, eine neue Form der Selbstwirksamkeit zu erfahren und somit auch Christians Selbstwertgefühl zu steigern (Quelle: Akte, Begründung für eine erlebnispädagogische Betreuung in Schweden für Christian).

Christian entschied sich, nachdem er sehr ausführlich über das Projekt informiert worden war, dagegen. Die Gründe: keine Lust zum Arbeiten, kein Schulbesuch möglich, der zweite Jugendliche in der Projektstelle schien ihm der Beschreibung nach unsympathisch (vgl. Christian 236–263). „[U]nd dann .. wurde mir das .. Projekt in Italien noch vorgestellt und .. dann sollt' ich mich halt zwischen diesen beiden Projekten entscheiden ... ja, das war damals so" (Christian 292–293).

3.7.2 Übergang nach Italien

Beim Vorschlag Italien hatten die beteiligten Fachkräfte die depressiven Anteile bei Christian sehr wohl im Blick: „Wir haben Italien deshalb dann als Betreuungsstelle vorgeschlagen und auch umgesetzt, um ihm einfach mal so 'n Pendant dagegenzusetzen, in der Hoffnung, dass die viele Sonne und die Wärme dort vor Ort vielleicht auch noch mal .. 'n gewissen Einfluss auf seine Psyche haben würden. Und .. man muss schon sagen, dass die .. Maßnahme in Italien auch deutlich besser lief als .. die Betreuung in der WG" (KO Herr S. 93–144).

Christian entschied sich letztlich für Italien. Er hatte einige „recht angenehme Telefonate“ mit seinem zukünftigen Betreuer und flog mit seiner Betreuerin nach Italien:

„Ich bin da auch das erste Mal geflogen, also der erste Eindruck war einfach nur Erleichterung, festen Boden unter den Füßen zu haben .. ja, der erste Eindruck war Hitze, verdammt hell, .. Palmen, das war in C. .. Ja, dann hab ich den Klaus kennen gelernt .. mit dem ich bis dato nur telefoniert hatte [...] ja, der Klaus ist dann mit der Heike A. und mir in die Berge gefahren, wo das eigentliche Projekt stattfand, das Haus, ähmm .. und die ersten Tage hat er uns ziemlich viel .. eigentlich über die Landschaft da gezeigt, äh .. ja, gezeigt, wie er arbeitet, wir haben miteinander gesprochen, wie er .. sich das ganze Projekt vorstellt, [...] die erste Zeit da ... ja die ist eigentlich so abgelaufen, dass ich im Grunde mich erst mal da eingelebt hab, möcht' ich sagen“ (Christian 322–337).

Und der Betreuer: „Christian kam bei uns an mit einer Kollegin, einer sehr rührigen, sehr freundlichen Kollegin, die ihn sehr .. emotional betont in dieses Projekt eingeführt hatte. Das war ein sehr ausschlaggebender Punkt. Er kannte die Kollegin, sie hat ihn mir rübergebracht, und er hatte ein sehr .. ja, vertrauensvolles Verhältnis zu der Kollegin“ (BE Klaus B. 151–156).

3.7.3 1:1-Betreuung in Italien

Die Projektstelle in Italien befand sich in einer ländlichen, abgelegenen Gegend. Dabei handelte es sich laut Akte um ein Haus mit drei Jugendzimmern, Gemeinschaftsräumen, einem Wohnraum für die Betreuerinnen und einem Büro. Außerdem gab es eine Außenwohnung in einer nahe gelegenen Stadt. Der Betreuer Klaus ist selbstständig tätig, arbeitet eng mit seiner therapeutisch ausgebildeten Frau zusammen und beschäftigte zu Christians Zeit drei Betreuerinnen im rotierenden Dienst rund um die Uhr. Jeder Jugendliche hatte eine Bezugsbetreuerin oder einen Bezugsbetreuer.

Der Betreuer Klaus B. selbst bezeichnet sein Projekt im Interview als „Ort des Wiederdurchatmens“ (BE Klaus B. 52). Dies begründet er insbesondere mit der abgeschiedenen Lage:

„Wir haben ein Haus ganz auf dem Land, wo wir nur mit 7 Einwohnern zusammen leben. Das ist gut 120 km von C. entfernt, in einer Gegend, die so einsam ist, dass sie zu den einsamsten Gegenden Europas zählt. .. [...] Das ist eben das Angebot, was wir jungen Menschen auch weitergeben können. Dass wir mit ihnen zusammen erst einmal diese .. naturgebundene Lebensform leben, sie dann

aber auch, wenn sie dann, wenn sich das ergibt, eben halt langsam und bedächtig wieder an das städtische Leben, in unsere Gesellschaft reinführen" (BE Klaus B. 292–301).

Und zu Christian: „Er konnte also nicht ausbrechen. Also man kann hier nicht bei uns auf den Marktplatz latschen .. und dann das Schwert ziehen, sondern bei uns sind halt auf dem Land die Gämse und die Wildschweine, der eine oder andere Wolf verirrt sich bei uns in die Gegend, aber eben halt keine Schwertträger. Und das hat ihn sehr auf sich zurückgeworfen, er musste sich ganz viel mit sich selbst und seinem täglichen Dasein beschäftigen" (BE Klaus B. 268–273).

Vor Ort hat das Betreuerpaar B. außerdem

„ein sehr dichtes Netz. Wir arbeiten eben halt auch mit einer Psychiatrie zusammen, wir arbeiten mit Psychotherapeuten extern zusammen, intern ist meine Frau als Psychologin und Psychotherapeutin Ansprechpartnerin, wir können vom Systemischen über Gestalt- bis hin zu gesprächs- und arbeitstherapeutischen Feldern sehr viel abdecken. Wir haben einen Supervisor, wir haben einen Menschen, der uns intensivst seit 20 Jahren berät. Wir haben Schulen und Lehrbetriebe in unserem Lebensraum. Ja, das ist das, was wir hier in unserem Umfeld haben. Für uns hier vor Ort die tragenden Elemente" (BE Klaus B. 504–510).

Die Entscheidung, Christian zu ihm ins Projekt zu geben, wurde in der Erinnerung des Betreuers durch das Jugendamt und Jugendhilfe Phöinix e.V. mehr oder weniger allein getroffen: „also ich bin das eigentlich eher gewohnt, dass die Entscheidung auf meiner Seite liegt, welche jungen Leute zu mir kommen. .. Da war schon ja alles relativ klar gewesen, dass er zu mir kommen sollte" (BE Klaus B. 19–21).

Ausschlaggebend für die Aufnahme von Christian in die italienische Projektstelle war,

„dass der junge Mann damals in sehr, sehr .. in einer sehr grenzwertigen Lebenssituation war, wo letztlich entschieden werden musste, kann Christian eben halt in einer Lebensform in Deutschland integriert werden oder sollte man der ganzen Lebensform eine Auslandsmaßnahme vorschieben, um ihn auf das Leben .. oder auf das etwas andere Leben in Deutschland vorzubereiten" (BE Klaus B. 26–30).

Und es entstand beim Betreuer in Italien der Wunsch, Christian nunmehr eine adäquate Betreuungsform anzubieten:

> *„Ich habe aus dem Material, das man mir zugänglich gemacht hat, herausgelesen, dass damals alle Beteiligten schlichtweg nicht mehr weiterwussten, wie man mit diesem besonderen jungen Menschen .. weiter verfahren soll. Ob er in einer weiteren Jugendhilfeeinrichtung untergebracht werden kann, gruppenbetreut, einzelbetreut, oder in einer Psychiatrie untergebracht werden soll .. Ich habe aus den Dingen, die man mir hat zugänglich gemacht, herausgelesen, dass … der Junge in der Form, in der er bis dahin untergebracht war, schlichtweg unterfordert war. Im schulischen Bereich und im intellektuellen Bereich" (BE Klaus B. 34–39).*

Aus heutiger Sicht äußert der Betreuer den Eindruck, dass der Träger nicht auf Jugendliche wie Christian eingestellt war und demzufolge die spezifische, individualisierte Arbeitsweise im Projekt nicht so recht einzuordnen und zu schätzen wusste:

In den Vorgesprächen und in den ersten Tagen mit Christian entwickelte der Betreuer die Überzeugung, „dass der Junge eben halt .. neben dem normalen erlebnispädagogischen und schulischen Angebot auch eben halt ein Angebot erhalten muss, sich in Gesprächen mit Menschen auseinanderzusetzen, die auch bereit sind, sich auf sein spezielles intellektuelles Niveau zu begeben" (BE Klaus B. 55–58). Und darin bestand schließlich sein spezifisches Angebot an Christian: „Und dann, wir haben viele, viele Gespräche geführt diesbezüglich, also um nicht zu sagen manchmal nächtelang. Das war für ihn genau das Richtige, keine weitere Ablenkung" (BE Klaus B. 267–268).

Auf die Frage, woran er sich aus der Zeit der Betreuung durch Jugendhilfe Phöinix e.V. besonders häufig erinnert, antwortet Christian: „Also gut und häufig auf jeden Fall, äh, Italien, weil das .. In diesen Jahren auf jeden Fall quasi der Wendepunkt war für mich […]" (Christian 57–58).

3.7.4 Ambulante Nachbetreuung in Deutschland

Nach der Rückkehr aus Italien (Christian war volljährig und hatte sich für das Ende der Hilfe in Italien entschieden) wurde er durch Heike A. noch ein weiteres Jahr mit geringer und abnehmender Stundenzahl ambulant betreut. Er übernachtete vorübergehend in einer Notschlafstelle für junge Erwachsene, es gefiel ihm dort überhaupt nicht und er begann Drogen zu nehmen und Alkohol zu trinken. Später konnte er mit Hilfe seiner Betreuerin eine eigene Wohnung beziehen.

Die Betreuerin geht davon aus, dass die Kontinuität in der Arbeit mit Christian (WG, Notschlafstelle, Übergang nach Italien, begleitend im stationären Italien-Projekt, Nachbetreuung) durch ihre Person ein wichtiger Erfolgsfaktor in der Arbeit mit Christian war:

> *„Weil man gar nicht wieder neu reinkommt, sondern das ist der Christian, den kennt man, man muss sich nicht reindenken, man sieht einfach, vor allen Dingen kann man auch honorieren, welche Schritte der gemacht hat. [...] Also ich denk das war 'ne runde Sache, ich weiß nicht, wie Christian das, also ich denke es war nicht genug .. unter Umständen, mit Fragezeichen versehen [lacht] .. Aber es war gut, dass er's so hatte, ne und .. ob der jetzt noch so viel mehr rausgehauen hätte, wenn der noch längere Betreuung bekommen hätte, da bin ich mir gar nicht so sicher. Aber das wird man eh nicht wissen“ (BE Heike A. 791–807).*

Der Betreuer in Italien sieht dies etwas anders. Er antwortet auf die Frage, was er aus heutiger Sicht in der Betreuung von Christian anders machen würde:

> *„Also ich hätte im Nachhinein .. aber die Entfernung lässt das nicht zu .. ich hätte gerne Christian in Deutschland weiter .. begleiten wollen. .. Ich denke eben halt, er hat ja hinterher auch noch sehr viele Höhen und Tiefen gehabt .. ich weiß im Moment nicht, was er heute macht, äh, ich glaube, ich hätte viele seiner Wege verkürzen können. Denn er hat dann doch nicht so die Unterstützung erfahren, weil er sie vielleicht auch nicht richtig formuliert und eingefordert hat, .. die .. ja, zu einem schnelleren Fortkommen geführt hätte. Denn er hat sich ja noch mal in etliche Fettnäpfchen gesetzt ...“ (BE Klaus B. 439–445).*

Christian bestätigt, dass die ihm gewährte Unterstützung im Anschluss an den Auslandsaufenthalt in Umfang und Intensität zu gering war:

> *„[...] ja zu der Zeit, wo .. ich dann diese eigene Wohnung hatte, die ich auch mehrere Jahre dann bewohnt hab, .. kam halt die Heike des Öfteren vorbei, das war .. aber eigentlich erachte ich die Betreuung damals durch die Heike, äh, als, ja muss ich mal deutlich sagen, ziemlich für'n Arsch, das lag nicht an der Heike selber, sondern daran, dass ich die so gut wie nie gesehen hab und teilweise schon noch 'n bisschen Hilfe .. gebraucht hab“ (Christian 496–504).*

3.8 Partizipation des Jugendlichen und der Eltern

3.8.1 Partizipation von Christian

Christian selbst kann sich an die Zeit, in der die Entscheidung für seinen Einzug in die Jungen-WG getroffen wurde, nicht so recht erinnern: „[...] also ich muss ehrlich gesagt sagen, ich kann mich an das andere gar nicht erinnern ... nicht wirklich. Ich weiß, äh, nicht mehr genau, äh, wie ich da hingekommen bin, ob das beschlossen wurde, ob ich das wollte. Ich, ich weiß es nicht mehr" (Christian 76–79).

Christian wusste damals offenbar, was er nicht mehr wollte, hatte aber keine Vorstellung, wie es weitergehen sollte. Ein ausschlaggebender Grund, in die WG zu ziehen, war für ihn wohl der Wunsch, von der Straße wegzukommen:

> *„Ja, äh, [lacht kurz], also so wie ich das heute sehe, wäre ich wohl überall hingegangen, weil diese Notschlafstelle in K., die war wirklich nicht, .. also es war nicht sonderlich angenehm, da wohnen zu müssen, und ähm, ich denke, dass das wohl mit einer der Gründe gewesen ist, warum ich .. in diese Jugend-WG wollte." (Christian 84–87)*

Nachdem die Jungen-WG als nicht passend verbucht werden musste und Christian Gefahr lief, wieder auf der Straße zu landen, begann die Suche nach Alternativen, an der Christian in seiner Position der generellen Ablehnung und Verweigerung zunächst nicht partizipierte. Schließlich wurde ihm ein Projekt in Schweden angeboten: „[...] er wollte eigentlich nach Norwegen beziehungsweise Schweden, weil da ja seine .. Gottheiten wie Thor und Odin lebten und es immer schön dunkel war" (KO Herr S. 137–139). Dazu reiste ein Koordinator des Trägers, der die Projektstelle besonders gut kannte, zu Christian. Dieser entschied sich dann ganz klar gegen dieses Angebot und begründet dies aus heutiger Sicht so:

> *„[...] wenn ich mich recht entsinne ist dieser N. aus A. .. nach G. gekommen, um da mit uns zu reden und ähm ... ja, was der mir dann über das Projekt dann Näheres erzählt hat, weil ich hatte bis dato nur 'ne Broschüre gehabt, das kam für mich überhaupt nicht in Frage. .. Mit einer der Gründe war, dass es hieß, dass in dem Projekt viel gearbeitet werden soll, ich war damals 'n faules Schwein, bin ich heute noch. .. Und das andere ist, da kann ich mich noch sehr gut dran erinnern, dass ich damals irgendwie kurz vor der Zeit von der Straße so 'n lichten Augenblick hatte und .. 'ne Schule besuchen wollte, und man hatte mir gesagt, dass in Schweden nicht die Möglichkeit bestünde, irgendwie da Schulun-*

terricht zu bekommen und .. alles in allem .. war das auch noch so, dass ich irgendwie .. dass mir etwas erzählt wurde von 'nem anderen Betreuten, der da wohl noch war .. ähm .. ich weiß nicht mehr genau, was man mir über den erzählt hat, ich wusste damals nur, dass das kein Mensch ist, mit dem ich irgendwie in Schweden eingepfercht im Nirgendwo [mit Lachen] irgendwie Zeit verbringen will und .. als ich das dann halt dann auch abgelehnt hab, da hat halt, ja [mit Lachen] dann die Straße gerufen" (Christian 250–263).

Der Vorschlag, nach Italien zu gehen, erreichte den Jugendlichen in der Erinnerung der Betreuerin in einer recht alternativlosen Situation, und dies dürfte – so die Betreuerin – schließlich Christians Zustimmung zuträglich gewesen sein:

„Dann hatt ich ihm Italien vorgeschlagen, das Projekt .. und ich denke nur, weil er gesehen hat, weil er auf der Straße war, weil Christian hatte ja immer so 'ne Haltung, man kommt zu ihm hin, man bietet an und er sagt nein, da hat er sich ja selber abgefeiert, also der fand sich, der hat sich in dieser Haltung auch gefallen, ne. Und da denk ich hat er einfach geschnallt, so .. damit straf ich im Grunde genommen nur mich selber. Also ich denk für Christian war ganz deutlich auch zu erleben, ich tret' auf der Stelle […]" (BE Heike A. 413–419).

Der Betreuer in Italien geht auch davon aus, dass Christian dem Italien-Projekt in einer Situation der Überforderung zugestimmt hat:

„Ich glaube, dass zu dem Zeitpunkt, zum damaligen Zeitpunkt, Christian .. sehr wahrscheinlich eher überfordert war mit dieser Frage, und dass in seinem Kopf andere Dinge umherschwirrten. Ich denke, dass man ihm das Angebot gemacht hat und er dann letztlich auch gesagt hat, okay, das mach ich mit" (BE Klaus B. 13–16).

Seine Entscheidung, nach Italien gehen zu wollen, teilte Christian Anfang Februar 2001 dem fallführenden Mitarbeiter des Jugendamtes in einem Brief mit. Im Interview begründet er diese Entscheidung damit, dass er sich von Italien vor allem die Chance erhoffte, einen Schulabschluss zu machen:

„Ähmmm, also die Landschaft erst mal nicht, weil ähm .. ich Schweden sehr viel reizvoller fand, also ich wollte damals eigentlich eher nach Schweden, ähmmm .. ich erinnere mich aber noch sehr deutlich, dass der Hauptantriebsgrund .. für mich war, nach Italien zu gehen, weil mir vorab gesagt wurde, dass da die Möglichkeit bestände, 'n Schulabschluss zu machen .. das weiß ich … dass das für mich eigentlich der ausschlaggebende Grund war .. ähmm … Ja,

ich hab damals schon 'n bisschen geschwankt, weil .. irgendwie das Herz hat gesagt Schweden, der Kopf hat gesagt Italien, aber .. ja, dann bin ich halt nach Italien ... gezogen, [lachend] mehr oder weniger" (Christian 298–305).

Nach seinem 18. Geburtstag bat Christian beim Jugendamt nachdrücklich um die Rückkehr nach Deutschland. Er wollte in einer eigenen Wohnung leben und sein Leben allein meistern:

„Ähmmm, ja, das is .. sehr dumm gelaufen, vielleicht .. muss ich fairerweise sagen, äh, dass das Ganze vielleicht auf meinem Mist gewachsen ist. Ich hatte damals durch das sehr gute Verhältnis mit dem Klaus, was ich hatte .. wollte der Klaus halt, oder hat mir vorgeschlagen und ich wollte das anfangs auch, ähm .. dass ich die Zeit nach meinem 18. Geburtstag noch in Italien verbringe, um halt noch ein paar Schulabschlüsse und Abitur, dergleichen nachzumachen. Ähm .. wie das zum Abbruch des Projektes, also ich bezeichne es eigentlich nicht als Abbruch, wenn ich das recht in Erinnerung habe, war es das K.er Jugendamt, was das als Abbruch gewertet hat, ähm, kurz gesagt, ich wurd 18 und .. hatte das Gefühl, ja, .. ich war jetzt jahrelang betreut, jetzt will ich irgendwie meine eigenen Sachen machen und ähh, wollt' halt dann Hals über Kopf .. nach Deutschland zurück, weil ich halt, ähh, [räuspert sich] wusste, ja ich kann endlich in 'ne eigene Wohnung, irgendwie steht einem das als 18-Jähriger dann ja zu .. ich kann endlich meine eigenen Sachen machen .. und .. ja, das war halt damals der Grund für mich, das in Italien zu beenden" (Christian 441–453).

Den Äußerungen des Betreuers in Italien ist zu entnehmen, dass er Christians Entscheidung, nach Deutschland zurückkehren zu wollen, respektiert(e) und als seinem Entwicklungsstand angemessen einordnet(e). Er bewertet diese Entscheidung als Ergebnis der gemeinsamen Arbeit in Italien und unterstützte Christian daher nach eingehender Betrachtung und Abwägung aller Beweggründe in seinen Absichten und Zielen:

„Und .. da hat dieser Input, den wir ihm da geboten, nicht mehr ausgereicht, weil er gesehen hat, er ist jetzt, er wird immer älter. Da werden jetzt Anforderungen an ihn gestellt und da wollte er sich damals diesen Anforderungen stellen, ne, nämlich dem Realschulabschluss und vielen, vielen anderen Geschichten" (BE Klaus B. 366–369).

Als schwierig empfindet der Betreuer, dass Christians Entscheidung bei Jugendhilfe Phöinix e.V. auf wenig Verständnis und Unterstützung stieß:

> *„Was ich anders machen würde … Ja, ich würde ihn heute auf seinem Lebensweg .. entschiedener stärken. Als er sich von uns gelöst hat .. sich von uns lösen wollte, ich aber im Hintergrund schon hörte, dass eben halt … dass von Seiten der Einrichtung es doch gerne gesehen wurde, wenn er länger bei uns bliebe, weil er hatte ja im Jugendamt im letzten Hilfeplangespräch, bevor er von uns gegangen ist, gesagt, ja, ich will den Realschulabschluss machen, ich kann mir die Fernschule vorstellen, zugesagt hat, er wollte letztendlich ja bei uns .. in Italien zwei, drei Jahre länger bleiben, Realschulabschluss oder weitere Schulabschlüsse ins Auge fassen, das wollte er bei uns* ***machen****. Und .. als wir nach dem Hilfeplangespräch wieder zurück in Italien waren, nach diesem Gespräch in Deutschland hat er ganz viele Sachen reflektiert und ich hab ganz viele ernsthafte Gespräche mit ihm geführt, wonach er für* ***sich*** *dann gesagt hat, das ist schon gut und das ist alles toll, aber ich muss lernen auf meinen eigenen Füßen zu stehen. Es kann nicht sein, dass ich immer eine soziale Wärmehalle habe, die alles für mich tun und machen“ (BE Klaus B. 417–428).*

Er wünscht sich, dass das Thema Partizipation bei den betreuten Jugendlichen generell noch ernster genommen wird: „Ich denke eben halt, dieses .. vielleicht da noch etwas genauer hinhören, wenn ein junger Mensch sagt, ich hab’s kapiert, ihn da noch ernster zu nehmen und zu sagen, okay, dann lass es uns gemeinsam erproben“ (BE Klaus B. 432–434).

Heute sieht Christian seine Entscheidung, mit der Volljährigkeit nach Deutschland zurückgekehrt zu sein, äußerst kritisch:

> *„Mmmh, das war das Dümmste, was ich jemals in meinem Leben gemacht hab, ganz klar, also es war wirklich dumm, weil .. wäre das Projekt noch länger bewilligt worden, ähm, dann hätte ich heute wahrscheinlich schon studiert und würde nicht gerade im letzten Ausbildungsjahr in einer handwerklichen Ausbildung feststecken, mehr oder weniger, ähm, ja, also … es war dumm, weil .. die Zeit nach Italien, die war verdammt fies und .. na okay, das war aber ‘ne Sache, ja da hab ich mich selber reingeritten“ (Christian 469–474).*

3.8.2 Partizipation der Eltern

Die Mutter war als Sorgeberechtigte an der Entscheidung, Christian in die Jugend-WG und in eine ambulante Betreuung zu geben, mit ihrer Unterschrift beteiligt (vgl. KO Herr S. 20–22). Auch im weiteren Verlauf war die Zusammenarbeit mit ihr offenbar eher formaler Art, sie stimmte zum Beispiel den Zwangseinweisungen in die Psychiatrie zu, was die Betreuerin als hilfreich erlebte. Trotzdem wird die Frage nach den unterstützenden Aspekten der Einbeziehung der Mutter durch die Betreuerin ambivalent beantwortet:

> *„Mmmh, schwierig. .. Okay, die Familie hat das natürlich [räuspert sich], hat das akzeptiert die Maßnahme und hat das unterstützt. Also, was heißt Familie, die Mutter .. […] Für Christian [räuspert sich] denk ich war das scheißegal, was die Eltern dazu sagen, also was die Mutter dazu sagt. .. Wobei ich glaube, dass er manchmal auch agiert hat, wie er agiert hat, um seiner Mutter […] eins auszuwischen. […] Ich glaube, dass sie zu vielem ja gesagt hat, um einfach nicht, .. mehr involviert zu sein .. […].. ich denke, dass die Mutter den Christian, wenn überhaupt, ein einziges Mal in dieser Maßnahme besucht hat, das zeigt ja schon irgendwie, was das für 'n Verhältnis war. Und besonders unterstützend kann man das jetzt auch nicht nennen" (BE Heike A. 354–373).*

Christian äußert im Interview stellvertretend für seine Mutter Kritik zum Thema Partizipation:

> *„[…] zudem hat meine Mutter mir vor einigen Tagen gesagt, dass sie .. diese Zeit auch sehr negativ in Erinnerung hat, weil sie damals das Gefühl hatte, dass sie von Phöinix und dem Jugendamt halt komplett außen vor gelassen wurde, also nicht wirklich wusste, was da mit mir passiert, was ich mache" (Christian 200–203).*

Im Vorgespräch zu dem geplanten Interview bestätigte die Mutter die Aussage ihres Sohnes. Leider fand das Interview nicht statt, da die Mutter den Kontakt zu der Interviewerin unerwartet abbrach.

Aus heutiger Sicht entsteht der Eindruck, dass die Mutter über Entscheidungen informiert wurde und ihre formale Zustimmung gab, sie aber wenig in die Entscheidungsprozesse einbezogen war.

3.9 Beziehungsqualität zwischen Jugendlichem und Helfersystem

3.9.1 Beziehung Christian – ambulante Betreuerin in Deutschland

Die Beziehung von Christian zur ambulanten Betreuerin war sehr kompliziert und von Ambivalenzen bestimmt. Einerseits gab es eine enge emotionale Anbindung von Christian an die Betreuerin, andererseits war seine Beziehung zu ihr geprägt von Macht und Kontrolle. Der Gedanke liegt nahe, dass der Jugendliche die Exklusivität der Beziehung zu Heike mit allen Mitteln – auch mit Gewalt – einforderte und immer wieder auf ihre Belastbarkeit hin testete. Dabei brachte er wiederkehrende Muster zur Anwendung, die offenbar nicht durchbrochen werden konnten. Eine Hypothese der Betreuerin lautet, dass Christian an ihr seine ambivalenten Gefühle Frauen gegenüber „abarbeiten" konnte, ohne dass ihm das erschöpfend gelungen wäre: „Einfach weil er bei mir, denk ich, auch viel mit seiner Mutter abgearbeitet hat" (BE Heike A. 495–496).

Sowohl Christian als auch die Betreuerin erörtern im Verlauf der Interviews die Betreuungsbeziehung in ihrer Widersprüchlichkeit:

> *„Mmmmh, ja mir wurde halt die Frage gestellt, ob .. Heike zu der Zeit in G. irgendwie .. die richtige Betreuerin für mich war und ähm .. ich find das recht schwer zu beantworten, weil ähm .. ich irgendwie Heike in der Zeit irgendwie nicht richtig als Respektperson gesehen hab .. zu ihr aber trotz aller .. Differenzen, die wir hatten, .. 'n intensives, äh ja, Verhältnis zu ihr aufgebaut hab, äh, gefühlsmäßig. Also ich hab der schon vertraut und ich glaub, mit 'nem anderen Betreuer, der vielleicht etwas .. strenger gegen mich vorgegangen wäre, das hätte überhaupt nicht funktioniert, also so sehe ich das aus* ***heutiger*** *Sicht, dann .. wär ich wahrscheinlich schon sehr viel früher auf der Straße gelandet" (Christian 681–688).*

Die Beziehung zur Betreuerin in der WG-Zeit

> *„[…] könnte man […] getrost als äh Hassliebe bezeichnen, weil's stellenweise .. Zeiten gab irgendwie, wo ich mit ihr super ausgekommen bin .. es gab aber auch stellenweise Zeiten, da hab ich ihr echt den Tod gewünscht und ich vermute, trotz aller professioneller Distanz, war das umgekehrt auch so" (Christian 160–164).*

Die Betreuerin dazu: „[…] das war halt, denke ich, damals 'ne kranke Beziehung, ne, aber auch 'ne kranke ist ja 'ne Beziehung [lacht]" (BE Heike A. 332–334).

Darüber hinaus gibt es Hinweise auf eine Rollenumkehr zwischen Betreuerin und Jugendlichem. Nicht die professionelle Betreuerin unterstützte den Jugendlichen in für ihn angstbesetzten Situationen, sondern der durch seine psychisch kranke Mutter höchst „Empathie"-geschulte Jugendliche unterstützte die Betreuerin:

> *„Er hat auch was, .. Empathisches, mmh, zum Beispiel […] er hat auch im Flugzeug meine Hand genommen, weil ich ja auch da Angst hatte und .. dann hab ich aber festgestellt, seine Hand ist aber mindestens so nass wie meine, also der hat auch Angst [lacht]. Ja aber der hat auch was, also er kann, wenn er denn will .. auch sehr empathisch sein und auch honorieren, wenn er sieht, da macht jemand was .. da springt jemand über seinen Schatten" (BE Heike A. 300–313).*

Christian provozierte die Betreuerin mit sexualisiertem Verhalten, diese hielt aus und dagegen.

> *„Also für mich war's einfach im Nachhinein wichtig, weil ich gedacht hab, der hat mich immer die ganze Zeit gefragt, Heike , was würdest du tun, wenn du dich in mich verlieben würdest, nee ich sag, ich verlieb mich nicht in dich. Was würdest du denn tun, wenn. Und da hab ich, dann hab ich halt gesagt, ich würde dann, wenn ich wirklich, wirklich verknallt wäre in dich, was wirklich wirklich* ***absolut*** *unwahrscheinlich ist [lacht], dann würd ich meinen Job kündigen. Und dann würd ich dich heiraten und [lacht] wir haben dann so Gags, ne, wo dann der Herr S. auch immer gedacht hat, der Christian wäre in mich verliebt .. und* ***deswegen*** *fragt der das so. Und ich hab das immer schon ganz weit von mir gewiesen und gesagt so, never ever, also der ist nicht in mich verliebt, ne. Das würd ich spüren, so, da ist was anderes, ne" (BE Heike A. 853–862).*

Der Betreuerin war wichtig, „dass man … ihm auch zeigt, dass man ihn aushalten kann." Das versuchte sie „in allererster Linie mit Geduld und Humor". Genauso wichtig war, „dass ich irgendwo deutlich hatte, Grenzsetzung ist angesagt und die muss man dann auch durchziehen." Probate Mittel waren hier die Strafanzeige bei der Polizei und die Zwangseinweisung in die Psychiatrie. Und weiter: „Das war auch, denk ich, also das war auch die Fragestellung ganz häufig, denk ich, ne, so wie viel hältst du aus? .. Und .. ich denke, dass ich da schon viel aushalten konnte und äh, ausgehalten habe, mmh .. das war, denk ich, sein Glück auch" (BE Heike A. 201–212).

Es stellt sich die Frage, inwieweit die Betreuerin und der Träger es zuließen, dass dabei die Grenzen der Betreuerin überschritten wurden:

> *„Ich hab das .. also dieser Gedankengang, mach ich das weiter, mach ich das nicht weiter, der hat mich immer wieder erwischt. Also das, es gab immer wieder Momente, wo ich gedacht hab so, nee. Das kann ich nicht, ich hör jetzt auf, ne. .. Mmmh .. aber irgendwie hab ich mich dann auch immer wieder berappelt, ich glaube 'n Stück weit hat er einfach Glück gehabt, dass er mein erster Jugendlicher war und ich 'n bisschen auch dachte, ich muss das können. Also heute seh ich das was anders, ne so, aber damals hat mich auch der Ehrgeiz gepackt und ich hab so gedacht, das kann doch nicht sein, ne, und ich muss das können, ne, und ich muss das auch aushalten können. ... Und von daher hab ich dann immer wieder weitergemacht und dann gab's ja auch immer wieder so Situationen, .. wo man so sah, so der hat Not und .. es geht ja doch irgendwie, ne" (BE Heike A. 149–159).*

Der Koordinator honoriert das „Aushalten" der Betreuerin:

> *„Ja, ich sprach eben schon von der Betreuerin, der Heike A. Ich glaube, dass er mit ihr jemanden hatte [...] und zwar durchgehend, konstant, egal in welchen Krisen er sich befand, egal in welchen Situationen er sich befand, egal ob der in der Psychiatrie war, egal ob der in der WG war .. auch nach dieser, ich sag mal, deutlich grenzüberschreitenden .. Aktion mit .. mit dem Messer und dem Einschließen .. hat sie die Betreuung nicht aufgegeben, sondern hat weitergemacht und hat ihn quasi wirklich .. durch alle Höhen und Tiefen begleitet. Ich glaube, das war für ihn auch .. etwas, was er so in der Form noch nicht erlebt hat, diese Konstanz, die ihm auch 'ne gewisse Art von Stabilität verliehen hat. Ähm .. da muss man der Kollegin schon auch noch im Nachhinein ein hohes Lob und ein .. ja, 'n hohes Lob aussprechen" (KO Herr S. 150–161).*

3.9.2 Beziehung Christian – Betreuer in Italien

Der männliche Betreuer in Italien war für Christian väterliches Vorbild und bot ihm gemeinsam mit seiner Frau eine familiäre Atmosphäre. Christian genoss die Exklusivität der Betreuung offensichtlich sehr. Er erlebte den Betreuer als streitbaren, klaren, einschätzbaren Begleiter und war nachhaltig von seiner Bildung beeindruckt, an der er teilhaben konnte. Diese Attribute hebt Christian im Interview mehrfach hervor:

„[...] der Einfluss, den der Klaus auf mich hatte, .. war groß. .. Der hat im Grunde, ja, einerseits ne, ja, muss man sagen .. schon 'ne fast väterliche Figur für mich eigentlich .. ergeben, ähm, ich hatte mit ihm von Anfang, anfänglichen oder gelegentlichen kleineren .. Quälereien eigentlich mit dem eigentlich keinen Streit, keinen großartigen zumindest" (Christian 347–352).
„[...] was ich sehr angenehm empfunden habe war, .. dass das im Grunde 'ne sehr familiäre Atmosphäre war" (Christian 359–362).
„[...] ich erinnere mich, [lachend] ich hab mich auch mehrfach schon mit ihm da gestritten, ähm ... worüber wir gestritten haben, das waren im Grunde, würd ich sagen, Kleinigkeiten, weil ähm ... also er .. irgendwie schon gefordert hat, also Entscheidungsfindung oder Orientierung und.. die hatte ich damals noch nicht so wirklich, als ich da ankam" (Christian 331–335).

„Ich hab .. 'n sehr intensives .. Verhältnis zum Klaus aufgebaut, das hatte ich zur Heike A. auch, ähm, ja, aber bedingt durch die Tatsache, also der Klaus B. ist 'n Mensch, der über .. ein bemerkenswert hohes Maß an Bildung verfügt und das hat auf mich abgefärbt, ich hab da sehr, sehr viel gelernt. [...] und ähm, bedingt durch die Tatsache, dass der Klaus damals das Projekt auf mehrere Häuser aufgeteilt hat, hab ich größtenteils, ja, alleine mit dem Klaus in einem Haus gelebt und .. durch die landschaftliche Lage, also das Projekt von uns, das war sehr isoliert, das war mitten, da gab's nur Wald und Berge, .. es war halt 'ne sehr intensive Betreuung, ja es war ja im Grunde schon, ja fast wie Familienleben und äh .. das hat, ja, ganz gut, mir ganz gut getan, würd ich im Nachhinein sagen" (Christian 581–594).

Die Betreuerin Heike A. lernte Klaus B. in Italien kennen und erinnert sich:

„Und dieser Betreuer war so'n ... ja, so 'n Macher, gar nicht jetzt so der typische Pädagoge, ne, sondern so, ja komm hier, ne, ich zeig euch mal, ne. Ihm auch direkt klar gemacht, das nicht, das nicht, das nicht, [lacht] aber das schon und das machen wir und das machen wir und Christian war schon angetan" (BE Heike A. 462–465).
„[...] ich hab das in dieser Woche Italien schon geseh'n, wie er einfach auf diesen anderen Betreuer angesprungen ist, einfach weil der ein Mann ist" (BE Heike A. 1062–1063).

In der Einschätzung des Betreuers waren – zusammen mit den äußerst günstigen klimatischen und landschaftlichen Bedingungen – die gemeinsamen Gespräche über die Themen, die Christian zu der Zeit interessierten und beschäftigten, das tragende Beziehungselement in der Zusammenarbeit mit Christian:

> *„Und ich habe ihm eigentlich unser Lebensangebot vorgestellt, was ihm, zu Anfang .. ich glaube nicht, dass er zu Anfang das hat einschätzen können, weil er zu viel Ablehnung selbst erfahren hat in seinem Leben, so dass er auch nicht gleich eben halt das, was wir ihm anboten, hat annehmen können. Das hat sich erst über die ersten Gespräche ergeben, dass er gemerkt hat, er hat in mir .. in uns hier im Hause eine Gesprächsplattform, die sich auch auf* ***seine*** *Gesprächsebene einlässt .. um eben halt* ***seine*** *Themen, die* ***ihm*** *im Kopf herumschwirren, genug Gehör verschafft. Ja, er hat sich genug Gehör verschafft, hat aber auch in mir eben halt einen sogenannten* ***Gesprächs****partner gesehen, der ihm .. halt das Wasser reichen, der sich nicht auf das Glatteis führen lässt. Das sage ich aus seiner Sicht jetzt gesehen. Denn ich denke das, was er damals gelesen hat, so .. den Alexander Crawley, sehr viel Lovecraft, Timothy Leary, Carlos Castaneda und einige andere Literaten, die sind ja im Allgemeinen so im erzieherischen Umfeld nicht so unbedingt bekannt. … Ich bin einer derjenigen, der sich mit vielen .. ja auch philosophischen Feldern hat befassen dürfen in seinem Leben.. so dass ich sagen konnte, da hatte er wohl .. seinen Meister gefunden“ (BE Klaus B. 67–80).*

Der Betreuer hatte das Gefühl, dass Christian sich an ihm selbst „an einer Vaterfigur abgearbeitet hat und flügge geworden ist“ (BE Klaus B. 391). Und er betont – ähnlich wie Christian – die Nachhaltigkeit der Beziehung:

> *„Christian ist so ein junger Mensch, der dann bei uns weggegangen ist, den Kontakt aber nie hat abbrechen lassen. Der .. angerufen hat und immer wieder .. betont hat, dass es genau* ***dieser*** *Aufenthalt bei uns war, der ihm .. die Augen geöffnet hat“ (BE Klaus B. 388–390).*
> *Christian kam noch zweimal auf Urlaub nach Italien und stellte den Betreuer und dessen Frau seiner Freundin so dar, wie er sich als junger Mensch seine „Ersatzeltern“ gewünscht hätte. Er reflektierte also im Nachhinein und zeigte sich dankbar – lud das Betreuerpaar fünf, sechs Jahre später zu einem Essen ein – das war sein Abschluss und sein Abschied (BE Klaus B. 391–409).*

3.9.3 Beziehung Jugendlicher – weitere Fachkräfte

Jungen-WG

Es fällt auf, dass Christian für die Zeit der Jungen-WG einen großen Unterschied sieht zwischen der für ihn zuständigen Betreuerin und den anderen Betreuenden, vor allem den Nachtwachen:

> *„Mit den anderen Betreuern .. weiß ich nicht, eben wie hab ich die erlebt, ja, die waren halt da. Also ich hab mich stellenweise ganz gut mit denen unterhalten können. Ähm, zu einigen der Nachtwachen, also die Leute, die uns nachts beaufsichtigt haben, hatte ich schon 'n ganz guten Draht, also wir sind, äh, auch die anderen Jugendlichen, wir sind mit denen oftmals sehr viel besser klargekommen als mit den Betreuern, das lag aber daran, dass uns die Nachtwachen vermutlich .. nicht in irgendeiner Form disziplinieren wollten [lacht]" (Christian 184–190).*

Als Christian in Italien lebte, vertraute er seiner Betreuerin Heike A. an, dass er in der WG eine halbjährige sexuelle Beziehung zu einer der Nachtwachen hatte. „[lacht] ähm, ja ähm, ich denke das ist Ihnen bekannt, dass ich 'ne sexuelle Beziehung hatte mit einer dieser Nachtwachen, das ging irgendwie 'n halbes Jahr, hat sich dann aber irgendwie im Sande verlaufen [...]" (Christian 190–193).

Die Betreuerin erinnert sich, dass Christian in der WG-Zeit außerdem eine besondere Beziehung zu seinem Therapeuten aufbauen konnte,

> *„der .. es irgendwie geschafft hat, 'n unheimlich guten Draht zu Christian zu bekommen .. ich hab das immer mit 'n bisschen Stirnrunzeln betrachtet, weil er so diese professionelle Ebene einfach verlassen hat, ne. Und das einfach privat gemacht hat, und ich das irgendwie komisch fand, ne. Mmh, nichtsdestotrotz war er schon jemand, der dem Christian sehr am Herzen lag und .. auf den er auch gehört hat, 'n Stück weit. Also der ihn zumindest nachdenklich machen konnte. .. Also in so Phasen, wo der nur aggressiv war und nur abging und nicht für Geld und böse Worte zu erreichen .. hatte der schon mal noch .. 'n bisschen mehr Glück, dass er noch mal 'n bisschen mehr Zugang haben konnte, ne, und das hab ich aus 'nem bestimmten Grund hab ich den mit in meine Arbeit einbezogen. Also ich hab dem Christian halt gesagt, dass ich denk, das ist wichtig, dass er irgendwie Gespräche hat und ob er wüsste, wo oder mit wem. Und da hat er direkt gesagt, der. [...] Mmh, der ist später gestorben, der ist irgendwie abgestürzt beim Klettern, also das war für Christian ganz schlimm. Also der war wichtig" (BE Heike A. 748–769).*

Christian erwähnt diesen Therapeuten im Interview nicht.

In Italien

> *„[M]mmh, da war 'n anderer Betreuer, .. D. R. hieß der, zu dem hatt ich einige Zeit lang ein sehr gutes Verhältnis, weil .. der noch sehr jung war, auch 'n bisschen, ähm, ich mein' das nicht abfällig, aber 'n bisschen freaky .. mit dem bin ich eigentlich recht gut zurechtgekommen … und mit den anderen Betreuern eigentlich .. nicht so ganz, aber ich hatte mit denen nicht so viel zu tun, weil damals in Italien das Projekt ist irgendwie auf mehrere Wohnorte oder mehrere Wohnungen, die halt auch recht weit auseinanderlagen, aufgeteilt worden, .. und ich hatte eigentlich mit denen nicht mehr so viel zu tun, also sehr selten eigentlich gesehen" (Christian 377–385).*

Die starke Fokussierung auf das Betreuerpaar B. bestätigt auch Klaus B., wobei er die Beziehung von Christian zu D. R. nicht thematisiert:

> *„Also wir waren eigentlich hauptsächlich mit Christian beschäftigt. Er hat sich zwar auch mit anderen Kolleginnen und Kollegen beschäftigt, aber .. hauptsächlich mit uns. Ich kann mich eigentlich soweit gar nicht erinnern, dass er so viel mit anderen Kolleginnen und Kollegen gemacht hat. Das war eigentlich hauptsächlich, dass er Dinge mit uns gemacht hat" (BE Klaus B. 385–388).*

3.9.4 Beziehung Jugendlicher – informelle Personen

Die Betreuerin berichtet von der besonderen Beziehung, die Christian zu ihrem Freund U. aufbaute:

> *„[…] und Vaterfigur, da hat er ja immer nach gesucht, also der hat ja den U. vergöttert, meinen Freund. Die haben sich ja auch kennen gelernt, wenn wir was zusammen unternommen haben am Wochenende oder so, ne, also der Christian fand den Iren immer .. klasse, wo wir uns immer fragten, was genau findet der an dem klasse? [lacht] Aber es war zum Beispiel, dass mein Freund halt in keinster Weise pädagogisch ist. Und wenn jemand Christian sagen konnte, so jetzt haste aber ein Bier zu viel getrunken, dann war das auch mein Freund, und nicht ich" (BE Heike A. 496–502).*

Hier könnte durchaus ein Hinweis zu entdecken sein, wie sehr Christian schon vor dem Betreuungsabschnitt in Italien einen männlichen Bezugspartner brauchte und suchte.

3.10 Prozessgestaltung zwischen Jugendlichem und Helfersystem

3.10.1 Sozialverhalten

Die wichtigsten Interventionen der Betreuerin in diesem Bereich basierten auf einem Beziehungsangebot, das auf Begrenzen, Aus- und Dagegenhalten, Sanktionieren, positive Verstärkung, Reflektieren, Sich-Auseinandersetzen, Transparenz und Berechenbarkeit beruhte. Die folgenden Zitate aus den Interviews mit dem Koordinator und der Betreuerin verdeutlichen dies:

> *„[E]s war in seinem ganzen Habitus immer extrem schwierig, ihn einzuschätzen. Es hat ich weiß nicht wie viele Einsätze gegeben, wo wir ihn .. in die Psychiatrie zwangseinweisen mussten, mit Notarzt, mit Polizei, mit den Betreuern, ohne Betreuer, ich alleine, die Betreuer alleine. Also ich weiß nicht, wie oft das vorgekommen ist, ich glaube ich war alleine .. bestimmt sechs bis acht Mal in der Psychiatrie in O., wo wir ihn immer für kurze Zeit unterbringen .. mussten und wollten, weil er sich als sehr massiv fremd- beziehungsweise eigengefährdend darstellte“ (KO Herr S. 100–115).*
> *„[…] das war .. oftmals ein Hin und Her, .. es ging nicht um .. Abschieben von Christian in die Psychiatrie, sondern es ging eher darum, ja, diagnostische Verfahren einzuleiten. Das war aber alles sehr, sehr schwierig“ (KO Herr S. 188–190).*

> *„Also er hat sich selbst verletzt übelst .. der war fremdgefährdend .. und für mich war einfach wichtig, dass also .. so auf, also dass der so für sich Handlungsweisen entwickelt .. mit seinen Mitmenschen und mit sich umzugehen, adäquat umzugehen. Auf jeden Fall so, dass er nicht an jeder Ecke auf Widerstand und weiß ich nicht was stößt, ne, und einfach nur einsam ist, ne“ (BE Heike A. 901–905).*
> *„Und für mich war das dann so, dass ich dann gesagt hab, okay, ich arbeite mit ihm weiter, aber ich, ich muss da für mich 'n Weg finden deutlich zu machen, bestimmte Dinge gehen nicht, und die gestatte ich dir nicht und da setz ich dir ganz klar 'ne Grenze“ (BE Heike A. 168–171).*
> *„Und ich denk, das war ganz wichtig, dass wenn ich was gesagt hab, ich auch zu meinem Wort gestanden hab, im Positiven wie im Negativen, mmh, dass ich schon jemand war, so wie ich halt .. Grenzüberschreitungen in Anführungsstrichen „bestraft“ hab wie die Zwangseinweisung .. aber auch honoriert habe, wenn jemand wirklich .. was Gutes gemacht hat, oder wenn's einfach mal toll*

lief, wenn mal 'n Nachmittag ohne Stress war, dass ich dann auch 'ne Pizza oder 'n Döner oder sonst was rausgehauen hab und gesagt hab, okay, ich, ihr müsst nicht kochen, ich hol was, ne" (BE Heike A. 243–249).

„[...] und was ich auch gut konnte, also 'n Beziehungsangebot machen. Und .. mich auseinandersetzen über: ja, ich hab dich in die Klapse geschickt .. und, aber du siehst, du bist wieder hier. [lacht] Also auch das Reflektieren und dazu stehen und sich auseinandersetzen, weil natürlich war der empört, aber ich, ich konnt' ihm schon sehr deutlich machen, warum ich das getan hab und dass ich's das nächste Mal wieder mache, ne .. Und ich glaube, dass ich ab 'nem bestimmten Punkt auch, ... also ich bin .. ziemlich ehrlich und ich hab mit dem Christian irgendwann 'ne Situation gehabt, wo wir echt Nase an Nase gestanden haben, weil mir der Kragen geplatzt ist .. und wo er mich seit Stunden bedroht hatte, wo ich schon irgendwann gesagt hab, weißte, du laberst immer nur, dann komm doch ... und ich hatte tatsächlich so 'ne Wut in dem Augenblick, dass ich gesagt hab, so, wenn der mich haut, ne, [lacht] ich hab da keine Angst vor. Und das hat er, glaub ich, gespürt .. und dann hat er sich hingesetzt, mit dem Kopf gegen die Türe gehauen und dann hab ich gesagt, und das hörst du auch auf [lacht]. Und dann ist er das erste Mal von sich aus, hat er sich zurückgezogen, kam später wieder, ich mein' das war dann bisschen unangenehm, hat .. mich von hinten umarmt und ich hab gedacht, ach du Scheiße, der erwürgt mich jetzt, ne .. dann kam er und sagte, Heike , es tut mir leid, das hatte er vorher noch nie gemacht gehabt, ne, es war wirklich so dieses so extremst Dagegensetzen und ***du*** *machst mir keine Angst. .. Das hat geholfen, denk ich .. standhaft zu bleiben" (BE Heike A. 216–236).*

Mit Bezug auf die festzustellenden narzisstischen und depressiven Persönlichkeitsanteile bei Christian merkt sein Betreuer in Italien an:

„Und wenn sie da sind, muss man dann eben halt Handlungskonzepte, Lebenskonzepte entwickeln mit dem jungen Menschen zusammen, die es ihm ermöglichen eben halt aus diesen .. aus seiner Sichtweise herauszukommen. Denn auch ein narzisstisches Weltbild kann eben halt verändert werden .. oder dieses narzisstische Selbstbild kann ja eben halt zu ganz, ganz schweren Persönlichkeitsstörungen führen, wenn sie zwar erkannt aber nicht behandelt werden" (BE Klaus B. 139–143).

Die Strategie des Betreuers in Italien bestand darin, sich zunächst auf die „schwärzesten Themen dieser Welt“, in die Christian immer wieder versuchte ihn hinabzuführen, einzulassen, um seine Motivation für dieses Betreuungsangebot, das „eventuell eine der wenigen letzten Stationen vor vielleicht einer geschlossenen Unterbringung sein könnte“, zu ergründen (BE Klaus B. 180–185). Christian sollte seine Außenwirkung auf andere reflektieren – dabei kamen das warme Frühlingswetter in einer schönen Landschaft und die freundlichen Menschen rundherum zu Hilfe, die sich selbst erklärende Regeln schufen.

> *„Und .. er musste für sich einfach feststellen, dass es ganz schön anstrengend ist, ein versteinertes Gesicht zu haben, wenn ihn die Menschen um ihn herum alle anlächeln. Er musste für sich feststellen, dass es ganz schön anstrengend ist, wenn alle mit leichterer Bekleidung rumlaufen, nur er nicht.“ Er litt darunter „und da hat er für sich festgestellt, dass er dem nicht standhalten kann. Das löste bei ihm eine Krise aus“ (BE Klaus B. 203–2[illegible]).*

Christian suchte insbesondere in der Dämmerung das Gespräch zum Betreuer und schätzte ihn für seine Belesenheit.

> *„Das hat er vorher so ja nicht gefunden, und das ist genau das Angebot, was ich ihm dann letztlich gemacht habe. Genau diese Dinge, die eben halt atypisch für diese Maßnahmen sind, diese neuen Erlebnisse, Erfahrungen mit mir zusammen zu erleben. Und darüber hab ich dann die Gesprächsebene zu Christian gefunden, .. die ihm sichtlich auch Spaß machten“ (BE Klaus B. 237–241).*

Sie kamen ausgehend von Christians Todesfantasien über Goethe, Schiller, Shakespeare und philosophische Themen ins Gespräch, darauf konnte sich der Betreuer ebenfalls einlassen, der auch „ganz tief in [s]eine Kiste greifen musste, um eben halt diese Literatur wieder hervorzuholen“ (BE Klaus B. 259–260). Christian faszinierte, so vermutet der Betreuer heute, dass dieser sich auf die gemeinsamen Gespräche vorbereitete, „und darüber hat er dann angefangen sich über sich selbst zu ärgern, weil er konnte seine *Gesichtsstarre nicht mehr halten*“ (BE Klaus B. 244–245).

3.10.2 Kindliches Nachreifen

In der Beziehung zur Betreuerin und deren Lebensgefährten war es Christian bei allen Drohgebärden und grenzüberschreitenden Begegnungen möglich, so etwas wie Normalität auf Zeit zu erleben und in regressiven Phasen aufgefangen und begleitet zu werden. Es ist zu vermuten, dass er dadurch nachreifen und bindungsrelevantes Verhalten erfahren konnte: „[I]ch hab den mitgenommen, ich hab, bin zum Beispiel mit dem auch in 'n Konzert gegangen, von Nightwish damals, das hat er sich so gewünscht und, die Heike soll mit ihm in 'n Konzert, ne" (BE Heike A. 706–711).

> *„[...] das hat ihn einfach glücklich gemacht, ne, so normale Dinge tun, ne, und ein Teil zu sein, also ich denke, er hat das auch einfach so erlebt, dass er von U. halt .. auch respektiert wurde, dass er halt mit dazugehörte, 'n Stück weit, ne. Also da hab ich das noch viel mehr gemacht, dass er einfach, wenn er sich benommen hat, mitkonnte, ne. Und das, glaub ich, war wichtig. Also dass er mit mir so zusammen, also auf so was greift man ja zurück, ne, wenn man in so 'nem Konzert zusammen gestanden hat und, ah, dieses Lied, und gesungen hat, ne und dann kann man in schlimmen Momenten, hilft das einfach, da noch mal zurückzugucken, aha das ist nicht nur die Heike, die mich jetzt zwangseinweist zum Beispiel, sondern auch die, die mit mir im Konzert zusammen singt, ne. [...] Ich denke, dass er sich da auch häufig noch mal extra gezügelt hat, weil ich es halt war, ne" (BE Heike A. 716–728).*
>
> *„Und natürlich die Gespräche, also der war ja nicht ständig bedrohlich, also, ich hab mit dem auch ganz viele Momente gehabt, mit dem konnte man richtig prickelnde Unterhaltungen führen, also sehr interessante, mmh, und auch richtig Spaß haben. Also wir haben oft viele Situationen gehabt, wo wir uns kaputtgelacht haben. Und ich denk', das war 'n Teil so, wo man dann auch immer wieder drauf zurückgreifen konnte und sagen konnte, ja, das haste aber auch mit dem, ne. Und das ist nicht nur der, der mit dem Säbel jetzt hier hinter dir her ist [lacht]" (BE Heike A. 188–194).*

Der Übergang nach Italien war bei Christian von großen Ängsten und Unsicherheiten geprägt.

> *„Es war aber 'n bisschen schwierig, ich bin da 'ne Woche geblieben .. wegen Christian, weil einfach klar war, dass der Angst hat und weil wir das jetzt auch nicht wieder gefährden wollten, mmh [...] und dann .. jeden Abend Christian ins Bett bringen, jeden Abend Angst, also da war ganz klar, so wo ich so dachte, der zeigt sein Gesicht, ne .. und so, du darfst nicht wegfahren, du musst hierbleiben,*

bleib doch mit mir hier, ne, lass mich nicht hier alleine .. ich will nicht, ne, ich hab Angst, ne. Und dann kennst du mich nicht mehr, du bist doch froh, wenn du mich Sausack losgeworden bist, ich sag ja, Christian, ein Teil von mir macht drei Kreuze, aber auch, weil ich denke, dass wir beide für diese Beziehung auch diesen Break brauchen. [...] Und ich denk du brauchst das hier auch, um dich zu entwickeln, ne. Aber, nee, du musst bleiben [lacht], also dass wir schon gedacht haben, oh wei, oh wei, der Tag, wenn ich abfahre, das könnte bitter werden, ne. Wir haben das dann aber recht humorvoll gestaltet, also wir haben schon Abschied gefeiert, aber dann hab ich auch viel so Spielchen gemacht wie Mann oder Maus, ne. Ja, weil man ihn einfach so, es war ja gut, dass er das so offen zeigen konnte, aber das dann auch wieder so extrem, dass er dann so total in die Regression ging, ne. Mmh, und man dann schon auch mal abrufen musste wieder, hallo, du bist der Hunne, ne. [...] Einfach, um das nicht so dramatisch zu machen, ne so und dann ging's auch, und dann hab ich gesagt, wir können uns schreiben und, sollte es 'ne Nachbetreuung geben, mach ich die gerne .. und der Kontakt bricht nicht ab" (BE Heike A. 465–491).

Nachreifungsprozesse als solche werden auch für die Zeit in Italien beschrieben. Es entsteht der Eindruck, als seien diese in der Abgeschiedenheit und Ruhe des Projektes und im Zusammenleben mit dem männlichen Betreuer umfassend möglich geworden:

„Das hat er bei uns nachholen dürfen, er durfte bei uns Holz hacken und schwitzen, er durfte sich Holzschwerter bauen, er durfte sich Speere bauen, er durfte bei uns bogenschießen, alles Dinge, die eigentlich er hätte, wenn er mit 16 zu uns gekommen ist, 10 Jahre vorher hätte erleben müssen .. normalerweise in seiner Kindheit. Das hatte er alles nicht erlebt, sodass das bei ihm auch immer wieder zum Thema wurde. .. Sie müssen sich vorstellen, ein junger Mensch sitzt vor einem, der sich mit einem über den Herrn der Ringe unterhalten möchte, weil er gerade die Bücher gelesen hat, aber gleichzeitig draußen mit einem Schwert rumläuft .. mit einem Holzschwert, das er sich geschnitzt hat. .. Da passten häufig die Bilder nicht zusammen und er hat .. weil es sein Intellekt zugelassen hat, weil er ja wirklich ein sehr ***intelligenter*** *Mensch ist, hat er die Kindheit unheimlich schnell nachgeholt, besonders, was es ausmacht, eine Hand-Kopf-Koordination herzustellen. Er hat also ganz schnell mehr oder weniger spielerisch seine Erfahrungen machen dürfen im Basteln, im Herumlaufen, im Herumwirtschaften würd ich jetzt mal so sagen im weitesten Sinne, dass er dann auch seine handwerklichen Neigungen entdeckt hat" (BE Klaus B. 317–329).*

3.10.3 Platz im Familiensystem

Die Erinnerung an die Beziehung zur Mutter während der Zeit in der Jungen-WG und der kurzen Phase danach auf der Straße ist für Christian

> *„(ä)hmm, keine sonderlich große, .. weil zu der Zeit, wo ich auf der Straße gelebt hab, ähmm .. es war Winter, es war ziemlich kalt .. und bis .. also meine Mutter hat mich damals nicht wirklich in ihre Wohnung gelassen oder zumindest nur sehr selten .. bis auf eine Situation, da hab ich mir bedingt durch die Kälte und, ja, durch den festen, fehlenden festen Wohnsitz halt 'ne schwere Lungenentzündung zugezogen, ähm .. die hab ich dann bei meiner Mutter in der Wohnung auskurieren dürfen, was .. echt angenehm war [lacht kurz] und .. ansonsten keine sonderlich große. Also rückblickend würde ich sagen, die wollte zu der Zeit irgendwie .. keinen Kontakt zu mir haben" (Christian 309–316).*

Auch wenn Christian rückblickend den Kontakt zur Mutter während der Zeit in der Jungen-WG als negativ beschreibt, ist es doch bemerkenswert, dass er in einer Zeit der Schwäche (Lungenentzündung) die Hilfe der Mutter angeboten bekam und diese annehmen konnte.

Zugleich liegt die Überlegung nahe, dass es vielleicht für die Zeit der Betreuung in Deutschland sogar hilfreich war, dass Christian zeitweise wenig Kontakt zu seiner Mutter hatte. In Italien konnte er unterstützt durch den von ihm sehr geschätzten männlichen Betreuer in Alltags- und Konfliktsituationen bindungsrelevantes Verhalten nacherfahren. Dies versetzte ihn in die Lage, positive Elemente in die Beziehung zu seiner Mutter einzubringen, so dass sich

> *„das Verhältnis, das natürlich eigentlich nur in Telefonaten, gelegentlichen Briefen bestanden hat, sich irgendwie .. enorm verbessert [hat], vielleicht auch bedingt* ***durch .. die Anleitung vom Klaus*** *... ähmmm .. der mir eigentlich damals klargemacht hat, dass irgendwann ein Zeitpunkt kommt, wo ich wieder zurück nach Deutschland .. muss und dass es vielleicht nett wäre, sich dann irgendwie mit meiner Mutter zu verstehen .. ähmm .. ja, das Verhältnis zu meiner Mutter, wie schon gesagt, hat sich verbessert. Als wir dann im Rahmen eines Hilfeplangespräches nach Deutschland gefahren sind, .. ich erinnere mich, das muss Januar gewesen sein, da hab ich dann auch einige Tage bei meiner Mutter .. übernachtet .. und .. hab die Zeit eigentlich eher angenehm in Erinnerung, obwohl ich nicht genau sagen könnte, was ich damals mit meiner Mutter besprochen hab oder auch nicht, hmm .. aber es sind positive Erinnerungen" (Christian 389–400).*

Die Abwesenheit von Streit im Umgang mit seiner Mutter war offenbar eine neue und wertvolle Erfahrung für Christian. Darüber, dass mit Christian an seinem Verhältnis zu seinem leiblichen oder Stiefvater gearbeitet wurde, ist nichts bekannt.

3.10.4 Lebenspraktische Themen

Nachdem Christian während seines Aufenthaltes in der Jungen-WG und auf der Straße keine Schule besucht hatte, waren seine schulischen Ziele schließlich ein wichtiger Grund für ihn, nach Italien zu gehen. Der Betreuer dort nahm das Thema Schule offenbar sehr ernst und gab die erforderliche Unterstützung:

> *„Was neu für mich war, mmmh, also der hat Sachen gefordert, [..] also er hat gefordert, dass jemand, der bei ihm im Projekt ist, halt irgendetwas macht. Ich weiß, ich hab damals irgendwie trotz meiner vorherigen Ankündigung auch die Schule erst mal nicht so wirklich ernst genommen, aber .. der Klaus hat immer drauf bestanden, dass da kein Stillstand herrschte. Also, dass wir bei .. Bauern, mit denen er befreundet war, dann zumindest auf dem Feld gearbeitet haben oder irgendwas an Haus und Garten gemacht haben, oder, ja, oder halt alternativ Schule" (Christian 352–359).*
>
> *„Schule hab ich eigentlich generell immer nur mit dem Klaus gemacht, .. bis auf die Zeit, da hatten wir mal kurze Zeit 'ne Praktikantin, dann hat die mal mit mir .. den Schulstoff durchgenommen" (Christian 375–377).*

Christian beschreibt das Lernen mit Klaus B. rückblickend als positiv – das war neben den nächtlichen literarisch-philosophischen Themen offenbar ein geeignetes Medium, um mit dem Jugendlichen zu arbeiten.

Körperliche Arbeit bereitete Christian dagegen große Probleme. Bei einer Arbeitserprobung in der Weinernte geschah folgendes:

> *„[...] das hat er anderthalb Tage durchgehalten, danach war dieser junge Mensch, kräftig vor einem stehend, letztendlich zusammengebrochen und hat gesagt, das halt ich nicht mehr aus. Acht Stunden am Stück Erntearbeit leisten, das kann ich nicht, dafür bin ich nicht gemacht. Also da hat er das erste Mal für sich erlebt, was es ausmacht, eben halt zwar kräftig zu sein, sportlich zu sein, aber nicht fähig, einen 8-Stunden-Arbeitstag durchzuhalten. [...] Ja, das hat ihm halt gezeigt, dass er seinen Kopf anstrengen muss, wenn es mit den Händen nicht gleich klappt. Er musste lernen, welche Fähigkeiten ihm der Kopf gibt, um dann halt seine Hände doch in Arbeitsfelder einzuschließen" (BE Klaus B. 331–344).*

In Anspielung auf Nadolnys „Die Entdeckung der Langsamkeit“ beschreibt der Betreuer psychomotorische Lernprozesse bei Christian:

> *„**Christian** hat den Ball **fliegen** sehen, aber er konnte ihn nicht **fangen**. Und so war es auch in anderen Bereichen, er wusste im Kopf **ganz** genau, wie er handwerkliche Prozesse steuern kann und muss .. er konnte sie zu der damaligen Zeit **nicht** übertragen auf seine Motorik. Nein, er war **kräftig**, er war sportlich, er hat auch Kampfsportarten gemacht vorher und hinterher, er hat viele Sachen angefangen. Er hat eigentlich dann erst zum Beispiel durch das Bogenschießen hat er gesehen, wie es ist, eine Augen-Hand-Koordination herzustellen .. um zu sehen, den Pfeil fliegen zu sehen. Durch ähnliche Geschichten hat er dann halt auch Zugang zu seinen Händen gefunden“ (BE Klaus B. 598–605).*

3.11 Zusammenarbeit auf Helferebene

Die Betreuerin Heike A. beschreibt die Zusammenarbeit mit der Koordination als eng. Sie suchte und brauchte diese Kontakte, weil die Betreuung eine „permanente Krise“ war, und habe „letztendlich immer jemanden erreicht“. Sie sei damals neu im Job und mitunter unsicher gewesen, wie mit Christian umzugehen sei. Die Zusammenarbeit mit der Koordination erlebte sie insgesamt als unterstützend: „[A]lso Austausch ist immer da gewesen und auch .. gut. […] Also zufriedenstellend“ (BE Heike A. 555–592).

Eher unzufrieden äußert sich der Betreuer Klaus B. Er vermisste offenbar die Anerkennung der spezifischen Arbeitsweise im Projekt. Die Kollegen beim Träger hätten ihm zwar zugehört und er habe auch Vorschläge einbringen können, aber „die Einrichtung Phöinix hat das nicht verstanden, zum damaligen Zeitpunkt die richtigen Fragen zu stellen.“ Er habe „nicht das Gefühl“ gehabt, „ dass sie .. ja, dass sie sich mit der Besonderheit der einzelnen Maßnahmen oder mit unserer Maßnahme eben halt auseinandergesetzt haben“ (BE Klaus B. 545–58).

3.12 Beendigung der Hilfe und Anschlusshilfen

Christian berichtet im Interview, dass der Betreuer Klaus B. auf der kurz vor seinem 18. Geburtstag einberufenen Hilfeplankonferenz vorgeschlagen hatte, er solle noch eine Zeit in Italien bleiben, um dort den Realschulabschluss und ggf. das Abitur nachzuholen. Als Christian volljährig war, hatte er aber das Gefühl, er wolle endlich selbstständig sein und allein leben und „wollt dann halt Hals über Kopf nach Deutschland zurück. [...] Ich dachte halt, ja, jetzt gehört die Welt mir" (Christian 450–454). Das Jugendamt wertete das als Abbruch der Hilfe und die Helferinnen reagierten Christian zufolge wütend, entsetzt und ungläubig und waren von diesen „Hü-Hott-Spielchen" nicht angetan (Christian 464).

Auf die Frage, was er nach seiner Rückkehr nach Deutschland gebraucht hätte, antwortet Christian:

> *„Ja das wäre, ähm, das wäre vielleicht mehr Zeit mit der Heike selber gewesen, mehr Gespräche, weil ... im Grunde war das gut, ich hab mich selber in die Situation reingeritten, aber es war halt mal ins eiskalte Wasser gesprungen, weil ich alleine eigentlich überhaupt nicht zurechtkam. Ich war jahrelang betreut und war's dann auf einmal nicht mehr und ... ich weiß nicht, es war irgendwie keine helfende Hand vorhanden und das ist halt das, was ich irgendwie aus den Jahren vorher, irgendwie ja, man muss sagen, ja, gewohnt war" (Christian 509–515).*

Die Betreuerin glaubt, dass die Beendigung der Betreuung irgendwann auch Sinn für Christian machte und ihn zu mehr selbstständigem Handeln motivieren sollte.

> *„Ich denke, Christian hätte noch Betreuung gebrauchen können .. aber ich hab auch 'n bisschen die Befürchtung, dass der wieder so 'n bisschen in das alte Spiel reingerutscht ist. ... Und letztendlich war's für Christian jetzt auch ganz gut, 'n Stück mehr auf sich selber zurückgeworfen zu werden und selber zu sagen, so ich mach jetzt das und das und das. Weil sonst hätte er wieder da gesessen und sich so servieren lassen auch, ne. Also dass ich alles checken muss. Mmh und um zu verstehen, dass er nicht mehr der kleine Christian ist, sondern jetzt erwachsen" (BE Heike A. 513–519).*

Beim Lesen dieser Zeilen kann durchaus auch die Idee entstehen, dass – wie in Kapitel 3.7.4 bereits angedeutet – die Besetzung der Nachbetreuung mit der ambulanten Betreuerin aus WG- und Notschlafstellenzeiten gegebenenfalls nicht die am besten geeignete Lösung darstellte, da diese die Zeiten vor Italien repräsentierte. Christian tendierte durch die Erfahrungen aus dieser hochgradig komplizierten und ambivalenten Betreuungsbeziehung (siehe Kapitel 3.9.1) möglicherweise eher dazu, der „kleine Christian" zu sein. Es ist vorstellbar, dass die Zusammenarbeit mit einem neuen, bestenfalls männlichen Betreuer diese „Rückfälle" in alte Verhaltensmuster weniger provoziert bzw. nahegelegt oder eine andere Reflexion darüber erlaubt hätte.

Wesentlich erscheinen in diesem Zusammenhang noch die Anmerkungen der Betreuerin, die auf einen Bedarf aufmerksam macht, den Christian mit anderen Jugendlichen teilen dürfte – in Notsituationen auch im Nachgang begleitet zu werden.

> *„Ich find's immer schade, dass es nicht so was gibt, wo man dann sagen kann, okay, wenn's jetzt mal ganz schlimm wird .. in so wirklichen Krisen, haut man jetzt doch noch mal ein paar Stunden raus, also er hat dann 'ne Phase gehabt, da ging's ihm wirklich schlecht mit der Schizophrenie, also nach der Betreuungszeit, wo ich schon gedacht hab .. eigentlich müsste man .. jetzt noch mal ein paar Stündchen begleiten. Ich hab das dann telefonisch gemacht und hab da mehr gemacht, als ich normalerweise machen würde, also stundenlange Gespräche abends .. aber einfach weil er's gebraucht hat und ich gedacht hab, ja okay, das bring ich jetzt nicht übers Herz, zu sagen, hör mal, ich krieg keine Kohle mehr für dich, erzähl das deiner Mutter, ne" (BE Heike A. 513–529).*

3.13 Auswirkungen der Hilfe in der Wahrnehmung und Deutung der Befragten

Christian äußert sich zur Frage, was sich für ihn durch die Zeit bei Jugendhilfe Phöinix e.V. verändert hat, ausschließlich mit Blick auf seine Einzelbetreuung in Italien. Mehrfach verweist er auf die heilende Wirkung der Landschaft und der Wohnsituation in Italien und seine enge Beziehung zum männlichen Betreuer:

> *„Ähmm, ja also, mmh, Italien war halt für mich der absolute Neuanfang. .. Der Unterschied zu vorher war, das hatte ich ja auch schon erwähnt, Italien war sehr familiär, die Zeit vorher, vor Italien .. das war eigentlich das genaue Gegenteil davon, also man hat sich irgendwie, also ich hab mich eigentlich sehr .. allein gefühlt, vielleicht auch irgendwie .. ich weiß, ja, ich halte den Ausdruck nicht für angemessen, aber vielleicht so im Stich gelassen, obwohl das wahrscheinlich eher nicht der Fall war, das waren auf jeden Fall die Unterschiede. Ich war gern in Italien, wie gesagt, das war eine großartige Landschaft, das war ein schönes Haus. Ich hab 'n sehr intensives .. Verhältnis zum Klaus aufgebaut, das hatte ich zur Heike auch. Ja, aber bedingt durch die Tatsache, also der Klaus B. ist 'n Mensch, der über .. ein bemerkenswert hohes Maß an Bildung verfügt und das hat auf mich abgefärbt, ich hab da sehr, sehr viel gelernt" (Christian 574–584).*

„Mmmh, das mag sich etwas esoterisch anhören, aber ich träume des Öfteren davon, weil das halt 'ne … schöne Landschaft war und ich träume recht oft irgendwie davon, einfach nur da durch die Landschaft zu pilgern irgendwie, also ich … träum das nachts sogar sehr oft" (Christian 619–622).

„[…] grundsätzlich .. würde ich sagen, hab ich mich in Italien gefangen, das lag einfach daran, ähmmm, die Betreuung durch den Klaus, der halt mein persönlicher Betreuer da war" (Christian 344–347).

Der Betreuer Klaus B. betont insbesondere die mentalen Veränderungen bei Christian: „Dem jungen Christian ist die Sonne aufgegangen im Kopf" (BE Klaus B. 371).

3.13.1 Sozialverhalten

Das Anliegen des Betreuers in Italien, Christians Weltbild zu dekonstruieren und gemeinsam mit ihm ein neues Lebenskonzept zu entwickeln, war offenbar aufgegangen. Zwei Zitate mögen dies verdeutlichen:

„Das mag sich etwas pathetisch anhören, aber irgendwie .. der Glaube an 'ne Zukunft, weil vorher hatte ich immer so 'ne no-future-Phase, die hatte ich später auch wieder, wie erwähnt, ich bin ja ziemlich tief gefallen, aber … ja, also was mich geprägt hat .. ich bin einfach mit 'ner anderen Lebenseinstellung da raus gegangen … Ich hatte viel gelernt, ich hab in Italien viel gesehen, ähm .. und es war einfach, ich hab vergessen zu erwähnen, ich hab den Klaus auch danach noch mehrere Male besucht in Italien, unter anderm auch mit meiner damaligen Freundin, die Dame hier aus L. und […] es hat einfach, es war teilweise sehr stärkend einfach nur an Italien zu ***denken****, also dadurch, dass es halt .. schon irgendwie, ja, ne schöne Zeit war, trotz aller Höhen und Tiefen .. man hat viel gelernt, man hat viel gesehen, man ist etwas rumgekommen .. und ähm, es hat einfach teilweise 'n Gefühl von innerer Stärke oder Frieden .. gegeben, rückblickend gesehen" (Christian 503–514).*

„Wir haben .. es letztlich geschafft, mit Christian sein Weltbild, sein Lebensbild ***völlig*** *durcheinander zu wirbeln, ja, wirklich völlig durcheinander zu wirbeln, und er hat dadurch sich erkannt, ich möchte mal so sagen, wie eine Initialzündung. Ich denke, dass wir .. die richtige Lunte gezündet haben, um ihm einen Lebensmut zu geben, sein Leben selbst in die Hand zu nehmen, zu lächeln, zu leben, nicht alles nur in Schwarz-Weiß zu teilen, auch die Grautöne zu sehen, einfach weiterzumachen, an sich selbst zu glauben, auch an die eigenen Stärken*

> *zu glauben, nicht aufzugeben. Das ist glaube ich das, was er bei uns gelernt hat und was er auch so .. für sich .. wir haben ja einige Gespräche auch im Nachhinein .. wo er sagt, dass es genau das gewesen ist. Er sagte: ‚Bei euch ist die Lunte gezündet worden zu einem anderen Leben.' Was nicht außergewöhnlich ist – das ist ja das Ziel einer Maßnahme. .. Oder* ***kann*** *ein Ziel sein, einen neuen Lebensmut zu finden, einen Überlebenswillen in unserer Gesellschaft" (BE Klaus B. 522–532).*

Die Betreuerin, zu der Christian bis heute regelmäßigen Kontakt pflegt, ist froh zu sehen, „okay, irgendwo kommt er jetzt zurecht, ne, und macht der sein Ding und ist nicht mehr auffällig geworden. Hat keine tausend Anzeigen. .. Und das stellt mich jetzt im Nachhinein zufrieden" (BE Heike A. 917–919). Sie sieht aber auch seine „schlechten Momente" und denkt, „dass das Sachen sind, wo er vielleicht auch viel später in seinem Leben vielleicht noch neu überlegt, 'ne Therapie zu machen … oder sich mehr damit auseinanderzusetzen, aber .. so kommt er ja klar" (BE Heike A. 920–923).

Und sie fügt hinzu:

> *„[…]ich glaube, wenn der so tief in sich geht, ne, dann .. denke ich ist er schon davon überzeugt, dass er was gelernt hat, vielleicht wird er sagen, so dass er gelernt hat, mit Menschen besser klar zu kommen, .. seine Ziele mehr zu verfolgen, vielleicht dem Leben als solches 'n bisschen was Positiveres abzugewinnen" (BE Heike A. 944–948).*

3.13.2 Kindliches Nachreifen

Die Betreuerin glaubt von Christian,

> *„dass er für sich … Orte gefunden hat, wo er sich gerne zurückerinnert, dass er Menschen gefunden hat, wo er sich gerne zurückerinnert, wo er auch gerne noch mal anruft und noch mal sich trifft, ne […] Und ich glaube, dass der Christian schon Phöinix noch so als was sieht, .. wo er weiß, dass er immer noch andocken kann, also der weiß, wenn der mich anrufen würde und sagen würde .. alles kracht gerade zusammen, ne, dann würd ich niemals sagen, mir doch egal, ne und genauso auch der Betreuer aus Italien nicht, ne, der würde auch nicht sagen, äh, erzähl das deinem Friseur, ne. Mmh, und von daher glaub ich schon, dass er weiß, dass er so 'n, so 'ne Art, wie so 'n zweites Zuhause gefunden hat. Also etwas, was ihm noch mal ein Stück weit Sicherheit gibt. So das Netz, das halt immer noch da ist, ne, nicht mehr so eng gespannt wie früher,*

aber auch nicht so, dass jetzt .. komplett freier Fall wäre. Also wenn er sich mit seiner Familie überschlägt oder sonst was, dass er .. da immer noch Leute hat, die ihm halt wohlwollend gegenüberstehen. Und ich glaube, das weiß er" (BE Heike A. 944–969).

3.13.3 Platz im Familiensystem

Das Verhältnis zwischen Christian und seiner Mutter konnte sich während der gesamten Betreuungszeit und insbesondere während seines Aufenthalts in Italien mit Unterstützung des Betreuers konsolidieren. „Ich denke er wurde damals .. sehr stark abgelehnt, bevor er zu uns kam. Das hat sich aber während des Aufenthaltes bei uns eben halt relativiert. .. Das muss ich so sagen, er hat sich da doch .. gesprächsthemenmäßig geöffnet, die Familie auch, er selbst auch und sein Umfeld" (BE Klaus B. 119–121).

Christian vermittelte der Interviewerin den Kontakt zu seiner Mutter, eine Verbindung zwischen Mutter und Sohn besteht demnach bis heute. Über die Qualität dieser Beziehung ist jedoch nichts bekannt. Kontakte zum leiblichen Vater bestanden bis zum Interviewzeitpunkt nicht, Christian erhielt nicht einmal die für die BaföG-Beantragung erforderlichen Unterlagen vom Vater zurück (vgl. BE Heike A. 1074–1076).

3.13.4 Lebenspraktische Themen

Christian erlangte in Italien seinen Hauptschulabschluss (vgl. Christian 362–363), erlernte wichtige Alltagskompetenzen wie Wäsche waschen, kochen usw. (vgl. BE Klaus B. 429–430) und konnte sich eine berufliche Orientierung erarbeiten:

„Mmmmh .. ja also zuerst, was ich sagen möchte, sind da einige Sachen, die mir heute helfen, die sind praktischer Natur. Der Klaus hatte 'ne eigene Werkstatt, 'nen eigenen Werkzeugschuppen, und .. ich hab durch den Klaus, der hat halt, darauf hat der wirklich sehr viel Wert gelegt, uns, den Jugendlichen oder mir, handwerkliche Tätigkeiten nahezubringen. Das ging von einfachen Hausreparaturen bis 'n paar Sachen, Baugewerbe betreffend oder einfach grundsätzliche handwerkliche Fähigkeiten, ja wie säge ich richtig, wie feile ich richtig, das hat mir eigentlich im Nachhinein immer geholfen, weil wenn ich gearbeitet hab, dann war das immer in handwerklichen Betrieben, ich mach jetzt 'ne handwerkliche Ausbildung, und das Interesse, muss ich schon sagen, das ist eigentlich, ja, durch den Klaus geweckt worden dafür, oder zumindest auch die Fähigkeiten, so etwas überhaupt zu tun" (Christian 630–640).

Die Betreuerin Heike A. hatte bei Beendigung der Betreuung das Gefühl, dass Christian auf einem guten Weg ist. Er habe gelernt, nicht das Handtuch zu werfen, nicht aufzugeben, am Ball zu bleiben und hatte die Erkenntnis, dass er seine Intelligenz einsetzen möchte. Und er habe Freunde und hin und wieder richtig Spaß:

> *„Mmh, von daher, da hab ich das Gefühl gehabt, [...] dass er auf 'nem guten Weg ist [...] und .. das war für mich schon zufriedenstellend, ne. Natürlich nicht hundert Prozent. Er braucht was länger, aber so mit dem, was er gerade macht, dass er das noch mal wiederholt und dass er .. da nicht das Handtuch wirft, so denk ich, das sind Sachen, die er gelernt hat. .. Also dass er in der Betreuungszeit gelernt hat, ich schmeiß nicht das Handtuch, ich bleib am Ball und so schnell geb' ich nicht auf, ein Stück weit glaub ich auch an mich. .. Das denk ich, das war was, was wir ihm mitgeben konnten. .. Und die [...] vielleicht auch so den Boden geebnet haben für die späte Erkenntnis, ich hab Hirn, ich setz das auch ein, ich mach was damit. Das macht er ja jetzt [...], ich seh ihn auch vor meinem inneren Auge mit seinen Kumpels Party machen und Spaß haben" (BE Heike A. 905–916).*

Im Anschluss an die Betreuung fand Christian nach einem misslungenen Versuch, den Realschulabschluss an der Volkshochschule nachzuholen, den Weg in ein Arbeitsprojekt für junge Erwachsene.

> *„[D]as war in 'ner Tischlerei, da hab ich dann ein Jahr gearbeitet. ... Das ging aber zum Ende hin, ging das mit Ach und Krach nur noch zu, weil ... durch die Zeit an der Volkshochschule .. hatt ich schon intensiveren Kontakt zu Drogen .. und .. ja, hab eigentlich mir durch diesen Drogenkonsum, ja, mmh, [mit etwas Lachen] mir 'ne schizophrene Psychose zugezogen und war dann auch einige Monate in der Psychiatrie, das hat mich eigentlich dann total aus der Bahn geworfen .. und ja, [mit etwas Lachen] das war nicht so toll. [...] Und dann .. ging das eigentlich immer so weiter, ich war größtenteils arbeitslos, hab mich dann aber irgendwann, ja vor vier, vor fünf Jahren entschlossen, das noch mal mit der Volkshochschule zu versuchen und dann noch mal meinen Abschluss nachzumachen. .. Das hab ich in Abendform gemacht, hab zeitweise auch als Hilfsarbeiter gearbeitet, in Gartenlandschaftsbaubetrieben, abends halt die Schule gemacht, hab die Schule zu Ende gemacht, hab auch .. einen sehr guten Realschulabschluss, also Mittlere Reife bekommen, ja, hab zu der Zeit in K. meine, ja mittlerweile Ex-Freundin kennengelernt, die äh, ja, hier aus L. stammt, und ja, dann hat halt eins zum anderen geführt, jetzt sitz ich hier in L." (Christian 547–565).*

Christian steht vor der Wiederholung seines dritten Ausbildungsjahres in der Lehre zum Kunstschmied – er nahm nicht an der Abschlussprüfung teil, weil er zu viel versäumt hatte.

Christians aktuelles Lebensfazit klingt nicht gerade positiv: „Ich hab zu meiner Mutter vor einigen Tagen gesagt, im Grunde bin ich genauso weit wie vor zehn Jahren auch, ich hab jetzt nur ein paar Scheine in der Tasche, halt Schulabschlüsse, Ausbildung bald, so etwas halt" (Christian 661–664).

3.14 Zukunftsvorstellungen von Christian

Das wichtigste Vorhaben für das kommende Jahr besteht für Christian darin, seine Ausbildung zu Ende bringen. Außerdem träumt er davon, das Abitur nachzuholen und irgendwann einmal zu studieren. „Da weiß ich aber nicht, ob das funktioniert wegen finanzieller Probleme und ich bin ja jetzt auch keine 18 mehr, sondern schon was älter" (Christian 648–649). Seine langjährige Freundin habe sich vor kurzem von ihm getrennt und „dadurch, dass ich im Grunde, äh, dass wir nicht mehr zusammen sind .. hat sich irgendwie noch keine neue Zukunftsplanung für mich ergeben" (Christian 651–653).

3.15 Zusammenfassung

Arbeit mit der Biographie

Aus der lückenhaften Aktenlage im Fall Christian ist zu schließen, dass die Hilfe begonnen wurde, ohne dass detaillierte biographische Informationen über den Jugendlichen und seine Familie vorlagen. Auch die Aussagen, inwieweit bei Christian eine psychiatrische Erkrankung vorlag, bewegen sich im Bereich der Spekulationen. Es ist zu vermuten, dass die Einschätzung des Hilfebedarfs dadurch erschwert wurde.

Setting- und Beziehungsgestaltung

Wenn die Berichte und Beschreibungen aus der 1,5-jährigen Zeit in der WG (einschließlich der Aufenthalte in der Notschlafstelle) und aus der stationären Betreuung im Ausland nebeneinander gelegt werden, entsteht der Eindruck, dass letztere das passgenauere Setting gewesen sein mag. Es stellt sich die Frage, was die Beteiligten bewogen hat, Christian und die Betreuerin solch lange Zeit in dem Setting der WG und in der als kompliziert und ambivalent beschriebenen Betreuungsbeziehung zu belassen. Eine Idee besteht darin, dass das Engagement der Betreuerin weit über das bezahlte und phasenweise auch erträgliche Maß hinaus eine Zeit lang für einen Ausgleich dieses wenig passenden Settings gesorgt hat. Andererseits mag argumentiert werden, dass es vielleicht ohne die Zeit vorher in der WG in Deutschland bzw. – wie die Betreuerin es beschreibt – vor allem ohne die Zeit auf der Straße gar nicht zur positiven Entwicklung in Italien gekommen wäre.

Es gibt jedoch Hinweise biographischer Natur, warum eine Betreuung in einem isolierteren, ländlichen und von landschaftlicher Schönheit geprägten Setting in der Begleitung durch eine spezialisierte männliche Betreuungsperson, die Christian ein adäquates Beziehungs- und Gesprächsangebot machen konnte, ein passgenaues Angebot darstellte. Erst in dieser Umgebung konnte Christian offenbar auf bekannte Verhaltensstrategien, die auch der bisherigen Umgebung angepasst waren, verzichten, sich ein Stück weit von seiner Drohkulisse verabschieden und neuen Lebensmut, eine veränderte Sicht auf sich, auf seine Mitmenschen und das Leben allgemein finden. Die Schilderungen sowohl des Jugendlichen als auch seines Betreuers zum Thema „Wirkfaktoren" in Italien lesen sich sehr bewegend.

Fehlende supervisorische/fachliche Begleitung für die weibliche Betreuerin und die Mitarbeitenden in der WG

Die Aussagen in den Interviews legen nahe, dass die ambulante Betreuerin in der äußerst ambivalenten, von kindlichen Bedürfnissen und Drohgebärden des Jugendlichen geprägten Betreuungsbeziehung womöglich mehr ausgehalten hat, als zumutbar ist. Bei aller Anerkennung für ihre Arbeit: Neben einer permanenten Erreichbarkeit und einer emotionalen Begleitung durch den Koordinator bei Jugendhilfe Phöinix e.V. gab es offenbar in der durch Christian sehr extrem gestalteten Zeit keine supervisorische Begleitung für die damals in intensiver sozialpädagogischer Einzelbetreuung noch unerfahrene Betreuerin und ihre Kolleginnen in der WG. Auch die Tatsache, dass es in der WG eine sexuelle Beziehung zwischen Christian und einer Nachtwache gegeben hat, die erst Jahre später durch den Jugendlichen selbst aufgedeckt wurde, verweist auf diesen Mangel.

Partizipation – Spagat zwischen Kindeswohl und Kindeswille und der daraus entstehende Konflikt

Während Christian dem Einzug in die Jungen-WG und der Idee, von der Notschlafstelle in ein Auslandsprojekt zu wechseln, in Situationen der Überforderung und Orientierungs- bzw. gefühlten Alternativlosigkeit zugestimmt zu haben scheint, entschied er sich mit Unterstützung des Trägers bewusst gegen Schweden und später für Italien vor allem mit dem Ziel, dort einen Schulabschluss zu erlangen. Auch die Entscheidung, mit der Volljährigkeit aus Italien nach Deutschland zurückgehen zu wollen, traf Christian offenbar bewusst und autonom. Die damit verbundenen Ambivalenzen im Jugendamt und beim Träger machen einmal mehr deutlich, dass die Partizipation von Jugendlichen und ihren Eltern häufig einen Spagat zwischen Kindeswohl und Kindeswille bedeutet. Hier wird der Konflikt an der beschriebenen „Lagerbildung" zwischen Jugendlichem und Erwachsenen sehr augenscheinlich. Die Frage, inwieweit Christians Entscheidung sinnvoll und angemessen war, bleibt unbeantwortet, auch wenn die weitere Entwicklung des Jugendlichen (abgebrochene Schulbesuche, Suchtprobleme, Psychiatrieaufenthalte usw.) nahezulegen scheint, dass Jugendamt und Jugendhilfe Phöinix e.V. mit ihren Einwänden Recht behielten. Es ist aber auch möglich, dass Christian noch nicht in der Lage war, seinen Bedarf an Hilfe im Anschluss an die Betreuung im Ausland anzumelden – er äußert sich heute kritisch zu Umfang und Intensität der ambulanten Nachbetreuung.

4 Fallstudie Katja

Quellen:

- Aktenanalyse
- Interviews mit:
  - Katja (Katja)
  - Betreuerin von Katja (BE Anja S.)
  - Koordinator (KO Herr S.)
  - Koordinatorin (KO Frau T.)
  - Mutter (KM Frau W.)
  - fallführende Mitarbeiterin des Jugendamtes (JA Frau N.)

Weitere Personen:

- betreuende Familie im Standprojekt Rhön (Betreuerehepaar E.)
- 1. ambulante Betreuerin von Katja (BE Dina A.)
- 2. ambulante Betreuerin von Katja (BE Birgit D.)
- Klassenlehrer von Katja (Herr X.)

4.1 Aktuelle Lebenssituation der Jugendlichen

Zum Interviewzeitpunkt lebt die fast 28-jährige Katja mit ihrer Tochter allein in einer kleinen 2-Zimmer-Wohnung, sehr ländlich gelegen mit Kühen und Pferden drum herum. Sie hat eine Ausbildung als Zahnarzthelferin abgeschlossen.

2003 hat sie die Diagnose einer schweren Krankheit erhalten: Multiple Sklerose, weshalb sie zum Zeitpunkt des Interviews nicht arbeitet. In ihrer Freizeit ist Katja meistens im Stall, sie besucht ihr Pflegepferd dreimal pro Woche. Außerdem hat sie einen großen Hund, mit dem sie viel spazieren geht. Katja hält sich allgemein gerne im Freien auf: „[…] halt alles möglichst viel draußen" (Katja 16), außerdem liest sie viel und geht auch gerne Schwimmen. Das klingt insgesamt nach einem angepassten, und – vielleicht abgesehen von der Krankheit – unauffälligen Leben. Ihre Bilanz sieht wie folgt aus: „[M]eine Tochter kommt jetzt in die dritte Klasse und, ja, wir fühlen uns ganz wohl .. zur Zeit" (Katja 9–10).

Dieses positive Fazit klingt ein wenig zögerlich, vielleicht wegen ihrer Krankheit und an anderer Stelle erzählt sie auch, dass ihr immer noch einige Dinge sehr schwerfallen:

> *„Weil das ist wirklich was, was mir bis heute noch schwerfällt, zu kalkulieren. Ne, also wirklich zu kalkulieren und sich mit solchen Dingen auseinandersetzen und, und zu rechnen und zu gucken, wie weit kommste, klappt das alles, und auch auf so Ämtergänge oder einfach so, so behördliche Sachen, die was unangenehmer werden, die, die hat man immer für mich geregelt. Ne, es wurde immer, man wurde immer an die Hand genommen und es wurde immer für einen gemacht und das fällt mir heute unheimlich schwer, da wirklich, ja, da meinen Mann zu stehen und zu sagen, so und so sieht die Sache aus und da wirklich selbstbewusst aufzutreten und zu sagen, passt auf, es geht nicht anders, und so muss das sein und so isses und, also solch unangenehme Sachen einfach selbständig für mich zu regeln fällt mir bis heute noch schwer" (Katja 457–466).*

4.2 Hilfeverlauf

Quelle:	Akten
Beginn der Hilfe:	03.04.1997
Einstiegsalter:	14;6
Ende der Hilfe:	31.08.2002
Dauer der ISE:	5;5

Betreuungsabschnitte

03.04.1997 bis 07.08.1997:
ambulante Betreuung Anja S., ca. 10 h/Woche; Suizidversuch am 03.08.1997 (Katja erinnert sich immer an einen Suizidversuch, als sie 12 war, was aber daran liegt, dass sie davon ausgeht, dass sie zwölf war, als die Betreuung mit Phöinix losging, entsprechend irrt sie sich um zwei Jahre, sie muss 14 gewesen sein.)
(Hilfeplanprotokolle 24.04.1997 und 09.06.1997)

08.08.1997 bis 30.11.1997:
vorübergehender stationärer Aufenthalt in einem Mädchenwohnheim in L., Umzug in betreutes Wohnprojekt von Jugendhilfe Phöinix e.V.; Rauswurf am 08.11.1997, Verbleib in der Jugendschutzstelle bis 10.11.1997, danach zwischenzeitlicher Aufenthalt bei einer bekannten Familie bis 30.11.1997

01.12.1997 – 23.07.1998:
Umzug in eine betreute Wohngemeinschaft (Phöinix Mädchen-WG) gemeinsam mit einer anderen Jugendlichen in F. ist erfolgt, kein Kontakt mehr zur Mutter; Schulbesuch (Hilfeplanprotokolle 13.01.1998 und 27.07.1998);
Weihnachten 1997: Erster persönlicher Kontakt zu leiblichem Vater; aber Rückzug durch Katja (Hilfeplanprotokoll 21.10.2007)

24.07. bis 09.09.1998:
Krisenintervention: Reiseprojekt mit Betreuerin Anja S. nach Malaysia; Bericht 30.09.98, Standprojekt in der Rhön beschlossen, darüber hinaus Begleitung durch Betreuerin Dina A. (Hilfeplanprotokoll 07.10.1998)

16.10.1998 bis 31.07.2001 (mit Unterbrechungen):
Standprojekt in der Rhön (Betreuerehepaar E.): ländliche, familienanaloge Unterbringung bei pädagogischen Fachkräften mit eigenen Kindern; Schulbesuch (Hilfeplanprotokolle 16.12.1998 und 04.02.2000)

ab 15.03.2000:
Versuche, in einer eigenen Wohnung zu leben, scheitern; Verlängerung des Standprojektes über die Volljährigkeit hinaus bis 31.07.2001; Anregung des Betreuerehepaares E.: Verselbständigung nach Abschluss der 10. Klasse, Leben in einer 2er-WG oder in einem Lehrbetrieb

Ostern 2001:
Schwangerschaft; Katja will das Kind austragen; Kindsvater spielt in den Plänen keine Rolle

01.08.2001 bis 31.08.2002:
eigene Wohnung ist bezogen; kein klärendes Gespräch zur Beendigung der Betreuung durch Betreuerehepaar E.; neue ambulante Betreuerin Birgit D.; Auslaufen der Hilfe zum 31.08.2012

4.3 Vorgeschichte

Katja lebte zu Betreuungsbeginn bei ihrer Mutter, zum leiblichen Vater gab es keinen Kontakt. Immer wieder steht der Verdacht im Raum, dass der Stiefvater sexuell übergriffig gegenüber Katja gewesen sein könnte. Ob der Stiefvater zu Betreuungsbeginn noch mit der Mutter zusammenlebte, geht aus den Akten und Interviews nicht hervor. Grundsätzlich ist die Vorgeschichte geprägt durch das problematische Mutter-Tochter-Verhältnis, Alkohol und Gewalt in der Familie. Katja fasst die Vorgeschichte rückblickend so zusammen:

> *„Es hat schon sehr früh angefangen, meine Mutter ist halt Schwerstalkoholikerin, immer schon gewesen, und soweit ich zurückdenken kann, gab es immer nur Alkohol, sehr viele Männer, sehr viel Gewalt und sehr viel Schläge und emotionale Gewalt und Missbrauch von meinem Stiefvater und, und ich bin dann in der Schule halt sehr auffällig geworden" (Katja 36–39).*

Katja beklagt sich darüber, dass sie wenig Anerkennung bekommen habe:

> *„Ja, man hat ja auch vorher schon die Erfahrung gemacht, dass man als Kind immer der Buhmann war, ja, also immer derjenige war, immer derjenige war, der, ja, der die Fehler gemacht hat, ne. Und es wurde immer gesagt, ja, das böse Kind, und die hört nicht, und die geht nicht zur Schule" (Katja 73–76).*

Der Klassenlehrer war es dann, der das Jugendamt einschaltete. Dieses richtete zunächst eine Erziehungsbeistandschaft ein, die aber nach wenigen Wochen wieder eingestellt wurde. Als Jugendhilfe Phöinix e.V. für eine ambulante Betreuung innerhalb der Familie mit ins Boot geholt wurde, war Katja vierzehn Jahre alt. Sie beschreibt sich zu diesem Zeitpunkt als bockig gegenüber der Jugendhilfe und begründet das mit ihrem mangelnden Vertrauen gegenüber Erwachsenen.

> *„Also als ich mit der Jugendhilfe angefangen hab, .. war mir alles zuwider und ich hab in jedem gleich jemanden gesehen, der mir irgendwas wollte. Ich konnte keine Nähe ertragen, ich konnte mit Menschen, die irgendwas gemeinsam mit meiner Mutter hatten, konnte ich überhaupt nicht umgehen" (Katja 481–484).*

Als Anja S. die ambulante Betreuung übernimmt, fällt Katja durch ein problematisches Sozialverhalten auf und hat Kontakte zur rechtsradikalen Szene.

4.4 Kontaktaufnahme/Anbahnung der Hilfe

Katja sieht rückblickend, dass der eigentliche Auslöser der Hilfeplanung die Schulsituation war. Der unregelmäßige Schulbesuch und das eher aggressive Verhalten Katjas im Umgang mit ihren Mitschülern riefen den Klassenlehrer auf den Plan, der wohl spürte, dass noch mehr dahintersteckte.

> *„Und da hat dann mein Klassenlehrer damals das Jugendamt .. gefragt und beauftragt, beziehungsweise halt 'n Wink gegeben, dass da irgendwas nicht stimmte, da war ich gerade in der fünften Klasse, glaube ich, und ... er hatte dann das Jugendamt in die Schule bestellt, und da saß dann meine zuständige Sachbearbeiterin, die Frau N. in der Schule, und hatte mich dann gefragt, ob ich nicht Interesse an 'ner Betreuung hätte" (Katja 39–44).*

Auch an die fallführende Mitarbeiterin Frau N. des Jugendamtes erinnert sich Katja ausdrücklich als diejenige, die einen entscheidenden Anteil zu Beginn der Hilfeanbahnung gespielt hat:

> *„Definitiv Frau N., Frau N. war 'ne ganz große Rolle, eine sehr nette, engagierte Frau, die hat viel, viel bewegt, sehr viel bewegt. Mein Lehrer, der Herr X., der war mit Sicherheit einer der wenigen, der geschnallt hat, dass da Hilfe benötigt wird. Ja, und die Anja halt, ne. Also das waren so die drei Menschen, die dann in der Anfangsphase da waren und gesagt haben, okay, da muss mal geguckt werden, und, und. Aber so den, den Anreiz gegeben hat mit Sicherheit die Frau N., also die war so diejenige, die da wirklich immer ein offenes Ohr hatte, und wirklich da den Durchblick hatte, ne. Ohne da .. also die da wirklich hinter die Fassade gucken konnte und nicht nur dieses patzige Kind da vor sich sitzen gesehen hat, sondern auch gesagt hat, okay, da stimmt was nicht, ne, und da muss man mal tiefer bohren" (Katja 59–67).*

Frau N. selbst erinnert sich nicht mehr ganz genau an die Abläufe der Anfänge, sie weiß aber noch, dass sie von der Schule informiert worden war und dass vor allem der Mutter-Tochter-Konflikt das zentrale Thema war:

> *„Das hat mit Mutter und Tochter nicht funktioniert, und dann .. meine ich, wäre es auch dann schon so gewesen, dass Katja einen Selbstmordversuch unternommen hatte und im Krankenhaus war, und ja auch in der Schule nach wie vor große Probleme waren, und dann haben wir Phöinix eingeschaltet" (JA Frau N. 22–26).*

Aus den Akten und Erinnerungen der anderen Beteiligten geht hervor, dass der Selbstmordversuch schon zum Zeitpunkt der ambulanten Betreuung durch Anja S. stattfand, die Hilfe wurde danach intensiviert durch die Herausnahme von Katja aus der Familie.

Die Koordination erinnert sich, dass es bereits in anderen Fällen Kontakte zum Jugendamt gab und Jugendhilfe Phöinix e.V. dann gezielt angefragt wurde:

> *„Das Jugendamt der Stadt L. hat Katja angefragt, als .. aus meiner Sicht dringenden Notfall, weil es in der, in dem Hause, in dem elterlichen, oder in dem mütterlichen Hause nicht mehr ging. Die Mutter hatte 'ne Kneipe und war wohl nicht mehr in der Lage, Katja entsprechend zu, adäquat zu versorgen, und haben uns dann gefragt, ob wir eine Option haben, die Jugendliche aufzunehmen" (KO Herr S. 10–14).*

Katja und die Betreuerin Anja S. hatten eine Beziehung, die alle Beteiligten als Schlüsselrolle für die gesamte Arbeit bezeichnen. Von Anfang an bestand eine Sympathie und die erste Begegnung muss für Katja ein Schlüsselerlebnis gewesen sein:

> *„Und was ich bei der Anja damals super fand, die hat erst gar nicht versucht, mit mir und meiner Mutter zusammen ein Gespräch zu führen, die hat mich wirklich an die Hand genommen und ist mit mir erst mal in die Stadt. Und bevor es da irgendwie ums Eingemachte ging und sie mich gefragt hat, wo zu Hause Probleme sind, haben wir wirklich erst mal ein Eis gegessen und über uns selber erzählt und .. das war so mein erster Tag mit der Anja. Nur ein bisschen Blödsinn gemacht und sie hat viel von sich erzählt und es ging so, so in erster Linie gar nicht um die Probleme zu Hause, sondern wirklich erst mal ums Kennenlernen und was super war, einfach alleine auch, ne, ohne dass meine Mutter da im Hintergrund saß und da erzählen konnte, sondern es ging das erste Mal ausschließlich um mich" (Katja 25–33).*

4.5 Zentrale Themen und Ziele der Hilfen

4.5.1 Problematisches Sozialverhalten

Wie ein roter Faden ziehen sich folgende Punkte durch alle Stationen, die Katja durchlief: Nähe, Distanz, aggressives Verhalten bei Konfliktsituationen und ambivalentes Beziehungsverhalten sowie Beziehungsabbrüche.

Als die Betreuerin Anja S. Katja kennenlernte, war diese in einer rechtsradikalen Gruppe unterwegs: „[W]eil Katja auch zu der Zeit in so einer rechtsradikalen Szene oder Gruppe .. verkehrte“ (BE Anja S. 98f). Bis zum Reiseprojekt ging es wie auch im Hilfeplangespräch vereinbart zunächst aber vor allem um Katjas problematisches, weil aggressives Sozialverhalten und den unregelmäßigen Schulbesuch, wie Katja selbst für das Wohnheim beispielsweise rückblickend sehr eloquent erzählt: „Ja, da hab ich mich auch nur geprügelt und nicht sozialisieren können“ (Katja 104).

> *„Also als ich mit der Jugendhilfe angefangen hab, .. war mir alles zuwider und ich hab in jedem gleich jemanden gesehen, der mir irgendwas wollte, ich konnte keine Nähe ertragen, ich konnte mit Menschen, die irgendwas gemeinsam mit meiner Mutter hatten, konnte ich überhaupt nicht umgehen“ (Katja 481–484).*

Das gilt auch für die Zeit in der Mädchen-WG:

> *„Ja, und so war das mit der Mädchen-WG dann auch nichts, also wir haben uns da ständig geprügelt, und ständig stand die Polizei auf der Matte und wollte uns für die Schule abholen, das hat nicht funktioniert, und ich wurde immer aggressiver und hab auch nicht wirklich einen an mich rangelassen und man kam einfach auch nicht zur Ruhe“ (Katja 119–123).*

Die Lage in der Mädchen-WG eskalierte. Laut Bericht der Betreuerin Anja S. vom 06.02.1998 hatte Katja viele aggressive Ausbrüche in Konfliktsituationen oder bei Kritik, sie reagierte ablehnend und zum Teil hochaggressiv auf jede Form der Grenzsetzung. Das Verhalten von Katja wird in diesem Bericht als sehr ambivalent beschrieben: So sei sie äußerlich selbstbewusst, extrem dominant, aber innerlich hochsensibel. Sie verfüge über ein gutes Einfühlungsvermögen, sei aber manipulativ im Gebrauch damit. Der Kampf um Anerkennung, Zuwendung, Liebe als Ausdruck jahrelanger Kränkung, Vernachlässigung und fehlender Emotionen erzeuge starke Verlustängste und tiefe Verunsicherung. Gleichzeitig sei sie zu sehr viel Gefühl fähig und verfüge über ein hohes Maß an sozialer Kompetenz, Eigenverantwortlichkeit und emotionaler Stärke.

4.5.2 Kindliche Nachreifungsbedürfnisse

Durch die Verhältnisse zu Hause schien es hier einen großen Nachholbedarf bei Katja zu geben. Die fallführende Mitarbeiterin vom Jugendamt formuliert es so:

> *„Thema war .. ja, jetzt muss ich es dann doch sagen, das Alkoholproblem der Mutter .. ah, was war denn da noch zu Hause .. irgendwie noch 'ne jüngere Schwester, Katja, die irgendwie Verantwortung übernehmen musste, ja und so – ich sag mal – es stand immer im Raume, ohne dass es ausgesprochen war, ja, war ein Missbrauch an Katja durch den Stiefvater" (JA Frau N. 116–120).*

Daraus resultierten eine große Wut auf die Mutter, ein großes Bedürfnis nach Nähe, nach einem „normalen Leben", aber gleichzeitig auch ein großes Misstrauen gegenüber Erwachsenen sowie eine latente Aggression. Katja hatte zu Hause eine emotionale und alltagspraktische Vernachlässigung erfahren, die sie an einer Stelle so schildert: „[...] so Sachen, dass, dass die Kinder keine Anziehsachen im Schrank haben, was bei uns ganz oft vorkam, dass man noch nicht mal Unterwäsche hatte, die man anziehen konnte" (Katja 502–503).

4.5.3 Platz im Familiensystem

Das Verhältnis zur Mutter gestaltete sich sehr problematisch, vor allem durch den schon beschriebenen Alkoholmissbrauch der Mutter. Dabei war Katjas Wunsch laut eigener Aussage vor allem, dass sie von zu Hause rauskommt, was sie, zynisch formuliert, erst mit einem Selbstmordversuch erreichte:

> *„Die Anja S. hat da angefangen mich zu betreuen mit einem geringeren Stundenumfang und, ja, irgendwann ist es bei uns zu Hause so dermaßen eskaliert und dann habe ich versucht, mich mit, mit zwölf umzubringen .. bin dann ins Krankenhaus, weil ich 'ne Überdosis Tabletten genommen hab und da war so der Punkt, wo das Jugendamt gesagt hat, okay, jetzt ist vorbei, da muss was passieren. Und meine Mutter hat das Sorgerecht entzogen bekommen, die durfte mich nicht im Krankenhaus besuchen, da hat man 'n Cut gemacht. Von da an war ich wirklich endlich von zu Hause weg und da hat man wirklich 'nen Cut gemacht" (Katja 96–102).*

Die Mutter spielte im gesamten Betreuungsverlauf fast eine Art Antirolle insofern, als dass Katja möglichst nur weg von der Mutter und keinen Kontakt haben wollte. „Ich hatte lange keinen Kontakt zu meiner Mutter, ich wollte auch nicht, weil meine Mutter ist für mich einer der Menschen, der aus meinem Leben wirklich fern bleiben darf, kann, soll, muss" (Katja 354–355). Der Stiefvater spielte aus Sicht des Helfersystems auch eine negative Rolle. Katja selbst äußert sich zu ihm mit Bezug auf die Vorgeschichte nur sehr kurz, als sie schildert, weshalb es zur Jugendhilfe kam und dass sie Missbrauch durch ihren Stiefvater erlitten habe. Die Betreuerin Anja S. findet ein paar mehr Worte zu ihm:

> *„Sie ist ja dann mit 'nem Stiefvater quasi konfrontiert gewesen viele Jahre lang, und der war auch eher kein guter Einfluss. Also der war, vor dem hat Katja Angst gehabt, der hat sie auch teilweise sehr grenzüberschreitend behandelt, also da hatten wir lange Zeit auch .. Angst oder den Verdacht sogar mal gehabt, dass der sie anfassen könnte, und, das war also, ich sag mal für Katja kein wünschenswerter Kontakt. Der hat sie in den Jahren danach, egal wo sie gewohnt hat, auch immer mal wieder telefonisch belästigt oder stand einfach vor ihrer Tür und so Geschichten, und das war also so, dass ich da eher interveniert hab in der Richtung, dass sie, wie sie sich selbst schützen kann beziehungsweise ich glaub ich hab auch zwei- oder dreimal Kontakt zu ihm aufgenommen und hab ihn, also, jetzt mal vorsichtig verwarnt, dass er sich ihr nicht nähern soll. Insofern kein positiver väterlicher Kontakt" (BE Anja S. 468–479).*

Zunächst wird für die ambulante Betreuung als Ziel Unterstützung im familiären und schulischen Bereich formuliert und Katja wünscht sich „ein normales Familienverhältnis" (Hilfeplanprotokolle vom 24.04.97 und 09.06.97).

4.5.4 Lebenspraktische Themen

Ein weiteres Ziel, das in den Hilfeplanprotokollen immer wieder formuliert wurde, ist der regelmäßige Schulbesuch. Das Hilfeplanprotokoll zur Zeit der betreuten Mädchen-WG formulierte es so:
„Regelmäßiger Schulbesuch, Strukturierung/Stabilisierung des Alltags, Entwicklung von Zukunftsperspektiven, Vergangenheitsbewältigung" (HP 13.01.98, HP 27.07.98). Dass neben der schulischen Situation auch bei der Alltagsstrukturierung ein Bedarf bestand, wird noch deutlicher bei Beschreibungen der Lebenssituation von Katja in der Mädchen-WG:

> *„die WG .. ja, war so 'ne Erfahrung für sich, ne, in F. Ich bin nicht mehr zur Schule gegangen, wir waren da, ja, wir hatten halt zu viele Freiheiten auch, 'ne. Wir konnten, die Betreuer, die da abends waren, die konnten mit uns sowieso nicht wirklich umgehen, denen fehlte einfach das notwendige Durchsetzungsvermögen" (Katja 110–114).*

Auch die Betreuerin Anja S. findet, dass die Mädchen-WG ein Maß an Alltagstrukturierung verlangte, dem beide Mädchen zum damaligen Zeitpunkt nicht gewachsen gewesen seien:

> *„Ja, die, die beiden Mädchen [von denen eine Katja ist, Anm. d. Verf.] sind dann in die WG gezogen, und das ist aber relativ schnell gescheitert. Einfach weil wir gemerkt haben, dass der Reifezustand beider Mädchen gar nicht ausgereicht hat, um das komplette Programm zu schaffen, was mit Alleineleben in einer WG zu tun hat. Die waren unheimlich .. pubertär und unheimlich darauf aus, Abenteuer zu erleben und unheimlich darauf aus, ihre Widerstände zu demonstrieren im Doppelpack" (BE Anja S. 181–186).*

Bezüglich der lebenspraktischen Themen übte die Projektstelle in der Rhön einen großen Einfluss auf Katja aus. Laut Bericht des Betreuerehepaares E. vom 05.06.2000 und Hilfeplan vom 08.12.2000 gab es große Entwicklungsfortschritte: regelmäßiger Schulbesuch mit Aussicht auf Schulabschluss, keine aggressiven Ausbrüche mehr. Entsprechend verlagerten sich die Ziele nun mehr in Richtung Verselbständigung und alltagspraktische Tauglichkeit. Konkret sollte angestrebt werden: Verselbständigung nach Abschluss der 10. Klasse, Leben in einer 2er-WG oder in einem Lehrbetrieb, Katja wollte die Handelsschule nach der 10. Klasse besuchen und evtl. Restaurantfachfrau werden.

4.6 Ressourcen der Jugendlichen und der Familie

4.6.1 Ressourcen von Katja

Zusammengefasst sind sich alle einig, dass Katja sympathisch, offen und intelligent bzw. kognitiv in der Lage war, Lernfortschritte zu machen, und dass sie außerdem als Leitlinie das abschreckende Beispiel der Mutter hatte, was offenbar zu einer vehementen Drogen- und Alkoholabstinenz geführt hat. Am besten bringt das wohl der Koordinator auf den Punkt:

> *„Ihre guten Voraussetzungen waren, hier wiederhole ich mich, die nichtvorhandene Alkohol- und Drogengefährdung, kann man sagen, einfach aufgrund dessen, ich glaub die Alkoholgefährdung hat sie zu Hause genügend gesehen, was .. was da passieren kann, also das hat sie sehr vehement auch durchgezogen in ihrer Haltung. Dann glaub ich schon, dass sie ein .. als Ressource durchaus auch .. eine gewisse, einen gewissen Ehrgeiz hat, von Anfang an, und immer*

> *hatte, und auch von Anfang an eine .. immer Position bezogen hat. Also es war .. ja, man könnte es dickschädelig nennen, aber ich würde das schon eher positiv sehen als, als eine Position für sich bezogen hat und eigentlich immer wusste, was sie wollte" (KO Herr S. 212–218).*

Sie verfügte über die Möglichkeit zur Selbstreflexion und offensichtlich auch über eine große Bereitschaft zum Reflektieren, was in vielerlei Hinsicht deutlich wurde. Der Koordinator benennt diese Fähigkeit explizit:

> *„Dass, dass man da mit ihr .. auch auf so einer geistigen oder verbalen Ebene, dass sie da ansprechbar war, und auch eben entsprechend kognitiv die Fähigkeiten hatte, ihr Verhalten dann doch irgendwann mal zu reflektieren. Also sie ist auch schon eine relativ .. ja, intelligente, ja, mittlerweile ja Frau und war damals ein relativ intelligentes Mädel, mit dem man auch schon ganz gut arbeiten konnte" (KO Herr S. 229–233).*

Auch die zweite Koordinatorin sieht hier ganz klar die Stärken:

> *„Katja war eine sehr konsequente und klare Persönlichkeit. Also sie hat damals schon ganz klar gesagt, ich rauche nicht, ich trinke nicht, und hat das auch gegenüber der peer-group immer durchgezogen und durchgehalten. Also sie hat da jeglichen Druck, der ja in so 'nem jugendgemäßen Alter durchaus auch vorhanden ist und in den Kreisen, in denen sie sich aufgehalten hat, schon mal auf jeden Fall vorhanden ist, dem hat sie sich immer entzogen und hat dem standgehalten und konnte da so ihr, ja ihre Frau stehen. Und das hat mich sehr, sehr fasziniert damals. Also ich wusste immer, wenn sie abgehauen war, da gab es sicherlich, konnte man da Ängste ausstehen, was passiert mit ihr. Also gerät sie da in Gewaltsituationen rein, die ihr nicht gut tun oder so etwas, aber ich wusste immer, sie kommt weder betrunken noch, ja, noch rauchend, noch irgendetwas, noch Drogen konsumierend von diesen Abgängigkeiten zurück." (KO Frau T. 105–116).*

Die fallführende Mitarbeiterin Frau N. vom Jugendamt erinnert sich an Katja ebenfalls als „recht intelligentes Mädchen", wenn auch „mit traurigem Hintergrund, die eben überlebt hat" (JA Frau N. 93–94).

Die Betreuerin Anja S. sieht auch in der Tatsache, dass Katja sich auf ihr Beziehungsangebot einlassen konnte, eine große Ressource:

> *„Also Katjas Ressource war, dass sie sehr offen war von Anfang an. Dass sie – sie hat zwar immer gesagt, sie will nichts, sie will nichts von mir und sie will auch nichts von der Betreuung, war aber lustigerweise immer da, wenn wir verabredet waren und hat sich dann doch mit Leib und Seele eingelassen" (BE Anja S. 46–49).*

Die Fähigkeit eine Bindung aufzubauen, ist Katja sicherlich nicht abzusprechen, wie auch die Koordinatorin betont: „Ich denke, was Katja auf jeden Fall hatte, war denke ich 'ne Bindungsfähigkeit" (KO Frau T. 317).

Weiter konnte Katja wohl sehr deutlich zum Ausdruck bringen, was sie wollte: „Ihre Ressource war außerdem, dass sie sehr schnell auch sagen konnte, was ihr fehlt und was sie braucht bzw. was sie braucht ist nicht ganz richtig, aber schon, was ihr fehlt" (BE Anja S. 49–51). Darin steckt die Fähigkeit zur Selbstreflexion, die Katja ausgiebig genutzt hat. Das zeigte sich auch sehr deutlich an Katjas Teilhabe an Entscheidungen, wenn sie beispielsweise auf dem Reiseprojekt äußerte, wohin sie möchte, oder wie es die Koordination formuliert: „Also das heißt, man konnte mit ihr über die Dinge, die passiert sind, dann auch wieder gut, da konnte sie auch recht gut reflektieren" (KO Frau T. 122–123).

Und auch die vermeintlich negativen Eigenschaften wie Sturheit oder Dickschädeligkeit entpuppten sich zumindest teilweise als Ressource:

> *„Und diese Festigkeit, das fand ich 'ne Wahnsinnsressource bei ihr, die sie ja auch in allen Lebensbereichen bis heute schlussendlich auch gezeigt hat und die ihr denke ich auch geholfen haben, diese ganzen Erlebnisse, die sie hatte, zu bewältigen ... Ja, das so als Ressource" (KO Frau T. 115–118).*

4.6.2 Familiäre Ressourcen

Im Gegenzug zu Katja scheinen sich auch alle Beteiligten darüber sehr einig zu sein, dass seitens der Mutter keine Ressourcen vorhanden waren. So sagt die Betreuerin: „Ressource des Familiensystems, das war eher schwierig. Die Mutter war Alkoholikerin und ließ sich wenig einbinden in die Arbeit" (BE Anja S. 51–53). Und auch für die Koordination schien da nichts Greifbares in Sichtweite:

„Die Mutter, die war für mich, ja, nicht vorhanden, also da gab es einfach nur 'ne alkoholisierte Mutter und man hatte den Eindruck, diese Mutter war immer alkoholisiert und hat sich nie um ihre Kinder gekümmert. So, also mehr wusste ich davon nichts, also von Ressourcen familiär war zumindest damals für mich nichts, nichts ersichtlich" (KO Frau T. 139–143).

Nur die Großmutter wird von Katja als die einzige Person innerhalb der Familie benannt, die ihr wirklich etwas bedeutet: „Ich häng total an meiner Oma, und ich hatte immer 'n Superverhältnis zu ihr" (Katja 361–362). Auch der Koordinator benennt die Großmutter als Ressource:

„Im elterlichen Hause, ich glaube die Großmutter, erinnere ich mich, war glaube ich eine Ressource als … als so im, im Hintergrund die Mutter – also, würde ich als, eher als das Gegenteil betrachten – die Großmutter hatte schon noch einen Einfluss, und da hat, ist Katja auch öfter hingefahren, ich glaube sie hat ihr noch so ein Stück Heimat und Familie und Geborgenheit gegeben" (KO Herr S. 223–228).

Und die Koordinatorin dazu:

„Oma gab es auch, ja, die tauchte auch immer mal so punktuell auf, ich weiß nicht, die kam dann irgendwie auch mal in die Mädchen-WG zu Besuch am Wochenende. Und das war aber immer so mehr die Oma, die dann ja, so Sachen mitgebracht hat, mal was zum Essen und Süßigkeiten, so was, also da kann ich mich erinnern. Das war so die Oma. Aber dass die jetzt, ich sag mal, so 'ne Erziehungskompetenz gezeigt hätte oder gehabt hätte, da kann ich mich gar nicht erinnern. Also das hat sie zumindest nicht gezeigt, wo man hätte vielleicht annehmen können .. kann man denn Katja dahin reintegrieren, das hab ich jetzt damals nicht gesehen" (KO Frau T. 146–152).

Der Stiefvater schien ebenfalls keine Ressource gewesen zu sein. Der Missbrauch stand immer im Raum, wurde jedoch nicht aufgeklärt.

4.7 Settinggestaltung

4.7.1 Ambulante Betreuung

Die ambulante Betreuung durch Anja S. umfasste anfangs 10 Stunden pro Woche. Anja S. konnte Katja ein Beziehungsangebot machen, welches die Jugendliche annehmen konnte. Katja stellt den Gegensatz zur vorangegangenen Betreuung heraus, die den Fokus mehr auf Katjas Defizite legte und die in Katjas Augen auch als Komplizenschaft mit der Mutter angelegt war:

„Das war hauptsächlich, ja, 'ne Betreuung, die in die Familie kam und dann mit uns den Stammbaum durchging und sich von meiner Mutter anhörte dann, was für ein schreckliches Kind ich bin und wie schrecklich das Zusammenleben ist und dass ich mich an keine Regeln halten würde" (Katja 219–222).

Entsprechend positiv fand Katja es, eine junge Betreuerin zu haben, die ihr als Ansprechperson eher freundschaftlich zur Verfügung stand:

„Sie war damals noch vierundzwanzig, fünfundzwanzig, ich zwölf, als die Betreuung anfing. Ich war ihre erste Jugendliche und, ja, das war was, 'ne ganz andere Situation. Das war kein Betreuungsverhältnis, sie war mehr 'ne Freundin für mich als alles andere." (Katja 224–227).

Das Beziehungsangebot war in diesem Setting besonders ausschlaggebend.

4.7.2 Die Mädchen-WG

Nach Katjas Selbstmordversuch sollte die Jugendliche aus der Familie herausgenommen werden. Wie sich der Koordinator erinnert, wurde zu jener Zeit die Mädchen-WG von Phöinix auf Anregung der Jugendämter auf den Weg gebracht. Es bestand Interesse an einer stadtnahen Unterbringung für Mädchen im Rahmen eines „betreuten Wohnens" (KO Herr S. 43) mit einer Betreuung rund um die Uhr. Katja schien für diese Unterbringungsform geeignet, „weil sie weder Alkohol- noch eine Drogenproblematik hatte, das heißt also sie schon eine gewisse Selbständigkeit erlangt hatte und man relativ sicher sein konnte, dass das nicht ihr Thema in F. sein wird" (KO Herr S. 46–48). Der Koordinator fügt hinzu:

„Also geeignet gemacht hat die WG einfach, dass es .. oder, dass die Idee dahinter stand, dass es schon, ich sag mal, eine Art Bezugsbetreuer gab, also eine .. Person, die mehr oder weniger ausschließlich für Katja zuständig ist, weil klar war, sie

> *braucht nur eine enge Anbindung. [...] Das Ganze in Stadtnähe eben aus den besagten Gründen, oder in der Innenstadt, weil Katja auch aus der Stadt kam und auch nicht bereit war, sich .. irgendwie außerstädtisch unterbringen zu lassen. Allein, meine ich in meiner Erinnerung, der Weg von L. nach F. war schon relativ schwierig und es war ganz gut, dass dann letztendlich zwei Mädchen aus L. waren, die in der Mädchen-WG dann aufgenommen wurden" (KO Herr S. 56–68).*

Die Mädchen-WG schien für die Koordination individuell um Katja herum gestrickt zu sein, sie war ein Mittelding zwischen Alleinleben und Betreut-Sein und auch die Beziehung zur Betreuerin wurde dadurch nicht gekappt, wie auch die spätere Koordinatorin verdeutlicht:

> *„Also erst mal was dafür gesprochen hat, denke ich, waren eben die Ressourcen von Katja. Dadurch, dass sie da wirklich 'ne durchaus, 'nen sehr gefestigten Persönlichkeitsanteil hatte, hätte, ja, hat durchaus vieles dafür gesprochen, dass man sie in so 'ne Maßnahme gibt, wo sie ja durchaus schon ein gewisses Maß an Selbstständigkeit zeigen muss. [...] [W]ir haben uns dann, denke ich, damals einfach für dieses Mittelding entschieden zwischen Alleineleben und trotzdem aber noch betreut sein in dieser Kleinst-WG. Also wo nur eine weitere Jugendliche ist, wo nicht allzu viele Gruppenanforderungen erst mal gestellt waren und wo die, der, die Beziehung zur Betreuerin, einfach intensiv weitergeführt werden konnte. Ich denke auch, so ein dritter kleiner Aspekt spielte da mit noch 'ne Rolle. Es war ja schon 'ne gute Beziehung zur Anja entstanden, alle Beteiligten fanden das auch tragfähig und gut, und ich denke, dass wir da auch noch etwas drum herum gestrickt haben, dass Anja S. die Betreuung einfach weiterführen kann, dass es ihr möglich ist" (KO Frau T. 171–188).*

4.7.3 Reiseprojekt Malaysia

Der Anlass für ein Reiseprojekt war die nicht zufriedenstellende Situation in der Mädchen-WG. „Katja war dann so an dem Punkt: Scheiße, es funktioniert nie da, wo ich bin, und wie ich bin funktioniert auch nicht, und eigentlich weiß ich gar nicht, was ich will, und ich weiß auch nicht, wo ich leben will" (BE Anja S. 187–190). Für das Reiseprojekt spielte weniger das Ziel an sich eine Rolle, sondern vor allem das Weg-Sein, das Unterwegssein standen im Vordergrund.

> *„[A]lso es gab kein ganz konkretes Ziel und kein ganz konkretes, also Reiseziel, und keinen ganz konkreten Auf-, keinen ganz konkreten Inhalt. Es war aber*

> *schon so, also es gab natürlich 'n Ziel, was pädagogisch passieren musste, und ich denke, das ist auch ganz gut gelungen, nämlich mit Katja einfach mal fernab vom ganzen Umfeld mal sortieren, wie kann es denn weitergehen, was braucht sie, was will sie" (KO Frau T. 244–248).*

Die fallführende Mitarbeiterin des Jugendamtes formuliert es wegen mangelnder Erinnerung etwas vage: „Ich denke, so ein Reiseprojekt da macht ja nur den Sinn, jemanden mal aus seiner normalen [schmunzelt] Umgebung auch 'ne Zeit lang .. wegzuholen und eben so ein Vertrauensverhältnis auch aufzubauen" (JA Frau N. 190–192).

Also wurde ein Setting gesucht, in dem Katja abschalten konnte, aber nicht zu sehr abgelenkt war und in Ruhe nachdenken konnte über die weitere Zukunft, ein förderliches Umfeld eben, an Katjas individuelle Bedürfnisse angepasst, so formuliert es die Betreuerin:

> *„Auszeit, raus aus der WG, auf ein Reiseprojekt, Zeit haben, sich wieder ein bisschen selber finden. Und vor allen Dingen überlegen, was brauch ich im Leben .. um klarzukommen, um auch zur Schule zu gehen und mein Programm [kurze Unterbrechung durch Lärm von draußen] um auch mein Leben irgendwie so zu bewältigen und, genau. [...] Katja hat sich gewünscht, es sollte warm sein da wo wir hingehen. Idealerweise auch Meer, also so ein bisschen Urlaubscharakter, hat sie noch nie gehabt in ihrem Leben. Und meine Vision war: Ich möchte wohin, wo .. sie die Sprache nicht spricht. Ich möchte schon, dass sie auch, also, sie hatte so Allüren, wegzulaufen zu dem Zeitpunkt. Und ich wollte nicht in ein Land gehen, wo sie zu souverän alleine ist" (BE Anja S. 193–203).*

Auf der Reise kristallisierten sich dann Wünsche von Katja heraus, die das nächste Setting gestalteten. Die Betreuerin zitiert Katja:

> *„[D]ass Katja vor Ort nochmal sagen konnte: ‚Ich brauch nochmal so was ähnliches wie Familie, ich brauch noch mal was .. was mich nachnährt und was, was mir nochmal so ein bisschen mehr Halt im Leben gibt; ich brauch noch mehr Struktur, ich brauch jemanden an meiner Seite, der sich kümmert'" (BE Anja S. 215–218).*

4.7.4 Standortprojekt in der Rhön

Parallel zum Reiseprojekt wurde ein entsprechendes Standortprojekt gesucht, entsprechend der von Katja geäußerten Wünsche: Eine Familie auf dem Land am besten mit Pferd, wie die Koordinatorin zusammenfasst:

> *„Katja wollte 'ne Familie haben, und Katja wollte Pferde haben. Diese beiden, ich sag mal jetzt recht fachlich anmutenden Kriterien waren bei der Familie E. erfüllt. Die sah ich als erfüllt an, als ich die Erstgespräche geführt habe. Die Familie E. konnte sich das auch vorstellen. Familie E. hatte schon in ihrer Wohnung oder in ihrem Haus, hatten die so ein kleines separates Zimmer mit Bad. Das war für die Jugendlichen vorgesehen. Das heißt da war von Anfang an klar, dass Katja nicht* ***in*** *der Familie lebt, sondern eher* ***an*** *der Familie" (KO Frau T. 297–303).*

> *„Dabei handelte es sich um ein Paar mit .. zwei eigenen Kindern .. mit einigen eigenen Kindern, ich weiß gar nicht mehr, ob's zwei eigene waren, beides Fachkräfte, wohnten sehr ländlich in der Rhön und hatten eigentlich von dem Grundangebot her viele Möglichkeiten, wo wir sahen, dass Katja da noch mal für sich auch einen Ort finden kann, an dem sie nachreifen kann, fernab der städtischen Schwierigkeiten, die es halt vorher in F. oder dann letztendlich auch in L. gegeben hat" (KO Herr S. 122–127).*

> *„Die Rhön-Mitarbeiter, das Betreuerehepaar E., die hab ich selbst gesucht, also selbst die Bewerbung, Vorgespräche geführt und für geeignet gefunden. Also dass die zum einen das leisten können, nämlich so'n familiären Rahmen geben, und zum zweiten Katjas ganz großer Wunsch, der aus dem Reiseprojekt heraus stammte, waren Pferde. Also irgendetwas mit Reiten, mit Pferden. .. Beides war dort gegeben, und von daher fand ich das gut, dass Katja dann dahin kam. Ja. So im Nachhinein, also so aus heutiger Sicht, hab ich damals glaub ich ausgeblendet diese immense Wahnsinns-Beziehung zwischen Katja und Anja S., die da entstanden war also sowohl im Vorhinein in der ambulanten Maßnahme als dann über die Mädchen WG Zeit bis zu dieser intensiven Reise" (KO Frau T. 33–40).*

Dieses Setting bei der Familie E. in der Rhön wird im Nachhinein von allen Beteiligten sehr ambivalent beurteilt in seiner Wirkung und seiner Passgenauigkeit. Einerseits wird die Gefühlskälte angesprochen:

> *„[L]eider war dieses Betreuerpaar nicht wirklich so emotional nah und die haben Katja ihre Bedürfnisse – oder, die konnten diesen Bedürfnissen, die Katja hatte, eben nicht nachkommen .. nach Mütterlichkeit, nach Zuwendung, nach*

> *auch ein bisschen, ja, dieses Nachnähren. Das hat da leider Gottes nicht stattgefunden, sondern eher so 'ne relativ schnelle und kalte Version von: Wir geben dir jetzt Struktur und bringen dir bei, wie man selbständig wird" (BE Anja S. 233–238).*

Laut Katja: „Also da gab's einfach kein inniges Verhältnis und kein, kein Mal-in-den-Arm Nehmen oder mal Sich-um-einen-Bemühen" (Katja 279–280). Auch die Koordinatorin erinnert sich an diesbezügliche Äußerungen von Katja:

> *„Also wo einfach Katja sagte, sie bekommt da nicht genug, sie wird .. schlechter behandelt als die eigenen Kinder, also das war ihr Empfinden. Die E.s selber, die waren da auch sehr klar, und haben gesagt, das hat für uns nix mit Schlechter-Behandeln zu tun, das ist nochmal etwas anderes einfach, wie jetzt die eigenen Kinder" (KO Frau T. 351–355).*

Andererseits machte Katja dort Entwicklungsfortschritte, da die Familie mit sehr klaren Strukturen arbeitete. So betont die Koordinatorin:

> *„Die E.s selber erlebte ich als* ***sehr*** *strukturiert,* ***sehr*** *klar, und auch sehr konsequent. Und ich glaube, dass Katja .. aber auch sehr unterstützend in, in so Bereichen, ja was so das tägliche Leben, der Alltag anbelangt. Ob das Schule war oder Freizeit oder, oder, oder, überhaupt immer 'ne Struktur und 'nen Faden geboten. Das fand ich zum Beispiel positiv. Ich glaube auch, dass Katja da nochmal sehr viel nachreifen konnte. Nämlich das, was ihr bei der alkoholisierten Mutter in jedem Fall absolut gefehlt hat, das, was ihr letztendlich in der Mädchen-WG auch gefehlt hat, weil die Betreuungsintensität nicht in der Form gegeben war, das, was auf der Reise bedingt durch die Reisesituation natürlich in der Form auch nicht gegeben war, und das kam in der Rhön plötzlich von Null auf Hundert komplett rein, nämlich Struktur, Tagesablauf, Anforderungen, Alltagsanforderungen und ich denke mal, dass sie das gut gemacht haben, wie sie es gemacht haben, aber ich glaube, dass es einfach auch gleichzeitig ein Konfliktpotential da war, weil Katja sich da auch erst mal reinfinden musste. Ich finde, sie hat sich da gut durchgebissen, also sie ist nicht abgehauen, sie ist da einfach auch geblieben, hat sich da durchgebissen, und konnte da, denk ich, trotzdem viele Dinge für sich mitnehmen und viele Dinge für sich regeln" (KO Frau T. 321–334).*

4.8 Partizipation der Jugendlichen und der Eltern

4.8.1 Partizipation von Katja

Katjas Teilhabe an Entscheidungen für die verschiedenen Betreuungsstationen variierte während des Betreuungsverlaufes in erstaunlichem Maße. So wirkte es, als wachse die Partizipation förmlich mit Verlauf der Hilfen: Von ablehnend (Beginn der Hilfe) über gleichgültig und zurückhaltend (Reiseprojekt) bis gezielt mitgestaltend (stationäres Projekt in der Rhön) und zum Schluss völlig selbstständig (Entschluss das Kind zu behalten gegen jeden Rat und Auszug aus der Wohnung des Betreuerehepaares E.).

Bemerkenswert ist auch, mit welch hohem Maß an Selbstreflexion Katja trennen kann, wie sie damals ihre Teilhabe am Geschehen wahrgenommen hat und wie sie sie heute wahrnimmt und einschätzt. Den Beginn der Hilfe beschreibt Katja so:

> *„[...] die Frau N. in der Schule, und hatte mich dann gefragt, ob ich nicht Interesse an 'ner Betreuung hätte, und ich hab das gleich abgeblockt. Ich wollte das überhaupt nicht haben, war sofort stur und patzig, [...] sie hat Ja gesagt, schnell, bevor sie sich wieder umentscheidet, und, und hat mir das quasi so ein bisschen aufgedrängt, wofür ich ihr heute ganz dankbar bin" (Katja 43–50).*

Das deckt sich mit den Erzählungen der Betreuerin Anja S. (siehe auch Kapitel 4.7 zur Settinggestaltung):

> *„Ja – sie konnte der Betreuung zustimmen. Sie fand es gut, dass jemand für sie zuständig ist, der sich um sie kümmert. Das fand sie gut. Ich sag mal, was, was ihre Fähigkeiten, sich da konstruktiv zu zu äußern, zu dem Hilfeplan, oder zu dem, was so kommen mag, das war so ein bisschen eingeschränkt zu dem Zeitpunkt. Also sie hat viel gemotzt und gemoppert oder gar nicht gesprochen, also es war, war schwierig, am .. beim Amt mit ihr ein Gespräch zu führen, weil sie unglaublich wütend auch war auf ihre Mutter. Also da war viel .. Wut das Thema. Und, ja, wie das in dem Alter so ist, was die dann so sagen, die Jugendlichen .. das war, war .. noch nicht so furchtbar konstruktiv, aber das, was man daraus ziehen konnte, war: sie möchte Hilfe. Sie weiß noch nicht genau, wo die Hilfe hinführen soll, aber sie möchte Hilfe, sie möchte die Chance wahrnehmen, Betreuer oder 'ne Betreuerin, in dem Fall mich kennenzulernen, und zu sehen, was sich daraus Positives für sie entwickeln kann. Also das konnte sie bejahen" (BE Anja S. 76–87).*

Es waren anscheinend schon Anteile von Partizipation seitens Katja da, wie sie rückblickend erzählt, aber Katja spricht im Interview sich selbst damals die Fähigkeit ab, überhaupt partizipieren zu können:

> *„[M]an hat schon Mitspracherecht, also man kann schon sagen, okay, mit der Betreuerin komm ich nicht klar, und das funktioniert nicht, und das hat einfach keinen Sinn für mich, ne. Aber auf sowas kommt man mit zwölf noch nicht, ne, das ist so .. in der Lage ist man mit zwölf einfach noch nicht, dass man da überhaupt weiß, was für sich, für sich selber am besten ist" (Katja 83–87).*

Ähnlich formuliert sie es für das Reiseprojekt. Im Nachhinein ist sie dankbar, zu dem Zeitpunkt hätte sie wohl anders entschieden:

> *„Ja, dann wurde dann irgendwann mal vorgeschlagen, ich weiß auch nicht, wer die Initiative ergriffen hat und von wem es kam, dass ich auf ein Auslandsprojekt nach, nach Malaysia sollte, bzw. erst mal ein Auslandsprojekt, das, den Ort konnten wir uns dann nachher selber aussuchen, […] und war die ersten Wochen megazickig, hab immer gesagt, du willst mich hier verhungern lassen, und konnt' mich da überhaupt nicht drauf einlassen und fand das ganz, ganz schlimm" (Katja 123–129).*

Bei der Auswahl der Projektstelle in der Rhön war sie schon sehr aktiv beteiligt:

> *„So nach drei Monaten hab ich dann mal den, den Ansatz gemacht, dass ich gern auf's Land möchte .. und am liebsten in eine Pflegefamilie. Ja, das hat noch genau drei Tage gedauert, dann sind wir zurück geflogen. Da gab's dann die Info, wir haben da 'ne Familie, die mich aufnehmen würde, auf dem Land, in der Rhön, komm doch mal zurück und guck dir das mal an. .. Ja, wir waren dann gerade 'nen Tag zurück und da bin ich dann in die Rhön gefahren und hab mir das dann angeguckt und, und, und war hin und weg. Die hatten Pferde, und ich durfte da reiten, und es war alles ganz toll, ich hatte mein eigenes Zimmer mit Badezimmer und .. ja, eigentlich alles ganz super und hab mich dann an dem Tag auch entschieden, in die Rhön zu ziehen" (Katja 149–157).*

Als Katja dann überraschend auf einer Jugendfreizeit schwanger wurde, schien sie besonders eigenständig und selbstwirksam gehandelt zu haben. Entgegen vieler Ratschläge, evtl. das Kind auch nicht zu behalten, scheint sie einen ganz starken autonomen Willen gehabt zu haben und hat sich auch entgegen dem Rat von ihrer Betreuerin für das Kind entschieden (vgl. Katja 184ff).

Auffallend ist auch, dass sie zum leiblichen Vater nach eigener Recherche völlig selbständig Kontakt aufnahm und diesen auch selbständig wieder abbrach.

4.8.2 Partizipation der Eltern

Wo es um die Beteiligung an zu treffenden Entscheidungen ging, traten die Eltern zu keinem Zeitpunkt in Erscheinung. Die Mutter selbst erinnert sich vor allem an die Betreuerin Anja S. und fühlte sich zumindest von ihr einbezogen bzw. gehört, wenn es um Entscheidungen bezüglich Katja ging: „Von der Anja S. selber ja" (KM Frau W. 42).

4.9 Beziehungsqualität zwischen Jugendlicher und Helfersystem

4.9.1 Beziehung Katja – Betreuerin Anja S.

Von allen Beteiligten wird die Beziehung zwischen Katja und Anja als gelungen und intensiv wahrgenommen. Am Anfang konnte sich ein gewisses Maß an Vertrauen zwischen den beiden entwickeln. Katja fühlte sich wahrscheinlich tatsächlich von der Betreuerin Anja da abgeholt, wo sie war. Und das scheint sehr nachhaltig zu sein: Bis auf eine kurze Zeit in der Rhön war Anja auch eine feste Konstante in Katjas turbulentem Leben. Bis heute hat sie mit ihr ein freundschaftliches Verhältnis. Nachdem sie in ihrem Leben hinsichtlich ihres Sozialverhaltens und innerhalb ihrer Gefühlswelt einigermaßen stabilisiert war, konnte sie sich im weiteren Verlauf auch auf ihre schulischen Leistungen konzentrieren.

Zwischen der Betreuerin Anja S. und Katja herrschte von Anfang an Sympathie und das Gefühl von Zusammenhalten vor: „Also ich fand Katja nicht unsympathisch, das war mal das Erste. Ich fand, sie war so ein .. sie hatte irgendwie so ein Strahlen in den Augen, und bei all dem, was sie so – sie hatte unheimlich Energie auch, das fand ich, glaub ich, für mich ganz reizvoll" (BE Anja S. 93–95).

Sie beschreibt ihre Arbeit heute als parteilich, was ihr sicherlich viele Pluspunkte bei Katja einbrachte: „Und ja, es war dann relativ schnell eine sehr parteiliche Arbeit mit der Jugendlichen geworden" (BE Anja S. 56–57). Und weiter: „[U]nd ich hatte auch so 'ne Idee von totaler Parteilichkeit mit den Jugendlichen [...] Das sehe ich heute ein bisschen anders [...] aber Katja hat von mir auch die Parteilichkeit gern genommen" (BE Anja S. 488–493).

Wie bereits erwähnt, fasste Katja dieses Verhältnis als Freundschaft auf. Das sieht auch die Mutter so, die fast ein wenig eifersüchtig scheint auf diese Beziehung: „Ich denke ganz einfach, Anja S. war für Katja keine Betreuerin, Anja S. war für sie die große .. Freundin. .. Enge Freundin“ (KM Frau W. 65–66). Katja benennt Anja S. ebenfalls an mehreren Stellen als Freundin:

> *„Ja, sie war 'ne richtige Freundin, und dann konnte ich mich auch öffnen und vor allem hat sie mich immer ernst genommen, egal was ich gesagt hab, sie hat mich immer ernst genommen und hat alles weitergegeben und hat auch immer dafür gesorgt, dass … ja, wenn's mir schlecht ging, dass, dass was passiert und .. ja, war 'ne, war 'ne sehr schöne Zeit. Auch heute haben wir noch engen Kontakt, und sie war auf der Taufe meiner Tochter, sie war jetzt auf der Kommunion meiner Tochter und sie kommen, also sie kommen uns noch besuchen, die Anja .. Ich, ihre Eltern waren auf der Kommunion meiner Tochter, ich fahr die noch besuchen und so alle Jubeljahre gehen wir dann mal Muscheln essen bei ihrer Mama. Das ist immer total nett, total süß. .. Ja, und Anja ist bis heute noch einer der liebsten Menschen in meinem Leben. Möchte ich, möcht ich auch nicht missen müssen [schmunzelt]. .. Fahr ich heute noch gerne hin und ich bin heute auch noch um, um jedes Mal froh, wenn sie da ist“ (Katja 236–246).*

Anja S. hat viel mit Katja unternommen, um die Beziehung zu intensivieren und auf stabilen Boden zu stellen.

> *„Wir haben dann auch viel unternommen, wir waren regelmäßig im Kino, sind reiten gegangen, also da ging's wirklich nicht prinzipiell um, um Gesprächstherapien oder einfach um .. ich muss jetzt die Zeit mit der runterreißen, sondern wir haben wirklich viel miteinander unternommen und bevor ich angefangen hab, ihr irgendwas zu erzählen, hat es wirklich lange gedauert und ich hab viel von ihrem Privatleben mitbekommen, sie hat mich mit zu ihren Eltern genommen, mit zu ihr nach Hause, und ich hab bei ihr auch geschlafen, wir haben uns gegenseitig die Haare gemacht“ (Katja 226–232).*

Dabei spürte Katja sicherlich, dass diesmal nicht ihre Defizite im Vordergrund standen, sondern sie als Mensch einfach mal ernst genommen wurde, mit all ihren Seiten.

Die Beziehung zwischen Anja S. und Katja war jedoch nicht nur konfliktfrei. Besonders auf der Reise war Katja schockiert, dass Anja S. auch Alkohol trinkt:

> „*Da waren dann so ein paar Situationen, dass die Anja abends dann zum Essen mal 'nen Wein oder 'n Bier getrunken hat und ich dann drei Tage nicht mit ihr gesprochen hab, weil ich das so schrecklich fand, dass die Anja, meine Bezugsperson und meine Betreuerin, die ich echt gern hatte, .. ja, einfach, einfach was mit meiner Mutter gemeinsam hatte, was ja eigentlich totaler Quatsch ist, aber damals empfand ich das halt so. Ich hab dann drei Tage nicht mit ihr gesprochen*" (*Katja 134–139*).

Auch viel später beim Thema Schwangerschaft ist Katja schockiert, als Anja S. ihr zu einem Schwangerschaftsabbruch rät. So sehr, dass sie eineinhalb Jahre keinen Kontakt mehr haben:

> „*Ich hatte dann von einigen Leuten wirklich Bedenken gehört, ne, auch von der Anja unter anderem, ne, willst du's nicht lieber abtreiben, und du bist doch erst achtzehn, und das kannst du doch nicht machen, und, und das geht doch nicht, und ich glaube nicht, dass dir das gut tun würde, und .. Da hab ich dann auch den Kontakt zu allen abgebrochen, die dann gesagt haben, das funktioniert nicht und das geht nicht, und unter anderem auch zu der Anja. Ich hatte über anderthalb Jahre keinen Kontakt zu ihr. .. Ich war ganz entsetzt darüber, dass gerade sie mir sagte, hör mal, abtreiben, geht nicht, lass es sein, überleg dir das nochmal*" (*Katja 185–192*).

Die Beziehung ist wohl inzwischen tragfähig genug, um solche Konflikte auszuhalten.

4.9.2 Beziehung Katja – Betreuerehepaar E. in der Rhön

Sicherlich gestaltete sich die Beziehungsqualität zwischen Katja und der Betreuerfamilie E. in der Rhön anders als zwischen Katja und der Betreuerin Anja S.. Weiter oben ist bereits zur Sprache gekommen, dass hier deutlich mehr Distanz vorherrschte und die Strukturen und die Verselbständigung eine größere Rolle spielten. Katja selbst beschreibt es so:

> „*War halt ein komisches Verhältnis, ne. Ich kam dahin mit fünfzehn, natürlich auch nicht mehr ganz, ganz so formbar, wie sie es wahrscheinlich gern gehabt hätten, sollte mich von heute auf morgen an ihre Regeln halten. Ja, die Kinder sind mir sehr negativ begegnet und auch mit ihnen war's halt schwierig, ne.*

> *Also, ich hab mich da nicht wirklich willkommen gefühlt. Es wurde .. ich war's nur gewohnt, mit der Anja viel zu unternehmen und dass man sich um mich kümmert und plötzlich kam ich in eine Familie, wo das alles gar nicht mehr war. Ich hab mit der Betreuerin Frau E. nie was unternommen. Wir waren nie zusammen im Kino, wir haben nie irgendwie mal Zeit gemeinsam zu zweit verbracht, dass man sagt, man kann sich mal was näher kommen. Ja, es fehlte einfach so'n bisschen, 'n bisschen Halt und 'n bisschen Anschluss, ne. Und man durfte nicht ungefragt an den Kühlschrank, und man durfte schon gar nicht an den Familien-PC, gemeinsam Fernsehen gucken war auch nicht möglich" (Katja 250–260).*

Der Vergleichsmaßstab, den Katja an diese Beziehung anlegt, ist sicherlich ihre Beziehung zu Anja S. Das Betreuerehepaar E. hat Katja aber wohl auch unterstützt und beschützt:

> *„Ich weiß mal noch von 'ner Szene, kann ich mich erinnern, wo der Herr E. wohl mal mit dem Stiefvater Kontakt hatte. Also ich weiß auch, dass der Herr E. da Katja sehr geschützt hat, weil ja dieser Missbrauch im Raum stand, also wo er dann abgelehnt hat auch, dass er rauskommt zum Beispiel zum Besuch, also daran kann ich mich noch erinnern, also dass die durchaus auch so 'ne Schutzfunktion da ausgeübt haben" (KO Frau T. 276–380).*

Letztlich war Katja relativ lange dort und konnte sich weiter verselbständigen, insofern kam es auch dort zu einer tragfähigen Beziehung, die eben weniger auf Nähe, dafür mehr auf verlässliche Strukturen gegründet war.

4.9.3 Beziehung Katja – Frau N. vom Jugendamt

Vorteilhaft für den Hilfeverlaus war es, dass auch zur fallführenden Mitarbeiterin des Jugendamtes, Frau N., eine sehr gute Beziehung bestand:

> *„Also die erste Bezugsperson vom Jugendamt, oder Betreuungsperson vom Jugendamt war die Frau N., damals zuständige Sachbearbeiterin aus unserem Bezirk und unseren, für unseren Buchstaben, hat mich über lange Jahre betreut und damals auch Phöinix engagiert für meinen Fall. Ich hatte wirklich Glück, das war eine sehr nette, liebevolle Frau, .. die auch immer da war, wenn irgendwas war. Ich konnte da also wirklich auch reinspazieren ohne Termin und sagen, ja, Frau N., so und so ist das, und .. also .. ich hab sehr positive Erfahrungen mit ihr gemacht, ne. Sie ist immer auf meine Belange eingegangen und hat*

sich immer sehr eingesetzt und hat da auch wirklich nicht, nicht lange gefackelt und wenn ich gesagt hab, da brennt die Luft, dann hat sie auch gehandelt" (Katja 209–217).

4.10 Prozessgestaltung zwischen Jugendlicher und Helfersystem

Katja nahm in einigen Punkten großen Einfluss auf die Hilfegestaltung und bestimmte dadurch auch die Zeitpunkte, an denen sie an diversen Themen arbeiten wollte, entscheidend mit.

4.10.1 Sozialverhalten

Das Vertrauen, das sich zwischen der Betreuerin Anja S. und Katja bildete und zu einer emotionalen Festigung bei Katja geführt haben muss, führte zunächst zu einer Stabilisierung, im weiteren Verlauf zu einer bindungsfördernden Konstante, hat sich dann letztlich sicher auch positiv ausgewirkt auf die Zeit in der Rhön. Auch die Koordination sieht die kontinuierliche Betreuung durch Anja S. während mehrerer unterschiedlicher Stationen als sehr entscheidend für den Lebensweg von Katja an:

> *„[D]ass es das Wertvollste oder das Hilfreichste war, dass es über einen ganz langen Zeitraum eine Betreuungsperson gegeben hat, die Katja in den verschiedensten Situationen, wenn auch nicht immer direkt, aber auch manchmal indirekt, begleitet hat. Das heißt, dass sie da nicht erst mal, nicht abgegeben wurde, sondern dass mit ihr nach der, nachdem das in der WG gescheitert war, auch die gleiche Betreuerin mit ihr im Prinzip diese Reise getan hat .. dann in Südostasien sie dann 'ne ganze Zeit lang mit der Kollegin ja auch zusammen gelebt hat und dass auch diese Kollegin, ja, quasi bis heute noch Kontakt hat und auch immer zwischendurch mal Kontakt hatte, zwar nur sporadisch, und auch nicht intensiv, und auch nicht bezahlt, aber zumindestens so als Konstante sich eigentlich durch die Betreuung wie ein roter Faden zog. Ich glaube, das war .. aus meiner Sicht, oder aus meiner heutigen Sicht .. so eigentlich das, was .. ja, für Katja eigentlich so eine Stabilität gegeben hat" (KO Herr S. 188–198).*

Durch die Beziehungsgestaltung zwischen Anja und Katja, die getragen war durch Vertrauensaufbau, emotionale Nähe und das Ernstnehmen der Bedürfnisse Katjas seitens der Betreuerin, konnte sicherlich auch Katjas Selbstwirksamkeit und damit ihr Selbstwertgefühl reifen. Dies wirkte sich auch auf ihr Sozialverhalten positiv aus.

4.10.2 Kindliches Nachreifen

Katjas Mutter formuliert an einer Stelle selbst einmal, dass die Betreuerin Anja S. eine Art Mutterersatz war. „Sie hat sich eigentlich .. mehr oder weniger an der Anja S. gehangen, als an ihrer Mutter selber“ (KM Frau W. 42–44).

Anja S. konnte Katja sicherlich emotional einiges geben, was Katja bei ihrer Mutter vermisst hat, was sich in der Beziehungsqualität zeigt. Dieses Nachnähren, dieses emotionale Stabilisieren erreichte die Betreuerin auch, indem sie sich Zeit nahm, um mit Katja zu reflektieren, wie beispielsweise für das Reiseprojekt beschrieben, das ganz entschieden zum Gedankensortieren genutzt wurde. Auffallend ist, dass Katja angibt, genau diese emotionale Nähe im Rhön-Projekt schmerzlich vermisst zu haben:

> *„Die waren nicht, waren nicht fies zu mir und die waren auch nicht blöd zu mir, aber man merkte, man gehörte nicht dazu. Also es waren so Familienfeste, wo man nicht mit durfte, und die eigenen Kinder haben sehr, sehr negativ und aggressiv reagiert und man merkte, dass man da nicht wirklich dazu gehörte. .. Ja, Weihnachten wurde unter sich gefeiert, ne, wenn, wenn die zur Familie gefahren sind. Auch so die Freiheiten, die man vorher halt kannte, die gab's dann einfach nicht mehr. Ne, man musste dann gucken. Die eigenen Kinder wurden dann abgeholt, wenn sie irgendwo waren, man selber musste gucken, wie man nach Hause kommt, und wenn ich abends nicht pünktlich war, dann war die Türe zu und dann hab ich vor der Tür schlafen müssen, ne. Das waren dann so Sachen, die .. ja, also wohlgefühlt hab ich mich da auch nicht, ne“ (Katja 165–173).*

Hier scheint aus Katjas Sicht ein emotionales Nachnähren gefehlt zu haben. Allerdings gibt die Koordination zu bedenken, dass hier eine andere Ebene der Arbeit im Vordergrund stand (wie ja auch die Ziele laut Hilfeplan einen anderen Schwerpunkt gesetzt haben zu dieser Zeit):

> *„Wobei ich schon sagen muss, also die E.s selber fand ich immer sehr klar, sehr strukturiert, durchaus auch 'ne gewisse Distanz habend, aber* ***trotzdem*** *haben sie sich gekümmert, so. Also vielleicht fehlte diese, diese innige Wärme und Nähe, die fehlte sicherlich, aber, ich würde das gar nicht so negativ bezeichnen, sondern ich würde das auch als so eine professionelle Distanz bezeichnen, die sie hatten“ (KO Frau T. 47–51).*

Und gerade bezogen auf ein Nachnähren im Sinne von strukturgebendem Alltag, nennt die Koordination explizit ein Nachreifen im Rhön-Projekt: „Ich glaube auch, dass Katja da nochmal sehr viel nachreifen konnte“ (KO Frau T. 325).

4.10.3 Platz im Familiensystem

Nachdem Katja letztlich von zu Hause ausgezogen war, scheint es wenig begleiteten Umgang mit Mutter oder Stiefvater gegeben zu haben. Es gibt auch keine Hinweise, dass die Beziehung zu diesen beiden mit Betreuung oder Koordination reflektiert oder bearbeitet wurde. Auf die Frage nach der Elternarbeit in der Projektstelle antwortet die Koordinatorin:

> *„Also die war letztendlich genauso wie von vorneherein auch. Also wie gesagt, ich hatte null Kontakt. Ich weiß mal noch von 'ner Szene, kann ich mich erinnern, wo der Herr E. wohl mal mit dem Stiefvater Kontakt hatte. [...] Aber Elternarbeit in dem Sinne oder überhaupt Elternkontakte... Nee, also kann ich nicht, also von meiner Seite aus gar nicht erinnern, und ich glaube auch von E.'s Seite aus ist zumindest nix präsent" (KO Frau T. 375–382).*

Auch die Betreuerin spricht von der Mutter als einer abwesenden Person:

> *„Katja hatte viele, viele Jahre gar keinen Kontakt zu ihrer Mutter, sondern nur zu ihrer Oma, also die Mutter der Mutter, darüber natürlich einige Informationen immer mal wieder von oder über ihre Mutter bekommen hat, aber sich da sehr distanziert hat. .. Als Klara dann geboren wurde, hat Katja nochmal so'n bisschen versucht den Kontakt wieder aufzuwärmen, und vor allen Dingen auch für Klara vielleicht so was wie 'ne Oma zu haben. Das hat sich aus, so hat Katja mir das geschildert, dann aber sehr schnell wieder erledigt gehabt, weil die Mutter wohl die Verhaltensweisen, die Katja auch in ihrer eigenen Kindheit und Jugend sehr missfallen haben, dann auch Klara gegenüber gezeigt hat und Katja dann irgendwann den Kontakt auch wieder abgebrochen hat. Ich meine, aktuell hat sie keinen Kontakt zu ihr. So. Und sie ist auch zu wichtigen Ereignissen nie da gewesen, nie beteiligt. Also Geburtstage in der Rhön oder Hilfeplangespräche. Sie ist nicht dazu gekommen, Klaras Kommunion nicht, Klaras Taufe nicht, also egal was es war, eigentlich war die Mutter nie da" (BE Anja S. 396–509).*

Letztlich hat die Betreuerin dem Wunsch von Katja nach großer Distanz zur Mutter nachgegeben. Die Koordination kommt zum Schluss, dass die Familie eigentlich nicht vorhanden war während des Hilfeverlaufs, wobei der Stiefvater aber mindestens einmal persönlich Kontakt aufnahm und Katja in der Projektstelle in der Rhön besuchte.

> *„Also die Familie war für mich sehr nebelhaft oder nebulös. Weil wie gesagt, ich hab nie jemand kennengelernt, es stand dann wie so ein Damoklesschwert, über dem Ganzen gab es einen Stiefvater, wobei ich heute jetzt nicht mehr sagen*

könnte, war das der aktuelle Partner der Mutter oder war das ein Ex-Partner der Mutter. Es stand ein Missbrauch im Raum durch diesen Stiefvater, der aber nie durch irgendetwas bestätigt wurde, also durch Katja nicht und auch durch sonstige Vorhilfen nicht. Das stand im Raum, der nahm auch immer mal wieder Kontakt zu ihr auf. Ich weiß auch, der tauchte auch irgendwann mal in dieser Wohnung in der Rhön auf und, und baute da 'ne Küche auf und alle hatten aber totale Angst. Und man wusste auch nicht genau, wer hat denn jetzt Kontakt zu ihm aufgenommen, war das die Katja selber oder hat er da recherchiert, dass er Kontakt bekommt, also dieser Stiefvater, da erinner ich mich dran. Die Mutter, die war für mich, ja, nicht vorhanden, also da gab es einfach nur 'ne alkoholisierte Mutter und man hatte den Eindruck, diese Mutter war immer alkoholisiert und hat sich nie um ihre Kinder gekümmert" (KO Frau T. 130–141).

Mit dem leiblichen Vater gab es nach der Kontaktaufnahme von Katja nur ein einziges Treffen und anschließend ein paar Briefe, danach brach der Kontakt wieder ab. Sie wollte, wie sie selbst sagt, eine Alternativfamilie suchen:

„Ja, zur damaligen Zeit, ja, war natürlich jedes potentielle Zuhause, was ich kriegen konnte, wo nicht meine Mutter in der Nähe ist, die heile Welt für mich und hab mir da dann vorgestellt, ich könnte dann zu ihm ziehen und mit nach Spanien gehen und, was völliger Quatsch war" (Katja 400–403).

Es kam zum Treffen und Katja merkte bald, dass es eben nicht Familiengefühle waren, die da hochkamen:

„[...] sehr, sehr lieb, sehr, sehr herzliche Familie, ganz, ganz nette Leute. Ich hab massenweise Geschenke bekommen und wurde auch superherzlich aufgenommen. Also das war wirklich für ihn, als wär ich nie weg gewesen. Das war, vom ersten Tag an gehörte ich als Tochter mit zu der Familie und da wurde auch kein Unterschied gemacht. Ich war damals fünfzehn, und für mich war das ein wildfremder Mann. .. Ich hab mich gefreut, ihn kennenzulernen und fand das auch ganz toll zu sagen, okay, das ist meine Familie und da gehöre ich zu und fand das auch klasse, dass man mich so aufgenommen hatte, aber als es dann darum ging, ich sollte eigentlich Weihnachten über dann da bleiben, ich, ich konnte nicht. Ich bin abends nach Hause gefahren nach F. und hab dann lieber alleine in der WG gesessen. Ich, ich konnte da nicht bleiben. Das waren für mich wildfremde Menschen und, ich hatte das einfach nicht so, dieses Gefühl direkt da bleiben zu können und zu sagen, okay, das ist meine Familie" (Katja 409–419).

In der Rhön konnte Katja wichtige Erfahrungen mit intakten Familien von Freunden sammeln:

> *„Bin dann hier auf dem Land zur Schule gegangen, hatte das erste Mal, ja, Freunde, die normal waren, die so was gar nicht kannten, das erste Mal Freunde, die aus normalen Familienverhältnissen kamen und mit, mit Gewalt und Drogen und Alkohol noch nie Erfahrungen gemacht hatten .. und, ja, so'n geregeltes Familienleben" (Katja 158–162).*

4.10.4 Lebenspraktische Themen

Wie in den Hilfeplänen formuliert, war wiederkehrend auch der regelmäßige Schulbesuch ein Thema. Letztlich gestaltete sich der Prozess der Hilfe insofern, dass erst über die Beziehungsqualität zur Betreuerin und die Settinggestaltung der einzelnen Abschnitte eine Stabilität seitens Katjas erreicht werden konnte, die sie in die Lage versetzten, dann Themen wie Familienalltag, Schulabschluss und Verselbständigung anzugehen.

So ist die Aussage der Betreuerin zentral, dass ihr wichtig war, die Jugendliche da abzuholen, wo sie steht und sie partizipieren zu lassen:

> *„Ich hol dich da ab, wo du stehst. Also hieß für mich konkret: Ich hab Katja, wenn ich ihr Terminangebote gemacht hab oder sie angerufen hab, ich wollte immer wissen, wo sie ist und ich bin dann dorthin gekommen. Und wenn das eben immer auf der Straße war oder eben immer an den Plätzen, wo sie sich halt zu dem Zeitpunkt aufgehalten hat, auch wenn's für mich teilweise unangenehm war, bin ich halt dahin gegangen, so. Oder wenn sie drauf bestanden hat, sich nicht zu Hause zu treffen bei ihrer Mutter, hab ich auch das ernst genommen. Also ich bin tatsächlich viel dorthin gegangen, wo sie war, und das war glaube ich auch 'ne ganz gute Idee, um sie kennenzulernen und ihr Umfeld kennenzulernen" (BE Anja S. 109–116).*

Anja S. bezog Katja auch in ihr Privatleben mit ein, stellte sie ihren Eltern vor etc. Ganz klar geht aus alldem hervor, dass die Betreuerin sich sehr engagiert gezeigt hat. Sie traf sich mit Katja beispielsweise trotz Verletzung/Krankheit: „Ich hatte eine Knieverletzung, war eigentlich für sechs Wochen krankgeschrieben. Ich bin aber trotzdem dann immer mal wieder in der Betreuung aufgetaucht, damit die mein Gesicht nicht vergisst" (BE Anja S. 137–139).

Sicherlich wurde auch eine ganze Menge Reflexionsarbeit von der Betreuerin mit Katja geleistet, beispielsweise formuliert im Konzept der Reise nach Malaysia:

> *„Teil dieses Konzepts waren einerseits Sachen, die wir unterwegs tun wollten, und andererseits Sachen, die Katja alleine tun sollte für sich. Und dann Überlegungen oder Fragestellungen, die wir mitgenommen haben auf das Projekt. Und die bezogen sich in erster Linie auf das, was Katja konnte, das, was sie noch lernen wollte und das, wo, wo es hingehen sollte" (BE Anja S. 209–213).*

In der Rhön lag der Schwerpunkt der Arbeit vor allem in der Alltagsstrukturierung und damit Verselbständigung. Katjas Konfliktverhalten wurde akzeptabler, sprich ihre aggressiven Ausbrüche wurden weniger. Die Koordination betont:

> *„Die E.s selber erlebte ich als sehr strukturiert, sehr klar, und auch sehr konsequent. Und ich glaube, dass Katja .. aber auch sehr unterstützend in, in so Bereichen, ja, was so das tägliche Leben, der Alltag anbelangt. Ob das Schule war oder Freizeit oder, oder, oder, überhaupt immer 'ne Struktur und 'nen Faden geboten. Das fand ich zum Beispiel positiv" (KO Frau T. 321–324).*

4.11 Zusammenarbeit auf Helferebene

Als besonders greifbare und damit nennenswerte Kooperation erscheint die Zusammenarbeit zwischen dem Jugendamt und der Betreuerin bzw. den Koordinatoren. Die Betreuerin konnte wohl in ihrer Arbeit mit Katja auf einen verlässlichen Background zurückgreifen – Jugendamt und Koordination gingen mit ihren Ideen mit und unterstützten den Hilfeprozess mit ihren Entscheidungen, beispielsweise beim Reiseprojekt oder bei der Projektstellensuche. Entsprechend schildern die Beteiligten die Zusammenarbeit auch als explizit gut, so etwa die zuständige Sachbearbeiterin beim Jugendamt: „Es gelang aus meiner Sicht gut. .. Ich wüsste auch nicht, was ich mir hätte anders wünschen sollen" (JA Frau N. 220–221). So sieht es auch der Koordinator:

> *„In meiner Erinnerung war das eine sehr .. konstruktive, sehr schnelle, zeitnah operierende Zusammenarbeit hier mit dem Jugendamt und wir haben eigentlich .. auch das, was wir als Träger an Ideen vorgewiesen haben, auch in Absprache mit Jugendamt und Katja eigentlich zeitnah und schnell umgesetzt bekommen. Also das hab ich als sehr angenehm und sehr positiv empfunden. Das war alles .. ja, wir hatten, ich sag mal so, quasi freie Hand vonseiten des Jugendamtes .. was man ja nicht immer hat" (KO Herr S. 310–315).*

Die Betreuerin sieht sogar andere Möglichkeiten generell in der damaligen Arbeit des Jugendamtes im Unterschied zu heute: „Ich hab das so wahrgenommen, dass zum Beispiel Katjas Sachbearbeiterin beim Jugendamt, dass die 'nen großen Einfluss auf Katja hatte, dass das, was die gesagt hat oder auch mitgemacht hat, dass das heute nicht mehr so machbar wäre" (BE Anja S. 443–445).

4.12 Beendigung der Hilfen und Anschlusshilfen

Mit der Schwangerschaft beschloss Katja eigenständig den Auszug aus der Projektstelle: „Dann sind, ist meine Pflegefamilie in Urlaub gefahren und ich durfte nicht allein im Haus bleiben, und da musste ich dann morgens aus dem Haus und durfte abends erst wieder rein und da hab ich dann meine Sachen gepackt, bin ausgezogen" (Katja 180–182). Sie zog in eine eigene Wohnung, in der es noch eine ambulante Betreuung gab, bis Katjas Tochter 3 Monate alt war.

Abschied

Katja empfand die Beendigung der Hilfe als sehr plötzlich.

> *„Das Ende der Betreuungszeit war eigentlich ziemlich abrupt. Also da hab ich auch nicht viel mitreden können, das war einfach der Bericht von der Birgit, die braucht keine Betreuung mehr, das klappt alles wunderbar, die kommt zurecht und das, das ging relativ schnell. Also das war wirklich .. innerhalb von, von Wochen war ich dann aus der Jugendhilfe raus, das ging relativ fix. Hatte ich auch keinen großen Entscheidungsbeitrag zu, also das war dann einfach so, also ich mein, ich war ja auch nun mal volljährig, ich war neunzehn .. und, ja, es ging dann einfach darum, dass eigentlich keine Betreuung mehr notwendig ist und nur fürs Geldgeben war das Jugendamt einfach nicht da und .. so war das dann ziemlich schnell und abrupt zu Ende" (Katja 438–445).*

Katja fand das damals in Ordnung, da sie sich wohl fühlte mit ihrem Kind. Im Nachhinein sieht sie das aber anders:

> *„Fand ich damals .. nicht, nicht dramatisch, heute seh ich das ein bisschen anders. Also so in den ersten zwei, drei Jahren mit meiner Tochter war auch alles super, aber irgendwann holt einen die Vergangenheit halt eben doch wieder ein. Und da ist halt die Frage, ob man trotz der Jugendhilfe, die dann beendet wurde, ja weiß ich nicht, nicht einfach weiter Therapien vorschlägt, und ob das so .. also*

ich glaube, dass es einfach irgendwie hätte weitergehen müssen, man .. wenn jemand jahrelang in der Jugendhilfe gelebt hat und immer das Geld schön eingeteilt bekommen hat, nie selber Miete zahlen musste, nie selber Strom zahlen musste. Ich mein, das wurde immer alles geregelt. Das Jugendamt hat Strom bezahlt, das Jugendamt hat die Miete bezahlt, ich hab wöchentlich mein Haushaltsgeld eingeteilt bekommen. Natürlich klappt das dann alles. .. Schöner wär es glaub ich gewesen, wenn man noch so'n Jahr Begleitung gehabt hätte – ohne dass das Jugendamt alles für einen gemacht hat, also ohne dass da [räuspert sich] jemand die Miete direkt überwiesen hat, ohne dass da jemand das Geld eingeteilt hat und dass man guckt, wie es dann in dieser Zeit so läuft, ne" (Katja 445–457).

Entsprechend erinnert sich keiner mehr an das Ende der Hilfe, weder Koordinatoren noch Jugendamt wissen, wie genau es zu Ende ging. Es fehlt der Abschlussbericht in der Akte.

4.13 Auswirkungen der Hilfe in der Wahrnehmung und Deutung der Befragten

4.13.1 Sozialverhalten

Katja selbst hebt vor allem die Punkte Nähe zulassen und Vertrauen entwickeln besonders hervor, die sie durch die Betreuung erreicht hat:

„Also als ich mit der Jugendhilfe angefangen hab, .. war mir alles zuwider und ich hab in jedem gleich jemanden gesehen, der mir irgendwas wollte, ich konnte keine Nähe ertragen, ich konnte mit Menschen, die irgendwas gemeinsam mit meiner Mutter hatten, konnte ich überhaupt nicht umgehen, und ich musste wirklich über 'n langen Zeitraum und über lange Zeit mit der Anja auch lernen, dass es, dass nicht jeder gleich ist und dass auch Leute Alkohol trinken können, ohne gleich süchtig zu werden" (Katja 481–486).

„Und heute bin ich mittlerweile eigentlich jemand, vielleicht war ich es ja auch damals schon, der sehr gerne Nähe hat. Ich umarme gerne, ich, wenn Menschen die ich mag, die drück ich gerne" (Katja 491–493).

„Und auch diese langsame Prozedur zu lernen, dass es auch nette Menschen gibt und dass nicht alle einem was wollen […]. Ja, man konnte halt lernen, dass man nicht allein gelassen wird und dass auch wirklich Leute da sind, wenn man sich an die richtigen Stellen wendet, die einem helfen können. Und dass wirklich .. das Jugendamt nicht nur negativ ist" (Katja 504–511).

Die Betreuerin fasst zusammen, wie sie Katja heute erlebt:

> *„Was ihren Reifegrad angeht und ihre Selbstständigkeit, da ist sie unglaublich gewachsen in der gesamten Betreuungssituation mit allem, was da war, also mit allen Stationen, die sie durchlaufen hat, und heute ist es so, dass ich denke, sie ist also pff .. mit der Erkrankung, die sie jetzt heute noch hat, und dem Kind, was sie hat, wo sie keine Unterstützung hat, mit gänzlicher fehlender familiärer Unterstützung, muss ich immer wieder meinen Hut davor ziehen, wie sie ihr Leben meistert, wie sie ihre Krisen bewältigt, wie sie mit beiden Beinen im Leben steht, wie sie trotzdem immerzu lacht und glücklich ist, also ich denke, in ihrer Situation könnte man sicherlich ganz häufig ganz traurig und betrübt sein und den Kopf hängen lassen und ich erlebe sie eigentlich als durchweg immer positiver Mensch mit viel Kampfgeist und viel Durchsetzungsvermögen auch. Ja, ich bin aus heutiger Sicht, bin ich sehr begeistert von dem Ergebnis, was aus all der Zeit offensichtlich unter anderem auch entstanden ist" (BE Anja S. 577–589).*

Auch die Koordinatorin war angetan über das, was Katja erreicht hatte, als sie Katja das letzte Mal sah (noch vor Beendigung der Hilfe):

> *„Also das, was sie so dazu gelernt hat, war einfach auch 'ne Kritikfähigkeit, also 'ne Fähigkeit, Kritik auch anzunehmen, dazubleiben. Dieses Sture, Bockige hab ich bei ihr nicht mehr so erlebt, das konnte sie ablegen auch, und hat dann , ich sag mal so ihre positiven Ressourcen, die sie ohnehin schon hatte, die hat sie da einfach nochmal, nochmal, ja nochmal gestärkt. Und auch sehr wohlbesonnen über ihre Situation, ja wohlbesonnene Entscheidungen zu treffen" (KO Frau T. 413–418).*

4.13.2 Kindliches Nachreifen

Katja stellt im Interview einen direkten Zusammenhang zwischen ihrer jetzigen Lebensweise und dem Reiseprojekt her: „Und dieses Auslandsprojekt war für mich persönlich absolut super und 'ne tolle Erfahrung, und was mir damals zwar nicht so bewusst war, aber so im Nachhinein glaub ich, dass es ohne Malaysia gar nicht so gut gegangen wäre, ne" (Katja 347–350). Und an anderer Stelle: „aber heute war Malaysia das Beste, was mir passieren konnte. .. Ich glaub ohne Malaysia wäre es so weit nicht gekommen, ohne Malaysia wäre ich heute nicht da, wo ich jetzt bin. .. Hat richtig gut getan" (Katja 143–146).

Vermutlich ist dieses „hat richtig gut getan" genau der Teil emotionales Nachreifen, den sie gebraucht hat. Und die Beziehung zur Betreuerin Anja S. hat ihr einen großen Teil Nachreifen gewährt, um einen Halt im Leben, eine gesunde Stabilität entwickeln zu können. Entsprechend schreibt sie genau dieser Beziehung die meiste Bedeutung zu. Sie benennt die Zeit mit der ehemaligen Betreuerin als schönste Zeit in ihrem Leben und mit ihr hat sie wohl eine Freundin fürs Leben gewonnen, was ihr ganz besonders wichtig ist: „Ich hab eine gute Freundin mitnehmen können aus der Jugendhilfe. Das ist, glaube ich, noch das Wichtigste von allem. Und die ich heute noch in allen Lebenslagen fragen kann, wenn irgendwas ist, ne" (Katja 506–508).

4.13.3 Platz im Familiensystem

Katjas Beziehung zur Mutter wie zum Stiefvater blieb aber unbearbeitet. Bis heute hat Katja ein sehr ambivalentes Verhältnis zu ihrer Mutter und gar keines zu ihrem Vater. Auch die Geschichte mit ihrem Stiefvater scheint ungeklärt geblieben zu sein. Katja berichtet im Interview sehr emotionsgeladen, dass sie vor einiger Zeit einen Schlussstrich unter die Beziehung zu ihrer Mutter gezogen hat:

> *„Meine Mutter ist nach wie vor Alkoholikerin, sie hat sich nach wie vor keinen Deut gebessert, und das sind einfach … ich kann das nicht. Ich ekle mich vor dieser Frau und wenn ich, wenn ich sie nur sehe, da könnt ich schon .. ich kann das nicht und auch meiner Tochter zuliebe nicht, es geht nicht. Und ich hab nach wie vor keinen Kontakt zu ihr und möchte das auch nicht. Also das ist, die Frau ist für mich definitiv gestorben. Das einzige, was ich gern mal machen möchte, ist, ihr mal 'nen ganz, ganz bösen Brief zu schreiben, was sie denn alles versaut hat. Aber ansonsten hab ich da keinerlei Interesse, mit dieser Frau irgendwas zu tun zu haben" (Katja 379–386).*

4.13.4 Lebenspraktische Themen

Obwohl die Situation Schwangerschaft, Perspektive alleinerziehende Mutter und keine Ausbildung in der Tasche sehr schwierig war, konnte Katja ihr Leben meistern, wie die Koordination hervorhebt:

> *„Also auch was das Kind anbelangte, da hatten wir die größten Bedenken gehabt, und – klar, für uns alle war klar, das geht gar nicht, weil also den Vater, den konnte man völlig vergessen, das war klar, der wird sich da überhaupt nicht zeigen, und uns war klar, sie muss das ganz alleine durchstehen und durch-*

kämpfen. Da haben wir sie nicht gesehen in der Lage, aber sie hat ja gezeigt, dass sie das kann, und das hat sie auch schon, ja während der Schwangerschaft und auch kurz danach gezeigt. Also es gab ja zu keinem Zeitpunkt auch nur der Gedanke da dran, dieses Kind müsste ihr weggenommen werden oder, oder, oder. Im Gegenteil, es wurde ja relativ schnell auch die Familienhilfe dann eingestellt, .. also es war klar, dass sie da gut für sorgen kann. Das heißt sie hat auf jeden Fall gelernt, so 'ne Verantwortung für sich und für andere zu übernehmen und, ja, wohlbesonnen und abwägend Entscheidungen treffen zu können .. für ihr Leben" (KO Frau T. 418–428).

Die Betreuerin Anja S. sagt auch mit Sicht auf das Projekt in der Rhön, dass sie dort bereits Entscheidendes gelernt hat, was sie später nutzen konnte:

„Sie hat's dann trotzdem durchgezogen, das war auch glaube ich als Lernerfahrung nicht so schlecht, dass sie sich gelernt hat da durchzubeißen und auch das Bestmögliche daraus zu machen und hat im Grunde dann geschafft, sich dort zu verselbständigen auch in der Rhön" (BE Anja S. 245–248).

Auch die Mutter, die sonst wenig Positives über Katja zu sagen weiß, antwortet auf die Frage nach den Veränderungen bei Katja:

„Also ich denk, also ich denk mal, Katja hatte sich schon geändert. Indem sie viel ruhiger geworden ist, war, und einfach, sie hatte ja auch früher viele Flausen im Kopf, dass sie die nicht mehr begangen hat, .. und einfach auch nicht mehr so der Schwärmer war. Also schon zum Positiven, vernünftiger" (KM Frau W. 149–152).

Und weiter: „Also was ich zu Katja noch sagen kann, dass sie eine Mutter durch und durch ist. Sie kümmert sich sehr um Klara und Klara ist ein sehr gut erzogenes Mädchen, die auch wirklich hört" (KM Frau W. 178–179).

4.14 Zukunftsvorstellungen von Katja

Gefragt nach ihren Zukunftsplänen antwortet Katja mit dem Wunsch nach einer medizinischen Ausbildung: „Also ich bin ja gelernte Zahnarzthelferin und ich würd halt noch gern irgendwas im medizinischen Bereich machen, ne. Also Krankenschwester oder Altenpflegerin, das ist noch irgendwas, was ich noch gerne zusätzlich machen möchte" (Katja 535–537). Das begründet sie damit, dass es in der Rhön immer freie

Stellen gibt. Vorrangig ist ihr auch die Zukunft und die Entwicklung ihrer Tochter wichtig:

> *„Ja, für meine Tochter ist mir ganz wichtig, dass aus ihr was wird, ne, und dass sie halt den richtigen Weg gewiesen bekommt, und dass man ihr so'n bisschen was mitgeben kann, ne. Das ist mir halt wichtig. Und ja. Also .. das ist erst mal so das Nächste, das man ansteuert, und dann natürlich hoffen, dass man lange noch laufen kann und lange noch was gesund ist und 'n bisschen unternehmen kann und, ja, aber am allerwichtigsten ist jetzt einfach erst mal, dass meine Tochter so alles, was man ihr geben kann, auch mitkriegen kann, ne. Dass man ihr, dass man ihr 'ne gute Schule ermöglicht, dass man ihr ermöglicht, dass sie frei für sich entscheiden kann, was sie werden möchte und sich frei entfalten kann und dass sie wirklich, ja, 'nen Weg ohne Steine geht, ne. Dass sie nachher diejenige ist, die ohne Blockaden und ohne Schwierigkeiten leben kann, ne. Was mir heute teilweise echt noch schwer fällt, möchte ich meiner Tochter einfach vorenthalten, ne, das möchte ich einfach nicht. Und dass sie da wirklich für sich so den richtigen Weg findet" (Katja 517–527).*

4.15 Zusammenfassung

Gelungenes Beziehungsangebot und Ressourcen

Als besonders förderlich für Katjas Entwicklung war sicherlich die vertrauensvolle, kontinuierliche, belastbare, nachhaltige Beziehung zwischen Katja und der Betreuerin. Dazu kam die Tatsache, dass Katja mit keinerlei Drogenproblematik zu kämpfen hatte, gepaart mit einem sehr starken Willen, nicht aufzugeben. Dabei stieß Katja auf eine Betreuerin, die ihrer Intelligenz gewachsen war, so dass hier eine Form der Selbstreflexion auf hohem Niveau stattfinden konnte. Außerdem verfügte diese Betreuerin über ein sehr hohes Maß an Engagement – weit über die bezahlten Stunden und über den Hilfeverlauf hinaus.

Zusammenarbeit des Helfersystems

Viele Chancen für Katja ergaben sich vermutlich auch dadurch, dass das Jugendamt bei allen Betreuungsabschnitten so bereitwillig mitzog und bei der Settinggestaltung keine Steine in den Weg legte. Katja gestaltete den weiteren Betreuungsverlauf mit und so kam das Standprojekt in der Rhön zum geeigneten Moment zustande, in dem

Katja sich sehr weiterentwickelt hat. Struktur, Schutz, Verlässlichkeit dürften Katja hier etwas Altersgemäßes geboten haben, so dass sie nach der emotionalen Stabilisierung durch die Betreuerin Anja S. hier im zweiten Schritt auch eine Alltagsstabilisierung erfahren konnte.

Nachhaltigkeit

Zum Zeitpunkt des Interviews sagt Katja trotz ihrer Lebenssituation – alleinerziehende Mutter ohne familiäre Unterstützung, Diagnose Multiple Sklerose, derzeit ohne Arbeit –, dass es ihr gut gehe. Sie verfügt über Perspektiven, sagt, sie fühle sich wohl, hat einige Freunde, sie weiß, was sie will etc. Das verweist auf eine sehr zupackende und lebenszugewandte Person. Andererseits bleibt die Frage, wie stabil und nachhaltig dieser Zustand ist. Katjas Platz im Familiensystem ist ein großes Thema in ihrer Biographie und dennoch scheint eine Aufarbeitung der Familiengeschichte in der Zusammenarbeit mit Katja gefehlt zu haben. So gab es wohl wenig Begleitung in der Ablösung und Auseinandersetzung von und mit der Mutter. Der Kontaktabbruch gab ihr sicherlich ein mittelfristiges Gleichgewicht. Es scheint, dass die Oma, die Katja sehr schätzt, wenig als positive Ressource einbezogen wurde. Es werden keine Gründe dafür genannt, als sei es nicht in Erwägung gezogen worden.

Mangelhafter Abschied

Die Beendigung der Betreuung in der Projektstelle in der Rhön scheint recht unbegleitet gewesen zu sein, ein Abschied hätte hier eventuell noch einige Unstimmigkeiten aufarbeiten können. Vielleicht hätte Katja hier so noch eine Netzwerk-Ressource zur Verfügung, die sie angesichts ihrer Krankheit möglicherweise noch einmal braucht. Zumindest hat sie ihren Wohnort recht nah an dieser Projektstelle gewählt.

5 Fallstudie Lara

Quellen:

- Aktenanalyse
- Interviews mit:
  - Lara (Lara)
  - Betreuerin von Lara (BE Jana W.)
  - Koordinator (KO Herr S.)

  Weitere Personen:
  - fallführende Mitarbeiterin des Jugendamtes (Frau E.)
  - Kindsmutter
  - Kindsvater

5.1 Aktuelle Lebenssituation der Jugendlichen

> *„Ich bin am zweiten Teil von meinem Leben angekommen und mir geht's gut dabei." (Lara)*

Zum Interviewzeitpunkt lebt Lara in einer eigenen Wohnung – es ist noch dieselbe, die sie zehn Jahre zuvor mit der Betreuerin von Jugendhilfe Phöinix e.V. eingerichtet hat. Nach dem Abitur, das sie nach Betreuungsende ablegte, nahm sie ein Studium in der Fachrichtung Kommunikationsdesign an einer Fachhochschule auf und arbeitet nebenbei in diesem Metier, um sich das Studium zu finanzieren. In ihrer Freizeit fotografiert Lara und beschäftigt sich viel mit Design. Das Interview findet statt, nachdem sie von einem Kurztrip nach Paris zurückgekehrt ist, wohin sie mit einigen Freunden aus der Hochschule gereist war. Sie bedauert, dass ihre engsten zwei Freundinnen gegenwärtig nicht als Ansprechpartnerinnen verfügbar sind (wegen eigener Familiengründung und Auslandsaufenthalt).

Lara selbst beschreibt ihr jetziges Leben so:

> *„Ja, aber ich .. wie gesagt, also ich komm eigentlich echt gut klar, kann man so sagen, na, also ich bin seitdem nicht mehr umgezogen, ich wohn seit zehn Jahren auf einem Fleck, ich zieh mein Ding allein durch, ich hab mein Ziel, ich bin mein größter Kritiker, also ich glaub, ich bin sehr hart zu mir selber und ja, wie*

> *gesagt, .. ich bin da glaub ich ganz gut reingekommen, muss man so sagen [lacht verhalten]. Ja, aber wie gesagt, ich wollte das ja auch, es gibt ja andere, die muss man dazu ja anscheinend irgendwie zwingen oder so, ich krieg das ja in meiner Umgebung auch ein bisschen mit" (Lara 412–418).*

Sie fühlt sich scheinbar in einem zweiten Leben angekommen:

> *„Ich brauch den Stress, ich brauch das Arbeiten, so ich kann mir das gar nicht mehr vor-, ich geh auch nicht mehr weg. Früher war ich halt weg, jetzt ist das halt so, ich kann halt wirklich wochenlang an einer Sache sitzen, weil ich mir denke, gefeiert hab ich auf jeden Fall schon genug, so [lacht]. Also deswegen, ich sitz ganz ohne mir 'nen Stress zu machen wenn mich Leute anrufen, sitz ich zu Hause in Ruhe und mach mein Ding zu Ende, ich hab einfach schon alles gesehen. Ich hab das gebraucht und bin jetzt am anderen Teil von meinem, ich bin am zweiten Teil von meinem Leben angekommen und mir geht's gut dabei" (Lara 498–506).*

Und relativierend fügt sie hinzu:

> *„[I]ch musste viel lernen, dass ich nicht alles, also ich überlaste mich sehr schnell ganz viel, also mir ging es letztes Jahr auch sehr schlecht, ich hab mich da echt überarbeitet so richtig, also ich muss mich immer wieder, also jetzt gerade ist es ganz, geht's wieder, aber letztes Jahr ging's mir richtig schlecht, jetzt krieg ich's so wieder 'n bisschen so hin, wie ich das will. Ich schaff das, mir viel zu viel aufzuladen so. Meine Psychologin bremst mich dann immer" (Lara 481–486).*

5.2 Hilfeverlauf

Quelle:	Akte
Beginn der Hilfe:	Februar 2001
Einstiegsalter:	18;6
Ende der Hilfe:	November 2002
Dauer der ISE:	1;10

Betreuungsabschnitte

Frühjahr/Sommer 2001:
Wohnung ab Juli 2001, Schule krankheitsbedingt verlassen, neuerlicher Besuch der Volkshochschule ab August 2001; wichtiges Thema: Herkunftsfamilie; Suchtverhalten und -strukturen werden offensichtlich (Alkohol); Therapeutensuche beginnt; Kontaktversuche zu den Eltern (Hilfeplan 06.06.01)

Herbst 2001:
psychosomatische Beschwerden und Suchtproblematik – Therapeutensuche geht weiter; „zarter Briefkontakt" zur Mutter (Memo November 2001)

Winter 2001/02:
Therapeutin gefunden; Wunsch: berufliche Entwicklung im Bereich Grafik und Design; Suche nach strukturierenden Freizeitelementen (Hilfeplan 05.02.2002)

Frühjahr 2002:
Telefonische und persönliche Kontakte zur Mutter, die oberflächlich nett verlaufen; regelmäßiger Schulbesuch

5.3 Vorgeschichte

Über Laras Biographie geht aus den Akten wenig hervor. Lara beschreibt ihre Vorgeschichte rückblickend wie folgt:

Die Eltern trennten sich, als Lara 13 Jahre alt war. Der Vater war Alkoholiker und gegenüber Lara gewalttätig, die Mutter war in der Zeit der Trennung wenig präsent. Nachdem sie einen neuen Partner gefunden hatte, erübrigte sie kaum Zeit für die Kinder. Lara flog bei der Mutter raus, kam zum Vater, der trank und sie schlug. Lara ließ sich von ihm nichts sagen, haute ab, geriet an Drogen:

> *„Ich hab mir den Freigeist geschaffen kann man so sagen. Also ich hab .. mir ging's dabei nicht schlecht, ich hab, bin einfach abgehauen, hab mein Ding gemacht, bin an Drogen gekommen, hab extrem viele Drogen genommen, hab viel gefeiert, ich war überall, ich kann jetzt sagen, ich hab die Freiheit genossen und gespürt"* (Lara 62–65).

Lara ging nicht zur Schule, „mein Vater war immer mehr am Suchen, am Schlagen, der kam dann gar nicht mehr klar“ (Lara 77–78). Sie flog vom Mädchengymnasium, dann von der Real- und zuletzt von der Hauptschule. Mit 15 Jahren geriet sie an Heroin und zog die Notbremse: „Wenn ich jetzt nicht hier weggehe und komplett was ganz anderes mache, dann lande ich irgendwo sonst wo“ (Lara 82–83). Sie erinnerte sich an ein Schlüsselerlebnis in der Kindheit:

> *„Und ich hab mal mit meinen Eltern, als da noch alles gut war, auf'm Bett gelegen und wir haben ‚Kinder vom Bahnhof Zoo' geguckt, da war ich klein, da hab ich mir gesagt, so möchte ich niemals werden. Und da hab ich nur gesehen, wenn das jetzt so weitergeht, ich war kurz davor, dann bin ich weg vom Fenster“ (Lara 84–88).*

Schließlich rief sie die Mutter an und bat darum, ins Kinderheim zu kommen. Lara wurde zunächst in einer Pflegefamilie untergebracht, was sie als negative Erfahrung beschreibt:

> *„[I]ch denk mal, vielleicht wär das noch aufgefangen worden, so wie das alles war, wenn ich in 'ne autoritäre Umgebung gekommen wär, so, aber ich bin natürlich vor Pech so dahin gekommen, da, klar, die haben mich auch nicht gebändigt, wie gesagt, warum auch, das war einfach keine .. wie soll ich das sagen, das war keine Hilfe“ (Lara 104–108).*

Sie bat deshalb beim Jugendamt um die Unterbringung in einem Kinderheim. Am 01.09.1996 kam Lara in eine Familiengruppe und konnte in der Schule vieles aufarbeiten: „Ich hab mich hochgearbeitet, das kann man in Zeugnissen sehen, bis fast zur Schulbesten, ach das war aber auch Hauptschule, ich war grundunterfordert glaub ich [lacht]“ (Lara 125–127). Nach neun Monaten ohne Drogen folgt dann wieder neuer Drogenkonsum. Lara reflektiert die Zeit im Kinderheim sehr positiv: „Kinderheim war super“ (Lara 132). Im Anschluss zog Lara in eine eigene Wohnung, kam aber mit dem Betreuer nicht zurecht.

> *„Mit dem konnte ich gar nichts anfangen, und dann ging der voll, der hat, konnte auch mit diesem Freigeist glaube ich nichts anfangen, der hatte da nur diese Jungs, die da waren, das waren alles Haupt- und Sonderschüler, da war ich dann glaube ich schon zu .. zu aufgeweckt für, also zu kompliziert, weiß ich nicht. […] Die hätten den einmal die Woche zu mir schicken können, dann wär ich mit dem einkaufen gegangen, hätt mit dem ein paar Sachen geklärt und das wär gut gewesen. Aber der war zu oft da“ (Lara 138–146).*

Die Situation mit dem Betreuer eskalierte und Lara beschloss Anfang 1999 zu gehen.

> *„So und da war so der Zeitpunkt, wo ich für mich, also das war früher so, das hab ich, will ich heute nicht mehr, da bin ich jetzt weiter, dass ich dann gegangen bin, da hab ich meine Sachen gepackt und bin wieder gegangen, tschüss" (Lara 162–164).*

Sie brach damit auch die Realschule ab – ein halbes Jahr vor dem Abschluss. Lara war obdachlos, dealte, lebte zeitweise in einer WG.

> *„Da bin ich gegangen und dann ging die Freiheit weiter, Drogen, Drogen, Drogen, Drogen, Drogen, Drogen. Überall gewohnt, alles, ich hatt kein, also kann man sagen wir waren obdachlos. Und wir haben einfach nur bei irgendwelchen Leuten gepennt und Party gefeiert und irgendwie kein Geld mehr gehabt und Drogen verkauft um Geld zu haben" (Lara 174–177).*

Damals war sie 17 Jahre alt. Später verließ sie die Stadt:

> *„Da ist alles, alles ganz extrem gewesen und dann bin ich da wieder notbremsenmäßig weg nach E., von da aus zu 'nem Freund, hab die Freundin dann nachgeholt, meine Katze dabei, [lacht] dann ab nach N. ins Frauenhaus, so und dann waren wir im N.er Frauenhaus und da war dann erst mal wieder Realität und Klarkommen und so. […] Da fing's an, dass alles, dass ich, wie gesagt 'n Anker gesetzt hab kann man sagen" (Lara 190–200).*

Lara bezog dann mit einer Freundin eine Wohnung, sie hatten die gleiche Betreuerin, aber das brachte Konflikte mit sich. Lara zog weiter nach F. und wurde beim Jugendamt mit dem Wunsch vorstellig, die Schule zu besuchen. Von dort wurde sie nach einer vorübergehenden ambulanten Betreuung (04.12.2000 bis 08.02.2001) durch einen anderen Träger in F. an Phöinix weitergeleitet.

5.4 Kontaktaufnahme/Anbahnung der Hilfe

An Jugendhilfe Phöinix e.V. erging Anfang 2001 durch das zuständige Jugendamt eine Anfrage für eine ambulante Hilfe, in der Lara als junge Volljährige in einer eigenen Wohnung betreut werden sollte. Auch die Betreuerin von Lara erinnert eine „relativ klassische Anfrage" des Jugendamtes an den Jugendhilfeträger Phöinix e.V., der sie wiederum anfragte, die Betreuung zu übernehmen. Die Betreuerin fand die Arbeit mit Lara auch ihres Alters wegen – sie war 18 ½ Jahre alt – „spannend, und hab so gedacht: Ja, das hört sich doch, hört sich erst mal nett an, was ich über sie wusste" (BE Jana W. 7–18).

Lara und die Betreuerin lernten sich kennen und waren sich – darin sind sich alle Interviewten einig – gleich sympathisch. Lara:

> *„Also ich hab mich mit der Jana von Anfang an direkt richtig gut verstanden, das war, ich hab da auch schon andere Sachen erlebt in der Vergangenheit. Bei der Jana hatte ich großes Glück und wir haben uns gut verstanden und da sind wir auf einen Nenner gekommen" (Lara 33–36).*

Die Betreuerin fand Lara „vom ersten Moment an supersympathisch" und „ihre Anliegen absolut nachvollziehbar. Und ich .. ja, ich fand das war 'n Auftrag, gegen den nichts sprach. Also erst mal fiel mir kein Grund ein, warum ich das nicht tun könnte" (BE Jana W. 51–55).

Lara erinnert als erstes Schlüsselerlebnis mit der Betreuerin, dass es Ziegengoudakäse zu essen gab: „Seitdem bin ich Ziegengoudakäse-Fan" (Lara 33). Außerdem findet Lara im Rückblick: „und von da an lief halt alles krass bergauf" (Lara 212).

5.5 Zentrale Themen und Ziele der Hilfen

5.5.1 Problematisches Sozialverhalten

Bei Lara gab es in der Erinnerung des Koordinators zu Beginn der Hilfe eine heftige Drogenproblematik, sie sei damals sehr intensiv in der Techno-Szene unterwegs gewesen. Ihre emotionale Verfassung beschreibt er so:

> *„Sehr schwankend, sie war einerseits sehr nah, wie ich eben schon sagte auch sehr humorvoll, sehr lustig, sehr witzig, auf der anderen Seite aber auch sehr, ja, ich würd mal sagen traurig bis hin zu depressiv. Ich weiß nur noch, dass es immer wieder Situationen gab, wo man Lara wirklich so aus dem Tief rausholen musste, und diese Drogenproblematik über einen längeren Zeitraum ganz massiv im Vordergrund stand" (KO Herr S. 61–71).*

Die Betreuerin erinnert sich ebenfalls an ein sehr auffälliges Verhalten von Lara in dieser Zeit: „Sie war unglaublich nervös, hatte wahnsinnige Ticks und wahrscheinlich auch durch die Drogenerfahrungen, die sie gemacht hat. Und teilweise, weil sie so aufgeregt war, hat sie so schnell gesprochen, dass man sie kaum verstehen konnte" (BE Jana W. 254–256).

Laras Drogenproblematik wird erst ein halbes Jahr nach Hilfebeginn in ihrer ganzen Tragweite sichtbar: Zunächst hatte Lara offenbar nachdrücklich signalisiert, dass sie zum Thema Sucht und Drogen keine externe Unterstützung in Anspruch nehmen will:

> *„Lara wollte das .. nie, dass das irgendwie therapeutisch oder medizinisch behandelt wird, sondern hatte einen großen Ehrgeiz, das alleine auf'n Weg zu bringen, dass sie selber zurechtkommt. Das hat sie mal besser, mal schlechter geschafft" (BE Jana W. 133–136).*

Vermutlich hatte Lara generell Probleme bei der Beziehungsgestaltung zu anderen Menschen. So entzog sie sich von Zeit zu Zeit der Betreuung, um dann aber immer wieder zurückzukehren. Im Hilfeplangespräch vom 09.02.2001 wird unter anderem als Thema von Lara beschrieben, dass sie vor Problemen und Konflikten wegläuft und mit Beziehungsabbrüchen reagiert wie beispielsweise bei ihrer besten Freundin.

5.5.2 Kindliche Nachreifungsbedürfnisse

Es gibt bei Lara wenig Anhaltspunkte dafür, dass dieser Punkt ein zentrales Thema gewesen ist. Allerdings scheint unterschwellig ein diesbezügliches Bedürfnis mitzuschwingen. So spielt es für sie ausdrücklich eine sehr große Rolle, dass ihre Betreuerin so umfassend für sie da war und sie beispielsweise bekochte, wie sie an mehreren Stellen erwähnt und wie im weiteren deutlich wird.

5.5.3 Platz im Familiensystem

Im Hilfeplanprotokoll vom 06.06.2001 (ein halbes Jahr nach Hilfebeginn) wurde vereinbart, dass das Thema Herkunftsfamilie in den Fokus der Betreuungsarbeit rücken sollte. Dem vorausgegangen war der komplette Beziehungsabbruch von Lara zu Mutter und Vater, unter dem sie litt. In der Betreuung spielte die Familie von Lara bis dahin keine Rolle.

5.5.4 Lebenspraktische Themen

Lara beschreibt ihre lebenspraktische Situation zu Beginn der Hilfe wie folgt: „Als ich ankam herrschte totales Chaos .. totales Chaos. Ich hab einfach bei irgend'nem Typ gewohnt, hatte keine eigene Wohnung“ (Lara 427–429). Die Betreuerin erinnert sich, dass Lara bei dem Bekannten „mächtig schlecht untergebracht [war] und man war sich nicht so sicher, was das für ein windiger Gesell war, bei dem sie da gelebt hatte“ (BE Jana W. 117–119).

Mangelnde Selbstverantwortung und Unzuverlässigkeit bei alltagspraktischen Fragen sind auch Punkte, die im Hilfeplanprotokoll vom 09.02.2001 beschrieben werden. Daher haben existentielle und alltagspraktische Themen zunächst Vorrang, wie sich die Betreuerin erinnert:

> *„Was waren die Wünsche an mich. Ja, ich sollte ihr helfen – das weiß ich noch ziemlich gut – erst mal 'ne eigene Wohnung zu finden, dann diese Wohnung auch einzurichten, zu gestalten, bei alltäglichen Dingen helfen, das heißt .. Anträge stellen, Briefverkehr beantworten, Umgang mit Geld, Führung eines eigenen Haushalts, diese ganzen Geschichten. Und dann sollte ich ihr helfen, eine Schule zu finden, wo sie ihre Fachhochschulreife, Oberschulreife, ihr Abitur nachmachen konnte“ (BE Jana W. 29–34).*

Lara selbst beschreibt rückblickend als wichtigste Ziele, eine eigene Wohnung zu beziehen und die Schule zu besuchen, um später studieren zu können. Als langfristiges Ziel der Hilfe nennt der Koordinator die „Verselbständigung der Jugendlichen im eigenen Wohnraum“ (KO Herr S. 14).

5.6 Ressourcen der Jugendlichen und der Familie

5.6.1 Ressourcen von Lara

Im Interview erzählt Lara über ihr Leben und dieser Bericht spiegelt ein großes Gespür für ihre Selbstwirksamkeit und ihr Reflexionsvermögen wider – sie ist sich ihres Einflusses auf ihre Geschichte bewusst und reflektiert diese entsprechend. Sie sucht die Verantwortung für ihr Leben eher nicht bei anderen, sondern sehr stark bei sich selbst:

> *„Ich hab mir die Hilfe immer gesucht. Weil ich ein Ziel vor Augen hab, kann man sagen. […] Aber ich weiß, wo ich mir Hilfe holen soll. Andere .. fangen ja nur an sich selbst zu bemitleiden, ich hab da schon wie gesagt irgendwie Energie dahinter“ (Lara 249–252).*

Reflektieren zum Zwecke der Selbsthilfe war und ist ihr ein großes Bedürfnis:

> *„[M]eistens ist es sogar so, dass die Sachen aus mir selbst rauskommen, nur dass ich drüber reden muss. Also ich muss reden und reflektieren und dann kommt's dazu, dass ich mir selbst helfen kann, kann man so sagen, oder dass man, dass man den Weg irgendwie findet" (Lara 254–258).*

> *„Und ich hab mich auch so selbst viel reflektiert, muss ich sagen, abends, wenn ich im Bett gelegen hab" (Lara 382–382).*

Darüber hinaus beschreibt sie sich als offen für eigene Erfahrungen, aus denen sie glaubt, das Meiste zu lernen: „Ja, aber im Endeffekt musste ich halt alles selber lernen, muss ich sagen [lacht], dann kann man halt nicht sagen, mach das nicht, ich muss das selber, irgendwann muss ich das selber so machen, wie ich das denke" (Lara 391–393).

Die Betreuerin betont Laras Offenheit und ebenfalls ihre Reflexionsfähigkeit: „Ich fand Lara vom ersten Moment an supersympathisch und ganz offen auch, ich fand, sie war ungewöhnlich reflektiert für ihr Alter schon damals. Ich fand sie einfach als Mensch spannend" (BE Jana W. 45–47). Und darüber hinaus:

> *„Ich glaube, was .. was man als Ressource benennen kann, ist erstens, dass Lara ein sehr intelligentes Mädchen ist und dass sie viele soziale Fähigkeiten hat, also dass wir zum Beispiel, ich nie Schwierigkeiten hatte, soziale Themen mit ihr auf 'ner guten Ebene zu besprechen, weil sie sofort verstanden hat, worum es ging und auch gute .. gute Ideen zum Leben und zum Miteinander mit Menschen, also das war irgendwie alles bei ihr schon voll ausgebildet. Das ist ihre Fähigkeit, sie ist intelligent, sie ist sozial, sie ist liebevoll, sie ist sehr kreativ und ehrgeizig auch" (BE Jana W. 96–102).*

Laras Ehrgeiz führt die Betreuerin weiter aus.

> *„Und damals hab, ich hab halt schon sehr daran geglaubt, dass sie das [Abitur, Anm. d. Verfasser] schafft, weil ich sie auch in anderen Kontexten erlebt hab und in ruhigen Situationen und einfach dachte, doch, sie schafft das mit Ehrgeiz, sie wird sich, die wird sich irgendwie da durchboxen" (BE Jana W. 258–261).*

An diese Ressource konnte die Betreuerin gut anknüpfen:

> *„[I]ch glaube, dass ich auch jemand bin, der diesen Ehrgeiz gut nachvollziehen kann, den sie in sich getragen hat und sie darin auch sehr bestärkt hab und gefördert, dass sie da was aus sich macht und daraus vor allen Dingen auch Selbstbewusstsein zieht" (BE Jana W. 203–206).*

Der Koordinator erinnert Lara darüber hinaus als sehr humorvollen Menschen:

> *„Lara war zum einen 'ne sehr intelligente, oder 'ne relativ oder recht intelligente, ja, junge Erwachsene, muss man ja schon sagen, sehr kreativ, sehr impulsiv auch, und auch mit, mit 'ner großen Portion Humor, sodass wir dachten, an diesen Punkten gut anknüpfen zu können, ja, um mit ihr zu arbeiten" (KO Herr S. 47–52).*

Und er benennt das, was Lara als Energie beschreibt, als weitere Ressource:

> *„Aber sie war eigentlich trotzdem sie auch diese Tiefs hatte, war sie immer wieder nach, ja, Phasen des Abtauchens aber auch immer wieder präsent und dann auch wirklich auch da. Also es war immer das Potential, was sie hatte, da konnte man eigentlich immer wieder mal dran anknüpfen" (KO Herr S. 73–78).*

Insgesamt scheint Lara besonders viele Voraussetzungen mitgebracht zu haben, an denen Jugendhilfe anknüpfen konnte.

5.6.2 Familiäre Ressourcen

Die Familie von Lara spielte in der Betreuung zunächst keine Rolle. Der Koordinator hat die Eltern nie kennengelernt und die Betreuerin begegnete der Mutter zwar im Hilfeverlauf, kann aber keine näheren Aussagen über etwaige Ressourcen bezüglich der Mutter machen.

Die Betreuerin verweist auf Laras jüngere Schwester als wichtige Kontaktpartnerin für Lara:

> *„Das einzige was ich weiß ist, dass Lara zum damaligen Zeitpunkt regelmäßig Kontakt zu ihrer Schwester gehabt hat und das auch als sehr tröstlich empfunden hat, so 'nen ganz positiven Kontakt mit der Schwester zu haben. Ansonsten hat sie sich eher einsam gefühlt" (BE Jana W. 88–91).*

Lara hingegen erwähnt ihre Schwester im Interview nicht.

5.7 Settinggestaltung

Der Koordinator fasst zusammen, warum die Wahl auf die entsprechende Betreuerin gefallen war:

> *„Es war so, dass ziemlich deutlich wurde, dass eine weibliche Betreuerin gesucht wurde und also auch eine jüngere weibliche Betreuerin. Die Betreuerin hatte damals schon einige Jugendliche ambulant für uns betreut, da waren wir sehr zufrieden mit, von daher haben wir gedacht, dass das eigentlich von der Konstellation her, so von der Altersstruktur her als auch eben halt vom Geschlecht her, passig ist" (KO Herr S. 21–28).*

Der zeitliche Umfang der ambulanten Betreuung wurde auf zunächst 6 Stunden pro Woche festgelegt und später auf 3 bis 4 Stunden pro Woche reduziert.

Was die Betreuerin (Diplom-Sozialpädagogin aus F.) Lara im Betreuungssetting vor allem bieten konnte, waren räumliche Nähe, Verfügbarkeit, da zu sein – und damit Normalität. Und auch das Geschlecht spielte eine Rolle:

> *„Ich glaube, dass es Lara gefallen hat, dass ich eine Frau bin .. so, ich glaube zum damaligen Zeitpunkt hätte sie nicht gerne einen Mann gewollt als Betreuer. Ich glaube, es war für sie auch ganz gut, dass ich noch nicht so alt war. Ich könnte mir vorstellen, dass sie das auch in Ordnung fand, also ich war damals, ja, knapp über dreißig. Ich hab in F. gelebt, ich hatte kurze Arbeitswege, ich war flexibel für Lara erreichbar. Ich glaube das war auch ganz schön, weil ich in F. gelebt habe, ist sie auch viel bei mir zu Haus gewesen, sie ist oft mal eben so vorbeigekommen und auch mal nur zum Essen oder wir sind abends zusammen ins Kino gegangen. Ich glaube diese Situation, in der ich gelebt hab, war nicht ungeeignet, das passte gut so" (BE Jana W. 60–74).*

Für Lara war entscheidend, eine Ansprechpartnerin zu haben und sich Strukturen zu erarbeiten – das konnte sie mit ihrer Betreuerin offenbar gut: „Aber so mit Jana war einfach, das war perfekt, diesen Ansprechpartner, diese Normalität, weil alles um mich rum waren Drogenleute" (Lara 260–261).

Lara selbst scheint im Nachhinein sehr viel von der Hilfegestaltung zu halten: „Ich .. das war das Beste, was mir passieren konnte, kann man sagen, weil von meinen Eltern kommt nix und da hatte ich wieder Strukturen und 'nen Ansprechpartner" (Lara 252–254).

Die Betreuerin war Single und zeigte viel privates Engagement – über den bezahlten Job hinaus, dies dürfte ein entscheidender Erfolgsfaktor in dieser Hilfe gewesen sein.

5.8 Partizipation der Jugendlichen und der Eltern

5.8.1 Partizipation von Lara

Lara scheint sehr eng am Hilfeverlauf beteiligt gewesen zu sein, was auch an ihrer Fähigkeit lag, Wünsche und Bedürfnisse äußern und Geschehnisse reflektieren zu können. So berichtet die Betreuerin:

> *„Ich glaube mich zu erinnern, dass .. Lara selber beim Jugendamt um Hilfe gebeten hat, bzw. über irgendwelche Kanäle ist es dazu gekommen, dass Lara .. ja, ich glaub sie hat diese Anfrage beim Jugendamt selbst gestellt wenn ich das richtig im Kopf hab. Aber das könnte ich nicht mehr hundertprozentig sagen. Auf jeden Fall war die Mutter nicht mehr mit im Boot und auch der Vater nicht, es war Lara ganz alleine, die dort für sich gesprochen hat" (BE Jana W. 24–29).*

Lara hatte der Betreuerin zufolge den entscheidenden Anteil daran, dass das Jugendamt sie als junge Erwachsene über einen relativ langen Zeitraum (insgesamt 1 Jahr und 10 Monate) unterstützte.

> *„Das war letztendlich auch, ich glaube zu hundert Prozent des totalen Engagements und auch des Ehrgeizes von Lara zu verdanken. Also weil sie so viel erreicht hat in der Zeit und das auch beständig gezeigt hat, glaub ich war das Jugendamt ihr gegen- und auch insbesondere die Frau E. ihr gegenüber sehr großzügig unterwegs" (BE Jana W. 315–318).*

5.8.2 Partizipation der Eltern

Die Eltern spielten im Betreuungsverlauf insofern eine Rolle, als dass Lara sich nach einer geraumen Zeit eine Kontaktanbahnung zu Mutter und Vater wünschte und an diesem Thema gemeinsam mit der Betreuerin arbeitete.

Im Sinne der Beteiligung an zu treffenden Entscheidungen traten die Eltern zu keinem Zeitpunkt in Erscheinung, wie der Koordinator zusammenfasst:

> *„Ich kann mich nicht erinnern, dass ich die Mutter jemals gesehen habe, ich weiß, dass es da sporadisch Kontakte gegeben hat, aber das war eigentlich ein Thema, was, was tabu war. Problem ist natürlich auch bei jungen Erwachsenen, dass Eltern in Anführungsstrichen keine Rolle mehr spielen müssen, so sie denn nicht wollen, dass sie am Hilfeplangespräch teilnehmen. Von daher hab ich die Familie auch nie am Tisch im Jugendamt gesehen, wenngleich ich weiß, dass es so sporadische Kontakte vonseiten der Betreuerin mit Lara und der Mutter gegeben hat. Aber ich glaub das ist so'n Punkt, wo wir heute sicherlich anders arbeiten würden. Der ist aus meiner Sicht nicht ausreichend beleuchtet worden" (KO Herr S. 101–109).*

So ist die Familie vonseiten des Helfersystems nicht in die Hilfe einbezogen worden:

> *„Ich glaube, was wir damals nicht so sehr beachtet haben und in meiner Erinnerung auch, wo wir nicht so viel dran gearbeitet haben, war an der, ich sag mal unter systemischen Aspekten an der, an der Familienkonstellation, Kontakt zu .. zu der Restfamilie, den hat es mal punktuell oder sporadisch gegeben, aber dass die wirklich intensiver mit in die Arbeit einbezogen wurden, ist in meiner Erinnerung nicht so gewesen" (KO Herr S. 85–90).*

Die Betreuerin bestätigt das: „Das kam erst sehr viel später, dass ich die Mutter kennen gelernt hab beim Versuch, eben den ersten Kontakt anzubahnen" (BE Jana W. 83–87).

5.9 Beziehungsqualität zwischen Jugendlicher und Helfersystem

Zwischen Lara und ihrer Betreuerin entwickelte sich eine stabile und tragfähige Beziehung. Zunächst konnte Lara Vertrauen zu Jana fassen – wahrscheinlich dadurch, dass die Betreuerin Lara so weit unterstützte, wie diese das wünschte, also zunächst in den alltagspraktischen Angelegenheiten, und sich ansonsten aus ihrem Leben heraushielt, den Privatraum von Lara akzeptierte und sie allein schon dadurch zeigte, dass sie sie ernst nahm.

Für die Betreuerin war es wichtig, Lara als junge Erwachsene mit ihren Wünschen und Grenzen zu respektieren: „Wo ich so dachte: Ja klar, ich kann sie unterstützen, ohne dass ich sie in dem Alter entmündigen muss, sondern ich unterstütze sie und mehr nicht“ (BE Jana W. 52–53). Sie ließ ihr anfangs viel Zeit und danach konnten andere Themen bearbeitet werden:

> *„Und haben, ja, unsere Beziehung auch so'n bisschen angefangen aufzubauen. Da war Lara sehr misstrauisch am Anfang und auch nicht, nicht, nicht sofort total offen, sie hat sich unterstützen lassen, aber hat auch 'ne Zeit gebraucht, um Vertrauen zu fassen“ (BE Jana W. 123–126).*

Den Respekt vor ihrem Privatraum reflektiert Lara heute als hilfreich für die Beziehungsgestaltung, möglicherweise war das sogar die Eintrittskarte in die Zusammenarbeit mit ihr: „Sie hat auch mein, wenn ich am Wochenende, sollte sie mich nicht anrufen, weil das war eigentlich eh, also wie gesagt, sie hat meinen, meinen Privatraum hat sie akzeptiert, das war einfach alles okay“ (Lara 240–242).

Außerdem war die Betreuerin für Lara eine Ansprechpartnerin in den unterschiedlichsten Lebensfragen, weil sie sich zeitlich sehr flexibel zeigte, umfassend für sie da war und auch immer an ihr dranblieb. So betont Lara im Interview mehrfach: „Aber so mit Jana war einfach, das war perfekt, diesen Ansprechpartner, diese Normalität, weil alles um mich rum waren Drogenleute“ (Lara 260–261). Und weiter: „Wie gesagt, Jana war der perfekte Ansprechpartner, das war so, das war alles einfach gut, Jana ist wie gesagt, da war die echt 'n Anker, das kann man so, ich will sie jetzt nicht extra hochloben, es war einfach so“ (Lara 268–270).

Die Betreuerin bezog Lara in ganz normale Freizeitaktivitäten mit ein: „Ich erinner mich, dass Jana und ich immer schön in Cafés waren und gesessen haben und was gegessen. Ich hab da auch, muss ich sagen, F. erst mal von 'ner anderen Seite kennengelernt. Ich bin ja erst da hingezogen“ (Lara 277–279). Auch der Koordinator bestätigt diese Eindrücke:

> *„Aber ich glaube, dass so dieses Dranbleiben am Klienten und damit auch an Lara und sie durch, ja sowohl die Höhen als auch durch die Tiefen begleiten, für sie auch so den Ausschlag gegeben hat, sich eben der Betreuung zu öffnen und da dann auch für sich was zu entwickeln“ (KO Herr S. 90–93).*

„Besonders hilfreich empfand ich, dass .. die Betreuerin immer am Ball geblieben ist, also Lara in allen Situationen immer ein Angebot gemacht hat" (KO Herr S. 84–85).

Mehrfach bezeichnet Lara die Beziehung zur Betreuerin auch als Freundschaft mit den wichtigen Komponenten Respekt, Zuverlässigkeit sowie der Möglichkeit, über alles bzw. vieles reden zu können: „Also, wenn ich irgendwie nachgedacht hab, ich hab auch mit ihr viel geredet, also das war mehr 'ne Freundschaft als, das war hundertprozentig 'ne Freundschaft, kann man sagen" (Lara 238–240). Das verdeutlicht auch folgendes Zitat:

„Wodran, ich erinner mich an unsere, wenn wir zusammen waren, dass alles, einfach ich konnte mit ihr über alles reden. So, und dann zusammen die ganzen Dinge gemacht, das war einfach leichter, ich kann's nicht beschreiben, das, ich kann, kann mich nur an 'ne Freundschaft erinnern, kann man so sagen, an 'ne Freundschaft, die mir geholfen hat. .. Ja" (Lara 287–291).

Und an anderer Stelle: „Das kann man mit Freundschaft einfach abdecken, die ganze Sache. Und wie eine Freundschaft halt aus Scheiße raushilft, so hat sie mir aus meinem .. in mein, in mein geregelteres Leben geholfen" (Lara 458–460).

Ein weiterer Punkt war das gemeinsame Reflektieren als ein sehr wichtiges Anliegen von Lara, das mit der Betreuerin in diesem Rahmen offenbar gut möglich war: „oder dass die Treffen immer super waren, um auch sich mal zu reflektieren. So, also so, so ein Ansprechpartner fehlt mir jetzt auch eigentlich so, muss ich sagen. Wo man mal über alles mal so richtig reden kann" (Lara 381–382).
Als Beispiel für gemeinsames Reflektieren führt die Betreuerin an:

„Ich war immer auch latent etwas besorgt, dass ihre soziale Ader dazu führt, dass sie, ich sag das jetzt mal platt, so'n übertriebenes Helfersyndrom entwickelt und ganz vielen Menschen helfen will, denen es noch schlechter geht als ihr. Und ich konnte dann beobachten, dass sie phasenweise das tatsächlich getan hat und dann aber auch sehr stark selbst darunter gelitten hat. Also das war 'ne große Problematik und da haben wir viele, viele Stunden drüber gesprochen und überlegt, wie man das lösen kann oder wie man sein, mit seinen Kräften besser haushält. Das waren relativ schwierige Phasen mit Lara" (BE Jana W. 136–143).

Dabei leistete die Betreuerin dabei offenbar umfangreiche Ressourcenarbeit wie Ermutigen und Zutrauen:

> *„Ich hab auch durch die Reflexionen, also die Gespräche mit ihr [der Betreuerin – Anm. d. Verfasser] mal paar Sachen selber schätzen gelernt von mir selbst so, auf mich selbst so geguckt, also .. dass ich mich, ja, dass ich mich selbst reflektiert hab, kann man so sagen. Weil ich hab ja schon was geschafft, also es ist ja nicht so, dass ich das nicht auch merke [lacht verhalten], also .. ja, wie gesagt, also hat sie mich ernst genommen. Das ist auch ganz wichtig so" (Lara 48–452).*

Jana stand Lara dabei auch im Alltag unterstützend zur Seite, auch wenn Lara spontan Wünsche äußerte:

> *„Ja, ich glaube das waren so .. wir haben uns auch, auch einfach gut verstanden, also ich fand's nett, also so Sachen wie: Lara war so'n Typ, sie kam dann auch manchmal an und sagte heute Abend will ich bei dir zu essen, zu Gast sein und ich hätte gerne Kassler mit Sauerkraut zu essen, das gab's früher bei meiner Oma immer. Und dann haben wir das gemacht und das war irgendwie immer nett, das ging so. .. Ja, Kassler und Sauerkraut" (BE Jana W. 206–2011).*

Die Betreuerin gibt dabei an, dass sie immer an Lara geglaubt habe:

> *„Ja ... Also ich glaub zum Beispiel, wer Lara zum damaligen Zeitpunkt gesehen hätte, der hätte vielleicht auch nicht so viel Glauben daran gehabt, dass sie so'n Abitur schaffen kann. [...] Ich weiß, dass der Koordinator damals zu mir gesagt hat: Boah, die redet so schnell, ich versteh die Hälfte gar nicht, wie soll die ein Abitur schaffen? Und damals hab, ich hab halt schon sehr daran geglaubt, dass sie das schafft, weil ich sie auch in anderen Kontexten erlebt hab und in ruhigen Situationen und einfach dachte, doch, sie schafft das mit Ehrgeiz, sie wird sich, die wird sich irgendwie da durchboxen" (BE Jana W. 252–261).*

Unterstützt wurden Lara und ihre Betreuerin von der zuständigen Mitarbeiterin des Jugendamtes:

> *„Die war, kannte Lara auch schon glaub ich über Jahre, hat sie begleitet, das heißt, die hatte auch ein, ja, gutes Verhältnis zu Lara und vertrauensvolles Verhältnis zu Lara und hat glaub ich auch immer das Potential gesehen, das Lara hatte und hat immer so an ihr festgehalten" (KO Herr S. 114–124).*

Als besonders wertvoll muss Lara es auch empfunden haben, dass die Betreuerin auch nach Beendigung der Hilfe bis heute weiter in regelmäßigem Kontakt mit ihr steht und die Beziehung nachhaltig weiterwirkte: „[I]ch hab mich auch letzten Sommer mit Jana, als es mir nicht so gut ging, hab ich nochmal mit der geredet, und da ist sie auch da" (Lara 408–409). So hat Lara die Betreuerin auch immer wieder auf dem Laufenden gehalten, wo sie gerade im Leben steht:

> *„Das Abitur hat sie gemacht, da war sie schon nicht mehr in meiner Betreuung, aber sie hat mich dann immer über solche wichtigen Schritte, die in ihrem Leben passiert sind, immer mal wieder informiert, das fand ich ganz schön, sie hat keinen .. keinen sehr dichten Kontakt gehalten, aber immer so'n bisschen so'n losen, dass ich immer wusste, wo sie ist und was sie gerade so macht" (BE Jana W. 185–189).*

Die Betreuerin selbst spricht über eine emotionale Verbundenheit und zeigt damit auch indirekt ihr Engagement – sie freut sich über die Kontakte:

> *„Da gibt's so was wie 'ne Nachhaltigkeit, da gibt's so was wie, ja, wie so 'ne emotionale Verbundenheit, da ist irgendwas gewesen in der Zeit und das fand ich immer toll, wenn sie dann noch mal so aufgetaucht ist und .. oder auch mal angerufen hat, weil sie 'ne Frage hatte und das Gefühl hatte, ich könnte ihr vielleicht dabei helfen" (BE Jana W. 366–370).*

Auch der Koordinator kann dieses langfristige Verbundenheit bestätigen:

> *„Und es hat auch, ja bis heute zumindestens sporadisch ja immer wieder noch Kontakte gegeben und auch Hilfestellungen gegeben vonseiten der ehemaligen Betreuerin Lara gegenüber. Also das glaube ich, ist sehr rund gelaufen damals" (KO Herr S. 145–147).*

Über Grenzsetzung und Konfrontation spricht niemand, was aber nicht heißen muss, dass es das nicht gegeben hätte. Lara macht eine Andeutung: „Ähm [lacht] ähm, ich weiß, dass es mal Konfliktsituationen gab und ich mal Streit mit Jana hatte, aber ich weiß nicht mehr, warum. .. Weiß ich nicht mehr" (Lara 365–366).

5.10 Prozessgestaltung zwischen Jugendlicher und Helfersystem

5.10.1 Sozialverhalten

Den Umgang mit der Drogenproblematik von Lara reflektiert die Betreuerin heute kritisch. In der Akte wird das Thema Drogen erstmals in einem Memo der Betreuerin vom August 2001 thematisiert – in Verbindung damit wird auch das Problem der Einsamkeit benannt. Danach richteten Lara und das Helfersystem mehr Aufmerksamkeit in diese Richtung.

> *„Und das andere ist die Drogenproblematik von Lara. Ich hab glaub ich damals .. ich hab die schon ernst genommen, aber ich hab sie nicht so stark .. in meine Arbeit integriert, heißt, ich glaube, ich hätte da mehr dran arbeiten müssen, ich hab da ziemlich viel Verantwortung bei Lara gelassen, was altersmäßig zwar richtig war, aber sie war damit eindeutig überfordert und ich glaub da hätte ich mehr dran tun können, müssen" (BE Jana W. 221–225).*

Die Betreuerin hatte gute Gründe, damals so zu handeln, denn sie nahm Lara ernst, indem sie zunächst nicht intervenierte. Bis heute stellt sie sich jedoch die Frage, inwieweit es verantwortungsvoll war, keine Drogenberatung hinzuzuziehen (vgl. BE Jana W. 303–305).

Später begann die Suche nach einer geeigneten Therapeutin, welche zum Frühjahr 2002 gefunden wurde. Die Zusammenarbeit mit ihr gestaltete sich jedoch für die Betreuerin nicht zufriedenstellend:

> *„Und das, was ich aber noch unterstützend mitgetan hab, war 'ne Therapeutin zu suchen, das war die Frau Doktor K., wenn ich das mich richtig, nee, ich glaube, genau, die hatte ich mal kennengelernt in der Psychiatrie und hab gedacht, das ist 'ne gute Adresse und da ist Lara auch 'ne ganze Zeit lang hingegangen, erst in Therapie und dann, glaub ich hat sie noch irgendwie privat mit ihr was gehabt, hat sie 'ne Zeit lang besucht. Das fand ich allerdings dann ein bisschen unangemessen, aber .. gut" (BE Jana W. 296–302).*

Lara teilt diese Auffassung durchaus: „Ich hatte auch 'ne Psychologin, aber das war eher zu .. weiß ich nicht, die war, die war zu nett. Da hab ich dann auch später geputzt und so, also die, das weiß ich nicht [lacht]" (Lara 258–260). Interessant ist Laras Aussage über die „nette Therapeutin", denn es bedeutet, dass Lara auch Grenzen will. Sie braucht ein klares, strukturiertes Gegenüber – und wählt diejenigen ab, die es nicht sind – so auch den früheren ambulanten Betreuer.

5.10.2 Kindliches Nachreifen

Insbesondere die fürsorgliche Seite der Betreuerin hat Lara als etwas Besonderes erlebt. An einer Stelle schildert sie dies im Zusammenhang mit einer Krankheit. Darin benennt Lara die Betreuerin als Muttterersatz, relativiert diese Aussage aber auch sofort wieder:

> *„Ich weiß noch, [lacht] ich weiß noch, dass ich lang nicht beim Zahnarzt war und dann hab ich wirklich diese Vollnarkose bekommen und da war Jana dabei, dann war sie Muttterersatz, kann man ja so sagen, die ist mit mir da hin, ich hatte Todesangst. Ich bin da hin und die hat mir halt die Hand gehalten und ich .. wurd da operiert und war fertig, dann hat die mich nach Hause gefahren und für mich püriert, Sachen püriert und das war halt 'ne Mutter. Aber das ist halt, wie gesagt, Jana war bei den ganzen schweren, wichtigen, krassen, guten, schlechten Entscheidungen und Sachen war Jana dabei, so, und ja, da war das .. der Muttterersatz kann man nicht sagen, aber wie gesagt, sie hat, das war mir schon wichtig oder das weiß ich auch sehr zu schätzen, kann man sagen, dass ich da nicht alleine war, sonst wär ich allein dort gewesen" (Lara 300–330).*

5.10.3 Platz im Familiensystem

Als Lara die Betreuerin um Unterstützung bei der Kontaktaufnahme zu ihren Eltern, insbesondere zur Mutter bat, kam diese ihrem Wunsch nach:

> *„[U]nd dann kam noch mal die Phase, wo ich auf Laras Wunsch hin Kontakt zur Mutter aufgebaut hab oder mit .. ich sag mal, ich glaube, sie mit unterstützt hab. Ich weiß nicht mehr genau, wer jetzt angerufen oder 'nen Brief hat, das kann ich nicht mehr sagen, auf jeden Fall kam es dann dazu, dass Lara wieder Kontakt zu ihrer Mutter hatte. Ich hab sie begleitet beim ersten Besuchskontakt" (BE Jana W. 143–147).*

Die Begleitung dieser Kontakte scheint nicht einfach gewesen zu sein, wie die Betreuerin schildert: „Es war dann wirklich immer schwierig und ich hab viel versucht zu moderieren und ich sag mal unter, zwischen den beiden zu vermitteln und auch die Ebenen zu klären" (BE Jana W. 156–158).

Lara erinnert sich daran, dass sie im Prozess der Kontaktanbahnung sehr selbstbestimmt handeln konnte:

> *„[S]ie war da 'ne Hilfestellung, aber die hat da nicht drauf eingewirkt, so, das hat sie, also sie war dann die Hilfestellung, dass wir da zusammenkommen, aber sie hat jetzt nicht da vermittelt, wie das eigentlich ist. Sie hat nur den Kontakt hergestellt und dann den Rest mussten wir halt machen, ist ja klar" (Lara 371–375).*

Die Betreuerin hat sich insgesamt bei der Arbeit mit der Herkunftsfamilie sehr an Laras Wünschen orientiert und diese respektiert: „So und mit dem Vater, das wollte Lara nie so richtig, dass ich Kontakt aufnehme, das wollte sie immer alleine machen. Ich nehme an, dass es ihr auch unangenehm war" (BE Jana W. 285–287).

Die Arbeit zum Thema Herkunftsfamilie kannte Höhen und Tiefen, führte letzten (oder vorläufigen) Endes bei Lara aber zu der Erkenntnis, dass sie ihre Rolle als (erwachsene) Tochter nicht einnehmen kann, wie die Betreuerin einschätzt:

> *„Ich kann noch erinnern, dass, dass das zu Anfang ganz positiv aussah und man so den Glauben haben konnte, da wird irgendwie noch mal was Gutes passieren mit dieser Familie. Es zeigte sich dann aber relativ deutlich, dass auch die Mutter, ja, wie soll ich das vorsichtig sagen, auch die Mutter war sehr .. oder hatte wahrscheinlich 'ne schwierige Lebensgeschichte gehabt und hing noch so in meiner Wahrnehmung in so kindlichen Bedürfnissen. Und die hat sie auch oft auf ihre Kinder projiziert. Also ich hab sie so erlebt, dass sie sehr vorwurfsvoll Lara gegenüber getreten ist und dann mit Ansprüchen, die wenig mütterlich waren, wo ich das Gefühl hatte, die erwartet ganz viel von ihrer Tochter, aber eigentlich nimmt sie überhaupt keine mütterliche Haltung ein. Wenn die beiden allein miteinander in Kontakt getreten sind, ist es gerne und schnell eskaliert und dann irgendwann auch so stark, dass Lara sich entschieden hat, ich will jetzt auch keinen Kontakt mehr. Also wenn die beiden in Konflikt getreten sind, dann war das auch schon ziemlich schlimm verletzend, glaube ich, für beide Seiten wahrscheinlich. Das hat dann letztendlich dazu geführt, dass es irgendwann noch mal oder wieder den totalen Kontaktabbruch gegeben hat .. worunter Lara auch ganz lange gelitten hat, aber sie hat dann trotzdem entschieden, keinen Kontakt zu haben ist besser, als immerzu verletzt zu werden. Und ich glaub, die Mutter hat dann auch den Kontakt verweigert" (BE Jana W. 147–167).*

Auch Lara beschreibt das ähnlich:

> *„Ja, genau, sie hat versucht, sie hat versucht, Kontakt mit meiner Mutter herzustellen .. und das hat dann auch funktioniert, aber ist natürlich wegen meiner Mutter und wegen mir, Kommunikationsprobleme des Todes, kann man sagen, ich rede A und sie versteht C, D, E, also A kommt gar nicht an, immer wieder kaputtgegangen, so und irgendwann hab auch ich das gelernt" (Lara 367–371).*

Auch die Beziehung von Lara zu ihrem Vater gestaltete sich aus Sicht der Betreuerin problematisch:

> *„Und dann hat sie's bei ihrem Vater noch 'ne ganze Zeit lang versucht, aber der hat offensichtlich auch 'n Hut voller Probleme und auch Probleme mit Sucht und da war es dann relativ schnell so, dass auch er versucht hat, auf 'ner relativ unelterlichen Ebene Lara, ich sag das jetzt mal platt, auszubeuten. Also er hat sie ständig um Geld gefragt und um Rat und hat ihr dann sein Herz ausgeschüttet und alle Probleme erzählt und es gab da Telefonate, die gingen über 'ne dreiviertel Stunde und Lara sagte dann: Der hat mir keine einzige Frage gestellt und auch das war dann relativ gut zum Scheitern verurteilt" (BE Jana W. 167–173).*

Entsprechend zog Lara die Konsequenz, die Beziehung zu den Eltern abzubrechen und Jana W. begleitete Lara in dieser Entscheidung:

> *„Letztendlich, wenn ich das mal so versuche zu resümieren, war das von Laras Seite aus immer, wirkte das auf mich wie die verzweifelte Suche nach: Wo darf ich denn eigentlich Kind sein? Und ich hatte das Gefühl, dass sie das eigentlich nirgendwo so richtig erfüllt bekommt, dass von ihr ganz viel erwartet wurde, stark zu sein und ihr Leben zu managen und womöglich auch noch ihrer Familie zu helfen und dass ihr immer vorgeworfen wurde, wenn sie ihre Bedürftigkeit, sei es in emotionaler oder sogar finanzieller oder sachlicher, also ihre sachliche Bedürftigkeit dort versucht hat an den Mann zu bringen, dass ihr dann vorgeworfen wurde, .. dass sie gierig sei, habgierig und ja, das war dann irgendwann sehr klar und sehr traurig und sehr deutlich, dass das was Lara sich wünscht, sie von ihrer Familie offenbar nicht bekommen kann oder zumindest zum damaligen Zeitpunkt nicht, und dass sie sich dann auch aus Selbstschutz zurückgezogen hat" (BE Jana W. 174–185).*

Die Arbeit mit dem Thema Herkunftsfamilie und mit den Eltern im Hilfeverlauf resümiert die Betreuerin 10 Jahre nach Beendigung der Hilfe (selbst)kritisch:

> *„Ich glaube aus heutiger Sicht, ich hab 'ne andere Ahnung von Elternarbeit heute, weil ich auch viele Fortbildungen gemacht hab. Ich glaube, ich würde mich anders engagieren, was die Elternarbeit angeht. Ich würde das wahrscheinlich anders angehen, wobei natürlich die Frage wär, wie viel mehr würde ich erreichen. Das bleibt, also das kann man nicht beantworten, aber ich würd's wahrscheinlich anders machen" (BE Jana W. 216–220).*

Sie äußert darüber hinaus konkrete Vorstellungen, wie die Arbeit mit den Eltern anders hätte gestaltet werden können/sollen:

> *„Also wie gesagt, das war damals ziemlich unausgegoren, die Arbeit mit den Eltern. Ich glaube aus heutiger Sicht hätte ich jemand zweites mit in die Arbeit gerne reingenommen, weil ich sehr parteilich mit Lara gearbeitet hab und das möglicherweise auch hinderlich gewesen ist für die Arbeit mit der Mutter. Das wäre was, was ich heute anders machen würde definitiv und … ja, auch 'ne regelmäßige Arbeit mit der Mutter wäre gut gewesen. Also ich hab die Mutter eigentlich nur ein paar Mal am Telefon gehabt und darüber hinaus Kontakte von Lara bei ihrer Mutter begleitet. Und ich glaube, es wäre einfach, um noch ein bisschen besser .. besser das Verständnis der Mutter gegenüber der Tochter zu wecken, wäre da einfach mehr notwendig gewesen, als da passiert ist" (BE Jana W. 277–285).*

5.10.4 Lebenspraktische Themen

Im Betreuungsverlauf standen zunächst existentielle und organisatorische Fragen im Vordergrund, bevor die Arbeit an weiteren Themen (Sucht, Beziehung zur Mutter und zu Freunden) beginnen konnte: „Sie hat mit mir meine Wohnung eingerichtet, die wollte ich nie haben .. ich bin da reingekommen, fand die Wohnung von Anfang an scheiße, jetzt häng ich immer noch da drin, ich will da unbedingt raus [lacht]" (Lara 279–281).

„Das heißt wir haben mit Hochdruck 'ne Wohnung gesucht und .. zum Glück dann auch eine gefunden, in der sie bis heute lebt, wie ich weiß. Ja, und haben dann irgendwie einfach erst mal so unheimlich viel Organisatorisches gehabt" (BE Jana W. 120–123). An den lebenspraktischen Themen konnte aber offensichtlich erst gearbeitet werden, als die Beziehung zwischen Lara und der Betreuerin so stabil war, dass Lara das zulassen konnte:

„Und im weiteren Verlauf, als dann ich sag mal die größeren Eckpfeiler geklärt waren, sprich sie hatte die eigene Wohnung, ihr Lebensunterhalt war gesichert, sie ging dann auch zur Schule. Wir haben eine Abendschule für sie gefunden, die sie auch regelmäßig besucht hat, da wurden dann die ersten anderen Probleme deutlich, die Lara auch hatte" (BE Jana W. 126–130).

5.11 Zusammenarbeit auf Helferebene

Die Betreuerin konnte in ihrer Arbeit mit Lara offenbar auf eine verlässlichen Unterstützung im Hintergrund zurückgreifen – das Jugendamt und die Koordination gingen mit ihren Ideen mit und unterstützten den Hilfeprozess mit ihren Entscheidungen, z.B. Unterstützung auf dem Weg zum Abitur, Verlängerung der Betreuung (vgl. BE Jana W. 256–263).

Die Zusammenarbeit mit dem Koordinator empfand die Betreuerin als angenehm und unterstützend – er sei auf Nachfrage da gewesen, mischte sich aber nicht über die Maßen ein (vgl. BE Jana W. 232–242).

Die Kooperation mit der Schule bezeichnet die Betreuerin als „immer gut und wichtig, wobei ich versucht habe, möglichst viel da das Zepter bei Lara zu halten, weil sie einfach auch schon volljährig war und ich sie ja zur Selbstständigkeit auch erzogen hab" (BE Jana W. 294–296). Außerdem gab es noch eine Therapeutin, zu der Lara eine Zeit lang ging und die ihre Betreuerin gemeinsam mit ihr ausgesucht hatte (vgl. BE Jana W. 296–300). Selbstkritisch fügt die Betreuerin hinzu, dass sie keine Drogenberatung zu Rate zog (vgl. BE Jana W. 303–305).

Der Koordinator erlebte die Zusammenarbeit mit dem Jugendamt als eng und unterstützend. Die fallführende Mitarbeiterin hielt auch nach Beendigung der Betreuung noch Kontakt zu Jugendhilfe Phöinix e.V., um sich nach Lara zu erkundigen (vgl. KO Herr S. 123–129).

5.12 Beendigung der Hilfe und Anschlusshilfen

Alle Beteiligten schätzen die Beendigung der Hilfe als gelungen ein. Lara und ihrer Betreuerin ist insbesondere im Gedächtnis geblieben, dass sie von der Mitarbeiterin des Jugendamtes ein Vierteljahr Hilfe in Anerkennung des Erreichten „geschenkt" bekamen. Diese Zeit nutzten sie für einen sanften Abschied:

> *„Ja, ich glaub vonseiten des Jugendamtes und auch von der Jugendlichen war erst mal nicht angedacht, dass die Maßnahme so lange lief, von daher hatten wir viel Zeit auch, die Beendigung vorzubereiten. Bei jungen Erwachsenen ist es ja, ja von Anfang, von Anbeginn eigentlich klar, dass die Maßnahme nur 'ne begrenzte Zeit läuft. Von daher war das immer Thema und zog sich quasi, nachdem so die ersten Schwierigkeiten überwunden waren, zog sich das quasi durch die, durchs letzte ich sag mal dreiviertel Jahr in etwa, wo es dann schon darum ging: Wie geht's weiter, wenn du alleine bist. Ja, da ist die Überleitung glaube ich auch sehr gut gelaufen aus unserer Sicht, sprich es hat 'ne gute Verabschiedung gegeben, es hat ausreichend Zeit gegeben, sich zu verabschieden und auch Rituale durchzuführen was die Verabschiedung betrifft. Und es hat auch, ja bis heute zumindestens sporadisch ja immer wieder noch Kontakte gegeben und auch Hilfestellungen gegeben vonseiten der ehemaligen Betreuerin Lara gegenüber. Also das glaube ich ist sehr rund gelaufen damals" (KO Herr S. 135–147).*

Auch die Betreuerin erinnert sich daran, dass ihr die letzten Monate wie ein Geschenk des Jugendamtes vorkamen:

> *„Es war sogar so, als wir das letzte HPG hatten, ich meine das wär noch zwei oder drei Monate vor Beendigung der Maßnahme gewesen, da hat die Frau E. gesagt: Naja gut, ich lese hier alle Ziele sind erreicht, eigentlich könnten wir mit dem heutigen Tag die Maßnahme beenden, aber ich geb' Ihnen noch drei Monate, genießen Sie es einfach ein bisschen. Und sowas hat glaub ich noch nie ein Jugendamt zu mir gesagt, das fand ich ganz toll, dass sie quasi für Spaß noch mal 'ne Zeit lang zahlen und also sie hat auch sowas gesagt wie: Sie haben toll gearbeitet und super und .. das war irgendwie ganz nett und honoriert das Ende. Und .. ja, wir waren darauf vorbereitet, beide, Lara und ich wussten, dass das irgendwann sein Ende nimmt. Es war auch so, dass man sagen konnte die Probleme, die Lara zum Zeitpunkt der Beendigung der Maßnahme noch hatte, das sind die Probleme, die sie wahrscheinlich viele, viele Jahre danach noch begleiten. Es war aus Jugendhilfesicht folgerichtig zu beenden, weil die wichtigen Eckpfeiler erreicht waren" (BE Jana W. 319–330).*

Lara interpretiert die Hilfe als Belohnung für ihre Fortschritte:

> *„[U]nd da [...] haben wir dann noch mal dieses Hilfeplangespräch gekriegt und haben dann noch ein paar Stunden obendrauf gekriegt, von wegen festigen Sie sich mal noch ein bisschen, das weiß ich so, da haben wir noch ein paar geschenkt gekriegt, einfach weil, ich glaube so, wenn ich das mal so sagen darf, also ich hab ja schon im Kinderheim gesehen, wie die anderen so drauf sind, dass das bei mir wenigstens mal angeschlagen hat, weil ich wollte die Hilfe ja auch. Andere kann man ja wahrscheinlich .. denen rennt man hinterher, da kommt nix an, das kann ja sein. Das haben die auch gemerkt, die haben die Hilfe .. die lief, es war ja klar, irgendwann war ja das Ende. Ja, es war ja klar, dass irgendwann Ende ist, und dann lief das so langsam aus. Also es war jetzt kein abruptes Ende irgendwie so" (Lara 400–412).*

Und der Abschied gestaltete sich dann entsprechend nach den Vorlieben von Jana und Lara:

> *„Wir haben die letzten drei Monate noch mal genossen, wir haben viele Sachen gemacht, die schön waren. Ich glaube, ich habe noch drei Mal Kassler mit Sauerkraut gekocht [lacht] und ja, das ist das, was ich dazu erinnere. Und haben uns dann verabschiedet schon so mit der Idee, dass man immer wieder voneinander hören wird" (BE Jana W. 334–345).*

5.13 Auswirkungen der Hilfe in der Wahrnehmung und Deutung der Befragten

Lebenssituation bei Beendigung der Betreuung

Die Betreuerin benennt, was Lara zum Ende der Hilfe erreicht hatte: „Lara war etabliert, Lara war versorgt, sie hatte 'ne Wohnung, sie war selbstständig, konnte mit Geld umgehen, sie hatte ein berufliches Ziel, was sie konsequent verfolgt hat, das heißt eigentlich war's wirklich okay zu beenden" (BE Jana W. 330–333).

Die am Helfersystem Beteiligten entließen Lara nach knapp zwei Jahren ambulanter Betreuung mit einer optimistischen Prognose:

> *„Von daher hatten wir eigentlich bei Beendigung der Maßnahme ein, ja, ein ganz gutes Gefühl, wo man sagen kann, die Jugendliche die wird mit dem Potential, was sie hat, und mit dem was sie […] mitgenommen hat, ihren Weg eigentlich ganz gut gehen. Also das, die Hoffnung war eigentlich sehr groß, […] dass sie da, stabil auch in die Zukunft guckt und auch arbeitet" (KO Herr S. 152–159).*

5.13.1 Sozialverhalten

Die Betreuerin äußert aber auch Bedenken, die sie zum Zeitpunkt des Betreuungsendes in Bezug auf die soziale Einbindung von Lara hatte:

> *„So'n Wermutstropfen blieb für mich immer zurück, weil ich hab wenig .. Kinder und Jugendliche begleitet, die so allein waren, also familiär allein, wenn ich gegangen bin. Es war häufig so, dass wenigstens ein Elternteil noch irgendwo im Hintergrund war und selbst wenn der, dieses Elternteil nicht so, nicht so wirklich hundertprozentig toll funktioniert hat, war wenigstens irgendjemand da. Und bei Lara war es wirklich so, dass ich das Gefühl hatte sie lebt allein, sie hat keine familiäre Unterstützung und das einzige was sie hat ist ein großer Freundeskreis, von dem aber ganz viele sie auch sehr stark benutzt haben und sie sich auch benutzen lassen hat und das war so'n bisschen schwierig für mich" (BE Jana W. 338–345).*

5.13.2 Kindliches Nachreifen

Dieser Punkt bleibt unthematisiert, aber die Betreuerin spielt nach wie vor eine Rolle im Leben von Lara: Die Betreuerin weist hin auf

> *„so 'ne emotionale Verbundenheit, da ist irgendwas gewesen in der Zeit und das fand ich immer toll, wenn sie dann noch mal so aufgetaucht ist und .. oder auch mal angerufen hat, weil sie 'ne Frage hatte und das Gefühl hatte, ich könnte ihr vielleicht dabei helfen. Und das war 'ne schöne Rückmeldung, das war gut" (BE Jana W. 367–371).*

5.13.3 Platz im Familiensystem

In den Jahren nach der Betreuung scheint Lara am Mutter-Tochter-Thema gearbeitet zu haben. Ihre Zwischenbilanz im Interview fällt wie folgt aus:

> *„Mit meiner Mutter hab ich halt immer diesen ganzen Scheiß da, die, irgendwie bin ich bei der noch sieben Jahre oder so und sie hat für jeden da irgend'ne Rolle: Mein Vater ist der Alkoholiker, meine Schwester ist die Liebe, Brave, ich bin die Böse und aus den Dingen bin ich nicht rausgekommen, nie, nie, nie, nie, nie. Und dafür weiß ich einfach zu sehr, wer ich bin, als dass ich mich der Rolle da ergeben muss, die sie mir da verteilt hat irgendwann mal, ne" (Lara 453–458).*

Lara berichtet im Interview, dass sie vor einigen Jahren die Beziehung zu ihrer Mutter abgebrochen hat:

> *„Wie gesagt, also ich hab jetzt, 2006 ist die für mich gestorben, meine Mutter, so kann man so sagen. Also klar, das kann man niemals so sagen, weil man irgendwann, man weiß, es tut einem nicht gut, aber trotzdem bin ich in der Rolle immer noch kleines Kind, so'n kleines Mädchen, die irgendwie gerne die Mutter hätte. Aber jetzt langsam hab ich verstanden, das wird niemals so sein und .. deswegen komm ich damit ein bisschen besser klar" (Lara 321–326).*

Trotz der noch ungelösten Beziehungsproblematik zwischen Lara und ihrer Mutter stellte der Koordinator für sie am Ende der Betreuung eine optimistische Prognose:

> *„Wir hielten eigentlich die Situation für stabil, dass Lara in der Lage ist, ich sag mal trotz ihrer schwierigen emotionalen Beziehung zur Mutter .. und teilweise des sehr instabilen Freundeskreises, dass sie es schafft, ja ihren Weg, den sie einschlagen wollte, zu gehen" (KO Herr S. 152–159).*

5.13.4 Lebenspraktische Themen

Lara hebt an der eigenen Entwicklung hervor, dass es ihr durch die Betreuung gelungen sei, Ordnung in ihr Chaos zu bringen und wichtige Schritte in ein geregeltes Leben zu gehen:

> *„Ja genau, also wie gesagt, ich bin ein großes Stück weitergegangen. Also bei mir geht's immer noch drunter und drüber, muss ich dazu sagen, aber ich hatte so .. ja, also der Weg dahin war, hat sie [die Betreuerin, Anm. d. Verfasser] mir*

> *.. also das war alles geordnet und ich hab mal, also wie gesagt, wir haben das alles geordnet und hatte, bin schon weitere Schritte nach vorne gegangen aus dem Chaos raus, hat sie mir schon beigebracht, wie ich da die Sachen zu gehen hab oder so weiter [räuspert sich]. Also wie gesagt, ich hab das nie gelernt alles so, muss man dazu sagen, ich hab alles nie gelernt. Ich bin mit 13 zu Hause rausgeflogen sozusagen, war dann im Kinderheim, und den ganzen Rest, so alles was ich hab ist durch mich selbst gekommen" (Lara 440–447).*

Einerseits leugnet Lara hier die Hilfeleistung von außen („alles, was ich hab, ist durch mich selbst gekommen"), andererseits sagt sie weiter oben, „sie haben das alles geordnet" und sie erwähnt, dass ihre Betreuerin ihr Sachen „beigebracht" hat. Insgesamt sieht sie die Hilfe als positiv an: „Aber es war okay, im Endeffekt hatte ich da Glück, weil ich hab da immer noch, war immer noch wild im Kopf, sagen wir, also ich bin jetzt wirklich vernünftig geworden" (Lara 281–283).

Sie stellt im Interview einen direkten Zusammenhang zwischen ihrer jetzigen Lebensweise und der Betreuung her: „Also ich bin froh, dass es sowas gab, wenn es das nicht gegeben hätte, sähe mein Leben wahrscheinlich anders aus, kann man so sagen." (Lara 418–420)

5.14 Zukunftsvorstellungen von Lara

Gefragt nach ihren Zukunftsplänen antwortet Lara, dass sie ein Masterstudium anfügen und mit anderen selbstständig arbeiten möchte. Sie träumt davon, ein Loft zu bewohnen und eine autonome Beziehung zu einem Mann zu haben. Irgendwann möchte sie auch Kinder, aber zuvor kann sie sich vorstellen, für längere Zeit nach Australien zu gehen. „Aber wie gesagt, alles nach der Reihe. Ich bin nicht mehr so, dass ich, ich bin beständig geworden. Ich überleg mir so Sachen 18 Mal oder so, aber wenn's passt, dann geh ich auch. Ja .. das ist meine Zukunft." (Lara 497–499)

5.15 Zusammenfassung

Gelungenes Beziehungsangebot

Die Betreuerin Jana machte Lara von Anfang an ein Beziehungsangebot, auf das Lara eingehen konnte. Mit großem Engagement gelang der Betreuerin ein freundschaftlicher Umgang auf Augenhöhe, der zu gemeinsamen Unternehmungen, zum Bearbeiten alltagspraktischer Themen und zum gemeinsamen Reflektieren genutzt wurde. Lara erfuhr hier Respekt, Fürsorge und Verlässlichkeit durch eine erwachsene Ansprechpartnerin und konnte im Lauf der Zeit Vertrauen zu ihr entwickeln. Die Betreuerin war nahe an Lara dran und konnte in den geeigneten Momenten die nötigen Impulse zu den jeweilig anstehenden Themen wie etwa Wohnungssuche, Schule etc. geben. Auch vor der Privatsphäre der Betreuerin musste Lara nicht haltmachen. Dabei war die Haltung der Betreuerin Lara gegenüber offenbar sehr klar – Nähe und Distanz hielten sich die Waage und ihre gesamte Haltung gegenüber Lara war geprägt von Fürsorglichkeit und Empathie. Das gemeinsame Kennenlernen der Stadt eröffnete Lara Alternativen zum Drogenmilieu, was Laras Leben allmählich normalisierte.

Der Betreuerin ging es auch sehr stark um die Entwicklung von Laras Selbstbewusstsein und Selbsthilfekompetenzen. Es ist anzunehmen, dass die Zurückhaltung der Betreuerin in Fragen, in denen sich Lara als junge Erwachsene eine gewisse Unabhängigkeit auserbeten hatte, der Entwicklung der geschilderten vertrauensvollen Beziehung Vorschub leistete – auch auf die Gefahr hin, dass die Drogenproblematik eine Zeit lang unbeleuchtet blieb.

Platz im Familiensystem

Die Abwesenheit der Eltern und die von der Betreuerin selbstkritisch geäußerten Bemerkungen über die mangelhafte Elternarbeit resultieren sicherlich aus genau diesem Respekt der Betreuerin gegenüber Laras Willen und es ist aus heutiger Sicht schwer einzuschätzen, ob eine Elternarbeit zum damaligen Zeitpunkt anders hätte aussehen müssen.

Laras Ressourcen

Bemerkenswert ist auch, dass Lara Eigenschaften mitbrachte, die Jugendhilfe sehr gut umsetzbar machten: Sie hatte die Idee eines besseren Lebens und den Glauben, dass dieses möglich ist. Sie war optimistisch und hatte einen starken Überlebenswillen.

Lara nahm großen Einfluss auf die Hilfegestaltung und bestimmte dadurch auch die Zeitpunkte, an denen sie an bestimmten Themen arbeiten wollte, entscheidend mit. Der Fall „Lara" kann so sicherlich als ein positives Beispiel für die Partizipation junger Menschen am Hilfeprozess gelten. Dies hängt insbesondere mit Laras Fähigkeit zusammen, Wünsche und Bedürfnisse äußern und Geschehnisse reflektieren zu können. Sie brachte sich engagiert in die Hilfe ein, zeigte Willensstärke und Ehrgeiz, konnte sich aber auch abgrenzen.

Zusammenarbeit auf Helferebene

Gleichzeitig zog das Helfersystem gemeinsam an einem Strang und die Zusammenarbeit funktionierte sehr gut.

Ausblick

Auf der anderen Seite scheinen Lara die Themen Stress und Überforderung bis heute zu begleiten. Einerseits setzt sie sich beeindruckend zur Wehr und holt sich aus schwierigen Situationen heraus. Was ihr dabei hilft sind ihr Selbstwirksamkeitsglaube, ihre Intelligenz und ihre Reflexionsfähigkeit. Andererseits setzt sie sich dabei sehr unter Druck. Lara neigt zum Grübeln und braucht aufgrund ihrer Ambivalenzen und (emotionalen) Schwankungen viele Regulative. Fragen, die sich zum Schluss stellen, sind: Wie hält sie das aus? Wie belastbar ist sie? Organisiert sie sich Schwierigkeiten, indem sie sich zu viel zumutet? Spiegelt sich ihre Suchtstruktur jetzt eventuell in Studium/Arbeit und dem Helfen anderer wider?

6 Fallstudie Lena

Quellen:

- Aktenanalyse
- Interviews mit:
  - Lena (Lena)
  - Betreuerin von Lena in Portugal (BE Anna F.)
  - Koordinatorin (KO Frau S.)

  Weitere Personen:
  - Betreuer in Portugal (Fernando F.)
  - Betreuerin Deutschland (Ulrike L.)

6.1 Aktuelle Lebenssituation der Jugendlichen

Lena, zum Zeitpunkt des Interviews knapp 28 Jahre alt, geht einer festen, unbefristeten und regelmäßigen Arbeit als Erzieherin in einer Kindertageseinrichtung nach. Parallel zur Arbeitsstelle hat Lena ein Studium aufgenommen in der Hoffnung, dass sie eine neue berufliche Perspektive schaffen kann, weg vom Kleinkindbereich in den Kindertagesbetreuungseinrichtungen. „[N]ur hab ich des irgendwie noch nicht rausgekriegt und ich glaub, dass ich des, vielleicht im Lauf des Studiums merk, was so, was so mein Bereich ist, wo ich, wo ich auch richtig bin, und wo ich da reingehör, was mich dann interessiert“ (Lena 946–948).

Lena lebt mit einem Hund, den sie von ihrem Auslandsaufenthalt in Portugal mitgebracht hat, in der gleichen Wohnung wie bei der Beendigung der Hilfe in N. Sie benennt persönliche Schwierigkeiten in ihrem Beruf und im Kontakt mit Personen sowohl im beruflichen als auch im privaten Kontext. Aufgrund ihrer traumatischen Erlebnisse mit dem anhaltenden sexuellen Missbrauch innerhalb der eigenen Familie baute Lena für sich überlebensnotwendige Schutzmechanismen auf, die zu Irritationen im Umfeld führen. Sie konnte beispielsweise im Krippenbereich keine Windeln wechseln, Fläschchen ausspülen oder die kleinen Kinder auf den Arm nehmen. Außerdem kam sie morgens oft zu spät und übermüdet (aufgrund dessen, dass sie die Nächte nicht in geschlossenen Räumen verbringen konnte und sich von daher nachts vorzugsweise im Freien aufhielt) zur Arbeit. „[D]as ist schwierig auch und mit der Wohnung ... dass ich es auch jetzt nicht kann, dass ich in der Wohnung bleib länger“ (Lena 853–855).

Vertrauen zu anderen Personen kann sie schwer bis überhaupt nicht aufbauen und geht von daher näheren Bekanntschaften zumeist aus dem Weg. Diese Verhaltensweisen waren für Kollegen und Vorgesetzte mehr als irritierend, weswegen es in der Vergangenheit zu Kündigungen oder zur vorzeitigen Auflösung eines Arbeitsverhältnisses kam.

Lena sieht noch immer einen hohen Therapiebedarf bei sich und will aktuell auch wieder eine Therapie aufnehmen, in der Hoffnung, dass ihr Leben dadurch erleichtert wird. „[D]ass ich's hinkriegen will, dass ich wie 'n normaler Mensch nicht mehr auffall, also dass ich wie 'n normaler Mensch in meiner Wohnung schlafen kann" (Lena 957–959).

6.2 Hilfeverlauf

Quelle:	Akte, Interviews
Beginn der Hilfe:	14.09.2001
Einstiegsalter:	18 Jahre und 10 Monate
Ende der Hilfe:	31.12.2005
Dauer der ISE:	4;4,5

Betreuungsabschnitte

14.09.2001 bis 31.08.2003:
Individualpädagogische Betreuung in Portugal; die Aufnahme erfolgte in Vollzeit bei einem pädagogisch ausgebildeten Erzieherpaar ohne eigene Kinder; die Projektstelle lag in einem Einfamilienhaus in einer ländlich strukturierten Gegend direkt am Meer unweit eines kleinen portugiesischen Dorfes; Lena war dort als einzige Jugendliche untergebracht; methodische Schwerpunkte im Projekt waren sportliche Aktivitäten und die Mithilfe in einem Reitstall mit der Möglichkeit des therapeutischen Reitens

01.09.2003 bis 31.12.2005:
Betreutes Einzelwohnen im eigenen Wohnraum mit einem Stufenmodell zur sukzessiven Reduzierung der ambulanten Wochenstunden (25 Wochenstunden zu Beginn bis 10 Wochenstunden am Ende); Schwerpunkte der Hilfen dort waren die Wiedereingliederung in den schulischen und beruflichen Alltag, die Suche nach einer geeigneten Therapie sowie die Unterstützung in sämtlichen alltagspraktischen Verselbständigungsprozessen

6.3 Vorgeschichte

„Ich war irgendwie wie so'n, wie so gejagt, ich hab mich gefühlt wie so'n gejagtes Tier" (Lena 117–118). So beschreibt sich Lena zum Zeitpunkt unmittelbar vor Beginn der Betreuung in Portugal. Lena wuchs in einem Vorort von N. in einer nach außen hin unauffälligen Familie auf (Vater Diplom-Ingenieur mit festem Job und Einkommen, Mutter Hausfrau und ein jüngerer Bruder). Lena selber zeigte ca. ab dem 13. Lebensjahr einige Auffälligkeiten in der Schule. Sie kam teilweise 3 Stunden vor Schulbeginn schon zur Schule, hatte im Winter Sommersachen an und umgekehrt oder war sehr unausgeschlafen, woraufhin die Lehrerin Jugendamt und Psychologin eingeschaltet hatte, um der Sache auf den Grund zu gehen. Weder von den Eltern noch von Lena war herauszukriegen, was der Grund für die Auffälligkeiten war. „[A]ber ich hab ihr nie was erzählt, weil ich konnte nicht" (Lena 1055–1056). Es bestand ein Familiengeheimnis, was unter keinen Umständen nach außen dringen durfte.

Mit 16 Jahren wurde der Druck offensichtlich größer, denn Lena entwich von zu Hause: „[D]a hab ich's nicht mehr ausgehalten zu Hause, weil's so schlimm war .. und dann bin ich einfach rausgelaufen einfach aus der Tür .. mitten in der Nacht und so, so schnell ich konnte, weil ich so Angst hatte, dass mein Vater hinter mir herkommt" (Lena 1091–1095).

Lena wurde in einer Jugendschutzstelle untergebracht, der Verdacht des schweren und frühen sexuellen Missbrauchs durch den Vater und eventuell weitere Personen stand im Raum. Lena stand unter großem Geheimhaltungsdruck. „[A]lso mein Vater hat andauernd in dieser Schutzstelle angerufen … und wollte dann auch mich sprechen und hat mir dann am Telefon andauernd erzählt, was alles passiert, wenn ich, wenn ich was erzähle" (Lena 1140–1143).

Lena wechselte mehrmals zwischen Schutzstellen und Heim. Der Missbrauch bei Wochenendbeurlaubung und durch „Auflauern" des Vaters auf dem Schulweg ging offensichtlich weiter. Lena bewahrte nach wie vor Stillschweigen darüber.

> *„[A]lso ich hatte ganz viel Kontakt wieder mit meinem Vater, weil ich gar nicht mehr wusste, ich weiß nicht, weil ich selber auch so dumm war, weil das irgendwie so schwierig war, dass man, dass ich überall gehen musste, überall bin ich ausgezogen und nirgendswo war ich wichtig und das einzige, was mir vertraut war, war letztlich mein Vater" (Lena 1210–1213).*

Lena lebte zum Zeitpunkt der Anfrage für ein Auslandsprojekt in einer Jugendschutzstelle und wurde von einem Psychologen engmaschig therapeutisch begleitet, jedoch mit mäßigem Erfolg, was das Durchdringen zu Lena anbelangt. Gleichzeitig wurden auch die Eltern zu regelmäßigen Gesprächsrunden einbestellt, jedoch wurde auch da laut Aussage des Psychologen der Schein des angepassten bürgerlichen Lebens gewahrt. Nachdem Lena mehrfach mit Misshandlungsspuren aus dem Elternhaus zurückgekehrt war, offensichtlich massive psychosomatische Störungen zeigte (Erbrechen, unangemessenes Essverhalten, Selbstverletzungen) und einen Suizidversuch überlebte, kam das Helfersystem zu dem Schluss, dass Lena zunächst komplett aus dem familiären Dunstkreis verschwinden müsse, um sie vor weiterem Missbrauch zu schützen. Eine intensive Betreuung fernab von ihrem familiären Umfeld sollte dazu beitragen, dass Lena zur inneren und äußeren Ruhe kommt, dass sie Vertrauen zu anderen Personen gewinnen kann, dass psychosomatischen Beschwerden entgegengewirkt werden kann und dass Lena lernt, neue Perspektiven zu entwickeln.

6.4 Kontaktaufnahme/Anbahnung der Hilfe

Das Jugendamt fragte Jugendhilfe Phöinix e.V. als einen Spezialist für Auslandsbetreuungen an. Als Grund für ein Auslandsprojekt wurde die Notwendigkeit der sofortigen Unterbrechung des Missbrauchs durch den Vater benannt.

Das Betreuerpaar F. und die Koordinatorin sichteten die Unterlagen über Lena, danach wurde direkt ein persönliches Kennenlernen in einem Café mit der Betreuerin Anna F. initiiert. „[E]ine der ersten Fragen, die sie mir gestellt hat, ist, holt ihr mich auch wirklich ab vom Flughafen?“ (BE Anna F. 67–68). Bereits bei diesem ersten Treffen wurden Lenas Ängstlichkeit, ihr mangelndes Vertrauen, ihre Zerbrechlichkeit und Einsamkeit sehr deutlich. Lena wirkte laut Betreuerin beim Kennenlerntermin wie „ein zartes Entlein … so zart verpackt irgendwie, ganz zerbrechlich, sehr zerbrechlich“ (BE Anna F. 66–67).

Eine Betreuerin aus dem Jugendwohnheim, in dem Lena bis zur Betreuung in Portugal lebte, brachte sie mit dem Flugzeug nach Portugal und übergab Lena dann am Flughafen den Betreuern, die Lena nur aus dem kurzen Kontakt im Café kannte. Die Betreuerin verabschiedete sich direkt wieder, ein sanfter Übergang fand nicht statt.

Für Lena war der relativ abrupte Übergang deutlich angstbesetzt: „und es war schwierig, weil ich, da im Auto zu sitzen mit, mit Anna und Fernando, weil ich nicht wusste, was jetzt passiert, wo man hinkommt“ (Lena 91 – 92). Die fremde Umgebung, die fremde Sprache waren für Lena eine echte Herausforderung. „Das war sehr einschüchternd, zusammen mit den ganzen anderen Sachen, dass man nicht weiß, wo man hinkommt“ (Lena 101 – 102).

Der Entschluss, nach Portugal zu kommen, fiel Lena dennoch leicht, denn bei dem ersten Kennenlernen traf sie eine Einschätzung über die Betreuerin: „[I]ch hab die dann gesehen und ich fand sie gleich nett“ (Lena 177 – 178). Lena musste sich hundertfach versichern, dass sie auch abgeholt wird am Flughafen: „[D]ass ich die Anna hundertmal gefragt hab, ob sie mich auch wirklich abholt in Portugal, weil ich es nicht geglaubt hab … und sie hat hundertmal gesagt, jajaja wirklich, und ich hab‘s ihr nicht geglaubt, bis zum Schluss nicht“ (Lena 186 – 189).

6.5 Zentrale Themen und Ziele der Hilfen

6.5.1 Problematisches Sozialverhalten

Eine länger anhaltende frühkindliche Traumatisierung durch eine nahestehende Bezugsperson (Vater) führte bei Lena zu einem sehr hohen Misstrauen gegenüber anderen Personen. Lena wirkte sowohl von der Körperhaltung als auch von ihrem sprachlichen Ausdruck her extrem ängstlich und schüchtern. Sie zog sich aus sämtlichen sozialen Lebensbezügen zurück und war nicht in der Lage, nähere Bekanntschaften oder Freundschaften zuzulassen.

Ihr Verhältnis zu Männern war durch panische Ängste geprägt. So war sie anfangs überhaupt nicht in der Lage, mit dem männlichen Betreuer alleine in einem Auto zu fahren: „sie konnte am Anfang nicht alleine mit Fernando im Auto sitzen, weil sie Befürchtungen hatte, da könnte ja irgendwas passieren“ (BE Anna F. 349 – 350).

6.5.2 Platz im Familiensystem

Aufgrund des anhaltenden Missbrauchs bedurfte es einer sofortigen wirksamen Trennung von der Familie zum Schutz von Lena und zur Unterbrechung des Missbrauchs. Die Betreuerin gab noch der Dringlichkeit Ausdruck: „[E]s war mehr als höchste Eisenbahn. Es war höchste Zeit, dass sie da wegkommt, auf jeden Fall" (BE Anna F. 80–81). „Die erste Angabe, die das Jugendamt machte, war, sie muss weit weg zum Schutz. Also sie muss unbedingt vor ihrer Familie geschützt werden und muss von daher weit weg" (KO Frau S. 21–23).

Dieses Thema beschäftigte die Betreuung sowohl in Portugal als auch in der gesamten ambulanten Phase in Deutschland, da sich der Vater immer wieder Zugriff auf Lena verschaffte (entweder real oder in der Reinszenierung durch Lena): „Und es war schwierig für mich, weil ich dadurch, dass ich .. dass mein Vater mir andauernd Briefe geschrieben hat noch, also dieser Kontakt war noch da" (Lena 625–627).

6.5.3 Kindliche Nachreifungsbedürfnisse

Sämtliche lebenspraktischen Dinge, die ein Kind normalerweise in den ersten ein bis fünf Lebensjahren lernt (z.B. Essen mit Messer und Gabel, Schuhe binden etc.), waren bei Lena aufgrund der permanenten Traumatisierung im entsprechenden Lebensalter verschüttet. „[W]eil's mir peinlich war, weil ich schon so alt war und ich konnt mein Schuh nicht binden und ich konnt nicht Messer und Gabel halten wie normale Menschen, was ich immer irgendwie verstecken konnte" (Lena 280–282).

Die Beschreibung der Helferinnen deckt sich mit Lenas Selbsteinschätzung. Die Koordinatorin erlebte sie „fast wie so'n Wolfskind, was gar nicht unter Menschen groß geworden ist" (KO Frau S. 117) und in der Einschätzung der Betreuerin war Lena „in einem Bereich stehengeblieben, der wirklich Kleinstkindalter war" (BE Anna F. 161). Sie zeigte zu Beginn der Betreuung häufig regressive Momente in ein Kleinkindalter. „[D]a saß Lena dann mit diesem Sandspielzeug und hat mindestens zwei Stunden oder so mit dem Sandspielzeug gespielt" (BE Anna F. 239–240).

6.5.4 Lebenspraktische Themen

Schule und Ausbildung waren für Lena erstrebenswerte Ziele, die sie auch sehr zielgerichtet und sorgfältig verfolgte. Von daher waren dies eher „Nebenschauplätze“, die keiner besonderen Aufmerksamkeit im Rahmen der Betreuung bedurften, weil sie selbstständig durch Lena bewältigt wurden.

Soziale Kontakte einzugehen und diese auch zu pflegen, stellten für Lena hingegen eine große Herausforderung dar. Immer wieder musste vonseiten der Betreuung insistiert werden, dass Lena überhaupt einer Freizeitbeschäftigung nachging, die in sozialen Bezügen stattfand. Sowohl in Portugal als auch in Deutschland beschäftigten sich die Hilfebeteiligten immer wieder mit dem Thema der mangelnden Motivation von Lena, sich in soziale Zusammenhänge zu begeben.

Zu Beginn der Hilfe gab es keinen Hilfeplan, sondern lediglich die Aussage, dass ein sofortiger Schutz von Lena in ausreichender Entfernung zur Familie gewährleistet werden soll. Nach einem halben Jahr wurden in einem Hilfeplanprotokoll vom 06.05.2002 folgende Ziele vereinbart:

- Abbau der totalen Abhängigkeit vom Vater (sexueller Bereich, Manipulierbarkeit, Autorität)
- Nachholen von Lebenserfahrungen in familienähnlichem Setting – Schutz vor dem Vater
- neue Erfahrungen in Beziehungen mit Erwachsenen und männlichen Bezugspersonen
- Abbau von Angst, massiven emotionalen Verstimmungen, Depressionen und phasenweisen intensiven Suizidgedanken
- Veränderung kindlicher, überwiegend emotionaler Verhaltensweisen im Hinblick auf eine altersgemäße Selbständigkeitsentwicklung
- Abbau der starken Körperreaktionen (Erbrechen, Essstörungen, Schlafstörungen, Angstzustände)
- Aufbau von positivem Kontaktverhalten (u.a. Arbeit mit Tieren)
- weiteres halbes Jahr stationäre Hilfe (bis ausreichende Selbständigkeit besteht, danach betreutes Einzelwohnen in großer Entfernung zu den Eltern, Ausbildung zur Erzieherin, Abitur in Planung)

Der Erfolg der Hilfe sollte sich an der Unabhängigkeit vom Vater messen.

6.6 Ressourcen der Jugendlichen und der Familie

6.6.1 Ressourcen Lena

Lena hatte eine schnelle Auffassungsgabe und war sehr interessiert daran, weiterzukommen und zu lernen.

> *„[A]lso ich merk nur, dass es, dass ich .. ganz viel lernen will und dass ich extrem wissbegierig bin, so wie ich schon beim Fernando immer seine portugiesischen Sachen aufgesaugt hab, dass ich ganz viel .. wissen will, und dass mich ganz viele Sachen interessieren, so und dass dieses, dieses Lernen, ja mir Spaß [macht]" (Lena 949–952).*

Lena wirkte sehr intelligent. Die Koordinatorin beobachtete an ihr „im kognitiven Bereich 'ne unheimliche, 'nen unheimlichen Wissensdurst und 'ne unheimliche Begabung, so Zusammenhänge zu erfassen und auch zu reflektieren und zu besprechen so, oder sich auch Dinge, die ihr unklar sind, dann anzueignen" (KO Frau S. 121–124).

Lenas große Ressource war außerdem ihr Wille zur Veränderung. Dabei zeigte sie immer einen großen Ehrgeiz und eine gute Aufnahmefähigkeit:

> *„[E]gal was man sagt, man hat zumindest das Gefühl, dass sie immer zu hundert Prozent aufmerksam ist und alles, was, was man ihr versucht zu sagen, zu zeigen, zu hundert Prozent aufsaugt ... sie will lernen, sie will 'ne bessere Zukunft haben, als sie bis dorthin hatte" (BE Anna F. 144–147).*

Lena verfügte über eine große Stärke, Kraft und ein Durchhaltevermögen. „[D]iese Stärke fand ich 'ne gute Ressource, weil ich hab gedacht, also wenn sie die nicht hätte, diese Unnahbarkeit, diese Stärke, dann .. ja, dann könnte sie vielleicht gar nicht überleben" (KO Frau S. 110–112). Trotz dieser äußerst widrigen Lebensumstände, denen sie anscheinend seit frühester Kindheit ausgesetzt war, war Lena in der Lage, Ziele und Perspektiven in ihrem Leben anzugehen. Sie hatte für sich überlebensnotwendige Schutzmechanismen entwickelt, die ihr halfen, die meisten Alltagssituationen zu meistern.

6.6.2 Familiäre Ressourcen

Familiäre Ressourcen gab es keine, zumindest waren keine zu erkennen, denn „mir ist es nie gelungen, Kontakt aufzunehmen zu dieser Familie, das wurde alles komplett abgeblockt" (KO Frau S. 137–138). Und weiter: „Ich sehe da keinerlei Ressourcen, die Lena da irgendwie hätten helfen können" (KO Frau S. 155–156). Außer Lena hatte von dem Helfersystem niemand Kontakt zur Familie.

6.7 Settinggestaltung

6.7.1 Erster Standort

Die stationäre Betreuung fand in Portugal in einem kleinen Einfamilienhaus mit Garten in Fußnähe zum Meer gelegen statt. Vor Ort lebten Anna und Fernando F., die beide über eine pädagogische Fachausbildung verfügen. Anna F. ist Erzieherin und Fernando F. ist Sportlehrer. Das Setting ist konzipiert für die Aufnahme von maximal einem Jugendlichen. Fernando F. ist Portugiese und war in der Nähe des Projektstandortes aufgewachsen. Von daher bestand eine direkte Vernetzung mit Familienangehörigen und Nachbarn vor Ort. Spezielles Angebot von Fernando F. waren viele sportliche und körperliche Aktivitäten sowie handwerkliche Arbeiten, die aufgrund der Einfachheit des Hauses immer wieder notwendig wurden. Ein nahegelegener Reitstall mit einem Reittherapieangebot konnte sowohl zum Reiten als auch für ein Arbeitsprojekt genutzt werden.

Aus Lenas Sicht war in dem Projekt alles komplett anders als zu Hause. Im Setting stand im Vordergrund, dass auf Lena explizit geachtet wurde und dass jemand für sie da war. „Dass wir erst mal für sie da sind, also ich denke, das ist das größte Angebot, was man jemandem machen kann, dass wir für sie da sind" (BE Anna F. 112–113). Explizit erwähnt wird auch die Tatsache, dass der Ehemann der Partnerin als männliche Bezugsperson da war. Dies auch im Hinblick auf die Zielvereinbarung, dass Lena positive Erfahrungen mit dem männlichen Geschlecht machen konnte, „so dass Lena bestimmen konnte, wie nah dürfen die denn gerade da sein" (KO Frau S. 328).

Für die Projektstelle in Portugal sprachen drei Gründe: Es gab eine einfühlsame, erfahrene Pädagogin und Fernando F. war der „geeignete Mann“: „Fernando ist so als Mann sehr zurückhaltend, also kann sich sehr, sehr stark zurücknehmen und das fanden wir oder fand ich damals sehr gut, dass Lena, die alles, was mit Mann-Sein zu tun hatte, war sie immer sehr erschreckt“(KO Frau S. 41–44). Und es handelte sich um ein warmes Land, wo eine positive Grundstimmung herrscht, was den depressiven Tendenzen von Lena entgegenwirken sollte.

Gegen das Projekt sprach der therapeutische Bedarf, der gesehen wurde. „[W]ir wussten, dass es in Portugal so eine Möglichkeit erst mal nicht gibt“ (KO Frau S. 78–79). Jedoch überwog bei der Wahl dieser Projektstelle die Überlegung, dass Lena zunächst viele andere Ziele erreichen musste, bevor sie sich auf eine Therapie einlassen kann. „[U]nd von daher sollte sie erst mal so ein Vertrauen zu ‘nem Menschen überhaupt aufbauen und dann vielleicht mit Hilfe dieses Menschen überhaupt den Gedanken an Therapie wieder aufnehmen“ (KO Frau S. 87–89). Es gab einen Versuch, vor Ort in Portugal eine Therapie für Lena zu starten mit einer deutschsprachigen Therapeutin, die in der Nähe lebte. Dieser Versuch wurde nach wenigen Sitzungen vonseiten der Betreuenden und der Koordination abgebrochen, weil diese zu der Auffassung gelangten, dass die Therapeutin sich sehr grenzenlos verhielt und die nötige therapeutische Distanz nicht wahren konnte. So lud sie Lena beispielsweise nach kürzester Zeit für ein Wochenende zu sich ein.

Im Setting stand als Außenaktivität mit der Möglichkeit, Kontakte außerhalb der Projektstelle zu knüpfen, der nahegelegene Reitstall zur Verfügung. „[D]as Eingehen von, ja, ersten Beziehungen, Freundschaften, die natürlich sehr, sehr oberflächlich waren, aber auf jeden Fall ein Anfang“ (BE Anna F. 419–420).

6.7.2 Übergang nach Deutschland

Die stationäre Hilfe in Portugal wurde in einem sanften Übergang beendet. Lena wurde langfristig auf die Beendigung vorbereitet und sie konnte bei der Überleitung vom Ausland zurück nach Deutschland die Betreuerin vorab kennenlernen. „[U]nd dadurch, dass ich dann die Betreuerin Ulrike hatte und des nicht so abrupt war, dass ich erst in so ‘ner Familie gewohnt hab und dann kommst du nach Deutschland und dann musst du plötzlich erwachsen sein“ (Lena 790–791), „war des sehr hilfreich, weil des so, weil des so langsam ging“ (Lena 793–794). Die Betreuerin Ulrike L. holte Lena ab und verbrachte noch eine gewisse Zeit in Portugal. „Und so war dieser Portugalabschluss im Prinzip ganz langsam und sanft, weil die erstmals sich nicht von beidem, also von dem Land und von uns als Menschen, verabschieden musste" (BE Anna F. 614–167). Weiterhin hat Lena in Portugal einen Hund bekommen, den sie mitnehmen konnte, „einen lebendigen Partner zu haben, der ja nicht menschlich ist, und wo keine Gefahr von ausgeht, aber irgendwie lebendig ist, so, der ihr was gibt, wo sie was geben kann, sie auch was nehmen kann" (BE Anna F. 589–591).

Dieser Übergang von der intensiven Betreuung im Ausland in die ambulante Nachbetreuung im Inland wird von allen Beteiligten als positiv bewertet.

6.7.3 Ambulante Nachbetreuung in Deutschland

Nach ihrer Rückkehr nach Deutschland in die ambulante Betreuung bezog Lena relativ schnell eine eigene Wohnung mitten in N., die sie zusammen mit der Betreuerin Ulrike L. einrichtete. Ulrike L. ist Erzieherin, lebte in der Nähe der Wohnung und konnte somit immer relativ schnell vor Ort sein. Weiterhin konnte Ulrike L. durch ihre persönlichen Kontakte und ihre Vernetzung in N. Lena in sämtlichen Bereichen wie Ausbildungssuche, Behördengänge und Freizeitgestaltung gut unterstützen. Lena setzte ihre abgebrochene Ausbildung zur Erzieherin fort. Nach einer längeren Suche nach der geeigneten Therapeutin startete der erste Therapieversuch. Die lebenspraktischen Alltagsroutinen verliefen weitgehend störungsfrei und Lena schaffte es, ihre Ausbildung abzuschließen und eine Arbeitsstelle als Erzieherin zu finden. Jedoch nahm Lena sehr schnell wieder Kontakt zur Herkunftsfamilie auf und wurde erneut mit der Abgrenzungsproblematik zum „Täter" konfrontiert.

Es war trotz mehrfacher Versuche nicht gelungen, eine geeignete Therapeutin für Lena zu finden, die mit Lena ihre Geschichte soweit aufarbeiten konnte, dass sie in die Lage versetzt wird, in sozialen Zusammenhängen angstfrei zu agieren.

6.8 Partizipation der Jugendlichen und der Eltern

6.8.1 Partizipation von Lena

Lena wurde an der Entscheidung für ein Auslandsprojekt überhaupt nicht beteiligt, sie wurde mehr oder weniger vor vollendete Tatsachen gestellt und stimmte dann zu. „Also mich hat, mich hat keiner irgendwie gefragt oder so. Also schon, ob ich, ob ich will, das schon" (Lena 156–157).

Nachvollziehbar war für Lena die Entscheidung damals nur insofern, dass sie weg sollte von ihrem familiären Umfeld. Warum ausgerechnet Portugal und die Betreuerin Anna F. ausgewählt wurden, das war ihr damals nicht klar: „[W]arum sie sagen, warum sie nicht sagen irgendein anderes Land und – das konnt ich jetzt nicht nachvollziehen" (Lena 196–197). „Aber ich hab schon nachvollziehen können ... dass es zu gefährlich war hier im Land und dass, dadurch dass ich nicht mehr nach Hause kann" (Lena 199–200).

Die Betreuerin betont die Freiwilligkeit der Entscheidung durch Lena so:

> *„Lena selber hat ja den ersten Schritt gemacht und ist in Anführungszeichen „geflohen" von zu Hause, und hm, dann hab ich, also B. war damals mein Koordinator und wir drei zusammen haben das dann beschlossen, also wir hatten, Lena und ich hatten direkt ein gutes Gefühl miteinander, der erste Eindruck hat gestimmt" (BE Anna F. 85–89).*

Die Koordinatorin bestätigt, dass eine Partizipation der Jugendlichen nicht stattgefunden hat. „[W]ir haben diese Hilfe im Prinzip gestrickt. Und Lena wurde dann da mehr oder weniger vor vollendete Tatsachen gestellt und hat dann ja auch zugestimmt" (KO Frau S. 58–60). Bei der Gestaltung der ambulanten Hilfe hingegen war Lena maßgeblich beteiligt. So hat sie sich bei der Wahl des Ortes der ambulanten Betreuung entgegen der Empfehlungen der Helferinnen für die Rückkehr in ihre Heimatstadt entschieden und damit für die Nähe zu ihrer Familie.

> *„[U]nd hab mich aber dann, dadurch dass noch so Scheißbriefe von meinem Vater gekommen sind, ähm [räuspert sich] dann für N. entschieden, weil ich, weil ich gedacht hab, okay .. jetzt ist die schöne Zeit dann schließlich vorbei und jetzt gehst du wieder nach Deutschland und, es geht wieder genauso weiter, wie's davor war .. und wenn er mich sowieso überall findet, dann geh ich lieber nach N. weil in N. weiß ich von früher Verstecke, wo er mich nicht findet und in K., weiß ich, kenn ich's nicht. .. Und dann bin ich nach N." (Lena 765–771).*

6.8.2 Partizipation der Eltern

Da die Eltern in dem gesamten Hilfeprozess nie real aufgetaucht sind, war auch keine Beteiligung der Eltern vorhanden. Lena war zum Zeitpunkt des Hilfebeginns bereits volljährig, sodass eine rechtliche Zustimmung der Eltern ohnehin nicht benötigt wurde. Die Eltern wurden auch deshalb nicht eingebunden, weil der Schutz vor dem Vater und die damit verbundene anonyme Unterbringung von Lena hauptsächlich der Grund war, weshalb eine Betreuung im Ausland angedacht wurde.

6.9 Beziehungsqualität zwischen Jugendlicher und Helfersystem

6.9.1 Beziehung Lena – Betreuerinnen

Es gab im Wesentlichen drei Faktoren, auf denen die Beziehungsqualität beruhte:

Vertrauen

Der Zeitfaktor von zwei Jahren Betreuung durch dieselben Personen trug wesentlich dazu bei, dass es Lena gelang, ein Vertrauen gegenüber anderen Menschen zu entwickeln.

> *„zu Anna hatt ich, abgesehen von, dass man sich so zwischendrin fühlt, zur Anna hat ich insofern .. 'n, also für meine Verhältnisse enges Verhältnis, weil ich ihr Sachen erzählen konnte, die früher zu Hause waren, die ich in diesen ganzen Stationen vorher nie sagen konnte oder nie erzählt hab" (Lena 343–345).*

Lena gibt an, dass sie nichts erzählt hat, weil sie keine Sprache dafür finden konnte, aber Anna ihr angeboten habe, die Dinge aufzuschreiben und so hat sich Lena geöffnet, indem sie Anna Briefe schrieb. „[U]nd ich konnte ein paar Situationen … konnt ich aufschreiben und des hab ich nie vorher irgendwie sagen können, das war für mich, wichtig, das zu merken, dass ich, das war für mich was besonderes, weil ich, weil ich's vorher nicht konnte" (Lena 350–353).

Auch konnte die Beziehung zu Fernando auf einer Vertrauensebene aufbauen: „[W]ar's sehr intensiv für mich, weil ich .. weil er der erste ist, oder und der einzige auch, ähm, Mann, wo ich, ähm, wo ich jetzt, wo ich keine Angst hab, … dass er, dass mich das beeindruckt hat, dass ich zwei Jahre da war und er mir nie was getan hat" (Lena 361–365).

Das Vertrauen zu der schwer traumatisierten Lena konnte nur dadurch hergestellt werden, dass Anna und Fernando einerseits Lena sehr nah in ihre Familie aufgenommen haben „oder ich hab irgendwie mal zur ihr gesagt, dass wir sie sehr, sehr gerne haben, sehr, sehr mögen" (BE Anna F. 498–499) und andererseits aber trotzdem auch eine professionelle Distanz wahren konnten. „[I]nsofern war das für mich ganz eng, das Verhältnis, aber .. das so schwierig ist, weil es oft so 'ne Gratwanderung ist, weil man, weil man, man kann's nicht einordnen, man spürt die andere Seite sehr deutlich" (Lena 330–332). Lena meint damit, dass sie sehr gerne komplett wie ein eigenes Kind in der Familie gewesen wäre. Die Betreuenden hatten aber entschieden, dass

Vertrauen viel mit Ehrlichkeit zu tun hat und deshalb spiegelten sie Lena immer wieder die Realität, dass die Beziehung auf einer professionellen Ebene besteht.

„Auf der einen Seite hat sie endlich jemand gehabt, dem sie vertrauen kann, auf der anderen Seite hat sie aber auch sehr stark geklammert" (BE Anna F. 209–211). Die Balance zwischen Professionalität und notwendiger Nähe hinzubekommen, war eine der größten Herausforderungen. Bei den Betreuenden hat die Herstellung einer Distanz teilweise einen sehr materialisierten Ausdruck gefunden, der bei Lena auch immer wieder Gefühle der Nichtzugehörigkeit ausgelöst hat:

> *„[W]eil es so 'ne ganz klare Trennung war zwischen, das ist mein Sofa oder das war mein Sofa als Jugendliche und Anna und Fernando hatten ein eigenes Sofa. Ich hatte, ich musste meine eigenen Wasserflaschen haben und sie haben andere Sachen gehabt" (Lena 309–311).*
> *„Man deutlich gespürt hat, dass ich nicht das eigene Kind bin, dass es so'n Betreuer-Jugendlichen-Verhältnis ist und dieses, dieses Fremde mit drin war" (Lena 304–306).*

Trotz dieses Dilemmas der Nähe-Distanz-Problematik auf beiden Seiten ist es gelungen, dass Lena erstmalig in ihrem Leben eine für sie positive Vertrauenserfahrung machen konnte.

Eine weitere positive vertrauensvolle Begegnung konnte Lena auch mit der ambulanten Betreuerin Ulrike L. erfahren: „[H]ätt ich da nicht die Ulrike gehabt, dann hätt ich des auch nicht geschafft (Lena 823–824). „[U]nd [dass] mich die Ulrike da einfach auch so begleitet hat ... dass einfach jemand da war, der mit mir ausgemacht hat, ich hol dich von der Schule ab und wenn dein Vater da ist, steigst du nicht ein, weil ich da bin" (Lena 832–833).

Verlässlichkeit

Lena konnte Vertrauen auch aufbauen, weil das Betreuerehepaar Verlässlichkeit zeigte. Nicht nur in der Kontinuität der Betreuung, ohne Wechsel von Bezugspersonen, sondern ebenfalls im Umgang miteinander, erlebte Lena ein stabiles und konsequentes Miteinander: „[D]ass ich gelernt hab, dass es .. dass es Leute gibt, die zwei Jahre am Stück immer das einhalten oder immer das eingehalten haben, was sie gesagt haben" (Lena 1013–1015).

Schutz und Sicherheit

Lena fühlte sich den größten Teil über sehr sicher in Portugal. Sie hatte anfangs Angst, ihr Vater könne sie entdecken und vor der Tür stehen, aber insbesondere Fernando konnte ihr die Angst nehmen. „[U]nd da hab ich mich beschützt gefühlt und es hat mich extrem beeindruckt, dass der Fernando als Mann [...] ich bin ja nicht sein Kind oder irgendwas, dass er sich so vor mich stellen würde" (Lena 272–276).

6.9.2 Beziehung Lena – Koordinatorin

Anfänglich sah Lena die Rolle der Koordination sehr kritisch, denn sie hatte das Gefühl, dass die Betreuerin hinter ihrem Rücken das Vertrauen, das sie ihr mühsam schenken konnte, missbrauchte, indem sie der Koordinatorin vertrauliche Dinge weitergab:

> *„[U]nd ich hab dann mitgekriegt, wie sie die Koordinatorin Frau S. anruft und wie das immer so 'ne Prozedur war, dass die, dass es so was Heimliches hatte" (Lena 527–529), „weil ich nicht wusste, was sie erzählt und weil ich das Gefühl hatte, ich hab nicht die Chance, meine Seite zu sagen und ich weiß nicht, was sie redet und ich will nicht, dass Frau S. über mich was denkt, was vielleicht gar nicht so ist" (Lena 533–536).*

Dies änderte sich im Laufe der Zeit, dann „hat sie [die Koordinatorin, Anm. d. Verf.] in Portugal {...} 'ne ganz zentrale und ganz wichtige Rolle eingenommen" (Lena 541–542). Die Koordinatorin blieb wie ein roter Faden durchgehend für Lena zuständig. Auch beim für Lena mit sehr schmerzhaften Anteilen verbundenen Abschied vom Betreuerehepaar in Portugal blieb die Koordinatorin eine Konstante, wie Lena an verschiedenen Stellen des Interviews erwähnt:

> *„[D]ie Frau S. für mich genauso ein wichtiger Teil ist wie Portugal an sich" (Lena 504–505). „[U]nd sie für mich diejenige ist, die – das klingt so blöd jetzt – aber die, die mich gerettet hat" (Lena 545–546). „[U]nd sie für mich deswegen, glaub ich von diesem ganzen Portugalthema die wichtigste Person ist, weil ich das Gefühl habe, dass sie diejenige ist, die die mich noch mal eins drüber beschützt" (Lena 548–552). „[W]aren für mich ihre Besuche schon so was Besonderes oder für mich schon so wichtig, weil sie ..für mich die ist, die mich, die mich beschützt hat. Ja" (Lena 558–560).*

Das mühsam gewonnene Vertrauen von Lena in erwachsene Personen konnte deshalb gepflegt werden, weil der Kontakt zu ihr bis heute aufrechterhalten werden konnte.

> *„Aber ich, gleichzeitig auch, sooft man es mir sagt, auch wenn die Frau S. hundertmal sagt, oder wenn die Ulrike, Anna oder Fernando alle sagen, dass sie, solange ich den Kontakt halte, auch den Kontakt halten, und dass des ihnen auch wichtig ist, ich's immer noch nicht glauben kann, weil ich so Angst hab davor, dass es vorbei ist" (Lena 922–925).*

Bei Lena war die Nachhaltigkeit der immer wiederkehrenden Kontaktaufnahmen zu ihr sehr wichtig, denn nur so konnte sie ihre Ängste vor dem Verlassenwerden und ihr mangelndes Urvertrauen ein Stück weit kompensieren.

6.10 Prozessgestaltung zwischen Jugendlicher und Helfersystem

6.10.1 Sozialverhalten

Das Thema Vertrauen war ein sehr heikler Punkt und wohl auch die größte Herausforderung für Lena, was in mühevoller und nachhaltiger Kleinstarbeit durch die kontinuierliche Haltung der Betreuenden gegenüber Lena in sämtlichen Lebensbereichen jeden Tag aufs Neue bestätigt werden konnte.

> *„Also die waren eigentlich immer da, so. Und die haben es geschafft, durch immer wieder das Gleiche, also 'nen gleichen Tagesablauf … also ihr dieses ganz, ganz normale Leben einer, einer Familie aufzuzeigen, dadurch haben sie es geschafft, einfach 'nen Draht, Vertrauen zu gewinnen" (KO Frau S. 320–324).*

Ebenfalls bestätigt hat Lena dies für die ambulante Betreuung. Die Betreuerin stand Lena in sämtlichen für sie problematischen Situationen jederzeit zur Seite. Beispielsweise hat Ulrike L. trotz eingeschränktem Stundenkontingent viele Nächte bei Lena in der Wohnung übernachtet, um Lena darin zu unterstützen, dass sie sich in den Nachtstunden in geschlossenen Räumen aufhalten kann.

„Das heißt, als wir rausgefunden haben, Lena ist jetzt nachts unterwegs, hat Ulrike ganz spontan gesagt: Es ist egal, ob ich jetzt eine ambulante Betreuung habe oder nicht, ich bleibe jetzt hier bei dir .. in der Nacht, so. Und dann ist sie da auch nächtelang geblieben" (KO Frau S. 376–379).

Auch neue positive Erfahrungen in Beziehungen insbesondere zu männlichen Bezugspersonen konnte Lena durch die empathische Vorgehensweise von Fernando mitnehmen, der immer sehr verlässlich einschätzbare Verhaltensweisen und Umgangsformen mit Lena pflegte.

6.10.2 Kindliches Nachreifen

Lena und ihre Betreuerin bemerkten, dass sie vieles Alltägliche nicht wusste und konnte. Ein wesentlicher Teil der Betreuungsarbeit bestand deshalb darin, dass jemand ständig verfügbar war, sich um sie kümmerte und ihr lebenspraktische Dinge durch Wiederholungen beibrachte. Lena weiß es heute sehr zu schätzen,

> *„dass sie sich Zeit genommen haben, mir zwanzig Millionen Mal zu erklären, wie man eine Gabel hält, oder wie man Schuhbänder zubindet […] was ich immer irgendwie verstecken konnte und irgendwie in diesen Stationen vorher keinem so aufgefallen ist, aber der Anna eben schon aufgefallen ist“ (Lena 277–279; 281–283).*

Oder sie lernte, „ja, dass man eben ein Pflaster kriegt, wenn man sich verletzt hat“ (Lena 234–235). Durch diese ständigen wertschätzenden Wiederholungen und Unterstützung in sämtlichen alltäglichen Lebensbereichen wurde Lena nach und nach in die Lage versetzt, selbstverantwortlich zu leben.

> *„[A]lso es gab vom Lebensbereich, da gab's ganz, ganz viele Sachen, wo man halt, rasch gemerkt hat, dass sie in einem Bereich steckengeblieben ist, der wirklich Kleinstkindalter war, und da war klar, dass man unwahrscheinlich viel Zeit brauchen würde, um das auf irgendein Level zu bringen“ (BE Anna F. 60–163).*

Ein ständiger Drahtseilakt zwischen dem Zulassen von regressiven Phasen und dem Herausholen von Lena in die altersgemäßen Realitäten ist den Betreuenden gelungen. Das Setting war geeignet, um Nachreifungsprozesse und neue therapeutische Lernerfahrungen in Gang zu setzen.

> *„[D]a war meine Nichte zu Besuch und hat ihr Sandspielzeug dagelassen … und das Spielzeug lag auf diesem Kieshügel und … da saß Lena dann mit diesem Sandspielzeug und hat … mindestens zwei Stunden oder so mit dem Spielzeug gespielt“ (BE Anna F. 236–239).*

„[W]eil ich gemerkt habe, dass, ja, ein großer Teil ihrer Kindheit, auch der im Kleinstkindalter, fehlt, hab ich ihr .. einige Wochen lang jeden Abend ein Einschlafmärchen vorgelesen, an ihrem Bettchen [lacht], so wie man das irgendwie macht als, ja, Mutter" (BE Anna F. 331–333).

Die altersgemäße Selbständigkeitsentwicklung einschließlich der anstehenden Nachreifung in Bezug auf die kindlichen, emotionalen Verhaltensweisen wurde ebenfalls zufriedenstellend erreicht. „[D]as sind halt Sachen, das haben wir alles so peu a peu gelernt so, und das hat sie ganz stolz gemacht" (BE Anna F. 234–235).

6.10.3 Platz im Familiensystem

Als wichtig stufte Lena den Schutz vor ihrem Vater ein. „[J]a, dass sie für mich sorgen, so … ja, die haben halt auf mich aufgepasst, so, und mich beschützt, wie's noch nie jemand davor gemacht hat und .. das hat ein bisschen was bewirkt, dass ich .. mich sicherer gefühlt hab" (Lena 133–136). Lena fühlte sich den größten Teil über sehr sicher in Portugal. Sie hatte anfangs Angst, ihr Vater könne sie entdecken und vor der Tür stehen, aber Anna konnte ihr die Angst nehmen.

„[A]lso sie hat das bildlich durchgespielt und sie hat gesagt, wenn, ah, mein Vater vor der Tür stehen würde, dann würde sowieso nicht ich die Tür aufmachen, sondern sie würden die Tür aufmachen und dann würde ich ganz hinten stehen und dann würde die Anna sich vor mich stellen und dann würde sich der Fernando nochmal vor die Anna stellen und egal, was mein Vater machen würde, sie würden ihn nie hinterkommen lassen zu mir und der Fernando würde mit meinem Vater kämpfen, dass er nicht zu mir kommen kann" (Lena 261–267).

Die Reinszenierungen durch Lena in Portugal (sie schlüpfte in die Person des Vaters und schrieb Briefe an die Betreuenden oder an sich selber) konnten zwar „entlarvt" werden, was ein Meilenstein in der Betreuung darstellte.

„Aber es war schon massiv so, diese ganze Geschichte, also, so 'ne Briefe da ständig unter der Tür, mit so Androhungen, das ist schon heftig gewesen, aber es hat sich zum Glück in Wohlwollen aufgelöst und dann konnten wir in die nächste Phase gehen" (BE Anna F. 311–314).

Jedoch konnte in Portugal und danach in Deutschland die Abgrenzungsproblematik mit Lena nur bedingt bearbeitet werden. Lena hat sich selber dazu entschieden, wieder zurück nach N. zu gehen, wo ihr Vater in unmittelbarer Nähe lebte und sie immer wieder davon berichtete, dass alles von Neuem begonnen hätte. „[I]ch sag mal der Dreh- und Angelpunkt in dieser Betreuung drehte sich immer um diese Wiederreinszenierung von dem, von dem Vergangenen“ (KO Frau S. 262–264).

In Deutschland war Lena durch das ambulant betreute Wohnen weitestgehend auf sich selbst gestellt im Hinblick auf das Thema Schutz. Die Betreuerin Ulrike L. konnte Lena aber auch hier einige Brücken anbieten, indem sie beispielsweise einen Hol- und Bringservice für den Schulweg einrichtete, wo Lenas Vater bevorzugt auf Lena wartete. Unterbinden konnte sie diese Kontakte offenbar jedoch nicht.

> *„[D]ass des alles irgendwie noch nicht so gefestigt war oder ich immer noch so Schiss hatte vor meinem Vater, dass, dass ich, dann, ich von mir aus blöderweise auf seine Sachen reagiert hab und auch der Kontakt dann wieder gekommen ist und es dann .. wie vor Portugal wieder weiterging, also nicht mehr so schlimm, weil ich ja nicht mehr zu Hause gewohnt hab, aber er mich überall auch vor der Schule und so abgefangen hat“ (Lena 818–823).*

6.10.4 Lebenspraktische Themen

Die lebenspraktischen Alltagsroutinen wie Schule, Ausbildung, Hygiene und Tagesstrukturen verliefen bei Lena weitestgehend störungsfrei. Hingegen waren es eher die Selbstverständlichkeiten wie wetterangepasste Kleidung, angemessenes Verhalten bei Schmerz und Verletzung oder die Kenntnis von Alltagsroutinen (Essen mit Messer und Gabel, Schuhe binden etc.), die als Nachreifungsprozesse in die Betreuung integriert wurden.

Das Eingehen und Aushalten von altersgemäßen sozialen Bezügen und die Herstellung einer Kompetenz, sich darin zu bewegen, war ebenfalls ein zentrales Ziel der Betreuung. In Portugal war dies der Reitstall, zu dessen Besuch die Betreuenden Lena regelmäßig anhielten, was ihr aber sehr schwer fiel.

> *„[A]lso sie wollte eigentlich immer die ganze Zeit bei mir sein, so, aber das geht nicht, das Leben ist nicht so, man, man muss auch ‘n bisschen ja seinen Blickwinkel erweitern, dass man neue Menschen, dass man neue Menschen kennenlernt und da hat sie dann auch die Elke kennengelernt zum Beispiel und mit der hat sie sich auch ganz gut verstanden“ (BE Anna F. 250–254).*

> *„Mm, ich glaube, dass diese Reitgeschichte ganz gut war für Lena, so im Reitstall, wo mal sie da nicht geritten ist [lacht], sondern mehr so diese Pflege übernommen hat und halt auch so das Eingehen von, ja, ersten Beziehungen, Freundschaften, die natürlich sehr, sehr oberflächlich waren, aber auf jeden Fall ein Anfang" (BE Anna F. 417–420).*

In Deutschland wurden mit Lena persönliche Interessen erarbeitet wie zum Beispiel ein Trommelkurs, den sie bis heute noch besucht.

Auch bei der Bearbeitung der genannten lebenspraktischen Themen spielte das Vertrauen, das Lena zu den nahen Bezugspersonen im Projekt gewinnen konnte, eine zentrale Rolle. Es bewirkte, dass Lena ihre extreme Scheu und Ängstlichkeit zumindest soweit ablegen konnte, dass sie in der Lage war, die für eine selbstverantwortliche Lebensführung und zum Finden und Erhalten einer Arbeitsstelle notwendigen Sozialkontakte einzugehen. Ulrike L. hat jeweils sehr pragmatisch reagiert. Was getan werden musste, wurde in die Wege geleitet. „Also um's, ob's um's Formale ging, ob's um Geldangelegenheiten ging, Anträge und so weiter, auch die Therapiesuche, da hat sie Wahnsinns-Vorarbeit immer geleistet und Lena dabei unterstützt und begleitet" (KO Frau S. 405–408).

6.11 Zusammenarbeit auf Helferebene

Anna F. schätzt die Zusammenarbeit mit der Koordinatorin als hilfreich und offen ein. „[W]enn ich Probleme hatte, hab ich immer das Gefühl gehabt, die Koordinatorin Frau S. hat ein offenes Ohr" (BE Anna F. 525–526). „Ich hab mich immer gut aufgehoben gefühlt bei ihr, immer" (BE Anna F. 530). Als negativ bewertet wurde sowohl von Anna F. als auch von der Koordinatorin die Zusammenarbeit mit der Therapeutin vor Ort. Weil diese nach Angaben von Anna F. die professionelle Distanz zu Lena nicht wahren konnte, wurde die Therapie vonseiten der Helferinnen schnell abgebrochen.

Die Koordinatorin Frau S. bewertet die Zusammenarbeit mit den beiden Betreuerinnen im In- und Ausland ebenfalls als gut. „[A]lso so prinzipiell kann ich die Zusammenarbeit als sehr gut, als sehr offen, als sehr gut bezeichnen. Also in beiden, bei beiden Betreuungssettings hatte ich ein hohes Maß an Vertrauen, Offenheit" (KO Frau S. 423–425).

6.12 Beendigung der Hilfe und Anschlusshilfen

Die Hilfe wurde in einer sanften Art und Weise mit abnehmendem Betreuungsumfang beendet, als Lena 23 Jahre alt war. Die Koordinatorin erinnert sich an einen gelungenen Abschluss, der die Erreichung der Hilfeplanziele implizierte:

> *„So, Lena hat jetzt alles Rüstzeug an der Hand, die weiß, wo sie sich hinwenden kann und da muss sie jetzt einfach auch ein Stück weit durch, um ihre Geschichte da entweder ruhen zu lassen und sie kommt so irgendwie klar mit dem Leben, oder aber wenn, wenn sie das triggert so stark, dass sie dann auch weiß, ja, wo, wo muss ich mich hinwenden, um da Hilfe zu holen" (KO Frau S. 524–238).*

Der Rest war ein therapeutischer Bedarf, den Lena mit den neuen Erfahrungen, die sie sammeln konnte, selber in die Hand nehmen musste.

6.13 Auswirkungen der Hilfe in der Wahrnehmung und Deutung der Befragten

Lena kann heute einen direkten Zusammenhang zwischen beiden Betreuungsabschnitten und ihrem jetzigen Entwicklungsstand herstellen:

> *„Ich glaub, wenn ich jetzt so ganz spontan antworten würd, dann würd ich sagen, dass ich alles, was ich jetzt kann, in Portugal gelernt hab" (Lena 980–981). „Aber wär die, wäre die Zeit nach Portugal, diese Betreuung durch Ulrike nicht gewesen, wär's weitergegangen wie vor Portugal, dann hätt ich nicht mal eine Wohnung selber überhaupt geschafft" (Lena 860–863).*

6.13.1 Sozialverhalten

Lena macht im Interview deutlich, dass sie sich trotz der (über)lebenswichtigen vertrauensbildenden Beziehungserfahrungen, die sie in Portugal und später mit der ambulanten Betreuerin in Deutschland machen konnte, bis heute extrem unsicher im Umgang mit alltäglichen Situationen und anderen Menschen fühlt. Sie benennt klar, wo die Grenzen des Erlernbaren im Projekt waren:

> *„[...] dass ich jetzt im Alltag merk, dass ich .. wie anders ich bin im Vergleich zu Gleichaltrigen, also im Vergleich zu anderen Leuten. Dass ich zwar ganz viele Strategien erlernt, gelernt hab, wie ich was verbergen kann vor anderen, aber*

dass ich extrem viele Sachen hab, die nicht normal sind und die auffallen und es schwierig ist für mich, weil sie auffallen und weil's mich so einschränkt" (Lena 846–850).

Lena verspürt im Umgang mit fremden Menschen, die sie im beruflichen oder privaten Kontext neu kennenlernt und zu denen sie einen eher sporadischen, oberflächlichen Kontakt hat, noch immer die alten Ängste und leidet darunter, dass sie „nich Vertrauen aufbauen kann zu irgend'ner fremden Person" (Lena 964). Zum Zeitpunkt des Interviews hat sie offenbar auch wenig Hoffnung, dass sie diese Ängste jemals bezwingen kann:

„[W]enn ich nie ganz glauben konnte und glaub ich auch nie ganz glauben kann und dieses, dieses Vertrauen irgendwie, so'n Thema ist, wo ich, glaub ich, nie kann, weil ich immer noch genauso misstrauisch bin und noch genauso auf der Hut und vorsichtig vor allem wie vor Portugal" (Lena 1016–1019).

Damit sind die Grenzen pädagogischen Arbeitens klar aufgezeigt. Der therapeutische Bedarf bei Lena ist nach wie vor als sehr hoch einzustufen. Die Koordinatorin, die heute noch immer sporadisch Kontakt zu Lena hat, macht aber auch auf kleine Fortschritte am Ende der Betreuung aufmerksam.

„Ja, also sie konnte offener sein. Offener zu anderen Menschen, also sie hat es geschafft, mit anderen zu kommunizieren, auch mal was zu unternehmen, mit Gleichaltrigen zum Beispiel, das hat sie vorher überhaupt nie geschafft" (KO Frau S. 536–538).
Und weiter: „[J]a, das kann sie inzwischen … konnte Sozialkontakte auch ein Stück weit pflegen" (KO Frau S. 561).

Mit Blick auf Lenas ehemals völlig angstbesetztes Verhältnis zu Männern fiel der Betreuerin zum Ende des Portugal-Aufenthaltes auf:

„Ich denke auch, dass sich ihr Blick etwas erweitert hat zum Thema Männer […] vielleicht wenn sie eine Ahnung davon bekommen hat, dass nicht alle Männer brutal sind und nicht alle Männer gleich sind, nicht alle Männer wie ihr Vater sind, so" (BE Anna F. 650–653).
„[A]m Ende des Projektes aber war der große Schritt sozusagen, konnte sie alleine mit Fernando Motorrad fahren und auch alleine Auto fahren mit ihm … und hatte keine Angst" (BE Anna F. 353–356).

Dieses Thema greift auch Lena nach einem aktuellen Kontakt mit dem Betreuerehepaar in Portugal auf: „und dass es für mich mit dem Fernando nochmal ganz besonders war […] wo ich, wo wir uns begrüßt haben und er hat mich angeschaut und er hat mich umarmt und ich hab gemerkt, dass ich keine Angst hab" (Lena 388–392).

Dieses Wiedersehen mit Lena fast 7 Jahre nach Beendigung der Betreuung in Portugal hat auch die Betreuerin nachhaltig beeindruckt: „Und das erste, was mir aufgefallen ist bei Lena, war, dass sie nicht mehr diese gebückte eingezogene Haltung hatte … aber die Körperhaltung im oberen Bereich des Körpers, also die Schultern, die war'n aufrechter, die war'n, es war toll" (BE Anna F. 398–401). Anna F. war offenkundig überrascht, was aus Lena zwischenzeitlich geworden ist und freute sich sehr, „das zu sehen, was, was sich für eine tolle Frau, attraktive mit beiden Beinen im Leben stehende Frau entwickelt hat" (BE Anna F. 684–685).

Die Betreuerin wertet es als wichtige Erfahrung für Lena, dass sie „[…] gesehen hat, dass es auch Menschen gibt, die nicht die Augen verschließen vor ihrer Vergangenheit, die nicht sagen, ich seh das nicht und deswegen muss ich jetzt auch nicht handeln" (BE Anna F. 647–649). Die Hoffnung der Helferinnen besteht nach wie vor darin, dass Lena doch noch eine für sie geeignete therapeutische Begleitung finden kann, um eine für sie zufriedenstellende Lebensqualität zu erreichen.

6.13.2 Kindliches Nachreifen

Lenas durch die Betreuenden in Portugal geduldig begleiteten nachholenden Lernprozesse in Bezug auf einfache alltagspraktische Fähigkeiten, die normalerweise im Kleinkindalter erworben werden, und die erzielten Erfolge, geben Lena bis heute ein Gefühl von Kraft und Stabilität:

> *„Dass mir jetzt auch in Deutschland .. so den Halt gibt, dass ich weiß, das was ich jetzt kann, hab ich einfach da gelernt und, ja, das hält mich irgendwie so aufrecht" (Lena 382–384).*
> *Oder: „[U]nd dass das ist, was einfach größtenteils bei mir hängengeblieben ist, weil das waren die zwei Jahre da und es ist, dieser, dieser Schatz, wo ich vorher beschrieben hab, der mir extrem viel bedeutet und, und dass ich, obwohl da jetzt sechs Jahre drübergegangen sind, dass ich natürlich die Erlebnisse, die ich da hatte, dass die bei mir jetzt mehr hängengeblieben sind, so" (Lena 416–420).*

Dies bestätigt auch die Betreuerin: „Mh, zum einen diese ganzen praktischen Sachen hat sie viel, viel besser gemeistert, wie diese Geschichten mit Schuhe binden, essen“ (BE Anna F. 645–646). Eine wichtige Erkenntnis für Lena ist auch, dass sie in Portugal einen Kontrast zu ihrer Herkunftsfamilie erleben durfte, der ihr eine reale Vorstellung vom „Normalen“ vermittelte:

> *„Insgesamt gesehen ist es glaub ich des, dass ich diesen Unterschied gemerkt hab zwischen dem, wie ich Dinge gelernt hab, also zu Hause, und .. oder Dinge gemacht hab, weil ich sie eben nicht gelernt hab und zwischen dem, wie, wie man's, wie's normal gehört“ (Lena 1022–1025).*

6.13.3 Platz im Familiensystem

Das Helfersystem war und ist sich einig darüber, dass bei der Aufarbeitung dieser Familiendynamik die Pädagogik an ihre Grenzen gekommen ist. Immerhin konnte erreicht werden, dass Lena zum Ende der ambulanten Betreuung laut ihren eigenen Aussagen die für sie sehr belastenden Kontakte zur Herkunftsfamilie abgebrochen hat, „ja, dass wir das dann irgendwie hingekriegt haben, das [das Auflauern des Vaters vor der Schule in N., Anm. d. Verf.] da aufgehört hat“ (Lena 836).

Was Lena nach der Einschätzung der Koordinatorin nicht geschafft hat, war die Tatsache, dass sie sich mit ihrer Geschichte öffnen konnte gegenüber Fachleuten:

> *„[A]lso sie konnte sich nicht öffnen, das hat sie nicht geschafft, aber sie konnte, also jetzt gegenüber Therapeuten oder so, aber sie konnte, wie ich eben schon erwähnt hab, hm, mit den Menschen, die ihre Geschichte kennen, konnte sie sich schon über ihre Geschichte austauschen … ja so'n Stück Sicherheit bekommen, oder, oder ja so'n Stück Selbstbewusstsein bekommen, dass sie da selber 'n Stück weit auch was in der Hand hat. Also sie hat es immerhin geschafft, den Kontakt, so sagt sie, zu ihrer Familie komplett abzubrechen“ (KO Frau S. 543–549).*

Lena machte verschiedene Therapieerfahrungen, die sich aber als sehr langwierig herausstellten und noch immer nicht den gewünschten Effekt brachten.

> *„[W]o ich dann in Deutschland war wieder … so Therapie angefangen, so, aber ich, da, also ohne Übertreibung schon ein Jahr gebraucht habe, bis ich überhaupt in dem Raum sitzen konnte, und auf gezielte Fragen, was zu Hause war, nicken konnte, dass ich da schon ein Jahr gebraucht hab, bis ich überhaupt, bis sie überhaupt wusste, was für'n Thema bei mir überhaupt ist“ (Lena 704–709).*

6.13.4 Lebenspraktische Themen

Lena beschreibt, dass es zwar noch erhebliche Defizite im Umgang mit ihr fremden Personen gibt, dass aber in Portugal die Weichen gestellt wurden, dass sie ihre Ängste in sozialen Situationen einigermaßen steuern kann. Die Lebenssituation bei Beendigung der Hilfe gestaltete sich folgendermaßen:

Lena hatte ihre schulische Ausbildung zur Erzieherin abgeschlossen und befand sich im Anerkennungsjahr in einer Kindertageseinrichtung. Sie bewohnte eine eigene Wohnung und war in Therapie, wobei sich auch da bislang für Lena nicht der gewünschte Effekt einstellte. Lena konnte im beruflichen Kontext in Kontakt zu fremden Menschen gehen und war in der Lage, sowohl finanziell als auch in behördlichen Angelegenheiten für sich selber zu sorgen. Der Kontakt zum Vater bzw. zur Familie bestand zum Zeitpunkt der Beendigung laut Aussage von Lena nicht mehr.

Zum Zeitpunkt des Interviews befindet sich Lena in einer festen Arbeitsstelle als Erzieherin in einer Kindertagesstätte und hat nebenbei ein berufsbegleitendes Studium der Sozialpädagogik begonnen. Lena möchte in ihrer beruflichen Ausrichtung weg von der Kindergartentätigkeit hin zu einer beratenden Arbeit, weswegen sie sehr ehrgeizig den Weg des Studiums geht.

6.14 Zukunftsvorstellungen von Lena

Lena ist extrem leistungsorientiert und wissbegierig: „[J]a, mein Studium will ich gut hinkriegen" (Lena 935). „[A]lso ich merk nur, dass es, dass ich ganz viel lernen will und dass ich extrem wissbegierig bin […], dass mich ganz viele Sachen interessieren, so, und dass ich dieses, dieses Lernen, ja mir Spaß macht" (Lena 949–950, 951–952). Sie wünscht sich ebenfalls sehr,

> *„dass ich, dass ich's hinkriegen will, dass ich, dass ich wie'n normaler Mensch nicht mehr auffall', also dass ich wie'n normaler Mensch in meiner Wohnung schlafen kann, dass ich mich so verhalten kann, dass ich nicht mehr so herausstech, dass ich des noch irgendwie, dass ich halt so an mir weiterarbeite, dass ich in der Wohnung bleiben kann und dass ich nicht mehr diese ganzen Aufpassersachen im Alltag haben muss. Das würd ich gern verändern, weiß aber noch nicht wie, weil ja da dieses Problem ist, dass ich dafür wahrscheinlich 'ne Therapie bräuchte, aber nich, nich sprechen kann oder nich Vertrauen aufbauen kann zu irgend'ner fremden Person" (Lena 956–964).*

6.15 Zusammenfassung

In der Rekonstruktion des Fallverlaufes mit Lena und in der Auswertung der Interviews wird deutlich, dass bei Jugendlichen mit schweren Traumatisierungen ein pädagogisches Setting alleine auf Dauer nicht ausreichend ist, um auf wirklich wesentliche Störungsbilder hinreichend positiv einwirken zu können. Andererseits muss aber bei diesen Jugendlichen neben dem hohen Therapiebedarf der pädagogische Anteil ebenfalls eine große Wichtigkeit einnehmen, um die anstehenden Themen zu bearbeiten. Bei Lena standen zunächst der Schutz vor dem Herkunftsmilieu (deshalb der Auslandsaufenthalt) und vertrauensbildende Maßnahmen zu anderen Personen als eine Voraussetzung, den Therapiebedarf überhaupt wieder angehen zu können, im Vordergrund. Von daher war die Entscheidung für das Setting richtig gefällt worden. Optimal wäre es gewesen, wenn bereits in Portugal optional entsprechende therapeutische Möglichkeiten zur Verfügung gestanden hätten. Eventuell wäre eine entsprechende Fachkraft innerhalb des Projektes gut gewesen, die auf die Reinszenierungen und Nachreifungsprozesse von Lena eine zusätzliche therapeutische Antwort gehabt hätte.

Förderlich im Verlauf der beiden Betreuungsabschnitte (Auslandsaufenthalt und Nachbetreuung) war die unermüdliche Verfügbarkeit der Betreuungspersonen, die mit einem hohen und äußerst empathischen Engagement situativ auf die notwendigen Schritte reagieren konnten. Dass Lena heute überhaupt in der Lage ist, ganz geringe soziale Kontakte einzugehen, die sie im Arbeitskontext benötigt, ist laut Aussage von ihr selbst und auch der weiteren Hilfebeteiligten auf die vertrauensbildenden Erfahrungen, die sie mit vier Personen während der Hilfe machen konnte, zurückzuführen. Dies spricht für die Intensität und die Erhaltung des gewählten Settings über einen längeren Zeitraum hinweg, obwohl der therapeutische Bedarf nicht hinreichend gedeckt werden konnte.

Besonders gelungen ist der Übergang von der stationären zur ambulanten Betreuung. Gerade bei Lena, die sich sehr schwer mit ihr fremden Personen tat (und noch immer tut) und die eine sehr enge Beziehung zum Betreuerpaar in Portugal aufgebaut hatte, war es wichtig, dass sie bereits in Portugal die spätere ambulante Betreuerin kennenlernen durfte und dass ein langsamer Übergang mit einer gemeinsamen Heimreise stattgefunden hat. Somit konnte vermieden werden, dass Lena das Ende der Hilfe in Portugal als Abbruch erlebte. Hingegen war es Lena möglich, in ihrem geschützten und vertrauten Umfeld erneut Kontakt und Vertrauen zu einer weiteren Person herzustellen.

Ob bei Lena in therapeutischer Hinsicht während der ambulanten Phase mehr zu erreichen gewesen wäre, wenn sie auf die Empfehlungen der Helferinnen eingegangen wäre, ein neues Leben in einer anderen Stadt fernab von ihrem familiären Umfeld zu beginnen, kann nicht mit Sicherheit gesagt werden. Jedoch hätte sicherlich eine Chance darin gelegen, wenn die störenden Momente, die der Vater immer wieder verursacht hat, nicht vorhanden gewesen wären.

Auffällig in der Auswertung ist die weitgehende Deckung der Aussagen aller Hilfebeteiligten über die Auswirkungen. Sowohl die Möglichkeiten als auch die Grenzen der Hilfen wurden relativ übereinstimmend aus den verschiedenen Blickwinkeln wahrgenommen.

7 Fallstudie Marvin

Quellen:

- Aktenanalyse
- Interviews mit:
  - Marvin (Marvin)
  - Kindsmutter (KM Frau F.)
  - Betreuer von Marvin (BE Thomas Z.)
  - Koordinatorin (KO Frau L.)
  - fallführender Mitarbeiter des Jugendamtes (JA Herr R.)

  Weitere Personen:
  - Kindsvater (Herr F.)
  - ältere Schwester (Martina)
  - jüngerer Bruder (Julius)
  - Betreuerin der Mutter und der Schwester (Karin H.)

7.1 Aktuelle Lebenssituation des Jugendlichen

Marvin – ein dunkelhaariger, schlanker, groß gewachsener Jugendlicher – ist 17 Jahre alt, als wir ihn zum Interview treffen. Das Ende der Betreuung bei Jugendhilfe Phöinix e.V. liegt zu diesem Zeitpunkt knapp drei Jahre zurück.

Er schildert zu Beginn des Interviews sein gegenwärtiges Leben wie folgt:

> *„Ich gehe noch zur Schule, treffe mich mit Freunden, hab einen Schülerjob – geh Zeitung austeilen. Zuhause alles ruhig, kein Stress .. treff' mich mit Freunden auch online noch. Und dann halt den ganzen normalen Alltag, Haushalt und so was. Das ist eigentlich bei mir die Lage so" (Marvin 8–11).*
> *Und er fügt hinzu, ihm gehe es „meistens gut. Irgendwie sacht, fast kein Stress .. tja" (Marvin 15).*

Die Mutter berichtet mit großem Stolz über ihren Sohn: „Ja, seit Phöinix sind jetzt 'n paar Jahre vergangen, der Marvin ist jetzt mittlerweile siebzehn .. der Marvin geht einmal die Woche arbeiten .. beim Wochenkurier, er trägt Zeitungen aus. Also .. Arbeitsverhältnis hat sich beim Marvin geändert. … Von der Aufmerksamkeit her hat sich es auch gebessert. [...] .. und ja, in der Schule das Verhältnis hat sich gebessert .. er hat jetzt 'ne andere Lehrerin .. Schule macht jetzt mehr Spaß. Mh .. ich würde sagen, im Großen und Ganzen, dem Marvin geht's gut" (KM Frau F. 11 – 18).

Dem damaligen Betreuer, der Marvin und seine Familie wenige Tage vor dem Interviewtermin erstmals seit Beendigung der Betreuung wiedersah, fiel an Marvin positiv auf,

„dass er wirklich seine Meinung vertritt [...] Ja, dass er seine Schule macht, dass er gut in der Schule ist [...] .. Ach so, er hat aufrecht, aufrecht hat er gesessen am Tisch, das hat er früher nicht gehabt, da hat er manchmal, hat dann eher am Tisch rumgelegen, also seinen Kopf auf den Tisch gelegt, so .. so von der, von der Körpersprache hat sich da auch einiges verändert, also er ist, glaub schon, etwas selbstbewusster geworden" (BE Thomas Z. 321 – 335).

Die Mutter macht jedoch ein Problem deutlich: „Aber Marvin ist immer noch ein Einzelgänger. .. Also er hat zwar 'nen festen Freund, mit dem er sich auch regelmäßig trifft, .. aber er sitzt vorwiegend in seinem Zimmer, ist da am Spielen mit seiner Wii [...]" (KM Frau F. 15 – 16). Dieser Wahrnehmung schließt sich der Betreuer an: „Was mir negativ aufgefallen ist, dass er nur einen Freund hat .. und die ganze Zeit da am Computer spielt." Und er äußert einen Verdacht: „Also das geht ja schon in Richtung Sucht, Spielsucht, aus meiner Sicht" (BE Thomas Z. 335 – 337).

7.2 Hilfeverlauf

Quelle:	Akte
Beginn der Hilfe:	02.07.2004
Einstiegsalter:	10;9
Ende der Hilfe:	31.01.2008
Dauer der ISE:	3;7

Betreuungsabschnitte

Juli 2004 bis April 2007:
ambulante Hilfe für Marvin (12 h pro Woche) durch einen männlichen Betreuer und für die Mutter und die ältere Schwester Martina (8 h pro Woche) durch eine weibliche Betreuerin

ab April 2007:
Reduktion der Hilfe für Marvin auf 40 h pro Monat; wichtiger Meilenstein: Psychologisches Gutachten/Diagnostischer Befund 2007 – bei Marvin liegt keine Lernbehinderung vor

Beendigung zum 31.01.2008 auf Wunsch von Marvin

7.3 Vorgeschichte

Marvin wurde 1993 als zweites Kind des Ehepaares F. geboren. Seine Schwester Martina ist drei Jahre älter. Die Eltern trennten sich, als Marvin zwei Jahre alt war. Die Kontakte zwischen Vater und Sohn gestalteten sich nach der Trennung eher sporadisch. Die Mutter ging 1995 eine Beziehung zu einem neuen Partner ein, in der verbale und körperliche Auseinandersetzungen zwischen den Erwachsenen zur Tagesordnung gehörten. Nachdem diese Beziehung 1999 beendet war, wurde die Mutter nochmals schwanger und Marvin bekam 2002 einen kleinen Bruder (Julius). Frau F. ist nunmehr alleinerziehende Mutter von drei Kindern und bezieht Sozialhilfe.

Marvin besuchte nur kurzzeitig die Kita und wurde als Erstklässler in eine Schule für Erziehungshilfe eingeschult, da er Lernstörungen zeigte. Der Akte ist zu entnehmen, dass er im Grundschulalter eine Reihe von Verhaltensauffälligkeiten in Schule und Freizeit zeigte – so verhielt er sich körperlich aggressiv gegenüber seinen Geschwistern, wirkte sehr unruhig (unkontrolliertes Reden, lautes Schreien, hypermotorische Verhaltensweisen), ließ fein- und grobmotorische Koordinationsstörungen erkennen und es wurden in der 1. Klasse sexualisierte, exhibitionistische Verhaltensweisen beschrieben.

Es bestand der Verdacht auf ADHS, der aber nicht vollständig abgeklärt wurde. Die Gabe von Ritalin zeigte keine Wirkung und wurde deshalb wieder eingestellt. Marvin galt als allgemein entwicklungsverzögert und ein Arzt für Kinder- und Jugendpsychiatrie stufte ihn im Jahr 2004 schließlich als lernbehindert ein (diese Diagnose wurde 3 Jahre später durch einen Fachkollegen entkräftet). Berichtet wurde außerdem von Mobbing in der Schule. Im Grundschulalter nahm Marvin zwei Jahre lang am therapeutischen Reiten teil und erhielt motopädagogische Unterstützung.

Im Umgang von Mutter und Kindern wurden in dieser Zeit erhebliche Respekt- und Autoritätsprobleme deutlich. Marvin hatte gegenüber seiner Mutter häufig die Rolle des Freundes oder Partnerersatzes inne und die Kinder wurden nicht altersgerecht gefördert. Im Rückblick räumt die Mutter ein, dass sich die Zuschreibung von Symptomen an Marvin zu großen Teilen aus ihrer eigenen Überforderung ergab. Den Schilderungen der Mutter ist außerdem zu entnehmen, dass sie sich mit ihren Fragen und Problemen Marvin betreffend allein fühlte und Unterstützung vermisste:

> *„ .. es lag ja nicht am Marvin, weil wie gesagt, ich hab's am Anfang nur so gesehen, es ist der Marvin das Problemkind, weil Marvin wurde ja von klein auf, ja sagen wir mal, er kam eigentlich zur Welt und konnte nichts hören. Dann wurde halt festgestellt irgendwann, er sollte ADS haben, sprich ADHS, mit der Hyperkinese dabei .. und .. was sich aber im Nachhinein herausgestellt hatte, dass er's doch nicht hatte, dass es 'ne Fehldiagnose war. Keiner hat mir aber gesagt, so, wie geh ich jetzt mit meinem Kind um. .. Man hat mir gesagt, Frau F., überfordern Sie Ihr Kind nicht. .. Marvin war für sein Alter eigentlich vom Entwicklungsstand immer ziemlich .. zurückgeblieben. Sprich von der Selbstständigkeit, das ganze Paket drum herum. .. Ja, und so im Nachhinein .. ich mein, ich musste ja erst mal lernen, wie komme ich wieder an meine Kinder ran. Ich mein, klar, in all den Jahren .. überfordert, ich stand ja alleine da, alleinerziehend, Vater hat sich nicht weiter drum gekümmert, hat alles mir überlassen, ja, und irgendwann bricht man natürlich auch zusammen" (KM Frau F. 115–126).*

Im März 2004 bat Frau F. schließlich beim zuständigen Jugendamt um Hilfe bei der Erziehung von Marvin, da sie sich mit dessen Verhaltensweisen massiv überfordert fühlte und „gar kein Verständnis für den Marvin" mehr hatte (KM Frau F. 35–36). Der Koordinatorin kommen in der Erinnerung an Marvin „als erstes die depressiven Elternteile [...] und die aus den [...] Fugen geratenen drei Kinder" (KO Frau L. 15–17) in den Sinn.

Zunächst äußerte die Mutter den Wunsch, eine Diagnose für Marvin zu erlangen, mit der er in eine Heilpädagogische Tagesgruppe aufgenommen werden kann. „Ja, mit dem Bengel war das alles schon so weit, dass ich ihn eigentlich ins Heim schicken wollte .. also tagsüber in ein Heim, dass er dann halt abends nach Hause kommt, tagsüber betreut ist" (KM Frau F. 39–41).

Während zu jener Zeit Marvin und sein Verhalten für die Mutter das Problem waren, reflektiert sie heute ihre Anteile an der entstandenen Situation sehr ehrlich und selbstkritisch:

> *„Ja .. es war nicht schön .. sagen wir mal. Die Kinder haben sehr gelitten, weil ich auch eigentlich mehr damit beschäftigt war, mit 'm Marvin Arzttermine .. und alles Mögliche mit ihm zu machen. Seine Schwester, die musste dann hintenan stehen, auch sein kleiner Bruder, wo dann die Martina dann mehr die Betreuung übernommen hatte. Ja, also so, so geregelte Sachen gab's eigentlich kaum, ne. Habe aber nicht gesehen, .. dass es doch eigentlich gar nicht an den Kindern lag, oder sprich am Marvin, sondern dass ich vieles ändern musste oder muss. Ja musste, das ist ja die Vergangenheit, wir haben das ja geändert" (KM Frau F. 40–48).*

7.4 Kontaktaufnahme/Anbahnung der Hilfe

Entsprechend dem Anliegen der Mutter beinhaltete die erste Vereinbarung des Jugendamtes mit Frau F., eine Diagnostik mit Marvin durchzuführen, seine Gruppenfähigkeit zu überprüfen und ihn danach ggf. in eine heilpädagogische Tagesgruppe aufzunehmen. Mit dieser Zielstellung wurde eine ambulante Hilfe bei Jugendhilfe Phöinix e.V. angefragt.

Der Betreuer Thomas Z. entschied die Anfrage von Jugendhilfe Phöinix e.V. positiv, ohne Marvin vorher kennengelernt zu haben. „Ja, zu der Zeit hatt ich Kapazitäten frei und dann hab ich das angenommen. Ich kannte den Marvin nicht großartig, mir wurd vorher noch 'n bisschen was erzählt über den Jungen und dann haben wir uns im Jugendamt, glaub ich, kennengelernt, mein ich, ja" (BE Thomas Z. 30–33). Es passte dann offenbar mehr oder weniger zufällig:

„Ja, bei den Aufnahmesituationen ist es so, dass man ja vorher schon zugesagt hat, von daher hab ich alles auf mich zukommen lassen und es hat eigentlich von Anfang an recht gut funktioniert mit dem Marvin. Und wir haben uns gut verstanden. Von daher, da gab es keine Schwierigkeiten" (BE Thomas Z. 57–60).

Marvin erinnert sich an den Betreuungsbeginn als eine gewöhnungsbedürftige Situation: „Ja, wo es angefangen hat, war schon komisch. Die ganzen fremden Menschen, die sich dann hier alle auf einmal für mich interessieren" (Marvin 23–24). Er brauchte einige Zeit – „na, ein halbes Jahr bis ein Jahr glaube ich, oder so" (Marvin 97) – um die ihm angebotene Hilfe durch den Betreuer als sinnvoll erachten und annehmen zu können. Zugleich erinnert er sich noch heute an konkrete Namen und Funktionen der involvierten Personen zu Beginn der Hilfe, die er offenbar in angenehmer Erinnerung behielt.

Den Einstieg in die Betreuungsarbeit gestaltete der Betreuer sehr nah an der Erlebenswelt von Marvin. Interessant ist, dass er damit gemeinsam mit Marvin entgegen der Vorstellung der Mutter handelte und den inszenierten Konflikt im Beisein des Jungen löste. So verband er mit der Kontaktaufnahme ein erstes Modelllernen für Marvin:

> *„Ja, also angefangen hat die ganze Sache recht kurios, das hat, glaub ich, die Frau F. in ihrem Interview vielleicht auch schon gesagt .. Es hieß am Anfang, dass der Marvin sehr viel spielt, dass er sehr viel am Computer spielt oder Playstation und ich bin dann direkt am, ich glaub am ersten oder zweiten Treffen, da bin ich mit meiner Playstation vorbeigekommen und hab mit ihm dann, Fifa, was weiß ich, 2005 gespielt, oder wie das hieß [lacht verhalten], auf jeden Fall fand das die Frau F. überhaupt nicht gut und .. Aber ich glaub der Marvin musste da schon schmunzeln, weil er dann irgendwie gemerkt hat, ach ja, der Thomas, der macht einfach Sachen mit mir, die hätt ich vielleicht so nicht machen können. Also das war für ihn schon sehr interessant" (BE Thomas Z. 98–106).*

Die Mutter erlebte die Betreuung anfangs als große Herausforderung. Dieses Gefühl hielt lange an, es wurde viel aufgewühlt:

> *„Also damals empfand ich das erst mal als katastrophal. Es war ja natürlich auch ein Eingreifen in meine Privatsphäre mit. Ich musste mich eigentlich nackig machen. Viele Gespräche, Privatgespräche, was man erlebt hat .. was überhaupt nicht schön war, was einen erst mal runtergezogen hat. Ähm … diese Gespräche, oder diese Phase, sag ich mal, hat sehr lang gedauert, bis dann doch .. sich was geändert hat" (KM Frau F. 265–269).*

Sie bezeichnet den Einstieg in die Betreuung als „Sprung ins kalte Wasser […] trotz der ganzen Vorbereitung" (KM Frau F. 361–362).

7.5 Zentrale Themen und Ziele der Hilfen

Die folgenden Themen waren für Marvin, der als Symptomträger in einem durchaus als „krank" zu bezeichnenden Familiensystem gelten kann, im Hilfeverlauf wesentlich:

7.5.1 Problematisches Sozialverhalten

Marvin zeigte zu Beginn der Betreuung die oben beschriebenen Auffälligkeiten in seinem Sozialverhalten. Er selbst räumt im Interview ein, „wirklich kein Engel" gewesen zu sein. „ Ich war wirklich nicht wirklich so brav .. ja [lacht] [...] Jaa .. viel dazwischen geredet, war wirklich auch oft wütend" (Marvin 33–39). Die Koordinatorin erinnert sich, dass mit Marvin zunächst kein Gespräch möglich war, weil er unaufhörlich selbst redete, „das war der pure Monolog, so" (KO Frau L. 381).

Entsprechend wurden als Hilfeziele unter anderem formuliert, Marvin solle an seinem Sozial- und Kommunikationsverhalten, insbesondere an seiner Frustrationstoleranz und den Benimm-Regeln arbeiten, und er solle lernen, schwierige Situationen zu reflektieren.

7.5.2 Kindliche Nachreifungsbedürfnisse

Marvin mangelte es den Schilderungen seiner Mutter zufolge in der Kindheit an emotionaler Zuwendung. Er musste mitunter die Partnerrolle einnehmen und wurde kaum altersgemäß gefördert. Die Koordinatorin sieht einen Zusammenhang zwischen Marvins unerwünschten Verhaltensweisen und einer Unterversorgung im emotionalen Bereich:

> *„Mein Eindruck ist, der Marvin ist ja emotional extremst auf der Strecke geblieben, der ist nicht gut versorgt worden und Marvins Emotionalität zeigt sich, meines Erachtens, oder hat sich früher auf einem Level gezeigt, was eher geprägt war durch viel reden, Aufmerksamkeit haben wollen, unruhig sein, zum Teil auch die Erwachsenen nerven, das war so sein Regulativ, da irgendwas auszugleichen, was er von der Mutter und vom Vater nicht bekommen hat. Und ich .. hab dann immer häufig gesagt, der ist emotional ein bisschen unterkühlt, so. Er wirkte sehr statisch und .. brauchte so Kate- oder hat in Kategorien gedacht und brauchte so 'n Muster und so 'ne Struktur" (KO Frau L. 107–115).*

Diese Problematik spiegelt sich in den Zielformulierungen der Hilfepläne nicht wider.

7.5.3 Platz im Familiensystem

Marvin hatte nicht gelernt, seine Rolle in dem von seiner Mutter und der älteren Schwester dominierten Haushalt zu finden, geschweige denn sich in dieser zu behaupten: „Es ging da ja drunter und drüber, so und der war da ja der, der Sündenbock für ganz viel und es war immer unruhig dort im System und immer willkürlich und immer die Martina und die Mutter, die den Marvin da niedermachten" (KO Frau L. 125–127).

Marvins Vater lebte getrennt von der Familie. Frau F. hat das Gefühl, von ihm mit der Erziehung der Kinder allein gelassen worden zu sein, er habe sich nicht gekümmert (vgl. KM Frau F. 125). Die Kontakte zwischen Marvin und seinem Vater waren sehr sporadischer Natur. Laut Akte (Entwicklungsbericht Januar 2004) litt Marvin darunter, dass der Vater nicht viel Zeit für ihn hatte bzw. kein Interesse zeigte. Erschwert wurde die Situation durch die wiederkehrenden depressiven Phasen des Vaters. Der fallführende Mitarbeiter des Jugendamtes dazu:

> *„[...] über seinen Vater hatte er gar keine Möglichkeit gehabt, sich da zu identifizieren, und das wurde auch immer wieder von der Mutter auch ganz deutlich auch rausgestellt, diese Krankheit des Vaters, diese psychische Labilität, und ich glaub schon, dass der Marvin da auch .. ganz gut dran zu knabbern hatte" (JA Herr R. 148–151).*
> *Wichtige Ziele der Hilfe bestanden deshalb darin, Marvin in seiner Persönlichkeitsfindung und bei der Überprüfung seiner Haltung zum Vater zu unterstützen.*

7.5.4 Lebenspraktische Themen

Marvin war weitgehend grenzen- und regellos aufgewachsen und es fehlte ihm an alltagsstrukturierenden Vorgaben und Fähigkeiten. Der fallführende Mitarbeiter des Jugendamtes erinnert Marvin als „sehr introvertiert, sehr gehemmt" (JA Herr R. 290), der Betreuer bezeichnet ihn im Rückblick als „Stubenhocker" (BE Thomas Z. 71). Im psychomotorischen und kognitiven Bereich war er nicht altersgemäß entwickelt.

In der Schule zeigte Marvin „massive Auffälligkeiten“ (KO Frau L. 18). Der Akte ist zu entnehmen, dass insbesondere seine Unruhe und die daraus resultierenden Verhaltensweisen für Aufsehen in der Grundschule sorgten. Die Einstufung als lernbehindert im Jahre 2004 manifestierte bei Marvin gegebenenfalls das Selbstbild von einem, der den schulischen Anforderungen nicht gewachsen ist. „Vor Augen hab ich gerade noch Hilfeplangespräche, wo der gar nicht in der Lage war, sich länger als zehn Minuten zu konzentrieren, wurde müde, konnte dem Gesprächsverlauf nicht folgen“ (JA Herr R. 290–292).

In der Betreuung sollte zunächst an Marvins sozialer Integration in Familie, Freizeit und Schule und an der Stärkung seiner psychomotorischen Fähigkeiten durch sportliche und Freizeitaktivitäten gearbeitet werden. Im späteren Hilfeverlauf (nach der Rücknahme der Diagnose „lernbehindert“) rückte das Ziel in den Fokus, Marvin beim Erreichen seines Hauptschulabschlusses zu unterstützen.

7.6 Ressourcen des Jugendlichen und der Familie

7.6.1 Ressourcen Marvin

Als wichtigste Ressource von Marvin nennen die interviewten Helferinnen eine grundsätzliche Offenheit gegenüber der Hilfe und seine Beziehungsfähigkeit. „Ich fand ihn damals .. sehr freundlich, zugewandt, offen und .. ja, also er hat sich, er hat sich für mich interessiert“ (BE Thomas Z. 76–77). „Und was ich schon auch beobachtet hab, war die, der hatte Hoffnungen in Thomas Z. und ich glaub auch Vertrauen in Thomas Z.“ (KO Frau L. 44–46). Darüber hinaus schildert die Koordinatorin ihre Beobachtungen aus einer Begegnung mit Marvin, in der sie ihn anders erlebte, als er gemeinhin beschrieben wurde:

„Was mir an Ressource an Marvin aufgefallen ist, ist seine … ja, sein, sein Blick auf Details, also ich weiß noch wie der, der hat glaub ich was gebastelt oder was, auf jeden Fall hat der was Kreatives erstellt, so, und ganz viel geredet, ganz viele Fragen gestellt, auch zum Teil die Erwachsenen, den Erwachsenen damit auf den, ja, auf den Nerv gegangen so mit seinem Reden und Fragen und Erzählen, aber dabei hat der was ganz Filigranes gepuzzelt und gearbeitet und das fand ich schon .. ja, bemerkenswert, da dacht’ ich, da ist auch noch was anderes außer dieses Extrovertierte, Unruhige, Laute, da ist auch noch ein anderer Teil ..“ (KO Frau L. 37–44).

7.6.2 Familiäre Ressourcen

Die Mutter wird von den Helfern vor allem als „sehr wissbegierig" (BE Thomas Z. 245, JA Herr R. 47), offen für die Hilfe, bereit zur Auseinandersetzung mit kritischen Themen und zur Veränderung beschrieben:

„Also an Ressourcen bei Frau F. […] also die is, also so wie ich's in Erinnerung hab, is die im, im Gespräch geblieben mit der Hilfe und .. war auch bereit, erst mal sich kritischen Themen auch zu stellen, so. Und war auch bereit da .. konstruktive Kritik anzunehmen und auch im Rahmen ihrer Möglichkeiten hat sie auch versucht die umzusetzen" (KO Frau L. 58–64).

Dem schließt sich Marvins Betreuer an: „Also .. bei der Mutter ist mir sofort aufgefallen, dass sie wirklich wie 'ne Löwin für ihre Kinder kämpft und sich wirklich auch sehr um ihre Kinder bemüht hat" (BE Thomas Z. 81–83). Außerdem gefiel ihm, „dass sie ja für so 'ne gemütliche Wohnsituation gesorgt hat. Also sie konnte mit wenig Geld doch viel erreichen" (BE Thomas Z. 84–86). Der fallführende Mitarbeiter des Jugendamtes erinnert sich an eine für die Hilfe motivierte Familie F.:

„Ich habe die, sowohl die Familie, insbesondere Mutter und auch Marvin, als sehr positiv also auch empfunden. Das war von vornherein für mich 'ne Fallkonstellation, wo man auch merkt, dass alle Beteiligten Lust haben und sehr interessiert sind zu arbeiten und sich weiterzuentwickeln" (JA Herr R. 32–34).

7.7 Settinggestaltung

Marvins Mutter war, wie in den Kapiteln 7.3 und 7.4 beschrieben, an das Jugendamt mit der Bitte herangetreten, Marvin in eine heilpädagogische Tagesgruppe zu integrieren. Der Betreuer unterstützte anfänglich diesen Wunsch der Mutter: „Eigentlich fand ich das damals gut, also ich hatte auch in der ersten Zeit schon die Empfehlung rausgegeben, dass er in diese Einrichtung gehen soll und ich ihn noch zusätzlich betreue. […] Also ergänzend zu der Einrichtung" (BE Thomas Z. 50–53).

Davon nahm das Helfersystem jedoch schon während des ersten Hilfeplangespräches Abstand, und es wurde angesichts der familiären Problemlagen entschieden, eine ambulante Hilfe mit zwei Fachkräften zu installieren. Herr Z. sollte 12 Stunden pro Woche mit Marvin arbeiten und Frau F. und ihrer Tochter Martina wurde für 8 Stunden wöchentlich eine weibliche Fachkraft – Karin H. – zur Seite gestellt. Die Erklärung des fallführenden Mitarbeiters des Jugendamtes dazu:

„Also ich bin sowieso der Meinung, dass man Einzelpersonen oder ja, denjenigen, der die Hilfe hier beim Jugendamt beantragt hat, dass man den nicht isolieren sollte aus seinem aktuellen Lebensumfeld, weil der Bezug wird immer wieder da bleiben, und der Marvin .. hat ja auch 'ne sehr starke Beziehung zu seinem jüngeren Bruder, zum Julius gehabt. Und von daher fand ich also da die Entscheidung, der Familie dieses Angebot in der Gesamtfamilie zu geben und da nicht 'ne Einzelbehandlung über eine Tagesgruppe zu machen, fand ich, war aus fachlicher Sicht die richtige Entscheidung, weil nicht nur Marvin davon profitiert hat letztendlich, sondern auch die Gesamtfamilie" (JA Herr R. 73–80).

Das gewählte Setting und die personelle Besetzung der beiden Betreuerpositionen werden durch die Koordination als zutreffend für das Klientensystem beschrieben. Beide passten „wie das Pendant zu ihren Klienten" (KO Frau L. 87). Die Koordinatorin erinnert die Betreuerin der Mutter Karin H., die

„mitrauchend am Küchentisch gesessen" habe „und man hat geredet und hat dann auch mal 'ne Wortwahl benutzt, die vielleicht jetzt nicht grad dem pädagogischen Standard entsprach, also die war, [...] die hat geschafft, die Sprache von Frau F. zu sprechen. Und die auch zu nutzen [...] Und trotzdem ist sie auf Distanz geblieben, die hat das als Methode angewandt und ist .. da aber als Person auf Distanz geblieben" (KO Frau L. 88–102).

Thomas Z., der von Beruf Bauglaser und Erzieher ist, sich zum systemischen Familienberater und Anti-Gewalt- und Coolnesstrainer weitergebildet hat und zu jener Zeit bereits über Erfahrungen in der intensiv-sozialpädagogischen Einzelbetreuung verfügte, passte nach Auffassung der Koordinatorin zu Marvin, weil er in Strukturen und Kategorien denkt, sehr zielorientiert und planvoll arbeitet und einschätzbar für Marvin war.

„Ich hatte den Eindruck, das passt auch für den Thomas Z., also .. auch Thomas Z. denkt ja in seiner Arbeit viel in Kategorien und Strukturen und hat dann so 'n Plan und arbeitet den Plan ab und ist ja sehr zielorientiert und ich hatte so den Eindruck .. das passt super zum Marvin. Also wär der jetzt ein Betreuer gewesen, der für den Marvin nicht absehbar gewesen wär oder nicht einzuschätzen gewesen wär und heute so und morgen so, ich glaub, das hätte den Marvin ganz, ganz massiv verunsichert" (KO Frau L. 115–121).

Auch die Mutter betont, wie gut Marvin und der Betreuer zusammenpassten: „Ja, der Marvin hatte eigentlich immer ‘ne gute Beziehung gehabt zu Thomas Z. .. Also die haben super zusammengepasst, das kann man nicht anders sagen. Ich weiß nicht, ob ein anderer Betreuer da so super reingepasst hätte“ (KM Frau F. 151–153).

Die Wahl eines männlichen Betreuers für Marvin begründen die beteiligten Helferinnen einhellig mit der Stärkung der Position des Jungen gegenüber der Mutter und der Schwester und mit der Besetzung der männlichen Vorbildrolle: „Also da hab ich wirklich gedacht, das ist ein gutes Setting, dass der Marvin da auch noch mal in diesem Frauenhaushalt auch noch mal was, was Männliches an die Seite gestellt bekommt, der ihm so auf ’ner andren Ebene noch mal was .. aufweist“ (KO Frau L. 46–49).

Die Aufgaben und Zuständigkeiten des männlichen Betreuers und der weiblichen Betreuerin waren scheinbar gut geklärt – und doch berichtet der Betreuer von Konkurrenzgefühlen, wofür er die starke Solidarisierung der weiblichen Fachkraft mit der Mutter und den zunächst mangelnden Austausch zwischen den Betreuenden verantwortlich macht.

> *„Und irgendwann haben sich ja so zwei Lager entwickelt, zum einen Marvin und ich und dann zum anderen die Mutter und Martina und der Kleine, der Julius, und die Karin H., ja. .. Da gab es mal ‘ne Zeit lang dadurch irgendwie Schwierigkeiten, also so dass, ja es ging schon Richtung Ablehnung von der Mutter aus, von der Frau F. Also so hab ich das empfunden. Als ich dann reingekommen bin und man hat mir nicht wie sonst ‘n Platz angeboten, sondern ich stand dann irgendwie im Flur rum, der Marvin wusste auch nicht so richtig, was er machen sollte, das war dann .. komisch. Dann hab ich mit der Karin H. da ’ne .. Supervision gehabt wegen diesem Thema“ (BE Thomas Z. 159–174).*

Nach einer schwierigen Rollenfindung gelang es den Helfern zunehmend besser, miteinander zu kooperieren. Die Mutter zumindest erlebte die weibliche Betreuerin als Übersetzungs- und Klärungshilfe für ihre Beziehung zum männlichen Betreuer und als Bindeglied zu ihm:

> *„Aber da war ja dann noch die Karin H. .. Mh. .. Das war ja dann immer die Person, .. wo ich das dann immer wieder alles dann so wiedergegeben hab, was dann zwischen Thomas Z. und mir und Marvin überhaupt so war. .. Und sie doch ‘ne ganz andere Art hatte, mir das doch dann so mitzuteilen, und ähm ..*

> *[…] Auf jeden Fall fiel es mir bei Frau H. einfacher, Sachen anzunehmen. Aber ich muss auch sagen, zu der Zeit mit Thomas Z. war ich noch so ein bisschen männerfeindlich […]. Und es passte erst mal gar nicht. Aber dann so .. konnte man doch gut mit dem Mann reden, dann hab ich das doch angenommen" (KM Frau F. 158–164).*

7.8 Partizipation des Jugendlichen und der Eltern

7.8.1 Partizipation von Marvin

Marvin antwortet auf die Frage, inwieweit er die Entscheidung, ihm einen Betreuer zur Seite zu stellen, damals nachvollziehen konnte: „Ja, anfangs noch nicht. Das fand ich einfach nur nervig, stressig und .. ja, was soll der halt bei mir? Das ist ja auch total nervig: Ich will hier halt meine Ruhe haben" (Marvin 82–83). Offensichtlich konnte er mit der Idee, einen Betreuer zu bekommen, zunächst wenig anfangen und fand die Veränderung in seinem Leben anstrengend. Den Eindruck einer geringen Beteiligung des Jugendlichen bestätigt Thomas Z.: „Also ich glaub, dass Marvin nicht großartig einbezogen wurde […] und ich glaub, ich wurd' dem Marvin so aufs Auge gedrückt" (BE Thomas Z. 39–42).

Erst später fand Marvin die Hilfe für sich sinnvoll und wünschte sich deren Fortsetzung:

> *„Also jetzt bei, ob der Betreuer kommen soll jetzt oder so? Nee, der sollte kommen erst mal. Später da wollte er halt, ist ja die Sachlage ganz anders geworden. Ich wollte das dann auch so, dass er weiter kommt. Also, letzten Endes dann, hab ich ihn mir auch ein bisschen weiter gewünscht" (Marvin 89–92).*

Schließlich setzte sich Marvin nach fast vier Jahren Hilfe nachdrücklich dafür ein, dass diese beendet wird, allerdings musste er hierfür schon sehr deutlich werden: „Zum Schluss hat dann auch der Marvin ganz klar gesagt, ich glaub, der hat sogar hier angerufen oder, oder ist hier vorbeigegangen und hat gesagt, er möchte keine Betreuung mehr haben. Weil es ist genug, war alles gut und jetzt reicht's" (BE Thomas Z. 255–257).

7.8.2 Partizipation der Eltern

Marvins Mutter hatte schon zuvor positive Erfahrungen mit dem Jugendamt gemacht und zeigte keinerlei Berührungsängste. Nachdem das Helfersystem die Betreuung von Marvin in einer Heilpädagogischen Tagesstätte abgewählt hatte, stand es der Mutter frei, der ambulanten Hilfe zuzustimmen oder diese auch abzulehnen. Ihr Motto damals: „Hauptsache irgendwie Hilfe“ (KM Frau F. 143) lässt einerseits auf einen großen Bedarf schließen, andererseits war Frau F. möglicherweise auch nicht in der Situation, auswählen zu können bzw. zu wollen:

> *„Ja, ich mein, die Entscheidung vom Jugendamt ist ja erst mal soweit gefallen gewesen, wie gesagt, dass der Marvin halt nicht in eine Betreuung kommt, und es lag jetzt nur noch an mir, mach ich mit oder nicht. Nee, ich weiß jetzt natürlich nicht im Nachhinein, hätte es da noch irgendwas anderes gegeben, hat mich auch gar nicht in dem Moment erst mal interessiert. Ich hab jetzt erst mal gesehen, okay, wir bekommen die Hilfe, und das andere war dann erst mal nebensächlich“ (KM Frau F. 137–142).*

Offenbar wusste Frau F. zunächst nicht genau, was eine ambulante Hilfe für sie bedeuten würde, erklärte sich aber einverstanden – froh darüber, dass es überhaupt Hilfe gab:

> *„[...] es hat sich alles ziemlich [...] hinausgezögert .. musste auch zwischenzeitlich noch zu Gesprächen erscheinen, wo das dann immer noch nicht sicher war, was jetzt mit uns überhaupt geschieht .. und dann kam diese endgültige Fallbesprechung.“ Dort sei ihr nahegelegt worden, „es wäre doch besser, wenn wir eine ambulante Betreuung .. bekommen würden. .. Ich wusste auch erst mal, ich konnte gar nichts mit anfangen, also für mich war das eigentlich wie so'n kalter Sprung ins Wasser, und war aber trotzdem dankbar, dass es überhaupt irgend 'ne Hilfe gibt überhaupt für uns. Und hat man mich auch gefragt, ob ich mit einverstanden bin, dann hab ich zugesagt. .. Ja, und dann .. hieß es auch, die Betreuer werden sich dann auch bei uns melden“ (KM Frau F. 67–76).*

Die Entscheidung der Hilfebeteiligten für eine ambulante Betreuung kann Marvins Mutter rückblickend gut einordnen: „Auf jeden Fall. Ähm .. es lag ja nicht am Marvin [...] Und .. ja, die Entscheidung, die war auf jeden Fall richtig. Ich kann das nachvollziehen“ (KM Frau F. 115–132).

Der fallführende Mitarbeiter des Jugendamtes bestätigt die durchweg aktive Partizipation der Mutter. Darüber hinaus berichtet er von einer zumindest partiell gelungenen Einbeziehung des leiblichen Vaters von Marvin:

> *„Wie gesagt beim Vater war das ja so, dass der aufgrund seines zurückgezogenen Lebens, seiner .. psychischen Labilität musste der erst mal wieder ins Boot geholt werden. Wie gesagt, da ist auch 'ne Zeit lang, hat das funktioniert, der war auch bei den Hilfeplangesprächen wie gesagt immer dabei, hat sich dort* ***auch*** *lebhaft beteiligt. […] Aber das war 'ne Zusammenarbeit, die auch aufgrund des Krankheitsbildes […], sag ich jetzt mal so, in der Jugendhilfe auch begrenzt ist, das muss man einfach so sehen. Also wenn ein Elternteil krank ist, ist das begrenzt" (JA Herr R. 214–226).*

7.9 Beziehungsqualität zwischen Jugendlichem und Helfersystem

Der Betreuer wird von Marvin und seiner Mutter als zuverlässiger Kumpel, Freund, Kerl, Naturbursche bezeichnet. Diese Formulierungen lassen darauf schließen, dass der Betreuer mit Mutter und Sohn in ihrer Sprache gesprochen hat und sie sich ihm nahe fühlen konnten. In den folgenden Aussagen von Mutter und Sohn über den Betreuer ist eine große emotionale Verbundenheit zu diesem spürbar:

> *„Ja, also, er war ein sehr netter Mann, Kerl, will ich jetzt mal sagen" (Marvin 135).*
> *„Ja, ich hab ihn als Freund angesehen, als großen Freund …" (Marvin 143).*
> *Eine deutlich positive Bewertung enthält auch die folgende Aussage: „Ja .. er war auch superfreundlich auch und .. ja, ich hatte ihn schon gerngehabt. War eigentlich ziemlich toll mit dem" (Marvin 135–137).*

> *„Ich sag das jetzt mal so salopp, ein Naturbursche. Also jetzt nicht der jetzt mit erhobenem Zeigefinger kommt oder so, der wirklich mit den Kindern zelten geht, und der da für alles wirklich* ***offen*** *ist" (KM Frau F. 317–319).*
> *„Der Herr Z. war für 'n Marvin 'n Kumpel, die auch mal zusammen Playstation gespielt haben, zusammen Wii gespielt haben, wo der Marvin sich wirklich mal aussprechen konnte, wo er doch ernst genommen wurde" (KM Frau F. 313–316).*

Zugleich äußert insbesondere die Mutter eine große Wertschätzung für die Vorbildrolle, die der Betreuer für Marvin hatte, dass er an ihn glaubte, ihn bestärkte und zum Kämpfen ermunterte, was durchaus in der Auseinandersetzung mit ihr geschah. Das sind Aufgaben, die eigentlich ein Vater übernehmen sollte. Das Thema „Vaterrolle" schwebt auch heute noch im Raum und wird durch die Mutter als solche recht vorsichtig benannt:

> *„Der Marvin kannte das ja gar nicht, dieses Kämpferische und .. und dass auch einer wirklich hundertprozentig an ihn* ***glaubt*** *und .. in ihm alles* ***bestärkt*** *und, ja, das war für den Marvin* ***wichtig****. Weil vom Vater hat er ja diese Sachen auch nicht vermittelt bekommen, auch dass man zuverlässig sein muss, und sag ich mal, dass der Thomas Z. doch auch* ***mit*** *.. ja Vaterersatz klingt* ***blöd****. Aber doch eine sehr wichtige Person in Marvin seinem* ***Leben*** *war" (KM Frau F. 320–325).*

Die Mutter erwähnt außerdem positiv, dass beide Betreuenden **zuverlässige Präsenz** zeigten, insbesondere in Notsituationen schätzt Frau F. das als sehr hilfreich ein:

> *„Ja, ich muss sagen, unsere Betreuer, die waren auch da .. wenn auch wirklich mal Not am Mann war, wenn es wirklich am Brennen war, mal eben kurz reinzuspringen, um auf ein Gespräch, ähm .. kann ich doch sagen, in diesen Jahren, wo wir miteinander zu tun hatten, dass sie doch wirklich immer da waren, ne" (KM Frau F. 246–251).*

Die Frage nach Nähe und Distanz in der Beziehung zwischen Betreuenden und Betreuten wird von den Beteiligten offen thematisiert und unterschiedlich beantwortet.

Frau F. empfand die Betreuerin und den Betreuer offenbar als eine Art Familienmitglieder, ihre Aussagen lassen eine große Nähe zu ihnen vermuten. Es gibt eine gewisse Nachhaltigkeit in der Vertrautheit der Beziehung, die von Frau F. einseitig beschrieben und gepflegt wird: „es ist ja jetzt nicht 'ne Person, die da jetzt kommt, hallo ich bin vom Jugendamt. Es ist so 'ne Person, die auf einmal zur Familie gehört. Also so haben wir das empfunden, ne" (KM Frau F. 282–283). So verwundert es nicht, dass die Betreuerin und der Betreuer bis heute einen festen Platz in den Erinnerungen der Familie F. haben:

> *„[...] weil äh Phöinix ist eigentlich für uns ja immer noch, oder Thomas Z. oder Karin H. ja eigentlich immer noch präsent. Das sind ja so Sachen, wo wir ja eigentlich ja auch noch oft drüber reden, drüber diskutieren, weißt du noch damals und dies und jenes und ja ..." (KM Frau F. 324–328).*

Frau F. erinnert den kürzlich erfolgten Besuch des ehemaligen Betreuers von Marvin so:

> *„Aber ich muss sagen, jetzt vor ein paar Wochen hat der Herr Z. sich gemeldet. Hat uns auch schon besucht .. ja, ja, und .. [lacht] wir haben uns **riesig** drüber **gefreut** uns **wieder**zusehen und .. ja, und haben natürlich schön erzählt von damals und .. ja, was wir jetzt halt so alles erlebt haben" (KM Frau F. 356–359).*

Auch der Betreuer mochte den Jungen sehr und hatte sich in gewisser Weise an die Familie F. und an Marvin gewöhnt. Er bezeichnet die Beziehung zu Marvin als „die intensivste" von allen Betreuungsverhältnissen, die er je eingegangen ist (BE Thomas Z. 270) und konnte sich lange nicht vorstellen, wie es sein würde, wenn er ihn nicht mehr trifft. „Ja und dann war's dann irgendwann soweit und dann .. ging's plötzlich, also dann war's dann doch kein Problem. Was mich dann auch wieder beruhigt hat, dann .. hab ich mir gedacht, ja dann .. haste das ja auch alles richtig gemacht. Schlimm wär's gewesen, wenn ich da jetzt anschließend immer wieder vorbeigefahren wär" (BE Thomas Z. 271–274).

Ein neuerliches Treffen mit Familie F. zwei Wochen vor dem Interview machte dem Betreuer deutlich, dass es sich um einen Job handelte, der längst beendet ist: „Mir ist vor zwei Wochen aufgefallen, dass ich .. da dann nicht unbedingt noch mal hinmuss, also .. überhaupt für alle anderen Fälle, die ausgelaufen sind oder so, die beendet wurden .. isses dann auch mal irgendwann gut. .. Das war ja dann auch, das war ja dann irgendwie .. keine Freundschaft oder so in dem Sinne, sondern es war mein Job, da hinzugehen und so hab ich das jetzt vor zwei Wochen auch wieder empfunden" (BE Thomas Z. 351–356).

7.10 Prozessgestaltung zwischen Jugendlichem und Helfersystem

7.10.1 Sozialverhalten

Marvin arbeitete mit dem Betreuer intensiv an seinem Sozial- und Kommunikationsverhalten. Von ersten sichtbaren Fortschritten wird im Hilfeplanprotokoll vom März 2006 berichtet. Nach vielen Beziehungsabbrüchen zu anderen Jugendlichen habe Marvin nun einen Freund aus einer benachbarten Stadt, er treffe sich mit Nachbarskindern und sei insgesamt aktiver. Dem Betreuer wird nahegelegt, mit Marvin weiter an dessen Frustrationstoleranz zu arbeiten und mit ihm schwierige Situationen zu reflektieren. „Ja, wenn er manchmal mich kritisiert hat, das hab ich anfangs noch nicht so vertragen, da gab's ein bisschen Stress. … Ja, es wurde so lange diskutiert, bis ich's halt eingesehen habe, und, ja, funktioniert hat's ja" (Marvin 149–154).

Etwas später beginnt die gezielte Arbeit an Marvins Benimm-Regeln: „Natürlich hatten wir auch hier Sachen abschreiben lassen vom Duden wegen Benehmen und sowas halt. Hat auch natürlich geholfen“ (Marvin 105 – 107).

Im Abschlussbericht des Betreuers vom Dezember 2007 wird Marvin eine verbesserte Kommunikationsfähigkeit bescheinigt. Er spreche sein Gegenüber an, stelle Fragen, verhalte sich höflich, freundlich und könne gegebenenfalls auch selbst Rückmeldungen geben.

7.10.2 Kindliches Nachreifen

Die Arbeit an diesem Thema steht nicht im Fokus der Erinnerungen der Interviewten, schwingt aber insbesondere in der Arbeit an den im Folgenden beschriebenen Themen (Platz im Familiensystem und Lebenspraktische Themen) mit. Vor allem darf angenommen werden, dass der Aufbau einer vertrauensvollen Beziehung, die wertschätzende und kompromisslos (be)stärkende Haltung des Betreuers Marvin gegenüber, mit anderen Worten die Übernahme väterlicher Funktionen durch den Betreuer, die auch viele gemeinsame Unternehmungen einschließt, den Jugendlichen emotional nachreifen lassen konnten.

Eine Intervention der besonderen Art schildert der Betreuer: Er fuhr mit Marvin auf ein Wochenende, an dem dieser alles tun konnte bzw. bekam, was er im Alltag vermisste.

> *„Ja, was ich unbedingt noch erzählen wollte, auch 'ne lustige Geschichte war, dass der Marvin sich immer beschwert hat, dass er nicht ausschlafen kann und dass es immer so laut ist und dass alle gegen ihn sind und .. auch selbst am Wochenende, samstags kann er nicht ausschlafen, da musst' er dann, irgendwie wurd er dann geweckt, sein kleiner Bruder kam dann ins Zimmer rein und so. Da hab ich dann, so wie ich das häufig mache bei den Jugendlichen, hab ich ihn gefragt, was denn so sein größter Wunsch noch ist, in nächster Zeit. Da sagt er, er will* ***einmal*** *in seinem Leben,* ***einmal*** *in seinem Leben will er ausschlafen und seine Ruhe haben. Ja, dann hab ich gesagt, pass auf, ist gar kein Problem, da hab ich von einem Freund und Kollegen, hab ich mir die Wohnung im Bayerischen Wald ausgeliehen und dann sind wir dorthin gefahren und haben da was .. und dann durfte er sich im Supermarkt alles das einkaufen, wozu er Lust hatte, also Süßigkeiten und überhaupt. Dann sind wir dann da hin und dann ging's wirklich nur da drum, dass er sich auf die Couch legt und ich ihn wirklich*

> *die ganze Zeit wie so'n Ober [lacht], so'n Kellner bewirte und er Fernsehen gucken konnte und ausschlafen konnte. Darum ging es in den zwei Tagen. Und das haben wir mit totalem Spaß gemacht, also mir, das war so'n bisschen, hatte so'n bisschen was von Rudi Carrell gehabt, lass dich überraschen, und, ja, das fand ich gut" (BE Thomas Z. 366–382).*

Egal wie absurd die Wünsche des Jugendlichen waren, der Betreuer holte ihn genau da ab – eine Intervention, die Marvin wohl etwas Kindheit zurückgegeben haben könnte. Die Vermutung der Autorinnen: Dieses Wochenende entfaltete seine Wirkung insbesondere durch die inszenierte Übertreibung (Marvin durfte nicht nur ausschlafen, sondern wurde auch noch verwöhnt und bedient).

7.10.3 Platz im Familiensystem

Mit Marvin um einen angemessenen Platz im Familiensystem zu kämpfen, hieß für den Betreuer zum einen, ihm den Raum zur Abgrenzung gegenüber seiner Mutter bzw. der älteren Schwester zu verschaffen und in Auseinandersetzungen mit ihnen den Rücken zu stärken.

> *„[...] ich glaub für den Marvin war das klasse gewesen, dass jetzt .. ein Mann, ein männlicher Betreuer vorbeikommt und sich für seine Angelegenheiten einsetzt. Also ich hab mich dann auch .. schon mal mit der Frau F. dann auch sehr kritisch auseinandergesetzt und das hat natürlich der Marvin mitbekommen, das fand er dann immer ganz gut" (BE Thomas Z. 66–70).*
>
> *„[...] und .. ja ich denk mal, auch, dass ich sozusagen sein Anwalt war, grade bei seiner Mutter. Das war, glaub ich, sehr wichtig. So konnte er sich .. mehr entfalten, also in seiner Persönlichkeit" (BE Thomas Z. 140–142).*

Eine ähnliche Einschätzung trifft auch die Koordinatorin:

> *„Der Herr Z. hat für den Marvin, glaub' ich, als Sprachrohr auch fungiert. Die Sprache, die der Marvin nicht gefunden hat, die Wörter auch nicht, sich so durchzusetzen bei seiner Mutter und bei seiner Schwester, das hat Herr Z. dann häufig übernommen, so, und das war .. ich glaub, das war eine gute Intervention" (KO Frau L. 208–211).*

Marvin erinnert sich außerdem an einen „Familienkreis halt, was uns nicht passt, dass wir so was mal alle besprechen, dass niemand dazwischenredet, und das mal klären" (Marvin 178–179). Zugleich arbeitete die Mutter mit Unterstützung der weiblichen Betreuerin laut Hilfeplanprotokoll vom März 2005 an der Veränderung der innerfamiliären Strukturen und Abläufe. Dadurch wurde eine klarere Rollenverteilung zwischen Kindern und Mutter möglich.

Zum anderen legte das Helfersystem recht großen Wert auf die Einbeziehung des Vaters in die Hilfegestaltung (vgl. Kapitel 7.8) und unterstützte Marvin und seinen Vater dabei, sich zu begegnen und miteinander umzugehen. Das Problem für die Kinder und Frau F. bestand wohl vor allem darin, dass Herr F. in depressiven Phasen abwesend war und sich von seinen Kindern zurückzog. Die Hilfe richtete sich deshalb zunehmend darauf, diese Abwesenheiten den Kindern gegenüber transparent und verständlich zu machen (siehe Hilfeplanprotokoll vom März 2005). Die Koordinatorin resümiert:

> *„Ich hab den Vater nur zweimal gesehen und dann […] fand ich den sehr sympathisch, wirklich auch interessiert an Marvin […], also ich glaube, um es wohlwollend ihm gegenüber auszudrücken, dem ist es gelungen, deutlich eine Grenze zu ziehen […] sich abzugrenzen von den Anforderungen als Vater, so. […] Für die Kinder war das schon auch nicht immer so nachvollziehbar .. Also, wir wollten immer, […] dass der Herr F. seine Kinder .. also denen gegenüber transparent hält, wie's ihm grade geht und wo er grade ist und warum er sich nicht meldet und ich glaube, […] das war zunehmend deutlicher […], ich meine auch, je älter die Kinder wurden, desto besser haben sie es auch verstanden […]" (KO Frau L. 292–312).*

Als wichtige Intervention bezeichnen Koordinatorin und Betreuer eine Eltern-Mediation mit Vater und Mutter:

> *„[D]a ist noch mal so der Fokus auf Begleitung von Vater-Sohn-Kontakten gelegt worden … was da so im Nachhinein, wie da was umgesetzt worden ist, das sind mit Sicherheit jetzt nicht so große Schritte gewesen, aber es ist noch mal so ein Bewusstsein für jeden da gewesen, also, für die Erkrankung von Herrn F., der irgendwie sagte, wenn er so depressive Phasen hat, kriegt er sich einfach nicht gut sortiert und bei Frau F. war's ja ähnlich, die hatte ja auch immer wieder Phasen, wo sie sich nicht gut sortiert bekommen hat und da würd ich schon sagen, ja, das war so'n Meilenstein, dieser Termin damals und die Auswirkungen daraus" (KO Frau L. 168–177).*

Die Besuchskontakte zwischen Marvin und seinem Vater, die teilweise durch den Betreuer Thomas Z. begleitet wurden, verhalfen Marvin nach Ansicht des fallführenden Mitarbeiters des Jugendamtes zur Auseinandersetzung mit sich selbst und mit seinem Vater:

> *„Den Vater haben wir mit einbeziehen können, es waren auch immer wieder Besuchskontakte dann auch da, das wäre in einer Tagesgruppe in der Form nie möglich gewesen, weil der Vater psychisch sehr labil war, auch teilweise wirklich mit Suizidgedanken .. und ich fand in dem Zeitpunkt es nochmal unheimlich wichtig, dass der Marvin sich damit auseinandersetzen konnte, wer bin ich, wer ist eigentlich mein Vater, und warum bin ich so. Und .. soweit ich weiß, hat der Thomas Z. also diese Kontakte auch teilweise mit begleitet […]. Ich finde, das war ein wesentlicher Aspekt, was halt gelungen ist, zeitweise gelungen ist. Also der Vater fiel dann auch psychisch nachher wieder ab, dem war dann plötzlich dann auch wieder alles zu viel, und der hat im Grunde genommen, wie er das anfangs gemacht hat, dass er aus der Familie aussteigt, ist er dann letztendlich da auch wieder ausgestiegen. Aber wie gesagt, wir konnten dann einen gewissen Zeitabschnitt das nochmal begleiten, und ich glaube, das war für die Entwicklung von Marvin unheimlich wichtig" (JA Herr R. 85–98).*

Der Betreuer erklärt den späteren Ausstieg des Vaters aus der Elternarbeit und aus den Kontakten zu Marvin nicht mit dessen psychischer Erkrankung, sondern mit Eifersucht und Kränkungen, die es beim Vater mit Blick auf den Betreuer und dessen Beziehung zu Marvin gegeben haben könnte:

> *„[…] aber später hat der dann auch dicht gemacht. Ich glaub, das hat damit zusammengehangen, dass er eifersüchtig war und jetzt irgendwie das Gefühl hatte, ich krieg das einfach alles nicht auf die Reihe und jetzt kommt plötzlich 'n Betreuer an und der meint, er müsste mir jetzt hier einen verklickern" (BE Thomas Z. 176–181).*

Ein dritter Punkt: Die Kontakte zwischen Marvin und seinem Vater wurden durch die Mutter offenbar kritisch gesehen. Die Koordinatorin nahm bei der Mutter Inkongruenzen auf der Sprach- und Handlungsebene wahr:

> *„[…] was konstant auch immer wieder und immer wieder ein Thema war, war die Gestaltung der Kontakte zu dem Vater, .. denen .. Frau F. immer **sehr** kritisch gegenüberstand und die nur **ganz**, **ganz** schwer zulassen konnte. Sie hat immer gesagt, das ist der Vater, der ist wichtig, der soll Kontakt haben, für die*

Kinder ist das wichtig, das war immer das, was sie sagte, was sie aber gezeigt hat, war eher, dass sie da .. ja schon so reinintervenierte, dass sie das eigentlich gar nicht gerne hat, wenn Kontakt besteht. Also der Vater, wenn der depressive Phasen hatte und sich sehr unzuverlässig gezeigt hat, da hat sie da ganz, ganz böse mit reingestochen, so, ist mit Sicherheit eine, ja, eine Enttäuschung, dass der Mann sie verlassen hat und sie da jetzt mit den Kindern ist" (KO Frau L. 154–163).

Frau F. schildert Marvins Vater als sehr unzuverlässig im Umgang mit den Kindern.

„Wir hatten ja, oder die Kinder hatten ja immer noch Kontakt zum Vater gehabt und Vater war ja nicht zuverlässig, .. hat erzählt, er holt die Kinder ab, hat sie nicht abgeholt, und hach, halt noch so andere Kleinigkeiten, und Marvin hat das doch immer alles so über sich ergehen lassen und immer so mit dem Spruch: ‚Naja, er ist doch mein ***Vater****' – auch wenn er* ***gelitten*** *hat" (KM Frau F. 374–378).*

Nach einigem Hin und Her, nicht eingelösten Versprechen und längerem Schweigen geschah Folgendes:

„Dann rief sein Vater an: Tja, Marvin .. mit deiner Schwester hab ich schon telefoniert, sie will mit mir nichts mehr zu tun haben. Jetzt frage ich dich: Willst du überhaupt noch Kontakt zu mir haben? Der Marvin: ***Nee*** *..* ***will*** *ich nicht mehr, ich habe keine Lust mehr da drauf" (KM Frau F. 385–389).*

Diese Entscheidung schreibt sie Marvins gewachsenem Selbstvertrauen zu.

Beim Lesen der für das Thema Kontaktabbruch zum Vater relevanten Interviewausschnitte von Mutter und Sohn entsteht der Eindruck, dass Marvin sich in erheblichen Loyalitätskonflikten befunden haben könnte, die sich mit großer Wahrscheinlichkeit bis heute fortsetzen. Auf die Frage, welche Rolle sein Vater während der dreijährigen Betreuungszeit innehatte, antwortet Marvin im Interview:

„Keine hilfreiche .. Er war sogar eher .. Problem. Mittlerweile ist auch Kontakt weg, weil, ist auch viel besser so, wir haben viel weniger Probleme jetzt in der Familie. Also wirklich, der .. eine Rolle hatte er, also für mich hat er keine Rolle. […] Genau .. Der Kontakt ist abgebrochen. Hab ich selbständig beschlossen, dass ich nicht mehr will, mit ihm reden. Das war einfach .. zu .. jaa .. wie sag ich das? .. Ah, mir fällt jetzt kein Wort dazu ein, auf jeden Fall .. es gab nur Probleme damit" (Marvin 215–223).

Was an dieser Replik auffällt: Marvin macht viele Pausen, es herrscht eine gewisse Wortlosigkeit oder Unsicherheit. Ggf. benutzt er hier die Worte seiner Mutter? Die Vermutung liegt nahe, dass Marvin den Kontakt nicht nur wegen der erlebten Enttäuschungen vom Vater aufgegeben hat, sondern auch um seiner Mutter einen Gefallen zu tun bzw. um des Friedens in der Familie willen. Sein Hinweis „wir haben viel weniger Probleme jetzt in der Familie" legt dies unter anderem nahe. Es scheint, dass der Vater eher für die Mutter ein Problem darstellt als für Marvin und dieser sich in diesem Punkt ihr gegenüber (noch) nicht durchsetzen konnte.

7.10.4 Lebenspraktische Themen

Nach einer Reihe familienentlastender und -strukturierender Interventionen im ersten Betreuungshalbjahr wurde in allen weiteren Hilfeplänen das Ziel formuliert, gemeinsam mit Marvin an dessen Freizeit- und Schulleistungsverhalten zu arbeiten. Dazu gehörte, mit ihm den Alltag neu zu strukturieren und zu gestalten, was zunächst vor allem hieß, Marvin in Bewegung zu bringen – die Wohnung zu verlassen, sportliche Aktivitäten wahrzunehmen, an (körperliche) Grenzen zu kommen und diese zu überwinden.

Mit den Aktivitäten, die Marvin von sich aus wahrscheinlich nicht ausgewählt hätte (fehlender Zugang, finanzieller Aspekt), bot der Betreuer ihm viel Neues. In Marvins Erinnerungen nehmen insbesondere diese für ihn neuen (bislang unerreichbaren) Erfahrungen einen wichtigen Platz ein. Ein leichter Hang zur Verklärung beim Jugendlichen ist unverkennbar:

> *„Ja, was mir direkt als erstes einfällt: Wir waren häufig Skifahren. Also, wir haben viel Außenaktivitäten gehabt. Was auch ziemlich viel Spaß gemacht hat auch" (Marvin 104–105).*
> *„Na wir waren natürlich auch hier .. Gokart-Halle, Klettern, Ausflüge hatten wir auch, aber wirklich: Das Beste war das Skifahren. Wir sind sogar mal, hier Österreich gefahren oder was das jetzt war und den Berg runtergebrettert" (Marvin 111–113).*
> *„Ja, es war was anderes als der ganze Alltag. Wann, wann fährt man denn mal Ski? Also, man muss ja auch das Geld haben .. und man muss ja auch den Kurs mitmachen, was er natürlich mir auch alles dann beigebracht hat. Das war wirklich mal was Neues" (Marvin 117–119).*

Darüber hinaus erinnert sich Marvin an Ausflüge, „also Dänemark auch und .. Bayerischer Wald, da sind wir auch mal hingefahren. Was mir auch gut gefallen hat war, wir waren auch ziemlich häufig im Kino. Das war wirklich alles ziemlich super“ (Marvin 185–187).

Aus Sicht des fallführenden Mitarbeiters des Jugendamtes klingt das so:

> *„[...] ich glaub die sind auch weggefahren, haben sehr viele Freizeitaktivitäten auch gemacht. Also der Hintergrund war einfach, den Marvin richtig in Schwung zu kriegen, auch körperlich, vom Kopf her in Schwung zu bekommen. .. Das hat der Marvin wirklich auch inhaliert, auch umgesetzt“ (JA Herr R. 54–58).*

Die beim Skifahren gemachten Erfahrungen nutzte der Betreuer gezielt zur Motivation in anderen Lebensbereichen:

> *„Und dann waren wir mal zusammen in Österreich gewesen .. jetzt fällt's mir wieder ein, [lacht] beim Skifahren, und ich glaub das hat ihm auch sehr gut gefallen, vor allem, dass er dann den Zweitausender da runtergefahren ist. Das hab ich dann immer in Verbindung mit der Schule auch gebracht, hab ich dann immer gesagt, also wenn du das schaffst, dann schaffst du's auch mit der Schule, dann schaffst du's auch zu Hause mit deiner Mutter und überhaupt. Und dadurch, glaub ich, hat er auch ziemlich viel Selbstvertrauen bekommen“ (BE Thomas Z. 307–313).*

Darüber hinaus stellt er einen direkten Zusammenhang zwischen der Qualität der Betreuungsbeziehung und Marvins Öffnung für Neues her:

> *„Im Laufe der Zeit war das Verhältnis dann so gut gewesen zwischen dem Marvin und mir, also aus meiner Sicht, .. dass sich das eigentlich komplett auf seinen .. Alltag ausgewirkt hat, also er war ja ganz am Anfang eher so'n bisschen verschlossen ... und dann im Laufe der Zeit, ja, hat er sich auch für viele andere Sachen auch interessiert“ (Marvin 126–130).*

Dies ist zugleich eine Ressource, die im Laufe der Betreuung erworben wurde, wobei es so scheint, dass Marvin diese nach Beendigung der Hilfe nicht in seinen Alltag mitnehmen konnte (siehe Kapitel 7.1).

Im Laufe der Betreuung rückte das Thema Schule mehr und mehr in den Fokus: „Irgendwann ging es dann los, dass ich mich auch verstärkt um die Hausaufgaben gekümmert habe, um die schulischen Dinge“ (BE Thomas Z. 114–115).

Wie ein Paukenschlag liest sich die Aktennotiz, dass ein im Jahre 2007 erstelltes Psychologisches Gutachten die Diagnose der Lernbehinderung nicht bestätigte. Noch interessanter sind die Erinnerungen des Betreuers an eine deutliche Leistungsverbesserung beim Jugendlichen nach dieser Rückmeldung:

> *„Und dann war's eigentlich eine lange Zeit, wo wir .. uns dann auch um seine .. um seine seelische Behinderung irgendwie gekümmert haben. Es gab ja damals bei der Geburt irgendwelche Komplikationen und dann hat man irgendwann später, hat man dem Marvin auch erzählt, dass er .. dadurch irgendwie benachteiligt ist. Und das hat er dann auch geglaubt und dann sind wir dann irgendwann noch mal zu dem Kinder- und Jugendpsychologen gegangen und der hat dann was anderes erzählt. Der hat gesagt, er hätte überhaupt keine Probleme. Seitdem, also von da an konnte er dann plötzlich sehr gut rechnen und in Deutsch war er dann auch plötzlich besser und, ja, das war schon recht interessant" (BE Thomas Z. 118–126).*

Die Einschätzungen der Schulleistungen zum Ende der Betreuungszeit fallen dann auch eindeutig positiver aus als je zuvor. Marvin wird im Abschlussbericht des Betreuers bescheinigt, seine Leistungsbereitschaft habe sich erheblich verbessert. Er habe ein gutes Zeugnis erhalten und lerne phasenweise zusätzlich für die Schule und den angestrebten Hauptschulabschluss. Seine Konzentration und Ausdauer hätten sich verbessert, er sei insgesamt belastbarer und leistungsfähiger geworden.

7.11 Zusammenarbeit auf Helferebene

Die Zusammenarbeit zwischen Koordination und Betreuenden wird von beiden Seiten als gut beschrieben. Die Koordinatorin zeigt sich sehr zufrieden damit, dass sie dank der zeitnahen Information durch die Betreuenden und der Einbindung von Frau F. in das Elterntraining bei Jugendhilfe Phöinix e.V. „gut in diesem Fall mit drin gewesen" sei (KO Frau L. 226).

Der fallführende Mitarbeiter des Jugendamtes schildert die Zusammenarbeit mit dem Träger als durchweg positiv und hebt die zeitnahen Rückmeldungen, das Berichtswesen, die Vorbereitung der Hilfeplangespräche und der Fallgespräche hervor. Die Familie habe sich sehr positiv zu den Bezugsbetreuerinnen und zum Elterntraining geäußert (vgl. JA Herr R. 192–204).

Die Koordinatorin erlebte es als unterstützend, dass Herr R. der Familie und der Hilfe sehr wohlwollend gegenüber gestanden und sich für den Fallverlauf interessiert habe (vgl. KO Frau L. 242–262).

Erschwert wurde der Hilfeverlauf in der Erinnerung des fallführenden Jugendamt-Mitarbeiters dadurch, dass an Informationen der Gutachter und der Schule schwer heranzukommen gewesen sei, das habe die Umsetzung von Absprachen mitunter verzögert (vgl. JA Herr R. 226–236).

7.12 Beendigung der Hilfe und Anschlusshilfen

Die ambulante Hilfe wurde Anfang 2008 auf das Ersuchen von Marvin hin beendet, der wiederholt erklärte, dass er keine Jugendhilfe mehr benötige. Heute erinnert er das Betreuungsende so:

> *„Ich fand's schon ziemlich schade, dass er zwar weggeht, aber ich war auch ein bisschen glücklich, da ich halt an den Tagen wieder ein bisschen mehr Zeit hab für andere Aktivitäten. Halt mal, ja, was weiß ich, mal mit Freunden wieder was machen, oder halt einfach mal nur faul im Bett liegen, je nachdem" (Marvin 233–236).*

Der Betreuer räumt ein, dass die Hilfe möglicherweise zu oft verlängert worden war und Marvin sie deshalb beendete. „Und zum Schluss war die Maßnahme vielleicht etwas zu lang, weil der Marvin hat sich dem Ganzen dann auch irgendwann entzogen, hatte keine Lust mehr und das war dann nur noch 'n Rumgegurke und Rumgewürge" (BE Thomas Z. 181–184). Vom Jugendamt gab es „immer wieder .. Nachschlag, noch mal 'n paar Monate, noch mal 'n paar Monate" (BE Thomas Z. 252–253). Tatsächlich dauerte die Hilfe länger als die üblichen zwei Jahre, der fallführende Mitarbeiter des Jugendamtes erhielt dann die Anweisung, die Hilfe schrittweise zu beenden:

> *„[I]m Rahmen des Genehmigungsverfahrens der Hilfepläne bin ich dann angesprochen worden und .. mir ist deutlich gesagt worden, dass diese Hilfe jetzt schrittweise auch zu beenden ist. Ich denke, das war auch richtig so. Wir waren an einem Punkt auch angelangt, wo .. ich sag mal so, dieser ursprüngliche Hilferuf der Mutter .. der war abgearbeitet" (JA Herr R. 245–249).*

Die Koordinatorin äußert die Idee, Marvin sei „hilfemüde" gewesen:

> *„Also ganz plötzlich hat er gesagt, er könnte das jetzt alleine, hätte ganz viel gelernt und er bräuchte keinen Thomas Z. mehr und bräuchte auch niemanden mehr, der ihm für diese Dinge hilft, so. Ich hatte damals, oder so im Nachhinein ein bisschen die Hypothese, der war hilfe**müde**, so ein Stück auch [...]" (KO Frau L. 338–341).*

Sie beendete die Hilfe nicht ohne gewisse Bauchschmerzen:

> *„Das war so die eine Seite, die andere Seite, die ich dann eher so ein bisschen besorgniserregend fand, das war ja so mitten in der Pubertät, wo der dann gesagt hat, dass er nicht mehr will. .. Ich hatte so'n bisschen die Sorge, dass .. da so 'ne depressive Disposition dann vielleicht auch durchkam, auch bei Marvin durchkam. Nichtsdestotrotz hatten aber Thomas Z. und ich auch jetzt kein schlechtes Gefühl, wenn wir sagen, okay, dann ziehen wir das Hilfeplangespräch vor und nehmen Marvins Wunsch wahr und beenden die Hilfe auch" (KO Frau L. 348–354).*

Der Mutter fiel das Ende „verdammt schwer" (KM Frau F. 281) – sie war sich unsicher: „Kommt man jetzt klar? Hält man sich an diese Sachen oder geht man wieder zurück in altes Verhalten rein?" (KM Frau F. 278–279). Nach dem Schock des Abschiedes erfolgte offenbar eine Umdeutung. Das Ende bewertet sie heute als Herausforderung: Es begann die „Bewährungszeit, [...] wirklich alleine klarzukommen, was am Anfang auch schwer war" (KM Frau F. 285–286).

Sie konnte aus dem Abschiedsschock heraus Kräfte entwickeln und knüpfte damit in beeindruckender Weise an ihre Ressourcen an:

> *„Ja, auf das Ende, da wird man ja 'ne Zeitlang schon drauf vorbereitet. Dafür gibt's ja die Hilfeplangespräche. [...] Aber so zum Schluss .. ja, man wird ja wirklich drauf vorbereitet. Auch wenn man vorbereitet wurde, ist das trotzdem ein Sprung ins kalte Wasser, weil in dem Moment .. es ist ja wirklich ein kompletter Abbruch. Keiner ist mehr erreichbar. Was heißt keiner ist mehr erreichbar – sicherlich hätte ich noch den Thomas Z. anrufen können und die Karin H., aber für mich persönlich war das dann auch .. ich hab das auch gar nicht gesucht erst mal. .. Ich wollte doch erst mal **mir** beweisen, dass ich es doch, dass ich viel gelernt habe und das auch umsetzen kann" (KM Frau F. 348–356).*

Den Abschied wollte der Betreuer gemeinsam mit Marvin bei einem Essen gestalten, es kam jedoch etwas anders als gedacht:

> *„Und ja, dann zum Schluss […] sind wir essen gegangen noch. Also ich hab den Marvin eingeladen zum Essen, aber das hat dann die Frau F. falsch verstanden und ist dann, ich hab ihn abgeholt zu Hause und die Frau F. hat sich dann auch schick gemacht und ist dann mitgegangen [mit lachendem Unterton]. Ich hätte natürlich dann zum Abschied noch 'ne Riesenwelle machen können aber das hab ich dann sein gelassen und hab gedacht, okay, dann geh ich halt mit den beiden essen" (BE Thomas Z. 257–263).*

Möglicherweise ließ der Betreuer hier eine Chance verstreichen, Marvin noch einmal etwas Exklusives mitzugeben: seine ungeteilte Aufmerksamkeit und eine gemeinsame rückblickende Reflexion.

Mit Frau F., die nicht ohne Skepsis in die Zukunft sah, wurde Folgendes vereinbart:

> *„Ich weiß die Frau F. hat ein bisschen .. skeptisch reagiert, so ein bisschen, klein bisschen so mit Zukunftsangst, so nach dem Motto, ja was ist, wenn's mir dann doch wieder schlecht geht, an wen kann ich mich wenden. Die Fragestellung haben wir dann auch abschließend in den Abschlussgesprächen also auch festgelegt, dass sie trotzdem immer wieder nochmal zu Elternnachmittagen nach Phöinix gehen kann, oder auch hier beim Jugendamt weiterhin Ansprechpartner hat" (JA Herr R. 255–260).*

7.13 Auswirkungen der Hilfe in der Wahrnehmung und Deutung der Befragten

Marvin betont im Interview mehrfach von sich aus, dass die Betreuung hilfreich war. Diese Anmerkungen streut er wiederholt in seine Erzählungen ein: „Aber letzten Endes, ja, hat's mir ja viel gebracht. […] Auf jeden Fall – es hat mir wirklich viel geholfen da" (Marvin 24–26); „Ja, und es war wirklich auch gut so. War besser so" (Marvin 45); „Aber wirklich, es hat geholfen, das war wirklich besser so" (Marvin 83–84).

7.13.1 Sozialverhalten

Auf direkte Fragen zu den Auswirkungen und Lernerfahrungen aus der Betreuungszeit bezieht sich Marvin überwiegend auf Fortschritte in seinem Sozialverhalten:

> *„Ja, ich kann mit Kritiken besser umgehen jetzt. Auch jetzt wenn ich Praktikum hab, ist für mich kein Problem. Ich nehm's hin und versuch es besser zu machen" (Marvin 158–159).*
>
> *„Ich glaub, dass mir .. vom Knigge abschreiben wegen Verhalten, ich glaub da, das war glaub ich das Richtige, am hilfreichsten .. das mit dem Verhalten" (Marvin 253–254).*
>
> *„Ja, ich bin nicht mehr so, also nicht mehr so viel aggressiv, besser: fast nicht aggressiv .. nicht so häufig genervt ... helf mehr mit im Haushalt ... lass Leute auch ausreden und .. wenn mir was irgendwas zu langweilig wird, dass ich jetzt hier nicht mehr wie früher auf der Tischplatte liege und .. ist mir egal, ich schlaf hier ein' .. das hat sich wirklich ziemlich drastisch geändert" (Marvin 243–247).*
>
> *„Nee, also, im Alltag da bezieh ich mich nicht so sehr drauf, aber es ist einfach jetzt drin, halt .. es ist einfach drin: Sei freundlicher .. sei auch wirklich höflicher zu den anderen Menschen, du willst ja auch höflich behandelt werden. Das hat er mir wirklich .. ja, sag ich mal, eingeprügelt" (Marvin 260–263).*

Die Koordinatorin nahm an Marvin Fortschritte in seinem Sozialverhalten wahr, fügt aber relativierend hinzu:

> *„Ich find trotzdem, der war zum Ende der Hilfe auch ganz .. entfernt von den Jugendlichen, normal in diesem Alter, so. .. Der war schon auch zum Schluss sehr eigen und auch sehr mit sich und gefangen auch in seiner Welt. Ich glaube nicht, dass der viele Kontakte hat zu anderen Jugendlichen in dem Alter. .. Aber ich hatte den Eindruck, er war zufrieden, so, also er wirkte nicht unglücklich dabei. [...] Also, ja, also zum Schluss das war schon auch deutlich, das hat Thomas Z. mit ihm auch immer wieder schön trainiert, war Marvin auch wirklich jemand, den man als Gesprächspartner auch nutzen kann, also es war durchaus auch mal ein Dialog möglich" (KO Frau L. 364–369).*

7.13.2 Kindliches Nachreifen

Der Zugewinn an Selbstbewusstsein und die Art und Weise, wie Marvin mittlerweile die eigene Meinung vertritt, kann unter anderem als eine Auswirkung umfangreicher Nachreifungsprozesse gewertet werden:

> *„Also ich hab Marvin schon .. so am Ende erlebt, dass er lebhafter geworden ist, dass er selbstbewusster geworden ist, dass er in .. seiner pubertierenden Phase, die sicherlich bei ihm später einsetzte als bei anderen normaldurchschnittlichen Jungs, dass der da gut begleitet worden ist durch Thomas Z." (JA Herr R. 280–283).*

Marvins Mutter kann diese Seite an Marvin heute sehr schätzen:

> *„Marvin hat sich seitdem auch verändert. [...] Ähm, ja, der hatt immer so 'nen traurigen Eindruck .. auf mich .. und .. ja, das hat er nicht mehr. Mittlerweile, wenn irgendwas ist, ich hab hier meine eigene Meinung, ich sage meine Meinung, und die habt ihr auch so zu akzeptieren. Egal, wer das ist. Wenn ich jetzt sage, Marvin, ich würde doch gerne, dass du da und da hilfst – Ich hab kein Bock, was hab ich mit den Leuten zu tun? .. Als Beispiel. Und das wäre nie möglich gewesen. In der Hinsicht ist er* ***gewachsen****. Auch in der Schule. Dass er sagt, lasst mich in Ruhe. Der Lehrerin die Meinung sagt. [...] Klar ist er da auch schon hin und wieder mit angeeckt, aber das sind seine* ***Erfahrungen****, die er machen muss. Und ich finde im Großen und Ganzen .. ist dieses Verhalten, was er früher nicht hatte, [flüstert] sehr positiv. Dass er auch zu mir sagt: Mama, bist du jetzt gaga? .. Was willst du jetzt von mir? Hätte er früher nie gesagt. Er hätte dann das gemacht, was ich gesagt habe. [lauter] Oder sich jetzt wirklich richtig mit mir zankt, wo die Türen fliegen, das [flüstert] hat er früher aber nicht gemacht. Und ich muss sagen, [lauter] er ist jetzt ein Jugendlicher, so wie Jugendliche halt sind" (KM Frau F. 373–405).*

7.13.3 Platz im Familiensystem

Auch die anwaltliche Funktion, die der Betreuer für Marvin gegenüber der Mutter innehatte, und das durch ihn verkörperte männliche Vorbild, trugen zu den bereits genannten wichtigen Veränderungen an Marvin bei. Marvin lernte – darin stimmen die befragten Helferinnen überein – sich gegenüber seiner Mutter zu behaupten und wurde selbstbewusster:

> *„[...] und ich finde, was er wirklich auch gelernt hat, ist gegen seine .. ich sag das jetzt mal, in meinen Augen, dominante Ebene von Mutter und Schwester da einfach sich auch so einen eigenen Freiraum zu schaffen, sich auch als Junge darzustellen und auch Sachen für sich da auch einzufordern" (JA Herr R. 145–148).*

Die Koordinatorin vermutet, dass Marvin gelernt hat, mit den Eigenheiten der Mutter und der Schwester umzugehen, und dass ihm dabei eine gute Portion Humor behilflich war:

> *„Der hat sich so mit seiner Mutter und der Martina und dem Julius da zu Hause arrangiert und auch so zum Teil eine Art Humor gefunden, wie er seiner älteren Schwester .. eins auswischen kann und wie er bestimmte Verhaltensweisen von der sehen kann und hat da irgendwie, ja so einen eigenen Weg gefunden, so, glaub ich, so würd ich sagen, war der am Ende" (KO Frau L. 369–370).*

Als eine plötzliche „ganz große Wandlung" (KM Frau F. 373) beschreibt Frau F. die Abkehr ihres Sohnes vom leiblichen Vater. Sie stellt einen direkten Zusammenhang zwischen dieser Entscheidung und dem gewachsenen Selbstbewusstsein ihres Sohnes her. Mit Verweis auf Abschnitt 7.10.3 sei hier nochmals betont, dass bei aller nachvollziehbaren Enttäuschung vom Vater bei Marvin Loyalitätskonflikte gegenüber seinen Eltern wahrscheinlich sind. Es ist also gut möglich, dass er die Entscheidung weniger für sich als für seine Mutter traf, in deren Haushalt er nach wie vor lebt.

7.13.4 Lebenspraktische Themen

Auch lebenspraktische Übungen und die verschiedenen Freizeitaktivitäten führten nach Einschätzung der Helferinnen zu mehr Selbstbewusstsein bei Marvin und haben „seinen Horizont erweitert" (BE Thomas Z. 140). Der Betreuer ist überzeugt, dass Marvin insbesondere durch die Überwindung der eigenen Grenzen (bspw. beim Herunterfahren von einem Zweitausender auf Skiern) und die Reflexion darüber mit Bezug auf andere schwierige Situationen „auch ziemlich viel Selbstvertrauen bekommen" hat (BE Thomas Z. 312–313).

Die Mutter verweist auf diverse Erfolgserlebnisse und Selbstwirksamkeitserfahrungen ihres Sohnes, die diesen gestärkt hätten: „Also er konnte eigentlich .. sich *stärken*, indem er Sachen erlebt hat und mal gesehen hat, wow, ich kann was und ich bin *gut*. .. Was er ja vorher gar nicht so erlebt hat" (KM Frau F. 171–173). Marvin selbst stellt im Interview keinen Zusammenhang zwischen den gemeinsamen Außenaktivitäten und seinen Lernerfolgen her.

Ein Meilenstein für das Gelingen der Hilfe war die veränderte Diagnostik – nicht lernbehindert. Marvin wurde damit ein neuer Blick auf sich selbst erlaubt, mehr Selbstvertrauen gegeben und seine Entwicklung wurde offensichtlich forciert (vgl. BE Thomas Z. 122–126). So konnte er sich wesentlich in der Schule verbessern (vgl. JA Herr R. 145) und „[i]n der schulischen Entwicklung ist er auch selbstbewusster geworden [...]. Also der hatte da mehr Kraft, mehr Energie, konnte länger zuhören, hat auch eigene Themen eingebracht. Also das fand ich, war wirklich 'ne sehr positive Entwicklung" (JA Herr R. 285–295).

7.13.5 Auswirkungen für die Familie insgesamt

Die Mutter sagt von sich, dass sie heute vieles hinterfrage und zweimal hinhöre. Sie fühle, dass sie vieles richtig mache. Sie nimmt gegenwärtig Hilfe bei der Erziehung ihres jüngsten Sohnes in Anspruch und interpretiert das als Kompetenz. Sie erklärt, auch weiterhin an sich arbeiten zu wollen und offen für kritische Rückmeldungen ihrer Kinder und für Veränderungen zu sein (vgl. KM Frau F. 287–305). Sie sei offener geworden, schaffe sich Freiräume und lebe ihr eigenes Leben – auch ohne die Kinder (vgl. KM Frau F. 411–438). Die Koordinatorin bemerkte zum Ende der Betreuung veränderte Kommunikationsmuster in der Familie: Marvin wurde ruhiger, Martina lebendiger, die Mutter habe gelernt, sich auch mal rauszuhalten (vgl. KO Frau L. 385–389). Sie teilt auch den Eindruck, dass die Mutter gelernt habe, mit Krisen und depressiven Phasen umzugehen. Die Abgrenzung der Kinder von der Mutter sei aber nur teilweise gelungen (man sehe die Mutter bis heute immer in Begleitung eines ihrer Kinder). Sie ist der Auffassung, dass Frau F. therapeutisch etwas für sich tun müsse (vgl. KO Frau L. 394–421).

Der fallführende Mitarbeiter des Jugendamtes hat das „Endergebnis sehr zufriedenstellend" in Erinnerung. Die Familie sei „intensiver an den Sozialraum, an ihr Umfeld angebunden worden", habe „Möglichkeiten und Eigenressourcen erkannt [...], so dass ich .. also da der Meinung bin, dass die dann auch wirklich auf Beratungsstellen zugehen, sich bei Phöinix melden oder hier auch noch mal zum Jugendamt kommen" (JA Herr R. 264–271). Die Arbeit war auch präventiv angelegt – der jüngste Sohn Julius profitiere stark von den Erfahrungen, die Frau F. in der ambulanten Hilfe machen durfte. Der Mitarbeiter des Jugendamtes ist überzeugt, dass die Hilfe zeitnah und gut für Marvin war, für den das Ganze ansonsten womöglich mit einer stationären Hilfe geendet hätte (JA Herr R. 325–338).

7.14 Zukunftsvorstellungen von Marvin

Für die Zukunft wünscht Marvin sich Struktur durch Familie, Arbeit und soziale Kontakte:

> *„Ja, in der Zukunft .. na, auf jeden Fall eigene Familie gründen, gute Arbeit finden, na, den Freundeskreis halt, ne, vergrößern, zu den alten Freunden Kontakt halten ... ja, und natürlich zur Familie Kontakt halten, das ist natürlich auch sehr wichtig. Das sind eigentlich schon hier .. das will ich schon gern in Zukunft halt .. erreichen. [...] Ich würde gerne Bäckereifachverkäufer werden. Na, ich hab da mehrere Praktikums gehabt, oder, Praktika, wie das jetzt richtig heißt. Natürlich auch gut benotet, hat mir Spaß gemacht“ (Marvin 280–288).*

Die Mutter ist sehr stolz darauf, dass Marvin eigene private und berufliche Pläne hat, sich seine Wünsche mit selbst verdientem Geld erfüllt, freundlicher zu seinen Mitmenschen ist und hartnäckig seine Ziele verfolgt: „Und ich denk wirklich, der geht auf jeden *Fall* seinen Weg. Die ganzen Probleme, die wir hatten .. ich glaub für den Marvin .. ist das gar nicht mehr so. [...] Er weiß seinen Weg und den geht er“ (KM Frau F. 465–467).

7.15 Zusammenfassung

Settinggestaltung

Die Entscheidung des Helfersystems, Frau F. und ihren Kindern eine ambulante Betreuung statt der von ihr angestrebten Unterbringung von Marvin in einer Heilpädagogischen Tagesgruppe anzubieten, erscheint den eruierten Problemlagen in der Familie sehr angemessen. Die Hilfeerbringung durch eine männliche und eine weibliche Fachkraft mit klar geregelten Zuständigkeiten (Betreuer – Marvin, Betreuerin – Mutter/Tochter) war vom Ansatz her gut gedacht, hätte jedoch – wie Betreuer und Koordinatorin berichten – der besseren Abstimmung und Kooperation der beiden Betreuenden bedurft. Der Streit zwischen Thomas Z. und Karin H. erinnert an den Streit zwischen den Eltern, in dem mangelnde Kommunikation und Transparenz, Konkurrenzgefühle und Kränkungen ebenfalls eine große Rolle spielten. Die Frauen-Männer-Trennung im Haushalt und die Vereinzelung von Marvin wurden dadurch gegebenenfalls vorübergehend noch verstärkt. Mit Blick auf die späteren Entwicklungen – Marvin scheint nach wie vor eher ein Einzelgänger zu sein und seine Affinität zum Spiel am PC dient möglicherweise auch der Abschottung von seiner Mutter – haben die Erfahrungen mit den streitenden Betreuenden Marvin eventuell weiter in dem bestärkt, was er an Strukturen und Mustern aus dem familiären Kontext schon kannte und verinnerlicht hatte. Im Unterschied zu den Eltern ist es den Betreuenden jedoch schließlich gelungen, sich über ihre Rollen in der Familie zu einigen. Dieser Konflikt und der Umgang damit hätten in der Arbeit mit Marvin und den Eltern möglicherweise reflektierend genutzt werden können. In diesem Zusammenhang wären eventuell mehr gemeinsame Zeiten von Kindern, Mutter und Betreuenden hilfreich gewesen.

Arbeiten an der Biographie

Es scheint so, dass Marvin bis heute seinen Platz im Familiensystem nicht gefunden hat. Er kann sich nach Auffassung des Betreuers gegenüber seiner Mutter zwar besser und selbstbewusster positionieren, es ist jedoch davon auszugehen, dass diese in Familienangelegenheiten nach wie vor einen großen Einfluss auf die Meinungsbildung ihres Sohnes hat. Wenn es um den Vater geht, scheint eine erwachsene Person – die Mutter? – durch den Sohn zu sprechen. Zumindest hat, so erinnert sich die Koordinatorin, Frau F. schon während der Betreuungszeit die Differenzen zwischen Vater und Sohn eher geschürt. Die Probleme zwischen den Eltern wurden offenbar oft nicht auf der Erwachsenenebene ausgetragen, sondern über die Kinder kommuniziert. Ein Indiz: Beide Kinder haben den Kontakt zum Vater inzwischen abgebrochen. Die große Stärke der Elternarbeit – gemeinsam mit den Kindern am Verständnis für das widersprüchliche, als unzuverlässig wahrgenommene Verhalten des Vaters ihnen gegenüber zu arbeiten – wurde offenbar nicht konsequent fortgeführt oder konnte die Mutter mit den zur Verfügung stehenden Mitteln nicht erreichen. Die Koordination empfiehlt der Mutter deshalb eine therapiegestützte Bearbeitung ihrer Themen.

Beziehungsgestaltung

Die Beziehung des Betreuers zu Marvin und seiner Mutter wurde durch diese hilfreich erlebt, weil sie zum einen nicht vordergründig durch pädagogische Absichten und Mittel bestimmt und zum anderen durch Vertrauen und eine große Nähe gekennzeichnet war. Der Betreuer konnte gegenüber Marvin die Rolle des männlichen Vorbilds, Beistands und des erwachsenen „Freundes" offenbar sehr gut ausfüllen, ihn emotional nachnähren und mit ihm gemeinsam am Sozial- und Freizeitverhalten arbeiten. Mit der Nähe-Distanz-Problematik ging der Betreuer in der Reflexion und im Verhalten verantwortungsvoll um.

Transfer

Eine wichtige Rolle in der Betreuung nahmen gemeinsame Außenaktivitäten (vor allem das Skifahren) ein. Marvin spricht unter den Überschriften „Spaß, Abwechslung, Neues“ sehr positiv von diesen Unternehmungen, bezieht sich aber in der Schilderung der Auswirkungen zumindest nicht explizit auf diese. In Anbetracht seines jetzigen Lebensstils stellt sich die Frage: Was davon konnte Marvin in seinen Alltag mitnehmen? Es scheint, dass Marvin gern zu Hause ist, sich aber von seiner Mutter zurückzieht, gegebenenfalls trifft die Vermutung der Koordinatorin zu, dass bei Marvin depressive Dispositionen angelegt sein könnten. Wenn jemand kommt um mit ihm etwas zu unternehmen, ist er zu motivieren und mit Spaß dabei. Von sich aus schafft er das aber offenbar bis heute nicht. Er verbringt seine Freizeit wie auch schon vor der Betreuung überwiegend am PC, der Betreuer spricht von „Computersucht“. Diese war und ist vielleicht auch eine Abgrenzung von der Mutter, die nach wie vor noch sehr auf ihre Kinder fixiert zu sein scheint und deren Sozial- und Freizeitverhalten vermutlich stark beeinflusst. Eine solche Annahme wirft die Frage auf, warum mehr an Transfer ins jetzige Freizeitverhalten nicht gelungen ist. Vielleicht hätten Mutter oder Vater in die Außenaktivitäten eingebunden werden können (eine positive Erfahrung war ein gemeinsamer Urlaub von Mutter, Kindern und beiden Betreuenden). Oder neben der wichtigen Horizonterweiterung wären milieugerechtere Angebote gemeinsam mit Gleichaltrigen angezeigt gewesen (Skifahren ist nicht anschlussfähig für Marvins Alltag). Die Mutter benötigte noch mehr Sensibilität für die Stimmungen und Bedürfnisse der Kinder.

Was dem Betreuer offenbar sehr gut gelungen ist: Er konnte Marvin durch den Rückgriff auf gemeinsame positive Erfahrungen beispielsweise beim Skifahren für andere Lebensbereiche – etwa die Rollenfindung in der Familie oder die Schule – motivieren. Erfreulich: Alle Befragten bescheinigen Marvin am Ende der Betreuung ein gewachsenes Selbstbewusstsein und Durchsetzungsvermögen.

Ressourcen- und Potentialarbeit

Ein interessantes Phänomen für die Fallbeteiligten ist die Erfahrung, welche Entwicklung Marvin nach der Rücknahme der Diagnose „lernbehindert“ im schulischen Bereich nahm. Die auffälligen Verbesserungen in der Lernbereitschaft und im Leistungsvermögen legen noch einmal nachdrücklich einen sehr achtsamen Umgang mit Diagnosen und die Bedeutsamkeit einer ausgewiesenen Ressourcenorientierung nahe. Es erstaunt immerhin, dass die interviewten Helferinnen auf die Frage nach

Ressourcen bei Marvin übereinstimmend lediglich eine (auch erst zu erzeugende) Offenheit für die Betreuung und den Betreuer als Person nennen. Ein detaillierterer Ressourcenblick, wie ihn die Koordinatorin anbietet, ist wünschenswert und hilfreich.

Partizipation

Die Partizipation der Hilfeempfänger kann in diesem Fall als gelungen gelten – Anstrengungen zur Einbeziehung des teilweise abwesenden Vaters eingeschlossen. Zu denken geben sollte es jedoch, wenn ein offenbar „hilfemüder" Jugendlicher derartig vehement und nachdrücklich die Beendigung einer Betreuung einfordern muss. Hier sollten die Hilfebeteiligten genauer hinsehen und hinhören, inwieweit eine Verlängerung über mehrere Zeitabschnitte angezeigt ist.

8 Fallstudie Sebastian

Quellen:

- Aktenanalyse
- Interviews mit:
  - Sebastian (Sebastian)
  - Kindsvater (KV Herr W.)
  - Betreuerpaar in Schweden (BE Lars K., BE Malin A.)
  - Betreuer in Deutschland (BE Hannes G.)
  - Koordinator für das Schweden-Projekt (KO Herr E.)
  - Koordinatorin für das Deutschland-Projekt (KO Frau S.)

Weitere Personen:
- Kindsmutter (Frau W.)
- weiterer betreuter Jugendlicher in der Projektstelle in Schweden (Stefan)
- weibliche Betreuerin in der Projektstelle in Deutschland (Christina G.)

8.1 Aktuelle Lebenssituation des Jugendlichen

Zum Zeitpunkt des telefonischen Interviews mit Sebastian liegt das Ende der Betreuung bei Jugendhilfe Phöinix e.V. 5;3 Jahre zurück. Sebastian ist 23 Jahre alt. Er lebt nach dem Verlust seiner Wohnung wegen Mietschulden „bei 'nem Kumpel, auf der Couch" (Sebastian 29) und verfügt nicht über eigene finanziellen Ressourcen: „Ich muss mich wöchentlich bei der ARGE oben melden, weil ich ja keinen festen Wohnsitz hab […]" (Sebastian 41–42). Sebastian möchte wieder eine eigene Wohnung haben und träumt von einer Lehrstelle, am liebsten als Schreiner (vgl. Sebastian 82–91).

Vor ca. 3 Monaten wurde Sebastian vorzeitig aus einer stationären Suchttherapie entlassen. Er erklärt, gegenwärtig „selten mal" Alkohol zu trinken (Sebastian 115), räumt aber ein, regelmäßig zu kiffen:

> *„Ja, also ich ähm, ich konsumier jetzt, seit ich wieder da bin, ja .. in der letzten Zeit fast regelmäßig .. ähm Marihuana halt. Also weiche Sachen. Aber so jetzt, die anderen Sachen, nee, muss ich nicht haben. Die machen einen bloß körperlich und psychisch kaputt. Ja, beim Rauchen ist es halt so, da kann ich einfach abschalten, so mit dem ganzen Alltagsstress und überhaupt" (Sebastian 123–126).*

Sebastian äußert sich optimistisch, was die nähere Zukunft angeht: „Jetzt hab ich mich Gott sei Dank wieder gefangen. Jetzt krieg ich endlich mal Geld von der ARGE, das ist das Wichtigste [...] und dann mit dem Arbeitslosengeld, muss halt jetzt mal schau'n, dass ich so schnell wie möglich 'ne Wohnung krieg" (Sebastian 135 – 139).

Als ca. 4 Monate später das Interview mit Sebastians Vater stattfindet, berichtet dieser von einer wenige Tage zurückliegenden Inhaftierung seines Sohnes: „Es wurde wohl 'ne Bewährung widerrufen, so wie mir das seine Anwältin erzählt hat" (KV Herr W. 12 – 13). Danach gefragt, welche seiner Vorhaben Sebastian verwirklichen konnte, antwortet der Vater:

> *„Also meines Wissens konnte er gar nichts davon umsetzen, weil Sebastian immer wenn man mit ihm spricht, Mords-Pläne äußert oder er äußert dann, was er alles vorhat, was er machen will, ist auch sehr einsichtig ob der Tatsache, dass er .. sein Leben .. in den Griff kriegen muss und so weiter und so fort, aber umsetzen kann er davon in der Regel so gut wie nichts. .. Und das führt halt dann meistens dazu, dass er immer noch weiter ab-, abrutscht und so. Und das ist wohl jetzt auch geschehen" (KV Herr W. 21 – 26).*

8.2 Hilfeverlauf

Quelle:	Akte
Beginn der Hilfe:	17.11.2001
Einstiegsalter:	13;7
Ende der Hilfe:	Februar 2006
Dauer der ISE:	4;3

Betreuungsabschnitte

November 2001 bis Dezember 2003:
stationäre Betreuung in Schweden; räumliche Distanz zu den Eltern und zu schädigenden Milieus, reizarme Umgebung (ländlicher, abgelegener Hof), Betreuerpaar (Mann und Frau), Arbeit mit Schlittenhunden als Medium, zweiter Jugendlicher im Projekt (älter als Sebastian)

Januar 2004 bis Februar 2006:
stationäre Betreuung in Deutschland; räumliche Nähe zu den Eltern und Großeltern, abgeschieden gelegener Hof (ehemaliges landwirtschaftliches Anwesen mit Tieren, viel Auslauf, Werkstatt für Holz- und Steinarbeiten), Betreuung in einer Familie (Betreuerpaar mit drei leiblichen Kindern (16, 13 und 4 Jahre)), alternative Lebensweise mit Elementen buddhistischen und indianischen Glaubens, hohe Präsenz des männlichen Betreuers, schulische und Ausbildungseinrichtungen in der Nähe

Besonderheit:
intensive Elternarbeit durch die Koordinatorin im ersten halben Jahr der Hilfe (4 Gespräche mit Vater und Mutter getrennt), wurde wegen mangelnder Bereitschaft der Eltern, Sebastian bei sich aufzunehmen, eingestellt

8.3 Vorgeschichte

Sebastian wurde 1988 als erster Sohn des Ehepaares W. geboren. Sein Vater war Beamter, seine Mutter Hausfrau. Eine jüngere Schwester kam zur Welt, als Sebastian 2 Jahre alt war. Bereits als kleiner Junge wurde Sebastian von den Eltern als auffällig, unruhig und hyperaktiv beschrieben. Als 5- und 6-Jähriger erhielt er ergotherapeutische Unterstützung, als 7-Jähriger machte er erste Erfahrungen mit einer ambulanten Psychotherapie.

Unklar ist, warum Sebastian ab dem Frühjahr 1996 10 Monate lang in einer Psychiatrie stationär behandelt wurde. Bekannt ist nur, dass er aufgrund einer ADHS-Diagnose Ritalin verordnet bekam. Die Klinik verließ er Anfang 1997 und wurde wenige Tage danach in einem Kinderheim untergebracht. Die Gründe sind der Akte nicht zu entnehmen. Es ist auch nicht bekannt, wie mit der Medikation weiter verfahren wurde.

> *Sebastian dazu: „Ich bin mit sieben damals schon in die Psychiatrie gekommen. .. Also weil auch die .. ja, die Familienverhältnisse zu dem Zeitpunkt auch ein bisschen schwierig waren, ich war ziemlich eifersüchtig auf meine Schwester. Mein Vater hat damals meine Schwester bevorzugt behandelt, damit und dadurch hat das dann alles angefangen. Also ich war dann ein Jahr in der Jugend- und Kinderpsychiatrie in G., bin dann von dort aus ins Kinderheim gekommen nach P." (Sebastian 312–316).*

Wenig später trennten sich die Eltern, nachdem die Mutter für eine unbestimmte Zeit die Familie verlassen hatte, um sich eine Auszeit zu nehmen. Mit dem neuen Schuljahr 1998 wohnte Sebastian beim Vater und der Schwester und besuchte die Heilpädagogische Tagesstätte des Kinderheimes. In diese Zeit fällt ein Vorfall, den der Vater als „sexuelle Spiele", die Mutter als „Doktorspiele" (Protokolle Elterngespräche, Quelle: Akte) von Sebastian mit der jüngeren Schwester bezeichnet. In deren Folge lehnte der Vater das weitere Zusammenleben mit dem Sohn zum Schutz der jüngeren Tochter ab und Sebastian kam zur Mutter. Da es diese an Konsequenz und Strenge fehlen ließ, wuchs ihr die Erziehung des Sohnes bald über den Kopf.

> *„Meine Mutter und mein Vater sind dann in der Scheidung, besser gesagt in der Trennung gewesen, das hat meine Mutter nicht verkraftet. Die hat dann ein Alkohol- und Drogenproblem bekommen, und ich hab das dann halt mitbekommen, wenn sie in der Nacht außer Haus gegangen ist, und dann in der Früh wieder gekommen ist, total fertig" (Sebastian 367–370).*

Sebastian kam daraufhin wieder in den väterlichen Haushalt, in dem inzwischen auch die neue 27-jährige Lebenspartnerin des Vaters wohnte. Auch hier hielt er sich nicht an Regeln, schwänzte die Schule und hielt sich kaum zu Hause auf. Daraufhin wendete sich der Vater erneut an das Jugendamt und teilte dort mit, dass er der elterlichen Sorge nicht nachkommen könne.

Auf einen einmonatigen Psychiatrie-Aufenthalt Anfang 2000 folgten mehrere Unterbringungen im Rahmen der Jugendhilfe: Zunächst eine Betreuung mit familienähnlichem Setting – Sebastian lebte ein halbes Jahr gemeinsam mit sechs Kindern bei einem Betreuerpaar. Nach einem halben Jahr stand für das Helfersystem fest, dass Sebastian nicht bleiben konnte – wiederholt brachte er die jüngeren Kinder in Gefahr und es gab wiederum einen missbräuchlichen Vorfall mit den kleinen Töchtern der Familie.

In den Berichten dieser Einrichtung finden sich Hinweise auf den Verdacht einer sich entwickelnden kombinierten Persönlichkeitsstörung (Anzeichen für Dissoziale Persönlichkeitsstörung und Emotional Instabile Persönlichkeitsstörung) und eine geringe Bindungsfähigkeit. Über eine Beziehung Loyalität einzufordern sei daher schwierig. Hier stellt sich die Frage, inwieweit der geäußerte Verdacht bei einem 13-jährigen Jugendlichen möglich und berechtigt ist.

Im Anschluss wurde Sebastian für drei Monate in eine Jungengruppe eines Werkhofes integriert, die er jedoch verlassen musste, nachdem er versucht hatte, das Gruppenauto zu entwenden, um damit nach Hause zu fahren (vgl. Sebastian 321–334). Zur Deeskalation kam er für zwei Wochen in die Einzelbetreuung zu einem der Betreuer des Werkhofes und hielt sich danach 4 Wochen in einer 1:1-Betreuung des gleichen Trägers in Italien auf.

> *„Ja, und da hat der Chef von der Jugendorganisation gesagt, ja, als Strafe komm ich jetzt wohl erst mal nach Italien drei Wochen lang. Da war ich dort in Italien und da hab ich gesehen, wie gut mir das tut, also von allem weg zu sein, von den Eltern nix zu hören und die wissen nicht, wo du bist" (Sebastian 334–337).*

Im Herbst 2001 erging durch das zuständige Jugendamt die Anfrage an Jugendhilfe Phöinix e.V., ein Angebot für die weitere Betreuung von Sebastian zu unterbreiten, da Sebastian nicht in Italien bleiben sollte (die Gründe hierfür gehen aus den Vorberichten der Einrichtung nicht hervor). Seine Eltern lehnten die Rückkehr des Sohnes in den väterlichen oder mütterlichen Haushalt ab. Sebastians jüngere leibliche Schwester lebte mit dem sehr gut situierten Vater und dessen Partnerin in einem Haus, die Mutter wohnte allein in sehr einfachen Verhältnissen.

> *„Ja, und dann war ein Hilfeplangespräch [...] und da hab ich gesagt, ich möchte auf jeden Fall wieder ins Ausland, weil ich wie gesagt meinen Eltern einfach zu denken geben wollte, was sie, was sie an mir wollen, weil .. keine Ahnung, ich bin einfach nur rumgeschubst worden, also ist mir so vorgekommen, also da hin und da rein und da rein, und keiner fragt, was ich will" (Sebastian 338–344).*

Der Vater übt nachträglich Kritik an der Betreuung von Sebastian im Vorfeld:

> *„[...] es war ja die ganzen Jahre vorher schon immer schwierig mit Sebastian und alles andere hatte ja versagt, und das lag wohl auch daran, dass die Einrichtungen, in denen er vorher war, die Wünsche von uns und vom Jugendamt nicht ernst genommen haben" (KV Herr W. 145–148).*

Er geht davon aus, dass „am Bedarf vorbei therapiert" wurde, „weil ja eigentlich abzusehen war, dass Sebastian in der großen Gruppe nicht zurechtkommt" (KV Herr W. 57–65).

8.4 Kontaktaufnahme/Anbahnung der Hilfe

Nachdem die Anfrage des Jugendamtes an Jugendhilfe Phöinix e.V. ergangen war, eine geeignete Projektstelle für Sebastian zu suchen, war schnell klar, dass diese sich im Ausland befinden sollte, um Sebastian aus seinem Umfeld herauszulösen. Den Erstkontakt zu Sebastian und zu seinen Eltern hatte Frau S., die Koordinatorin der späteren intensivpädagogischen Betreuung in Deutschland. Da die Wahl auf Schweden fiel, wurde Herr E. aus Norddeutschland mit der Koordination des Auslandsprojektes betraut.

Dieser flog im November 2001 mit dem 13-jährigen Sebastian nach Schweden in die ausgewählte Projektstelle, damit er sie sich ansehen und eine Entscheidung treffen konnte.

> *„Der Herr E. und ich sind dann gemeinsam nach Schweden gefahren, da hab ich mir das erst mal anschauen können, und ja, da hat er mich abgeholt von meinem Vater, dann sind wir gemeinsam nach R. gefahren und von R. sind wir dann über Dänemark nach Schweden geflogen. Da in Schweden haben dann die Betreuer uns abgeholt. Ja, und dann hab ich auch den Lars zum ersten Mal kennengelernt, Malin und Stefan war auch dabei, genau, der war zu dem Zeitpunkt auch oben. Ja, und dann sind wir von Ö. sind wir dann erst einmal nach Hause gefahren" (Sebastian 171–177).*

Sebastians Erinnerungen an seine erste Begegnung mit dem schwedischen Betreuerpaar lassen zugleich große Unsicherheiten erkennen, die durch fehlende Vorinformationen und ein nachvollziehbares Gefühl des Fremdseins hervorgerufen wurden:

> *„Also ich bin angekommen am Flughafen und da stand auf einmal so ein, ja, so'n bärtiger Zweimeterriese vor mir [lacht], der wohl 'ne ganz schöne Kraft hat und dann ja, 'ne zierliche Frau, die so .. ja .. auch Kraft hat. Bei Malin der erste Gedanke hab ich mir gedacht, ist das jetzt seine Tochter oder ist das jetzt seine Frau. Also da .. musste ich dann erstmal nachfragen. Und dann hat es sich aber herausgestellt, dass es die Freundin ist. [schmunzelt] Nee, aber .. ja, ich sag mal, die ersten Tage, also ich wusste am Anfang nicht, wie ich sie einschätzen soll. Also vor allen Dingen, weil sie auch fremdes Land waren, die Leute waren anders, weil die ja halt doch nicht wie wir halt irgendwie mit Sachen umgehen wie jetzt zum Beispiel mit Streitereien, oder wie bei ihnen der Tagesablauf aussieht [...] Also da waren schon ein Haufen Fragen da, wie das jetzt alles wird" (Sebastian 282–291).*

Der Vater beschreibt den Abschied von Sebastian als „bissel bewegend“, weil „natürlich für uns alle so bissel offen war, wie es wohl weitergeht“ (KV Herr W. 91–92).

8.5 Zentrale Themen und Ziele der Hilfen

8.5.1 Kindliche Nachreifungsbedürfnisse

Infolge fehlender emotionaler Zuwendung, einer frühen Herauslösung aus der Familie, der Trennung der Eltern und der jahrelangen Fremdunterbringung in wechselnden Settings zeigte Sebastian bei Hilfebeginn eindeutige Hinweise auf ein unsicheres Bindungsverhalten und damit einhergehend auf ein großes kindliches und emotionales Nachholbedürfnis. Der Koordinator, der Sebastian in die Projektstelle nach Schweden begleitete, erinnert sich:

> *„[...] es gibt noch so'n Bild von Sebastian, der wirklich wie ein kleiner Junge [...] ja, so'n Derwisch, unruhiger Junge, [...] zu uns kam. Vorher kam die Anfrage und .. aus der Anfrage wurde deutlich, dass er .. oder* ***nahmen*** *wir zumindest an, dass er kaum irgendwo verortet ist, weder emotional noch geografisch“ (KO Herr E. 17–21).*
>
> *„Also er war in* ***vielen*** *Bereichen [...] noch sehr, sehr kindlich, also er hatte ein starkes kindliches [...] Nachholbedürfnis auf vielen Entwicklungsstufen. Also das, was auch vorher häufig als ADHS-Symptomatik gedeutet wurde, würde ich sowohl damals auch als auch rückblickend als entwicklungsverzögerte Momente eher beschreiben, das heißt .. zum Beispiel ähnlich wie Kleinkinder es tun, dass sie Erwachsene nicht miteinander sprechen lassen können und immer permanent Aufmerksamkeit fordern, das hatte Basti ganz stark und so diese Impulsdurchbrüche in konflikthaften Situationen [...]“ (KO Herr E. 72–79).*

Auch Sebastian erinnert sich daran: „[...] früher war's schlimm, also wenn ich 'nen Wutausbruch gehabt hab, da hab ich irgendwelche Sachen zerstört“ (Sebastian 260–261). Und weiter: „Ich war früher viel aufgedrehter, konnt mich nicht ruhig halten und ja, musste ständig irgendwas machen oder Fernsehen schau'n [...]“ (Sebastian 473–475).

Die Betreuenden in Schweden haben folgendes erstes Bild von Sebastian bewahrt: „Er war ein verspieltes Kind damals [...] und er hatte viel Liebe und wollte viel Liebe haben. .. Und wir glauben, das war das, was ihm am meisten gefehlt hat in der Familie, aus der er kommt“ (BE Lars K. 48–55).

Der Betreuer in Deutschland stellte ebenfalls Entwicklungsverzögerungen bei Sebastian fest: „Also wie er zu mir kam, war er .. einfach nicht unbedingt jugendlich, wie man meinen möchte so mit 15, sondern da war er, er war teilweise halt so wie 12, 13, ne, so wie ein 12-, 13-jähriges Straßenkind so ungefähr, ne“ (BE Hannes G. 530–532).

8.5.2 Lebenspraktische Themen

Sebastian kam mit einer Reihe Entwicklungserfordernissen im lebenspraktischen Bereich nach Schweden. Die Betreuenden bemerkten zum Beispiel, dass er zu Hause grundsätzliche Dinge nicht gelernt zu haben schien, „[z]um Beispiel sich zu waschen und solche Dinge, sich die Zähne zu putzen“ (BE Lars K. 122–123). Laut Akte war er bei seiner Ankunft im Schweden-Projekt körperlich nicht altersgerecht entwickelt (er rauchte heimlich, hatte bis dahin ungesund gelebt und sich zu wenig bewegt) und war kaum in der Lage, Verantwortung für sich zu übernehmen. Es mangelte ihm an Durchhalte- und Konzentrationsvermögen. Daran sollte er mit Hilfe seiner Betreuerinnen arbeiten (Hilfeplanprotokolle Mai 2002 und April 2003).

In vielen Alltagssituationen, insbesondere im schulischen Bereich, zeigte er folgendes Muster: Wenn er etwas nicht tun wollte und man bestand darauf, dann ging er in die Vermeidung, zog es ewig in die Länge oder machte Sachen kaputt. Das Betreuerpaar in Schweden erinnert sich:

> *„Er sollte Schule machen, als er bei uns war, und das war nicht so spaßig. Er hatte riesengroße Probleme, wenn er jeden Tag nur eine Stunde lernen sollte. Aber er spielte und hat so viel anderes gemacht, so dass er viele Stunden brauchte für wenig Schularbeit“ (BE Malin A. 91–94).*
> *„Auch für andere Aufgaben, und davon gab es schon wenig, hat er sehr viel Zeit gebraucht. Er konnte zum Beispiel drei Stunden streiten, weil er nicht den Aufwasch machen wollte, und wenn er es gemacht hat, hat er's nur fünf Minuten getan“ (BE Malin A. 94–97).*

Dieses Verhalten ist vermutlich auf seine Bindungserfahrungen im Elternhaus und während seiner Psychiatrie- und Jugendhilfekarriere zurückzuführen. Möglicherweise stand sein Verhalten auch für einen Beziehungstest – mit der sich entwickelnden Beziehung zu den Betreuenden machte er dann Zugeständnisse – oder es handelte sich um regressive Verhaltensweisen in Verbindung mit dem Nachholbedürfnis im emotionalen Bereich.

Später im Deutschland-Projekt kamen zur Schule noch die Bereiche Ausbildung und Arbeit hinzu. Der Betreuer Hannes G. beschreibt Sebastian als einen Jugendlichen, der grundsätzlich zu motivieren war, aber die oben genannten Entwicklungsrückstände waren nach wie vor zu beobachten:

> *„[E]r konnte im September 2004 dann in dieser Klasse anfangen, hat schulisch auch erst mal gar nicht so schlecht abgeschnitten, wobei die Hausaufgaben am Nachmittag, das war oft ein Drama. Also der hat da Radiergummis in alle Einzelteile zerlegt oder so oder Stifte zerbrochen, und ein Drama ab- .. und ‚Ich kapier nicht und kann nicht' […]" (BE Hannes G. 230–233).*

In der Werkstatt des Betreuers hielt es Sebastian zunächst „vielleicht halbe Stunde oder so" (BE Hannes G. 197) durch: „Konfliktpunkte gab's natürlich immer wieder, weil ‚Oh Mann' .. also wo er so ganz klein war und ganz schwach und so weiter, und er konnte so melodramatisch sein, so völlig zusammenbrechen, also er war ein grandioser Schauspieler" (BE Hannes G. 199–201).

Ziele in dieser Projektphase waren unter anderem die Klärung schulischer und arbeitsbezogener Ressourcen, die Schulung alltagspraktischer Fähigkeiten, die Entwicklung von Freizeitinteressen und förderlichen Sozialkontakten, der Umgang mit Geld, die Steigerung von Eigenmotivation und Eigenverantwortlichkeit sowie der Ausdauer und später das Erreichen des Hauptschulabschlusses (Hilfeplanprotokolle Januar 2004, Juli 2004, Juli 2005).

8.5.3 Platz im Familiensystem

Die Koordinatorin beschreibt Sebastian als „sehr zerrissen" (KO Frau S. 138), was die Eltern betrifft. Diese Zerrissenheit bezieht sich in ihrer Einschätzung nicht nur auf die Zeit, in der die Eltern noch in einer Partnerschaft gelebt hatten und Sebastian ständig hin- und hergeschoben wurde (KO Frau S. 214–215), oder darauf, dass sich die Eltern getrennt hatten, miteinander so gut wie gar nicht sprachen und Sebastian völlig unterschiedliche Angebote machten, sondern „es waren sehr unterschiedliche Haltungen, Wertvorstellungen, Einstellungen zu Kindern, zur Kindererziehung, die so eklatant auseinandergedriftet sind […]" (KO Frau S. 25–26).

Die Mutter äußerte den Wunsch, „Sebastian bei sich zu haben, den starken Wunsch, da sehr stark involviert zu sein in die Betreuung von Sebastian, Kontakt zum Sebastian zu haben" (KO Frau S. 56–58), konnte dies aufgrund ihrer Alkoholerkrankung aber nicht umsetzen. Der Koordinator bezeichnet die Mutter als „beziehungsschwach" und mit „sehr viel eigene[n] Themen" beschäftigt.

> *„Also nach heutigen Kriterien würde ich sagen, eingeschränktes Sorgerecht, weil sie in keinster Weise erziehungsfähig ist. Das muss man .. ja, würd ich heute so sagen. Und also sie hat selber 'ner ganz, ganz starken Unterstützung bedurft .. und hatte wirklich 'ne große .. ja, Bedürftigkeit, kann man so sagen" (KO Herr E. 425–434).*

Die Betreuenden in Schweden berichten: „die Mutter war ganz kindlich, ganz kindlich. Alle ihre Sorgen hat sie bei Sebastian gelassen, also Erwachsenen-Sorgen" (BE Lars K. 149–150). Dies belastete Sebastian stark und „hat ihn in seiner Entwicklung aufgehalten" (BE Malin A. 194–195). Sebastian hoffte lange darauf, zu Vater oder Mutter zurückkehren zu können. Die Mutter nährte diese Hoffnung auch immer wieder, konnte ihm aber kein Zuhause bieten:

> *„Ja, dann wo ich in Schweden war, da war ja dann auch das Gespräch mit dem Jugendamt, dass meine Mutter mich wieder nehmen darf. Weil die dann nämlich auch .. irgendwie mitbekommen haben, dass meine Mutter ein Alkohol- und Drogenproblem hat. Und damals hab ich ihnen dann auch gesagt, falls ich dann von Schweden wieder runter, zurückkommen sollte, darf mich meine Mutter nehmen. Und das hat sie sich leider selber verbaut, dass sie mich dann nicht mehr nehmen durfte" (Sebastian 378–383).*

Der Vater, der sich „sehr eloquent" präsentierte und „an der Oberfläche sehr gut mitgearbeitet hat und da auch dicht am Ball war und, also vor allen Dingen auch sein Engagement da auch sehr zum Ausdruck bringen konnte", hatte der Einschätzung des Koordinators zufolge aber wenig Zugang zu der „Dynamik, die da auch innerfamiliär ausgelöst war und was das mit dem Basti macht" (KO Herr E. 436–440). Er hatte offenbar wenig Einblick in die Gefühls- und Bedürfniswelt seines Sohnes. Dies verdeutlicht auch seine Antwort auf die Frage, wie er sich erklärt, dass sein Sohn sich so und nicht anders entwickelt hat:

*„**Warum** das mit Sebastian so aus dem Ruder lief .. ist nicht zu erklären. Ich denk, das liegt wohl weniger an Fehlleistungen unsererseits oder Fehlleistungen der Gesellschaft, sondern ich denk, es gab bei Sebastian .. findet im Kopf irgendwas statt, dass irgendwelche Botenstoffe nicht so ausgeschüttet werden, wie sie ausgeschüttet werden sollten" (KV Herr W. 478–482.*
Er glaubt, Sebastians Entwicklung sei „mit .. ja mit 'ner, mit 'ner psychischen Erkrankung zu erklären und nicht mit 'ner sozialen Geschichte" (KV Herr W. 482–483). Der Vater lehnte zum Zeitpunkt des Hilfebeginns eine Rückkehr von Sebastian in seinen Haushalt grundsätzlich ab. Dies sollte er nach dem Willen der Hilfeplankonferenz vom Juni 2002 mit seinem Sohn offen besprechen.

8.5.4 Problematisches Sozialverhalten

Wie im Abschnitt 8.5.2 bereits erwähnt, mangelte es Sebastian an Frustrationstoleranz und Respekt vor anderen Menschen, insbesondere vor Frauen. Das Akzeptieren von Grenzen fiel ihm sehr schwer, was ihn kaum integrierbar machte. Bereits in Schweden handelte er sich mit abweichenden Verhaltensweisen, insbesondere Kleindiebstahl, wiederholt Ärger ein. (vgl. Sebastian 207–216).

„Und dann im Verlauf der Therapie waren dann mal Sachen, wo .. ja, Negatives natürlich zu hören war, wo Sebastian im Nachbarhaus alle Fensterscheiben zerstört hat, wo er dann .. ja, so 'ne Arbeitseinsätze, die er eigentlich mit in die, in die Gemeinschaft hätte einbringen sollen, verweigert hat [...]" (KV Herr W. 100–103).

Diese Defizite sollten lt. Hilfeplanprotokoll Mai 2002 in der Betreuung bearbeitet werden.

In Deutschland wirkte sich die Nähe zu schädigenden Milieus zunehmend negativ auf das Verhalten von Sebastian aus:

„Und ich meine sogar, dass da auch diese Klaugeschichten wieder angefangen haben, also .. dieses Wegsein aus dem Milieu, was ja vorher in Schweden gegeben war, also diese .. einfach räumliche Distanz zu einem schädigenden Umfeld, so muss man's wirklich sagen, die war da .. ja, nicht in Gänze, aber die war schon weitgehend aufgehoben" (KO Herr E. 498–501).

Hinzu kamen der Konsum von Alkohol und illegalen Drogen: „Dann hat das dann halt angefangen mit, mit den .. Also er [der Betreuer, Anm. d. Verfasser] hat dann auch mitbekommen, dass ich Drogen konsumiere, also mit dem Kiffen, ja, da war er halt nicht so begeistert davon" (Sebastian 591 – 593). Der Betreuer erinnert sich, dass Sebastian im letzten halben Jahr der Betreuung von „asozialeren Feldern [...] magisch angezogen" wurde. „So Typen, die halt taff drauf waren, die irgendwie mit Klauen und Übergriffen und Alkoholexzessen zu tun hatten" (BE Hannes G. 249 – 251). Seine Affinität zu diesen Milieus wirkte sich schließlich nachteilig auf alle Lebensbereiche – Schule, Ausbildung, Betreuungsbeziehung – aus und führte kurz vor dem 18. Geburtstag zur Beendigung der Hilfe.

8.6 Ressourcen des Jugendlichen und der Familie

8.6.1 Ressourcen Sebastian

Was den am Hilfesystem Beteiligten an Sebastian von Anfang an auffiel, waren seine sozialen Ressourcen: „Er hatte auch so'n, ja, etwas sehr Sympathisches, was Menschen auch für ihn eingenommen hat" (KO Frau S. 442 – 443). „Sebastian war ein fröhliches, positives Kind und sehr freundlich" (BE Lars K. 53 – 54).

In den Entwicklungsberichten bescheinigen die Betreuenden in Schweden Sebastian eine normale Intelligenz, Lernfähigkeit bei entsprechender Motivation (er lernte z.B. die schwedische Sprache sehr schnell), technisches Interesse sowie Interesse am Weltgeschehen, an Natur und Geschichte, an der Arbeit mit Hunden.

Der spätere Betreuer in Deutschland erinnert Sebastian als kontaktfreudig, relativ intelligent, humorvoll und für neue Erfahrungen (Erprobungen in der Werkstatt, Besuch einer Hauptschul-Praxisklasse) zu motivieren, was ihn von anderen Jugendlichen durchaus unterscheidet:

> *„Ach, Sebastian wurde mir damals eben so als ein relativ intelligentes, wiefes, humorvolles Kerlchen beschrieben. Also so den Ausdruck kann ich noch, hab ich noch so in Erinnerung – Kerlchen" (BE Hannes G. 90 – 91).*
> *„Und, und es war klar, dass er kontaktfreudig ist, dass er da auch Lust hat, und eben dass er auch Lust hat in der Werkstatt .. mitzumachen" (BE Hannes G. 117 – 118).*

„[U]nd es schien 'ne Eignung da zu sein, dass er eben in der Hauptschule, speziell in dieser Praxisklasse mitkommen würde" (BE Hannes G. 220–221).

8.6.2 Familiäre Ressourcen

In der Herkunftsfamilie war offenbar vor allem die Großmutter mütterlicherseits eine wichtige Stütze für Sebastian. Sie bot ihm Stabilität, Zuverlässigkeit und Liebe. Mit ihr pflegte er während seines Aufenthaltes in Schweden recht umfangreiche Kontakte (vgl. BE Malin A. 74–75).

Der Vater und auch die Mutter von Sebastian besuchten ihn getrennt in Schweden und waren später, während der Betreuung in Deutschland, für Wochenendaufenthalte verfügbar. Der wichtigste und am meisten unterstützende Kontakt bestand aber auch in der Zeit des Deutschland-Projektes zur Großmutter: „Und so bin ich dann eigentlich mehr zu meinen Großeltern gefahren als jetzt irgendwie zu meinem Vater oder zu meiner Mutter. Momentan ging das dann schon mit meinem Vater, aber meine Großeltern waren wichtiger irgendwie" (Sebastian 693–695). Das bestätigt der Betreuer in Deutschland:

„Also grad wenn er irgendwie mal wieder heftige Konflikte hatte oder so, dass er da einfach mal ein Wochenende zur Großmutter fahren konnte und die Gespräche, und dass die Großmutter einfach da mit uns telefoniert hat und einfach auch sie mit eingeweiht und sie hatte einen relativ guten Einfluss gehabt auf ihn. Also die hat ihn geliebt und er hat einfach gemerkt, hey, die mag mich, die vertraut mir mehr, die traut mir was zu. Zumindest damals noch" (BE Hannes G. 367–372).

Bezüglich der Eltern bezeichnet der Betreuer es als hilfreich,

„dass es einfach die Kontakte gab, das war unterstützend. […] Aber es war so, dass der Vater schon immer wieder auch dann posi-, also motivierend versucht hat, dann ihn zu unterstützen und auf ihn einzureden, also er war auf alle Fälle erreichbar. Oder er hat auch so unterstützt, wenn klar war, okay, er braucht grad mal wieder etwas Pause, […] dass wir dann mal vereinbaren konnten, dass er da ein paar Tage einfach auch, auch mal auf Heimurlaub geht nach G." (BE Hannes G. 162–173).

8.7 Settinggestaltung

8.7.1 Projektstelle Schweden

In Schweden lebte Sebastian von November 2001 bis Dezember 2003 auf einem abgelegenen Hof mit einem Betreuerpaar, das sich insbesondere auf die Arbeit mit Schlittenhunden spezialisiert hatte und dieses Medium für die Arbeit mit Jugendlichen nutzte. In der Projektstelle wurde ein zweiter, etwas älterer Jugendlicher (Stefan) betreut.

„Und mir kam damals in den Sinn, dass .. er auf alle Fälle rausgelöst werden sollte, das war glaube ich sogar auch Wunsch des Jugendamtes schon, also aus dem Umfeld rauslösen und reizarme Umgebung und ja, 'ne gute Strukturvorgabe für den Jungen so. [...] Und wir haben damals mit Kollegen zusammengearbeitet in Schweden, .. deren Arbeitsschwerpunkt unter anderem Schlittenhunde waren, das heißt die hatten 20 bis 30 Hunde, die man vor den Schlitten spannen kann [...] und haben dieses Arbeitsfeld sozusagen genutzt für ihre Arbeit mit den Jugendlichen. Der Betreuer ist vom Ursprungsberuf Kfz-Mechaniker und hat sich dann so peu à peu auch pädagogisch mal weitergebildet, und seine Partnerin ist formale Fachkraft gewesen [...]. Ja, die leben so in der Mitte von Schweden an der schwedischen Grenze, das ist ein Hof, der so'n bisschen abgelegen liegt von der Hauptstraße, so 8 Kilometer entfernt, und ein sehr großes Gelände. [...] .. Ja, das ist so die Projektstelle, die mir damals eingefallen ist zu Basti und dann haben wir das vorgeschlagen" (KO Herr E. 37–53).

Die Idee des Betreuerpaares in Schweden war, Sebastian eine Familie auf Zeit anzubieten. Darüber hinaus sollten in der Arbeit mit ihm die Umgebung, die Natur und die Hunde genutzt werden.

8.7.2 Übergang nach Deutschland

Nachdem es eine Betreuungsphase gegeben hatte, in der „alle im Helfersystem ernsthaft überlegt haben und Basti vor allen Dingen auch, dort oben zu bleiben in Schweden, sich dort zu integrieren" (KO Herr E. 158–160), wurde Sebastians Aufenthalt in Schweden durch das Jugendamt recht abrupt beendet. Die Gründe für den Wechsel in eine Projektstelle in Deutschland erinnern die Beteiligten unterschiedlich. Sebastian geht davon aus, dass der Wechsel herbeigeführt wurde, weil er in der Betreuung immer weniger mitgearbeitet hat:

> *„[U]nd dann .. durch das Getrenntsein von meinen Eltern wollt ich dann auch irgendwann wieder zurück und .. da ich aber irgendwie nicht zurück* ***konnte****, hab ich halt dann auch irgendwie angefangen, dagegen zu arbeiten und das hat Lars und Malin gemerkt. Also die .. haben dann auch gesagt, ja, jetzt probier's halt noch mal und, keine Ahnung, also sie haben auch viel Chancen gegeben, genauso wie Stefan, und ja, aber ich hab halt irgendwie strikt dagegen gearbeitet" (Sebastian 294–298).*

Diese Erinnerung teilt er mit seinem Vater, der davon ausgeht, dass Sebastian „eben in Schweden nicht mehr bleiben wollte und .. da also auch keine Erfolge mehr zu sehen waren" (KV Herr W. 165–166).

Der Koordinator erinnert sich, dass die vorübergehende Stabilisierung des Jugendlichen eine kontrovers geführte Kostendebatte mit dem Jugendamt hervorrief, das plötzlich davon ausging, dass eine geringere Stundenzahl für Sebastians Betreuung ausreichend sei. Dieser Argumentation folgten die Betreuer in Schweden nicht, woraufhin es „irgendwann zu der Situation [kam], dass man gesagt hatte, okay, dann soll der Sebastian doch nochmal in Deutschland gucken" (KO Herr E. 179–181). Der Träger hatte die Vorstellung, dass sich Sebastian in Deutschland Projektstellen ansehen könne, ihm aber auch die Option offenzuhalten sei, nach Schweden zurückzukehren. „Aber das war unter diesen .. Vorzeichen der Kostenreduzierung, die da angefragt war, war das ja eigentlich von vornherein zum Scheitern verurteilt" (KO Herr E. 184–186).

Das Betreuerpaar in Schweden gestaltete gemeinsam mit Sebastian einen Abschied: „Wir hatten einen Waldspaziergang gemacht an dem Tag, er hat Mittag gegessen und wir haben eine Aktivität gemacht, die Sebastian wollte. Das war der Abschied. Ja. ... Wir haben Ö. besucht und sind in die Schwimmhalle gegangen" (DE Lars K. 178–180).

Sehr kritisch ist anzumerken, dass Sebastian offenbar nicht wusste, wohin er in Deutschland kommt: „Ja, Lars hat mich wie gesagt zum Flughafen gefahren, die haben zu mir gesagt, ich fahr jetzt nach Deutschland in die Psychiatrie. Denn ich wusste gar nicht, wo ich hin komm, ich dachte, ich komm in die Psychiatrie" (Sebastian 483–485).

Der von Jugendhilfe Phöinix e.V. ausgewählte Betreuer in Deutschland kannte Sebastian nur aus den Erzählungen der beiden Koordinatoren.

„Ich hatte keinen Vorkontakt, sondern es war einfach vereinbart 'ne Probezeit. .. Und so bin ich Anfang Januar .. nach G. gefahren, G., wo, wo er gelebt hat und hab ihn bei seinem Vater damals abgeholt. Also ich habe nur ein, ein, das Infoblatt gehabt über den Jugendlichen, und quasi vielleicht den Vorbericht … und da ich einfach Erfahrungen mit schwierigen Jugendlichen hatte, hab ich gedacht: Okay, gut, diese, wie die Person beschrieben ist, das ist mir vertraut und das nehmen wir jetzt mal an. So kam's dazu" (BE Hannes G. 61–70).

Den endgültigen Abschied von dem Betreuerpaar in Schweden und dem Lebensabschnitt, den er dort verbrachte, bestritt Sebastian gemeinsam mit seinem neuen Betreuer Hannes G.:

„Also .. wo dann Hannes und ich raufgefahren sind, meine restlichen Sachen holen, also wir haben dann .. der Abschied, der war .. der war traurig, also für mich persönlich war es sehr traurig. Weil ich hab viel erlebt gehabt und das ist dann halt doch irgendwie von einem Tag auf den anderen alles sitzengelassen, was ich da oben erlebt hab, wieder so ein neues Kapitel. Ja. War dann schon richtig traurig für mich. .. Ja" (Sebastian 489–494).

Die Zeit des Ankommens auf dem Hof der deutschen Betreuerfamilie hat Sebastian noch gut im Gedächtnis:

„Ja, es war, also ich hab den Monat, also den Probemonat, wo ich unten war .. hat Hannes und ich viel geredet drüber, was wir alles machen könnten wenn ich hier wär. […] Ja also, er hat mich abgeholt bei mir daheim, bei meinem Papa, und ich hab mir das dann angeschaut bei ihm, also wie er so lebt und ja, fand das ganz positiv" (Sebastian 503–513).

Aus heutiger Sicht reflektieren die beiden Koordinatoren von Jugendhilfe Phöinix e.V. diesen Übergang sehr (selbst)kritisch. Insbesondere die Tatsache, dass Sebastian „damals gar nicht gewusst [hat], was ihn überhaupt so richtig erwartet" (KO Herr E. 187–188), und „dass dann Teile, unreife Ideen schon mit ihm kommuniziert wurden, wo man hätte sagen müssen, wir müssen uns erst im Klaren sein, was passiert, und dann sozusagen gibt es Vorschläge an den Jugendlichen und auch mit Alternativmöglichkeiten, so dass es da auch eine Entscheidung des Jugendlichen, also vom Sebastian selber geben kann, und ihm da nicht alles vorgesetzt wird" wird aus heutiger Sicht als großes Defizit bewertet (KO Herr E. 189–193). Mit Blick auf die Folgen für Sebastian kann sich der Koordinator vorstellen, dass der misslungene Übergang sich nachteilig auf seine emotionale Entwicklung auswirkte: „Also im Grunde genommen war der Sebastian da .. ja, vielleicht war er plötzlich wieder genauso orientierungslos wie bevor er in die Maßnahme gekommen ist" (KO Herr E. 276–277).

Er weist in diesem Zusammenhang auch auf strukturelle Probleme beim Jugendamt und beim Träger hin, die er für das entstandene „Übergangschaos" mit verantwortlich macht – wechselnde Zuständigkeiten und mangelhafte Absprachen.

8.7.3 Settinggestaltung Projektstelle Deutschland

Der Hof der Familie G., auf dem Sebastian nunmehr untergebracht wurde, ist ein ehemaliges landwirtschaftliches Anwesen mit Tieren, viel Auslauf, einem Bach, einem Baumhaus und einer Werkstatt für Holz- und Steinarbeiten. Er liegt – ähnlich wie der Hof in Schweden – abgeschieden von der nächsten größeren Stadt und zwei Kilometer vom nächsten Dorf entfernt. Das Betreuerpaar – zwei pädagogische Fachkräfte mit drei leiblichen Kindern (damals zwei 16 und 13 Jahre alte Jungen und eine vierjährige Tochter) – konnte eine hohe Präsenz des männlichen Betreuers auf dem Hof bieten. Angedacht waren Arbeitserprobungen in der Werkstatt und die Anbahnung konstruktiver Kontakte zu Jugendlichen der Umgebung. Es bestanden Kontakte zu verschiedenen Schulen (z.B. Praxisklasse an der Hauptschule, Berufsförderzentrum), sodass ein fließender Übergang zwischen der Erprobung auf dem Hof und geeigneten Bildungs- und Arbeitsmaßnahmen im Umfeld möglich waren. Insbesondere setzten das Betreuerpaar auch auf das familiäre Umfeld, bestehend aus Betreuerfamilie, leiblichen Eltern, Großmutter, Onkeln, das es Sebastian möglich machen sollte, sich wohlzufühlen. Im Interview räumt der Betreuer ein, dass dieses Umfeld letztlich jedoch nicht geeignet war, Sebastians „Destruktivität, die sich einfach über die vielen Jahre schon durchgezogen hatte" (BE Hannes G. 336–337), etwas entgegenzusetzen.

Der Vater hebt die räumliche Nähe der Herkunftsfamilie zu Sebastian als hilfreich hervor: „Dass er in der Nähe bei uns war, war halt insofern schön, dass man wusste, man konnte ihn besuchen, wenn man das wollte [...]" (KV Herr W. 173–174). Außerdem scheint ihn das auf Harmonie basierende Lebensmodell der Familie G. fasziniert zu haben: „Bei G.s hat er Trommelkurse gemacht und dann war das ja alles von indianischer Lebensweise angehaucht, ein sehr buddhistisches Leben eigentlich auch, das war sehr beeindruckend und hab ich auch toll gefunden" (KV Herr W. 196–199). Von der anthroposophischen Lebensgestaltung erhoffte sich der Vater, dass sie Sebastian eine andere Sicht auf die Dinge vermitteln kann; die Harmonie in der Familie G. sollte ihm gut tun.

Die Koordinatoren stellen im Rückblick (selbst)kritische Betrachtungen an, die noch einmal den Blick auf das Thema „Passgenauigkeit" des gewählten Settings in Deutschland lenken. Zum einen schätzen sie die räumliche Nähe zu den Eltern als eher nachteilig für Sebastian ein. Einerseits war da

> *„die große Sehnsucht zu dieser Nähe und gleichzeitig auch glaub ich schon damals so 'ne Ahnung davon bei Sebastian, dass es nicht nur gut ist, diese Nähe zu den Eltern. Und .. ja, das ist .. im Nachhinein glaube ich, dass es besser gewesen wäre, wäre er noch weiter weg gewesen und man hätte die Eltern sozusagen in Abständen immer mal wieder ins Projekt geholt" (KO Herr E. 364–368).*

Zum anderen geht es um die Frage, ob die „heile Welt" der Familie G. gegebenenfalls auch fremd auf Sebastian gewirkt haben könnte.

> *„[...] die haben da schon sehr viel, ich sag mal, heile Welt geboten. Und zwar 'ne heile Welt, die glaube ich manchmal für Jugendliche, die davon so ganz wenig bekommen haben .. ja, einerseits vielleicht heilsam sein kann, aber häufig auch eher verstörend wirkt. Was sich dann häufig darin zeigt, dass die Jugendlichen sich davon auch noch mal so* ***deutlich*** *distanzieren und häufig dann selbst auch so Umfelder aufsuchen, die ihrem alten, ich sag mal in Anführungsstrichen ‚chaotischen Umfeld' oder desolaten Umfeld eher entsprechen" (KO Herr E. 205–211).*

Die Koordinatorin überlegt:

> *„Da wäre vielleicht so 'ne Einzelperson geschickter gewesen" (KO Frau S. 279). „Also eventuell so im Nachhinein hätte man für ihn vielleicht da nochmal [...] so individuellere Lösungen stricken müssen. Eventuell auch in Form von ‚Wir gehen mal raus für 'nen Zeitraum X', wenn's ganz und gar am Krachen war. Also da war zu wenig Flexibilität da" (KO Frau S. 302–306).*

Darin ist sie sich heute mit dem Betreuer einig:

> *„Wenn, dann glaub ich wär wirklich so für ihn eher so'n Stück weit so'n Wildniscamp, wo es drum geht um Durchbeißen, also wo es einfach weit und breit keinen Spielplatz gibt, wo ich irgendwie klauen, bescheißen und meine Spiele abziehen kann, sondern wo es einfach darum geht, ich muss essen, okay, dazu muss ich erst mal Holz hacken, dazu muss ich erst mal was tun, wo es einfach so um 'ne gewisse Struktur, um 'ne Eigenverantwortlichkeit geht" (BE Hannes G. 339–343).*

8.8 Partizipation des Jugendlichen und der Eltern

8.8.1 Partizipation von Sebastian

In der Phase der ersten Anbahnung und Kontaktaufnahme konnte Sebastian Wünsche äußern und an der Auswahl der Projektstelle in Schweden aktiv mitwirken:

> *„Der Anfang war, dass ich gesagt hab zum Jugendamt, ich möchte gern ins Ausland. Und dann kam irgendwann einer vom Jugendamt und die haben gesagt, sie hätten was für mich gefunden. Das war dann in Schweden, da haben sie mir dann noch Bilder gezeigt, da war dann auch .. die Frau S. glaub ich da, die war damals für mich zuständig, und dann war der Herr E. für mich zuständig. Der Herr E. und ich sind dann gemeinsam nach Schweden gefahren, da hab ich mir das erst mal anschauen können" (Sebastian 168–172).*

Der Koordinator weist darauf hin, dass Sebastian auch Alternativen offenstanden:

> *„Also .. er hat sich dazu entschieden nach allen Informationen, die er hatte, es wurde ihm auch verdeutlicht, wenn es nicht funktioniert, es gibt immer die Möglichkeit auch, dass man das verändert und dass man auch nach 'ner neuen Lösung guckt" (KO Herr E. 254–257).*

In der Frage, ob er in Schweden bleiben oder nach Deutschland wechseln wolle, wurde Sebastian leider nur ungenügend in die Entscheidungsfindung eingebunden. Der Koordinator beschreibt es so, dass inhaltliche Erwägungen in dieser Phase in den Hintergrund traten, Kostenfragen großes Gewicht hatten und die Kommunikation im Helfersystem sowie zwischen Helfersystem und Sebastian nicht so funktionierte, wie es erforderlich gewesen wäre (vgl. Abschnitt 8.7.2).

So wurde Sebastian mit ihm unbekanntem Ziel nach Deutschland geschickt. Hier ging es für ihn so weiter: „Ja, als ich dann in Deutschland war, hieß es, dass ich mir woanders 'nen Platz anschauen kann einen Monat lang und kann mir dann überlegen, ob ich da bleiben möchte oder ob ich wieder zurück nach Schweden möchte" (Sebastian 485–487).

Die Option Schweden gab es den Ausführungen des Koordinators zufolge jedoch zum damaligen Zeitpunkt aus Kostengründen schon nicht mehr (vgl. KO Herr E. 179–186). So scheint es, dass Sebastian mit falschen Annahmen in die Probezeit startete und sein Wunsch, in die Nähe seiner Eltern zu kommen, den Kostenargumenten des Jugendamtes durchaus entgegenkam. Sebastians Betreuer in Deutschland bestätigt den „Wackelkurs" im Umgang mit Sebastian während des Überganges:

> *„Ich glaube, dass beim Sebastian auch ihm das mit der Probezeit gesagt wurde, und einfach gesagt wurde, so, in Schweden hat er ja gespürt, dass es schwierig war, […] also es wurde ihm, glaube ich, da einfach auch ein Stück weit schmackhaft gemacht so, und erzählt. Und eben mit der Option, ja, er könne ja wieder zurück, er kann es ausprobieren und er könne wieder zurück, so hab ich's in Erinnerung […] ich weiß nicht, vielleicht, ob's wirklich 'nen Weg zurück gegeben hätte […]. Aber so wurde ihm das damals gesagt: Er kann es ausprobieren und kann sich dann entscheiden, ob er bleiben will oder nicht" (BE Hannes G. 75–84).*

Es stellt sich die heikle Frage, was gewesen wäre, wenn sich Sebastian nach der Probezeit für eine Rückkehr nach Schweden entschieden hätte. Der Jugendliche entschloss sich jedoch für das Projekt in Deutschland. Im Interview führt er mehrfach seinen wichtigsten Beweggrund an: „Ja, ich hab mir dann den Platz angeschaut und hab dann gesagt, ich möchte dann wieder in Deutschland bleiben, hm, weil ich dann näher bei meinen Eltern bin, also da waren dann meine Eltern wieder wichtig für mich zu dem Zeitpunkt" (Sebastian 487–489).

So nachvollziehbar Sebastians Wunsch nach Nähe zu den Eltern war – es stellt sich die Frage, inwieweit das Helfersystem in jener Zeit seine Illusion darüber, dass die Eltern doch noch in der Lage sein könnten, die Elternrolle auszufüllen, durch inhaltsferne Überlegungen unbewusst bestärkte. So kam Sebastian in die Nähe der Eltern zurück, ohne dass mit ihm oder mit seinen Eltern ein Realitätsabgleich des Gewünschten mit dem Möglichen stattgefunden hätte.

8.8.2 Partizipation der Eltern

Sebastians Vater war es, der ursprünglich beim Jugendamt um Hilfe bat.

> *„Und da haben die, ja, die Sachen, die wir von Phöinix erfahren haben, auch das schriftliche Material, was wir zugesandt bekommen haben, das hat sich alles recht gut angehört und da haben wir uns eben sehr viel versprochen, dass es endlich 'ne Möglichkeit wäre, Sebastian in den richtigen Weg wieder einzugliedern" (KV Herr W. 53–57).*

Der Vater hatte (nach mehreren für ihn nicht zufriedenstellenden Erfahrungen mit anderen Hilfen) klare Vorstellungen, was es für Sebastian nicht sein sollte. Für Jugendhilfe Phöinix e.V. sprach, dass Sebastian hier nicht in einer Gruppe untergebracht werden würde. Der zuständige Mitarbeiter des Jugendamtes sprach diese Empfehlung offenbar explizit aus: „Das war also ganz wichtig, dass Sebastian in 'ner Klein- oder Kleinstgruppe untergebracht wird, was ja dann Phöinix auch verwirklicht hat. .. So kamen wir dann auch auf Phöinix, auch auf das Anraten auch von unserem Betreuer vom Jugendamt" (KV Herr W. 63–65).

Als ersichtlich wurde, dass Sebastian nach Schweden gehen möchte, befürworteten seine Eltern schließlich diese Entscheidung:

> *„Ja, meine Eltern, meine Mutter war halt nicht so begeistert, aber sie hat gesagt, wenn das mein Wunsch ist, dann wird sie nicht dagegen, wird sie nicht dagegen arbeiten. .. Mein Vater, der hat auch nicht so viel gesagt, also der hat gemeint, ja wenn ich das machen will, dann soll ich das doch machen" (Sebastian 346–349).*

Die Phase der Anbahnung und Kontaktaufnahme resümiert der Vater mit Blick auf seine Beteiligung so: „Also ich war in vollem Umfang war ich da mit eingebunden, also da hab ich mich sehr gut aufgehoben gefühlt und war auch mir sicher, dass das so funktioniert, wie das .. eigentlich geplant war" (KV Herr W. 83–85). In der Zusammenarbeit mit Jugendhilfe Phöinix e.V. gewann er weiter an Zutrauen, nachdem er das schwedische Betreuerpaar persönlich kennengelernt hatte: „Weil sie also, sie waren mir sehr sympathisch, auch sehr die Art, wie sie mit Sebastian umgegangen sind" (KV Herr W. 143–144).

Auch im weiteren Verlauf erlebten die Eltern eine große Selbstwirksamkeit. Sie hielten von sich aus Kontakt zu den Betreuerpaaren in Schweden und Deutschland und der Vater erinnert diese Kontakte als sehr positiv: „[...] so ein bis zwei Mal im Monat haben wir mindestens miteinander telefoniert, und die Gespräche waren sehr konstruktiv damals" (KV Herr W. 232–238).

8.9 Beziehungsqualität zwischen Jugendlichem und Helfersystem

8.9.1 Beziehung Sebastian – Betreuerpaar in Schweden

Das schwedische Betreuerpaar legte offenbar großen Wert auf eine familiäre Anbindung für Sebastian: „Er hat, wie bereits gesagt, zwei Jahre mit uns gelebt, und er kam hier in eine Familie rein. Und ich glaube, er merkte, dass er zur Familie gehört" (BE Lars K. 160–162). „Er war sehr abhängig von uns Erwachsenen, Lars und mir, und wollte zusammen mit uns alles machen, und wir waren große Vorbilder für ihn" (BE Malin A. 97–98). In der Beziehung zu Lars, so glaubt der Koordinator, hat Sebastian „gut Teile dessen nachholen können, was so den väterlichen Anteil angeht" (KO Herr E. 99–100).

Das Verhältnis zu Malin war in Sebastians Erinnerung anfangs gut, dann widersetzte er sich mehr und mehr ihren Anordnungen. Er kann sich bis heute nicht erklären, wie es dazu kam.

> *„Und .. hm, ja, und mit Malin hab ich mich am Anfang gut verstanden, und dann ist dann irgendwie, ist es immer schlimmer geworden. Also ich wollt mir dann nichts mehr sagen lassen von ihr und .. ja, .. das war irgendwie, keine Ahnung was das war, ist komisch zu erklären, sie hat's eigentlich nur gut gemeint, sie hat gesagt, wir sollen die und die Arbeit erledigen, wär kein Problem gewesen, aber ich hab mir da nix sagen lassen, also da hab ich mich strikt dagegen gewehrt" (Sebastian 249–254).*

Der Koordinator kann sich das Naheliegende vorstellen – nämlich dass sich Sebastian an Malin stellvertretend für seine Mutter abgearbeitet hat:

> *„[U]nd bei Malin .. war es am Anfang eher so 'ne fast freundschaftliche Ebene, die er da versucht hat einzugehen, weil das auch das ist, was er von seiner Mutter kannte, die waren ja eher immer so auf einer Kumpelebene als auf einer Eltern-Kind-Ebene, hat sich das in der Beziehung zu Malin, zur Betreuerin, dann doch stark verändert. Ob das nun Übertragungen waren, das .. ja, bleibt Spekulation. Manchmal sah es so aus, dass er da mit der Malin so seine Kämpfe gehabt hat, auch seine Wut rausgelassen hat, die eigentlich eher so seiner Mutter gewidmet waren" (KO Herr E. 100–106).*

Interessant: Sebastian erlebte seine Beziehung zu Lars und auch Malin in Abhängigkeit von der jeweiligen Konstellation, die beteiligten Personen betreffend, sehr unterschiedlich. Es entsteht der Eindruck, dass er durch diese unterschiedlichen Wahrnehmungen in seiner Beziehungsgestaltung insbesondere zum männlichen Betreuer (strenger Vater vs. Kumpel) verunsichert war:

> *„Ja und mit Lars war ich auch öfter bei seiner Mama draußen in T., also ich war des Öfteren allein mit ihm unterwegs, und ja, ich muss dazu sagen, wenn man ihn allein erlebt hat, dann ist er ein ganz anderer Mensch, als wenn er mit Malin zusammen war. Er hat da auch viel durchgehen lassen, also er war da nicht so streng" (Sebastian 246–249).*
>
> *„Nee, also wenn wir alleine waren, dann .. ja, man konnte einfach besser mit ihnen reden, als wenn sie irgendwie zusammen waren. .. Also .. das war .. ja, komisch einfach. Da wusste man nie, wie man irgendwie sprechen soll" (Sebastian 303–305).*

Diese Beobachtung hat auch der Koordinator des Schweden-Projektes gemacht. Er führt sie auf die Unterschiedlichkeit der beiden Betreuenden – ihr Alter und ihre Biographien betreffend – zurück:

> *„Und ja, das hat sich glaube ich auch in der Betreuung gespiegelt, insofern als dass der Basti die beiden glaub ich* ***sehr*** *unterschiedlich auch so erlebt hat, je nachdem, welche Konstellation auf dem Hof war. Also war er alleine da und der Stefan war weg oder war er alleine mit Malin und Stefan oder war er alleine mit Lars und Stefan, das hat schon große Unterschiede gemacht" (KO Herr E. 95–99).*

Schließlich stellt der Koordinator im Interview Überlegungen an, wie die Unterschiedlichkeit der beiden Betreuenden in Schweden noch mehr hätte genutzt werden können:

> *„[V]ielleicht hätte man den Sebastian .. hätte man ihm auch noch mehr Zeiten separat mit je einer der Betreuungspersonen gönnen oder verschreiben sollen. Also dass er meinetwegen mit dem Lars auch mal drei Wochen was macht und dann aber auch mit der Malin mal längere Zeit was macht und eben auch ohne den anderen Jugendlichen. […] Ja, ich glaube diese Zeiten .. mit den Erwachsenen .. also ich glaub, die sollte man auch nicht unterschätzen, also diese, diese exklusiven Situationen der 1:1-Geschichten" (KO Herr E. 296–314).*

Später kam es zu einer Dynamik in der Beziehung zwischen Sebastian und den Betreuern, von der Sebastian glaubt, dass sie das Betreuungsende mit herbeigeführt oder zumindest beschleunigt hat. Er berichtet von der großen Geduld der Betreuer im Umgang mit seinem „Dagegenarbeiten“ (Sebastian 293–298). Unklar ist, was diese Veränderungen befördert haben könnte. Möglicherweise wurden sie beschleunigt durch Sebastians Sehnsucht nach den Eltern, seine Illusionen, ihre Erziehungsfähigkeit bzw. -bereitschaft betreffend, durch Äußerungen in Hilfeplangesprächen oder am Rand. Vielleicht gab es auch bei den Betreuenden in Schweden Enttäuschungen über die anhaltenden Konflikte und Verweigerungen des Jugendlichen. Wie dem auch sei – es ist zu vermuten, dass die Themen „Wer können meine Eltern für mich sein?“, „Welche Rolle nehmen die Betreuer (vorübergehend) in meinem Leben ein?“ und „Wo ist mein Platz?“ bis dahin unzureichend mit Sebastian bearbeitet wurden.

Sebastian hat bis heute Kontakt zu Lars, seiner Familie und Freunden:

> *„Aber das Positive ist, dass ich dort noch mit den Leuten halt noch mit allen wieder Kontakt hab in Schweden. Dass ich zu Lars seiner Familie, zu seiner Schwester zum Beispiel, und den ganzen Freunden, was ich oben gehabt hab, die fragen auch teilweise nach, ob ich nicht wieder nach Schweden hoch komm, und .. ja. Tät ich auf jeden Fall wieder machen. Will mal schauen, dass ich da noch mal hinkomm“ (Sebastian 452–455).*

8.9.2 Beziehung Sebastian – Koordinator in Schweden

Die Beziehung zum Koordinator war für Sebastian während seines Schweden-Aufenthaltes „der engste Kontakt, den ich in Deutschland gehabt hab“ (Sebastian 401). Er war Vertrauensperson, Ansprechpartner in schwierigen Situationen und Vermittler zu den Betreuenden:

> *„Ja, also er muss auf jeden Fall 'ne ziemlich hohe Telefonrechnung gehabt haben zu dem Zeitpunkt, wahrscheinlich [lacht]. Er hat mit mir und Stefan, wir haben gesprochen, was da vorgefallen ist, also er wollte eigentlich alles genau wissen, wie es dazu gekommen ist, wie sich das alles angebahnt hat mit dem Streit, und hat dann auch mit uns geredet und hat dann auch gesagt, meint ihr, versetzt euch doch mal in Lars und Malins Lage, seht doch mal die Sache mit den ihren Augen, also .. er hat ja, wie soll ich das erklären … Herr E. war irgendwie für mich da, wenn, wenn ja, wenn ich einfach nur noch nach Hause wollte und nicht mehr gekonnt hab, weil ich nicht wusste wohin mit meinen Pro-*

blemen, und Herr E. wusste da schon, wie er damit umgehen kann. Also er hat mir halt zugehört, da konnt ich mich dann auch drauf verlassen. [...] Also dass wir da reden konnten mit jemandem, wenn wir Probleme hatten, der dann auch helfen kann. Auch wenn er jetzt mehrere tausend Kilometer entfernt ist. Ja, nee, das war also .. ich weiß nicht, wenn Herr E. nicht da gewesen wäre, das wäre ganz anders gelaufen da oben, einfach viel problematischer, viel mehr Ärger gegeben .. Ja. Das ist jedenfalls das, was ich denke" (Sebastian 429–446).

Dem Koordinator war es sehr wichtig, Sebastian in seinen Anliegen und Sorgen ernst zu nehmen. Die Betreuenden waren ob dieser engen Beziehung zwischen Sebastian und Herrn E. und der für Sebastian wahrgenommenen anwaltlichen Rolle des Koordinators zunächst skeptisch, was durch den Koordinator aber ausgeräumt werden und in eine konstruktive Zusammenarbeit mit allen Seiten umgewandelt werden konnte (vgl. KO Herr E. 140–149). Offenbar handelte es sich bei dieser als sehr vertrauensvoll beschriebenen Beziehung zwischen Koordinator und Sebastian um eine Besonderheit in der Arbeitsweise des Koordinators:

„Ja, da war natürlich so, was nicht immer der Fall ist, zwischen dem Jugendlichen und dem Koordinator, sprich mir, ja schon auch 'ne starke Beziehung gewesen. Das ist dann manchmal so'n bisschen ähnlich wie .. ja, weiß ich nicht, Patenonkel oder .. also Vaterersatz ist Quatsch, aber .. ja, ich glaub ... ja, das war schon Teil der Maßnahme auch" (KO Herr E. 150–154).

Diese Beziehung mit ihren wertschätzenden und bestärkenden Elementen kann als Gewinn für Sebastian gewertet werden. Mit der Idee, die Kontinuität der Beziehung zwischen dem Koordinator Herr E. und Sebastian zu bewahren, wurde schließlich auch die Überlegung, die Koordination nach dem Wechsel nach Deutschland gänzlich an die Koordinatorin Frau S. zu übergeben, verworfen. Herr E. verfolgte den Betreuungsverlauf weiterhin aus der Ferne und blieb Ansprechpartner für Sebastian.

8.9.3 Beziehung Sebastian – Betreuerpaar in Deutschland

Der Betreuer in Deutschland Hannes G. machte seine Entscheidung, Sebastian im Projekt aufzunehmen, davon abhängig, inwieweit er ihn mit seinem Beziehungsangebot erreichen konnte. Er spürte einen „ganz guten Draht" zu Sebastian und entschied sich deshalb für die Betreuung: „[...] und ich hab gemerkt, ich erreiche ihn, und damit war für mich die Entscheidung klar. Das probieren wir jetzt miteinander" (BE Hannes G. 99–101).

Es gibt eine große Überschneidung zwischen der Einschätzung von Sebastian und dem Betreuer, was die tragenden Elemente in der Betreuungsbeziehung waren: Humor, Nähe und familiäre Anbindung.

Sebastian betont die familiäre Anbindung (er bezeichnet sich selbst als Pflegesohn), die Offenheit für verschiedene Anliegen und Themen (z.B. Sexualität), die humorvollen Seiten und den deeskalierenden Umgang mit konflikthaften Situationen:

> *„Also zum Beispiel, er hat mich mitgenommen zu seiner Tochter auf die Kommunion, wo ich denk, dass es jetzt eigentlich für mich persönlich nicht selbstverständlich ist, weil ich mein, wenn ich jetzt irgendwie jemanden mitnehme [...], der mein Pflegesohn ist, aber er hätt auch sagen können, hey, fahr übers Wochenende zu deinen Eltern und dann kommste wieder" (Sebastian 560–563).*
> *„Hannes hat auch gesagt, jetzt zum Beispiel Freundin, Hannes hat gesagt, ja, du kannst 'ne Freundin haben und die kann auch hier übernachten und so und ja, wenn ihr miteinander schlafen solltet oder so was, also, kannst immer zu mir kommen, kannst auch von mir dann Verhütungsmittel haben und so" (Sebastian 668–671).*
> *„Nee, also, hm, was mir am meisten Spaß gemacht hat, dass wir halt mit Christina und Hannes viel Spaß haben konnten. Ja, dass die auch jede Art von Humor verstanden haben, also schwarzen Humor, dann richtig schrägen Humor. Nee, also da war ich schon froh, das war entspannt. Nee, und da hab ich dann auch einiges mitgenommen von da oben" (Sebastian 756–760).*
> *Und zum Thema Deeskalation: „Also er wusste auch, wie er mit mir umspringen soll. Also wenn ich jetzt grad, wenn ich jetzt irgendwie sauer war oder so was, da hat er gesagt, ja, jetzt gehste erst mal eine rauchen, kommst ein bissel runter, und dann kann man wieder drüber reden. Und .. ja, das war halt positiv" (Sebastian 588–591).*

Gerade in den Punkten Offenheit und Humor erlebte Sebastian die Beziehung zu den deutschen Betreuenden um einiges entspannter als die zu den schwedischen.

Auch Hannes G. betont die von Sebastian gesuchte familiäre Anbindung und (körperliche) Nähe zum Betreuer. Er fand heraus, dass Sebastian Humor und Spaß sehr wichtig waren, und arbeitete ganz bewusst mit all diesen Beziehungselementen. Darüber hinaus versuchte er, Sebastian die Anerkennung zu geben, die er von seinem Vater nicht erhalten konnte:

> *„Er hat mich als Pflege-, er hat mich als Pflegevater betrachtet. Also für andere war ich einfach der Erzieher, das ist mein Betreuer oder so, aber er war immer, bei ihm war ich immer der Pflegevater. […] Also ich hab innerlich hab ich meine Distanz in der Arbeit bewahrt, klar, aber es war für ihn wichtig, einfach da ein Stück weit mit Nähe und mit Humor zu arbeiten. Ich würde mal sagen, dass das so die, der Schlüssel war, dass es diese zwei Jahre, dass die zwei Jahre funktioniert haben und dass wir doch relativ weit gekommen sind" (BE Hannes G. 309–320)*
> *„[…] und ein Stück weit hat er so das Väterliche gebraucht. Weil von seinem Vater hat er sehr viel Abwertung gehabt, und ich hab da eher ihn so positiv unterstützt" (BE Hannes G. 307–309).*

Auch in der Betreuerfamilie in Deutschland gestaltete sich die Beziehung von Sebastian zur weiblichen Betreuerin schwieriger als die zum männlichen Betreuer, obwohl diese in den Beschreibungen emotional eher distanziert, klar und berechenbar erscheint. „Ja, also er war sehr stark auf mich fixiert. Auf meine Frau, da hat er eher, also für Frauen generell hat er was Abwertendes, eher was Verächtliches gehabt, also wenn ich weg war oder so, dann hat's meine Frau relativ schwer gehabt" (BE Hannes G. 204–206). Sebastian arbeitete sich vermutlich weiter stellvertretend für seine Mutter an ihr ab:

> *„Ja, Christina .. ja, da war das gleiche Problem wie in Schweden. […] also sie hatte auch geschaut, dass sie dann irgendwie Kontrolle kriegt mit mir, dass ich mir trotzdem was von ihr sagen lass. […] Also wenn sie jetzt gesagt hat, ich soll den Hausflur putzen, dann hab ich geputzt. Ja. Zwar oft nur mit Widerstreben, aber ich hab's trotzdem gemacht" (Sebastian 658–668).*

Die Betreuenden zeigten eine große Bereitschaft, Sebastian in allen Lebenslagen aufzufangen und zu unterstützen. Bei aller Anerkennung hierfür reflektiert die Koordinatorin dies im Nachhinein teilweise kritisch, weil zu vermuten ist, dass Sebastian auf diese Weise die Chance genommen wurde, die Konsequenzen seiner destruktiven Verhaltensweisen zu erleben, mit diesen konfrontiert zu werden und sich dadurch gegebenenfalls zu ändern:

> *„Also der hat sich da wahnsinnig für ihn eingesetzt in, in allen Bereichen, in allen Belangen und das war, glaub ich schon, für Sebastian 'ne ganz gute Erfahrung, obwohl er das auch immer wieder boykottiert hat. Also das weiß ich schon auch, also es war ihm sicherlich auch vielleicht manchmal zu viel so, dass da jemand ist, der sich so für ihn einsetzt, um ihn kümmert. Vielleicht konnte er das*

auch gar nicht so gut ertragen, aber er wurde da immer und immer wieder aufgefangen, also bei allem, was er da für 'n Mist gebaut hat" (KO Frau S. 236–242).

„Und da konnte er natürlich auch immer wieder, egal, was er letztendlich getan hat, konnte er natürlich schon auch spüren, okay, die halten jetzt zu mir, die versuchen [...] mir zu helfen, dass ich da nochmal rauskomme aus so prekären Situationen, so das war die eine Seite. Die zweite war aber natürlich, dass Sebastian auch dieses Gefühl hatte, naja, egal was ich mach, irgendwie boxen die mich da schon auch wieder raus" (KO Frau S. 309–315).

Der Vater macht seinen Sohn verantwortlich für alle Schwierigkeiten in den Betreuungsbeziehungen: „Die Probleme, die es gab, waren immer am Sebastian gewesen .. wie er mit den Betreuern umging oder wie er sich auf die Therapie einließ" (KV Herr W. 338–340).

Sebastian hält bis heute Kontakt zu seinem ehemaligen Betreuer Hannes G.: „Also es ist, er ruft immer wieder an, und jetzt, wo ich umgezogen bin auf, von einem auf den anderen Hof, hat er Himmel und Hölle in Bewegung gesetzt über einen Sozialarbeiter, um rauszufinden wo ich denn bin und meine Nummer rauszufinden und hat sich eben vor, waren' s jetzt zwei, drei Monaten oder so, hat er wieder angerufen und war ganz froh, dass er wieder wusste, wo ich bin" (BE Hannes G. 213–217).

8.10 Prozessgestaltung zwischen Jugendlichem und Helfersystem

8.10.1 Kindliches Nachreifen

Dem kindlichen Nachholbedürfnis von Sebastian entsprechend boten ihm die Betreuenden in Schweden die Gelegenheit, noch einmal Kind zu sein und mit dem zweiten Jugendlichen ausgiebig zu spielen. „Und ja, in vielen Momenten hat er sein Kindsein dort oben nachgeholt, also wenn die dann sich Stöcker geschnitzt haben und dann Cowboy und Indianer oder ähnliches gespielt haben oder ja, einfach so Blödsinn gemacht" (KO Herr E. 83–85).

Zudem fand Sebastian ein Betreuerpaar vor, das als Elternersatz fungieren und ihm ein familiäres Gefühl vermitteln wollte: „Sebastian kam aus einer Familie, die nicht funktionierte. Und wir haben gedacht, dass wenn er zu uns kommt, dann könnte er in einer Familie mit einer Mutter und einem Vater .. und einem Bruder leben, und das sollte positiv für Sebastian sein" (BE Lars K. 36–38). Der Koordinator geht davon aus, dass Sebastian mit dem männlichen Betreuer Teile dessen nachholen konnte, „was so den väterlichen Anteil angeht" (KO Herr E. 100). Wie im Abschnitt 8.7.1 bereits angemerkt, bleibt jedoch unklar, inwieweit diese Rollen und die damit verbundenen Herausforderungen bzw. Fallstricke mit den Betreuenden in Schweden reflektiert wurden.

Der Betreuer in Deutschland widmete sich dem Thema Nachreifung/Nachnährung ebenfalls (siehe auch Abschnitt 8.9.3), indem er Sebastian ganz bewusst „das Väterliche" (BE Hannes G. 307) anbot, das er offenbar brauchte. Er bezeichnet ihn als „Schoßkind [...] also es war wichtig, ihn immer mal wieder in den Arm zu nehmen und so weiter und seinen Kopf zu kraulen oder so, das war irgendwie so'n Bezug, also einfach bei ihm war es wichtig, so mit Nähe zu arbeiten" (BE Hannes G. 312–314). Auch hier war die Einbindung in die Familie und in das private Umfeld ein wichtiges Grundanliegen des Betreuerpaares.

8.10.2 Lebenspraktische Themen

Alltagspraktische Fähigkeiten

Die Betreuenden in Schweden versuchten mit viel Geduld, an offensichtlichen Entwicklungsdefiziten von Sebastian zu arbeiten und ihm wesentliche Dinge im alltagspraktischen Bereich nachholend zu vermitteln: „Wir versuchten ein Vorbild zu werden. Und wir haben alles Schritt für Schritt gemacht" (BE Lars K. 120–121).

Darüber hinaus boten sie Sebastian viele Gelegenheiten, sich körperlich zu entwickeln und alltagspraktische Fähigkeiten bei nicht alltäglichen Unternehmungen zu erwerben und zu erproben. Es ist gut möglich, dass Sebastian auch oder gerade durch die Exklusivität dieser Unternehmungen, von denen er im Interview detailliert und begeistert berichtet, dazulernen konnte: „Ja, in Schweden hab ich halt auch gelernt, mich selbst zu beschäftigen. Da haben wir Sachen gemacht, die nicht jeder macht, also wie zum Beispiel jetzt mit Hundeschlitten fahren oder so. Ja das war, ja, 'ne Wahnsinns-Erfahrung" (Sebastian 475–477).

Die Erfolge blieben nicht aus:

> *„Durch die Zeit bei uns wurde er körperlich erwachsener, er wurde stärker durch die Arbeit mit den Hunden. Er hat die Mahlzeiten regelmäßiger eingenommen und Gesundes gegessen. Er war sehr froh, mit den Kindern meiner Schwester zu spielen. Er war auch mit unserem Schiff auf See und wollte gern*

> *angeln und war sehr froh über all die Fische, die er gefangen hat. ... Ja, er kam mit uns, als wir unser Schiff abgeholt haben oben in T. und ist 550 Seemeilen mit uns mit dem Schiff gefahren und hat das sehr gut gemacht. Ja, er wollte sehr gern zusammen mit unseren Hunden Touren machen und liebte es sehr, draußen zu übernachten und hat bei minus 30 Grad nur in einem Schlafsack geschlafen und war sehr stolz darauf" (BE Lars K. 83–91).*

In Deutschland bei den G.'s lernte Sebastian eine ihm bislang unbekannte Lebensweise kennen und schildert diesbezügliche und andere gemeinsame Erlebnisse sehr positiv und mit großer Dankbarkeit:

> *„Also auch mit dem, mit der Art zu leben, also die haben ja dann indianischen Glauben und da hatten sie mich dann auch sehr beeindruckt. Also die haben dann, ich hab dann auch Schwitzhütte gemacht, [...] mit O. haben wir dann sein Baumhaus dann weiter ausgebaut" (Sebastian 520–523).*

Auch hier spielten die Bewegung an der Luft und gemeinsame Aktivitäten eine große Rolle. Der Betreuer beobachtete, dass Sebastian durch den Kontakt zu den eigenen und Nachbarskindern „auch ein Stück weit aus der Destruktivität rauskam, also wo er beim Schlittenfahren war und so weiter, [...] was ihn auch motiviert hat, was ihm auch Spaß bereitet hat auf dem Hof bei uns" (BE Hannes G. 187–191). Und er konnte feststellen, dass „bei ihm die körperliche Entwicklung, also so, so'n Wachstum da einfach nochmal eingesetzt hat. Also der hat da, hat da richtig so zugelegt, wie es eigentlich eher früher stattfindet so" (BE Hannes G. 533–535).

Vermutlich verlor diese Schwerpunktsetzung mit fortschreitendem Betreuungsverlauf, zunehmendem Alter von Sebastian und anderen hinzukommenden Themen (insbesondere Destruktivität/Drogen) an Bedeutung.

Schule/Ausbildung

Welche Bedeutung Koordination und Betreuende in Schweden dem Thema Schule beimaßen, wird aus den Interviews nicht ersichtlich. Sebastian erledigte – wohl eher widerstrebend – Aufgaben für die Flex-Schule, „[...]das war dann gar nicht so einfach .. da so die Struktur reinzukriegen, und das mit der Schule wurde glaub ich zum Schluss auch ein bisschen schwieriger" (KO Herr E. 86–89).

Der Betreuer in Deutschland unternahm eine Menge, um Sebastian in eine schulische Ausbildung zu bringen und dort zu halten:

> *„[U]nd Hannes war dahinter, dass ich in die Schule komme. [...] Dann hat er von der Praxisklasse erfahren, ist da mit mir gemeinsam hingegangen, hat dann gesagt, ich könne mir das anschauen. Das hat mir dann auch gut gefallen und ich wollt ja dann auch die Schule beenden, ja. Das war recht positiv, dass er sich da so reingehängt hat. Dass aus mir was wird. Ja, und wo ich dann aus der Schule geflogen bin, hm, .. ja, war er ziemlich enttäuscht. Er hat dann aber trotzdem weitergemacht, also auch mit Berufsschule, hat dann mit dem BVG dann auch geschaut, dass ich, wegen Praktika, wie ich das am besten mach" (Sebastian 536–547).*

Der Betreuer erinnert sich an große Widerstände bei der Hausaufgabenerledigung, blieb aber dran und scheute offenbar keine Mühe, Sebastian hierfür zu motivieren:

> *„Also, da hab ich alle möglichen psychologischen, also hab ich auf meiner psychologischen Klaviatur gespielt so, um zu schauen, wo krieg ich ihn wieder, ne, und wo kriegen wir's dann doch wieder hin, ne [...] es lief eigentlich nicht schlecht bis, bis für seine Verhältnisse ganz gut" (BE Hannes G. 234–237).*

Nachdem Sebastian wegen seiner destruktiven Verhaltensweisen aus der Praxisklasse geflogen war, zog der Betreuer ein nächstes Register und integrierte ihn in einen Berufsförderlehrgang, wo Sebastian „[...] verschiedene Berufe ausprobieren konnte" und wo der Betreuer immer wieder am Vermitteln zwischen Jugendlichem und der Einrichtung war. Anfang 2006 flog er auch aus dieser Klasse, „[...] er hat sich in so 'ne destruktive Position gebracht, wo, wo einfach die Meister da gesagt haben, das funktioniert nicht mehr" (BE Hannes G. 270–279).

Arbeit

Die Arbeit mit den Schlittenhunden war zunächst fester Bestandteil der Betreuungsarbeit in Schweden, bis Sebastian das Training nach einem Unfall abbrach:

> *„Wir haben dann angefangen auch mit Trainieren, also ich bin eingewiesen worden, wie man Hundeschlitten fährt. Ich hab erst vier Hunde gehabt, und dann im nächsten Winter durfte ich dann mit sechs Hunden fahren. Ja, dann hatte ich aber leider einen Unfall, wo dann auch leider ein Hund gestorben ist dabei, da hab ich dann gesagt, nee also das Trainieren .. hör ich auf, das .. geht nicht, pack ich nicht" (Sebastian 195–199).*

Unklar bleibt, ob nach dem Unfall mit Sebastian am Thema Trauer – Neuanfang gearbeitet wurde.

Der Betreuer in Deutschland setzte das Medium Arbeit zu Zwecken der Ressourcenerprobung und Fähigkeitsentwicklung ein, Sebastian lernte verschiedene Materialien kennen.

> *„[W]o er einfach Lust hat zu arbeiten, und Holz hat ihm am meisten Spaß gemacht, weil er da auch mit Maschinen arbeiten konnte […]. Und der Erfolg war, dass er so von anfänglich auf vielleicht halbe Stunde oder so, dass wir das so nach und nach so bis auf vier, fünf Stunden ausdehnen konnten, dass mit Unterbrechungen, dass er da dabeibleiben konnte. Konfliktpunkte gab's natürlich immer wieder […]. Wenn es dann aber irgendwas gab, wo ich dann ihn elektrisiert hab, dann war er wieder topfit" (BE Hannes G. 193–202).*

Sebastian arbeitete von Zeit zu Zeit auch bei einem benachbarten Töpfer mit.

> *„Ja, und da war dann Hannes schon bisschen richtig verwundert, dass ich dann arbeiten kann und freiwillig auch arbeiten möchte. Aber sobald es irgendwie daheim um Arbeiten ging, wie jetzt Holz sägen oder hacken oder Holzlager auffüllen, da hab ich mich dagegen gesträubt, ja, das war dann schon .. witzig" (Sebastian 632–637).*

Das passt wiederum zu der Idee, dass Sebastian seine Beiträge auch im Bereich Arbeiten durchaus als Beziehungsangebote und -barometer eingesetzt haben könnte (vgl. Abschnitte 8.5.1 und 8.5.2).

Die bereits im Abschnitt 8.9.3 diskutierte Frage nach dem Nutzen und den Grenzen des großen Einsatzes des Betreuers für die Schul- und Ausbildungsbelange von Sebastian (er schaffte es immer wieder, Sebastian bei aller Destruktivität neue Chancen zu verschaffen, dieser war aber nicht in der Lage, diese zu nutzen) soll an dieser Stelle mit der Frage verknüpft werden: Wie passte dieses „Sich-Kümmern" zum Anliegen, Sebastian bei der Entwicklung von Eigenverantwortung zu unterstützen?

8.10.3 Platz im Familiensystem

Eine Besonderheit des Projektes bestand darin, dass es eine explizit benannte und bezahlte Elternarbeit gab (vgl. KO Herr E. 419–425). Diese fand in Form von Elterngesprächen statt, die durch die Koordinatorin ein halbes Jahr lang im Abstand von ca. 6 Wochen getrennt mit Vater und Mutter durchgeführt wurden. Das Ziel bestand darin, dass Vater und Mutter sich der Zerrissenheit ihres Sohnes bewusst werden, dass sie verstehen, dass ihr Agieren nicht zum Wohl von Sebastian ist und dass sie miteinander reden, um Absprachen zu Sebastian zu tätigen (KO Frau S. 134–159). Noch während Sebastian in Schweden war, wurde die intensive Elternarbeit eingestellt: „[...] da ging's einfach auch nicht mehr weiter. So. Also es war klar, dass Sebastian nicht zum Vater zurück soll, auch will, es war klar, dass die Helfer eigentlich 'ne Rückkehr zur Mutter auch ausgeschlossen hatten" (KO Herr E. 118–123).

Die Elterngespräche hatten nach Einschätzung der Koordinatorin den Effekt, „dass man da besser hinter die Fassade gucken konnte .. und das dann auch natürlich in die Betreuung mit reintransportieren konnte" (KO Frau S. 172–174). So sei es möglich gewesen, in Konkurrenzsituationen zwischen den Eltern und dem deutschen Betreuerpaar zu vermitteln, und Sebastian konnte man „auch die Bilder von beiden Elternteilen nochmal anders .. rübertransportieren" Hingegen gelang es nicht, die Eltern zu bewegen, dass sie „für ihre Kinder an einem Strang ziehen" (KO Frau S. 174–187).

Die Frage, wie die Bilder von beiden Elternteilen an Sebastian transportiert wurden und inwieweit auch die Betreuenden einbezogen waren, bleibt in den Interviews leider weitgehend unbeantwortet.

Eine weitere wichtige Ressource war, dass sowohl der Vater als auch die Mutter Sebastian während seines Schweden-Aufenthaltes besuchten. Der Vater erinnert seine beiden Reisen zu Sebastian nach Schweden sehr positiv. Insbesondere während seines zweiten Besuchs konnte er an Sebastian endlich einmal kompetente, anerkennenswerte Seiten entdecken, es bleibt jedoch unklar, inwieweit der Vater seinen Sohn an dieser Anerkennung teilhaben ließ:

> *„Dann war der zweite Besuch von mir in Schweden mit meiner damaligen Frau. [...] Wir haben eine größere Reise in Schweden gemacht. Das war eigentlich so ziemlich die ungestörteste Zeit mit Sebastian, weil Sebastian dann ja auch .. die Sprache sehr gut konnte, also er hat dann immer für uns gedolmetscht, weil er so gut Schwedisch konnte, und wir haben dann also .. ja, eine sehr schöne Zeit da im Sommer gehabt. [...] Und Basti hat dann uns immer mit Fischen versorgt, weil wir immer so Tagesfahrten gewählt haben, dass wir immer am Wasser irgendwo übernachten konnten [...]. Das war .. 'ne ganz tolle Zeit" (KV Herr W. 103–113).*

Auch die Mutter besuchte ihren Sohn in Schweden. Der Koordinator schildert seine Erinnerungen:

> *„[J]a, die Mutter ist ja auch mal oben gewesen, das fand ich ganz klasse, dass das auch ermöglicht wurde, die ist oben gewesen und hat sich dann in so 'ner Hütte eingemietet ein paar Kilometer vom Hof entfernt und ich bin dann auch in der Zeit da gewesen und das war schon sehr interessant auch zu beobachten, wie diese beiden so miteinander agieren […], das hatte ganz, ganz wenig von einem Mutter-Sohn-Verhältnis, sondern das hatte eher was von, von manchmal fast einer Rollenumkehr, also dass der Sebastian eher so Sorge um die Mutter hat und dann aber wiederum auch ganz schnell hinüberwechselte in so ein .. kumpelhaftes Verhältnis, was auf so […] einer Ebene des Herumalberns war. Also bisschen so, dass die Mutter bei ihrem Sohn fast auf dem Schoß saß" (KO Herr E. 106–116).*

Dieser Besuch bot sicher Gelegenheit, mit der Mutter über ihr wenig mütterliches Verhalten und dessen Auswirkungen auf ihren Sohn zu reden und diese Problematik auch mit Sebastian ganz offen zu besprechen. Der Koordinator sieht das heute auch so: „[…] ein noch häufigerer Abgleich mit der Realität für alle Seiten hätte da vielleicht auch noch unterstützend sein können" (KO Herr E. 433–434). Eine große Chance für dieses Anliegen hätte, so der Koordinator, in der Verlängerung der Maßnahme in Schweden und einer stärkeren Einbeziehung der Eltern gelegen, so dass es für Sebastian anders möglich gewesen wäre darüber nachzudenken, „welche Rollen haben der Lars und Malin als Betreuer mir gegenüber und wie nehmen eigentlich meine Eltern […] ihre Rolle wahr als Papa und Mama" (KO Herr E. 325–328).

Der Umgang der Eltern mit Sebastian veränderte sich nicht wesentlich, als dieser ins Projekt nach Deutschland wechselte. Der Vater hatte inzwischen wieder geheiratet, „und .. das war dann irgendwie, ja, alles fremd für mich, dass ich dann da bin und ich mein, ich hab sie zwar gekannt, die Stiefmutter, aber trotzdem, irgendwie hab ich sie dann immer noch nicht richtig akzeptieren können" (Sebastian 689–691). Sebastians Wunsch, dass der Vater „dann doch wieder mit meiner Mutter zusammen zieht" (Sebastian 692), klingt angesichts dieser Entwicklungen doch sehr realitätsfern. Auch die Besuche bei der Mutter waren

> *„immer 'ne relative Katastrophe, weil sich dann doch in der Realität rausgestellt hat, dass die Mutter nicht fertig wird mit ihm, ihm da keine Grenzen aufsetzen kann, sie ihn da einfach auch nicht kindgemäß behandelt hat, sondern eher auch so als Partnerersatz, ja, wo sie so ihre Probleme mit ihm besprochen hat, also völlig altersunangemessen mit ihm gesprochen hat" (KO Frau S. 68–72).*

Der Betreuer in Deutschland verfolgte mit Sebastian schließlich ganz bewusst den Ansatz des Realitätsabgleichs zum Thema Eltern:

> *„[...] also das war, die Elternarbeit fand eher auch mit,* ***im*** *Kontakt mit ihm statt, also ich hab gesagt, ja was die Möglichkeiten der Eltern sind und was nicht, weil das sehr, grad die Anerkennung des Vaters hätte er immer total gerne gehabt. So die Liebe und Anerkennung, und die hat halt so seine Schwester gehabt und er nicht, ne. .. [...] Also da gab's viele Gespräche" (BE Hannes G. 359–366).*

Im Umgang von Sebastian mit seiner Mutter ging es dem Betreuer vor allem darum, „den Kontakt zu halten und möglichst so zu gestalten, also wenn ich dabei war, dass es nicht zu destruktiv ist. Also die war schon heftig drauf. Und das eher ein wenig eingeschränkt zu halten auch so" (BE Hannes G. 374–377). Im Kontakt mit dem Vater versuchte er dafür zu sorgen, „dass da nicht zu viel Abwertung [...] oder nicht zu viel Verletzung passiert, also ich hab da gerade in Elterngesprächen auch dann mal insistiert oder einfach mal gebremst und [...] mich auf seine Seite gestellt" (BE Hannes G. 377–380).

Die wichtigste Ressource bei der emotionalen Verortung des Jugendlichen in der Familie war die Großmutter, die er hin und wieder besuchen konnte: „[S]ie hatte einen relativ guten Einfluss gehabt auf ihn. Also die hat ihn geliebt und er hat einfach gemerkt, hey, die mag mich, die vertraut mir mehr, die traut mir was zu" (BE Hannes G. 370–372).

8.10.4 Sozialverhalten

Die Betreuenden in Schweden reagierten mit Verboten und Konsequenzen auf heimliches Rauchen von Sebastian:

> *„Ja, und Thema Rauchen, das war so 'ne Geschichte für sich. Also Lars war halt strikt dagegen, dass wir rauchen, wir haben's halt trotzdem gemacht, heimlich, ja, und wenn wir erwischt worden sind, dann mussten wir halt, entweder mussten wir nach Hause laufen oder wir haben dann halt Hausarrest bekommen oder mussten arbeiten. Aber es war, er hat's ja eigentlich nur gut gemeint" (Sebastian 220–224).*

Darüber hinaus handelte sich Sebastian viel Ärger mit grenzüberscheitenden Verhaltensweisen in der Nachbarschaft ein – auch dafür musste er gerade stehen. Einmal klaute er der Mutter eines Freundes Zigaretten, indem er sich unerlaubt Zugang zu ihrem Haus verschaffte – „aus Spaß", wie er heute sagt. „und das ist dann halt auch rausgekommen. Also ich hab's dann auch zugegeben und hab dann gesagt, hey, so sieht's aus, ich war's, tut mir leid, und ja, ich durfte dann aber natürlich nicht mehr in das Haus rein" (Sebastian 207–213). In Deutschland nahmen die „Klaugeschichten" infolge der größeren Nähe „zu einem schädigenden Umfeld" weiter zu (KO Herr E. 498–501).

Hinzu kamen Alkohol und illegale Drogen. Die soziale Destruktivität von Sebastian führte schließlich zu Konflikten mit anderen Jugendlichen und zu Rausschmissen aus Schule und Ausbildung. Der Betreuer stand ihm in dieser Zeit immer zur Seite – auch dann noch, als Sebastian wissentlich seinen Schulabschluss aufs Spiel setzte.

> *„[N]ee, Moment, wir haben's dann geschafft, genau .. bis Mai, das war 'ne reife Leistung, wir haben's eigentlich bis Mai geschafft und er war eigentlich auf Kurs für'n Hauptschulabschluss. […] Und da ist er halt immer mehr in die Szene reingerutscht so, hat dann am Fluss mit denen dann irgendwie gezeltet. Klar, ich hab ihn dann meistens dann wieder gefunden, aber, ja .. er ist dann wegen Gewaltandrohung und so weiter aus der Hauptschule verwiesen worden, hatte aber die Möglichkeit, dass er .. also er wurde zugelassen zur Hauptschulprüfung. Also als Externer durfte er dann hin, und intelligenzmäßig hätte er's auch hingekriegt, ist dann am Abend davor wieder verschwunden, die Nacht nicht aufgetaucht und hat dann die Nacht durchgemacht, ist dann, ich hab ihn dann wieder gefunden am nächsten Tag und er ist mit mir zur Prüfung hingegangen und da hat er wohl dann ein leeres Blatt abgegeben. Also er hat die Prüfung einfach gnadenlos versiebt da. Was echt schade war, weil die Vorbereitung gut lief und weil wir einfach schulisch, also er wäre bereit gewesen, er hätte das hingekriegt" (BE Hannes G. 237–261).*

Den Verboten des Betreuers widersetzte sich Sebastian, er entzog sich zunehmend dessen Kontrolle. Über Konsequenzen ist nichts bekannt. Sebastian weiß heute, dass sein Drogenkonsum das Ende der Betreuung herbeigeführt hat, und bedauert dies (vgl. Sebastian 591–602). Es stellt sich einmal mehr die Frage, inwieweit das laufende „Raushauen" für Sebastian in der Konsequenz hilfreich war.

Der Betreuer geht davon aus, dass diese destruktive Seite in Sebastian so stark angelegt ist, dass er sich dieser nicht entziehen kann:

> *„Aber die, diese .. destruktive Schiene oder so, also so das, ich sag mal so in Richtung Drogen, Kriminalität und so weiter so, das ist einfach aus so 'nem inneren Hunger heraus auch. Das ist einfach so stark angelegt gewesen, also er hat da so 'ne starke Affinität, so 'nen starken Bezug dazu gehabt [...]" (BE Hannes G. 499–504).*

Damit stellt der Betreuer implizit die Frage nach der Eignung des Betreuungsstandortes mit seiner Nähe zu den Eltern und zu schädigenden Milieus.

8.11 Zusammenarbeit auf Helferebene

Die Kooperation zwischen den Koordinatoren und den Betreuenden bezeichnen alle Beteiligten als gut. Der Koordinator des Betreuungsabschnitts in Schweden weist darauf hin, dass eine begleitende Supervision für die Kollegen wichtig gewesen wäre, denn

> *„selbst wenn ich da ich sag mal fast supervisorisch wirken möchte als Koordinator, wird mir das ja kaum gelingen, weil ich natürlich mein anderes Ich nicht so abspalten kann, also nämlich das Ich des Trägers, also mit dem ganzen Hintergrund der .. Entscheidungsgründe aufgrund von Kosten, Trägerphilosophie und, und, und. [...] Und [...] vielleicht macht es aber auch nochmal einen deutlichen Unterschied, .. wenn der Supervisor aus der Kultur und dem Sprachraum kommt, wo die Betreuer herkommen" (KO Herr E. 397–405).*

Die Zusammenarbeit mit dem Jugendamt beschreiben beide Koordinatoren als problematisch, da die Zuständigkeiten für den Fall beim zuständigen Jugendamt trotz oder wegen des großen Engagements des Jugendamtsleiters teilweise nicht geklärt waren bzw. es zu mehreren Wechseln in der Fallführung kam und es Schwierigkeiten bei der gemeinsamen Entscheidungsfindung gab.

8.12 Beendigung der Hilfe und Anschlusshilfen

Die Hilfe wurde kurz vor Sebastians 18. Geburtstag im Februar 2006 durch das zuständige Jugendamt rückwirkend beendet. „Er hatte vom Jugendamt damals schon die Auflage, also entweder [...] er entscheidet sich für ein konstruktives Irgendwohingehen-Wollen", aber „wenn's da wieder so'n Abbruch gibt, dann werden sie die Jugendhilfemaßnahme beenden" (BE Hannes G. 283–288).

Sebastian erkennt rückwirkend seine Verantwortung. Er erinnert sich an Auseinandersetzungen mit dem Betreuer wegen seines Drogenkonsums und an dessen Hoffnungen, dass er doch noch in einen gesellschaftlich akzeptierten Weg einmünden würde:

> *„[E]r hat's mir auch verboten, aber ich hab dann gesagt, ja, wie will er das denn mitkriegen, wenn ich nicht bei ihm bin. Ja, .. das war dann .. der ausschlaggebende Punkt, wo dann das Jugendamt gesagt hat, nee, sie beenden die Maßnahme. Wegen dem Drogenkonsum. [...] Also durch die Drogen hab ich mich dann mehr und mehr abgewandt von ihm, weil ich seine Sichtweise dann irgendwie blöd fand, und hab dann gesagt, ja, ich weiß besser, was ich mach. [...] Das war nicht so gut dann. Was ich ja heute dann bereue mittlerweile" (Sebastian 591–613).*

Auch die durch den Betreuer erwirkten Zukunftsaussichten schlug Sebastian damals leichtfertig in den Wind:

> *„Ich hatte zu dem Zeitpunkt schon 'ne mündliche Zusage für 'ne Lehrstelle von der BVG-Maßnahme, wo ich war, die ich in der Küche hätte machen können, aber durch's Jugendamt, besser gesagt durch mein Verhalten ist dann alles kaputt gegangen. .. Leider. .. Ich wünsch mir, dass es anders gelaufen wär" (Sebastian 617–620).*

Der Betreuer „hätte noch gern einen Übergang gehabt mit ihm und es noch weiter vorbereitet, aber da war das Jugendamt auch spontan damals sehr klar und hat gesagt nein, hier, da ist Schluss" (BE Hannes G. 469–471).

Sebastians Vater hatte die Order vom Jugendamt, „wir sollen jetzt Sebastian auf keinen Fall aufnehmen, damit er nicht das Gefühl hat, er fällt wieder in 'nen Netz, das ihn auffängt [räuspert sich]" (KV Herr W. 354–356). Sebastian sollte endlich für sich selbst sorgen.

„Wir haben das dann auch ein Stück weit verwirklicht. Die einzige Hilfe, die wir ihm geboten haben, war, dass wir für ihn 'ne kleine Wohnung gesucht haben in der Nähe von seiner Mutter, und ansonsten hat er mehr oder weniger alles selber machen müssen (KV Herr W. 357–360).

Dies sieht die Koordinatorin kritisch: „Also unsere Idee wäre damals wohl eher gewesen, dass man versucht, ihn in Richtung Verselbständigung nicht in den Umkreis von G. zu bringen, aber letztendlich ist er dann doch wieder in G. wohl gelandet" (KO Frau S. 125–127). Was sich der Betreuer statt des doch recht abrupten Endes hätte vorstellen können, wäre

„zum Beispiel 'ne Reise mit ihm zu machen, ja. Was weiß ich, zum Beispiel auf'm Jakobsweg nach, oder, oder einfach so, wo er an 'ne körperliche Grenze gekommen wäre im Bezug mit mir oder so, also so was hätt ich mir damals noch vorgestellt, ne. Aber da gab's einfach ganz klare Ansage, das war nicht möglich. Insofern, es war wie es war, und .. ich glaub, dass man nicht mehr Chancen gehabt hätte" (BE Hannes G. 507–512).

Eventuell wäre eine von vornherein flexibler angelegte Hilfe (mit Kriseninterventions- und Reisemöglichkeiten) den Themen und Dispositionen von Sebastian angemessener gewesen.

Anschlusshilfen

Die Eltern versuchten im Nachhinein, ihrem Sohn mit Unterstützung des Jugendamtes immer wieder den Zugang zu verschiedenen Hilfen zu verschaffen.

„Er hat die Unterstützungsleistungen, die er noch gebraucht hätte oder auch hat, hat er sich selber einfordern müssen beim Jugendamt ,, was nicht immer wirklich funktionierte, weil er hatte da wohl noch so 'nen Suchtbetreuer, der so ein- bis zweimal bei Sebastian in der Wohnung vorbei sah und ihm geholfen hat, aber da hat er sich auch wieder wenig drauf eingelassen" (KV Herr W. 360–364)

Oder als er aus seiner Wohnung geflogen war, halfen sie ihm, eine neue zu finden, „die aber dann in kürzester Zeit auch zu 'ner Messie-Wohnung geworden war, weil er sich um nichts kümmerte" (KV Herr W. 370–371).

8.13 Auswirkungen der Hilfe in der Wahrnehmung und Deutung der Befragten

8.13.1 Kindliches Nachreifen

Sebastian, davon gehen die befragten Koordinatoren und Betreuerinnen aus, konnte in den Jahren der Betreuung bei Jugendhilfe Phöinix e.V. „Boden unter den Füßen zurückgewinnen" (KO Frau S. 209–210), indem er heilsame Erfahrungen mit funktionierenden Familien machte. Mit dem schwedischen Betreuer hat er vor allem „gut Teile dessen nachholen können, was so den väterlichen Anteil angeht" (KO Herr E. 99–100), in Deutschland konnte er erleben „wie es ist, in 'ner heilen Familie zu leben" und Stärkung dadurch erfahren, dass jemand hinter ihm steht und für ihn da ist (BE Hannes G. 488–492).

Insbesondere für die Zeit in Schweden wird Sebastian eine nachholende körperliche Entwicklung bescheinigt: „Durch die Zeit bei uns wurde er körperlich erwachsener, er wurde stärker durch die Arbeit mit den Hunden" (BE Malin A. 83–84). Sebastian lernte, so erinnern es die schwedischen Betreuenden, selbstständiger zu werden und erkannte die Notwendigkeit, Verantwortung für das eigene Leben zu übernehmen. Bei seiner Rückkehr nach Deutschland war er aber noch nicht altersgemäß entwickelt:

> *„Ich glaube, dass Sebastian gelernt hat, dass er selbst etwas machen musste für sein Leben, und dass er selbständig werden musste. Und in physischen, körperlichen Dingen hat er, glaube ich, viel gelernt. […] Sebastian war am Ende des Projektes immer noch ein Kind. Er wollte gerne älter werden, aber er war eben noch ein Kind und war nicht erwachsen genug für sein Alter" (BE Lars K. 203–211).*

Mit den positiven Beziehungserfahrungen ließen Sebastians Aggressionen nach: „Also ich bin … ziemlich viel ruhiger geworden, .. mit meiner Wut weiß ich jetzt auch mehr anzufangen, also zerstör meine Sachen nimmer mehr im Wutrausch" (Sebastian 467–468). Dies fällt auch dem Vater positiv auf: „Er war ja teilweise vorher, wenn er ausgeflippt ist, hat er einfach irgendwas zerstört. Also das ist dann ein Stück weit zurückgegangen. Er hat also seinen Aggressionen dann .. nicht mehr unbedingt etwa so freien Lauf gelassen. Also da hat er dazugelernt gehabt" (KV Herr W. 424–429). Dies bestätigen auch die beiden Koordinatoren.

Jedoch waren auch nach zwei Jahren Betreuung in Deutschland noch Entwicklungsverzögerungen zu beobachten:

> *„Und, und reifemäßig oder so, ja, eben statt 17 würde man sagen war er da vom Stand vielleicht so von 13, 14 in der Entwicklung. Also es ist einfach ganz klar noch ein Entwicklungsdefizit gewesen. Es war völlig klar, dass er noch nicht in der Lage war, für sich Verantwortung zu übernehmen und dass er einfach doch längere Begleitung nötig gehabt hätte“ (BE Hannes G. 535–539).*

8.13.2 Lebenspraktische Themen

Der Jugendliche selbst ist dankbar, dass er in Schweden lernte, sich selbst zu beschäftigen und mit seiner Zeit etwas Sinnvolles anzufangen (vgl. Sebastian 475–476). Er bekundet bis heute eine enge Verbundenheit mit Schweden und den ihm dort bekannten Menschen:

> *„Mh .. also ich muss sagen, an Schweden denk ich sehr viel. Also es vergeht eigentlich kein Tag, da wo ich nicht dran denk. .. Also, was mich am meisten halt beeindruckt hat an Schweden, das war wie gesagt das Land selbst, also die Bewohner, die Art, wie sie leben, die Gastfreundschaft und so, das kennt man hier nicht“ (Sebastian 766–769).*

Beim Betreuer in Deutschland hat Sebastian eigenen Angaben zufolge ebenfalls viel Lebenspraktisches gelernt. Er verweist auf Schule, Arbeiten und spielt auf eine gewisse Ambiguitätstoleranz an:

> *„Aber ich hab viel gelernt oben, ja. Das auf jeden Fall. Also .. sei es jetzt in Bereichen, wo ich jetzt auch fürs Leben, in der Arbeit oder hier das mit der Schule zum Beispiel. Aber auch jetzt vom, vom, vom Denken her. Das war schon recht positiv da oben. Also .. Ja, vom Denken her, also vom Denken her war ich so unterwegs, dass ich dann alles nur noch trist gesehen hab, durch den Drogenkonsum, also ja, die Welt ist sowieso nur trist und grau und […] für was soll ich denn alles lernen, wenn sowieso .. soll mein Leben nur aus Arbeiten bestehen, […] dass ich damit mein Leben finanzieren kann und hab dann von meinem Leben nix? Also da hat er dann auch schon gesagt, […] du musst auch ja, mal Veränderungen im Leben eingehen, weil .. auch wenn man das Leben plant, es geht nicht immer so auf wie man wünscht, dass es aufgeht. Ja, und das war echt positiv, muss ich sagen. Also das hat mich da ein bissel weiter gebracht. Die Welt mal ein bisschen anders zu sehen“ (Sebastian 638–658).*

Sebastian lernte Selbstvertrauen dadurch, dass Hannes ihm etwas zutraute und „dass es sich [...] lohnt irgendwie um was zu kämpfen, wenn man das wirklich will" (Sebastian 788–789). Er hat die Erfahrung gemacht wie es ist, zumindest vorübergehend an einer Sache dranzubleiben (z.B. Praxisklasse). Die Schwitzhütte stellt einen wichtigen Erfahrungsschatz dar:

„[...] die kann ich heute noch nutzen, diese Schwitzhütte. [...] Ja, es ist schwierig zu erklären. Man geht halt irgendwie als alter Mensch rein und kommt als halt neu geboren raus. Ja, und die Erfahrung einfach mitzunehmen. [...] Also dass es immer einen Neuanfang geben kann, das auf jeden Fall. Kommt bloß drauf an, wie und wo" (Sebastian 786–814).

8.13.3 Platz im Familiensystem

Am Ende der Betreuungszeit war die Einordnung von Sebastian in die Familie nicht gelungen. Sebastian war nach wie vor zwischen den Lebenswelten von Mutter und Vater hin- und hergerissen. Die Koordinatorin resümiert:

„Und ich glaube, zum Schluss hin, da tendierte er mal mehr Richtung Vater, mal mehr Richtung Mutter. Aber er hat für sich selber da nicht vielleicht so ein eigenes System entwickeln können, also wo er sich jetzt einordnet. [...] [Z]u dem Zeitpunkt, ja, da ist er so geswitcht zwischen beiden. Ne, ich weiß, dass er zum Schluss hin und auch jetzt eher in diese Mutterorientierung dann gegangen ist, aber er hat natürlich trotzdem auch noch diesen Anteil des Vaters [...]. Also diese Zerrissenheit, dass er 'ne eigene Linie da entwickeln konnte, das ist uns .. glaub ich, nicht gelungen. Ja, also er war da bis zum Schluss hin sehr zerrissen zwischen diesen beiden Lebenswelten" (KO Frau S. 454–465).

Wenn es denn einen Nutzen für die Familie gab, so blieb Sebastian dabei unberücksichtigt. Es klingt wie eine Ironie: Die intensiv-sozialpädagogische Betreuung für Sebastian brachte in der Einschätzung des Vaters eine Entlastung für die Familie und kam vor allem der Tochter zugute:

„Und für uns als Familie war es sehr hilfreich, weil wir uns ja dann auch, auch auf die Erziehung unseres anderen Kindes wesentlich besser [...] konzentrieren konnten. Denn vorher hat also Sebastian 80 Prozent unserer Erziehungsleistung in Anspruch genommen und unsere Tochter eben grade mal 20 Prozent, so vom Gefühl her. Und ich denk die größte Nutznießerin aus der ganzen Geschichte war unsere Tochter, weil die dann echt in ruhigen Verhältnissen auf-

wachsen konnte. Was man ja auch aus ihrem Lebensweg ersehen kann, dass das funktioniert hat. Dass uns also da wirklich 'n Stück Last genommen wurde, weil wir mit Sebastian ja überhaupt nicht zurechtgekommen sind. Das ist also so .. das Positivste, was man da draus ziehen kann, dass, was dann auch wirklich auch auf der Hand liegt , dass das daran lag, dass Sebastian bei Phöinix war" (KV Herr W. 449–460).

8.13.4 Sozialverhalten

Die im Abschnitt 8.13.1 angeführten positiven Auswirkungen der durch die Betreuenden begleiteten Nachreifungsprozesse stehen in engen Wechselbeziehungen mit Veränderungen in Sebastians Sozialverhalten. „Also an Veränderungen waren .. was vorher komplett abgerissen war, dass er .. gesprächsbereiter geworden war. Man konnte mit ihm besser diskutieren und er konnte seine Aggressionen besser kanalisieren" (KV Herr W. 424–426). Insbesondere beeindruckt die interviewten Helfer, dass Sebastian gelernt hatte,

> *„über die Dinge, die er dann immer mal so getan hat, [...] zu reflektieren, zu gucken, wie es weitergehen könnte, da war er am Schluss hin sehr aufgeschlossen, konnte dann auch mit Ideen entwickeln [...]. Also er hatte auch so Einsichten, die er früher nicht hatte, in Handlungsweisen [...]. Ja, er hat zumindest mal für seine Verhältnisse hat er schon an seinen Perspektiven auch gearbeitet, wenn auch immer mal wieder mit so Up and Downs [...]" (KO Frau S. 432–39).*

Auch wenn der Vater seinem Sohn unterstellt, dass es sich dabei zum Teil um sozial erwünschtes und angepasstes Verhalten handelt (vgl. KV Herr W. 429–440). Der Betreuer fasst es so zusammen:

> *„Also er konnte erstaunlich gut selbst reflektieren, nur der Wille war .. schwach" (BE Hannes G. 667–668). Er glaubt, dass „diese .. destruktive Schiene oder so, also so das, ich sag mal so in Richtung Drogen, Kriminalität und so weiter [...]einfach so stark angelegt gewesen [ist], also er hat da so 'ne starke Affinität, so 'nen starken Bezug dazu gehabt, da hätt ich ja Jesus sein müssen, um das zu verhindern, oder ihn an der Leine halten oder, also es wär .. Mit unseren Möglichkeiten war, glaube ich, nicht mehr drin" (BE Hannes G. 499–504).*

Die späteren Entwicklungen – Sebastian konsumierte Alkohol und Drogen, verlor mehrfach seine Wohnung, hatte Schwierigkeiten, Geld bei der ARGE zu beantragen, rutschte in die Beschaffungskriminalität ab und wurde wiederholt zu Geldstrafen, Sozialstunden und schließlich zu einer Gefängnisstrafe verurteilt – bestätigen diese Einschätzung leider vorerst.

8.14 Zukunftsvorstellungen von Sebastian

Zum Zeitpunkt des Interviews mit Sebastian – das war noch vor seiner Inhaftierung – äußert dieser seine Vorstellungen für die Zukunft: Er wolle eine eigene Wohnung und eine Ausbildung am liebsten zum Schreiner machen, weil ihm die Arbeit mit Holz gefalle und er das in den Projekten in Schweden und Bayern gelernt habe. Zunächst aber brauche er Geld von der ARGE. Irgendwann wolle er vielleicht eine Familie gründen und/oder nach Schweden auswandern (vgl. Sebastian 874–87). Sein ehemaliger Betreuer stellt ihm eine eher pessimistische Prognose:

> *„Kann mir auch vorstellen, dass der Sebastian einfach dauerhaft so in diesem kleinkriminellen Milieu hängen wird, also es ist .. also es bräuchte wirklich 'ne sehr starke Gönnerpersönlichkeit, die bedingungslos hinter ihm steht und ihn da vielleicht rausnimmt, […] ihn trotz Rückfällen immer wieder aufnimmt. Also müsste wirklich so, so'n Wunder passieren, dass er da rauskommt. […] [D]as ist einfach ihm so vertraut, das ist ihm viel näher, als so 'ne bürgerliche Existenz mit Berufsausbildung oder irgendwie 'nem Job, […] da hat er keine Vorstellung. […] [D]a hat er vielleicht irgendwie 'nen Wunsch, aber kopfmäßig, aber wirklich so eben vertraut ist ihm einfach die, die Straßenszene. […] Ich würd's ihm sehr wünschen, dass er rauskommt, weil er ist einfach auch ein Sympathischer" (BE Hannes G. 668–683).*

8.15 Zusammenfassung

Settinggestaltung Schweden

Es scheint, dass das Betreuungssetting in Schweden für Sebastian aufgrund der Entfernung zu seinen Eltern und zu schädigenden Milieus passend ausgewählt worden war. Sebastian konnte emotional und körperlich nachreifen, mit seinen Aggressionen umgehen lernen, sich bei nicht alltäglichen Unternehmungen erproben und als kompetent erleben. Gegebenenfalls wäre eine Unterbringung ohne weiteren Jugendlichen zumindest in der Anfangsphase hilfreich gewesen, um Sebastian nach dem Konkurrenzerleben zu seiner Schwester und den missglückten Betreuungsverhältnissen in der Jugendhilfe einen exklusiven Status zu sichern. Als günstig kann gewertet werden, dass Sebastian der jüngere der beiden Jugendlichen war. Im gewählten Setting wäre es in der Einschätzung des Koordinators hilfreich gewesen, die große Unterschiedlichkeit der Betreuenden (Alter, Geschlecht, Biographie) stärker zu nutzen, etwa für gezielt gestaltete 1:1-Betreuungssituationen. Als Gewinn für Sebastian kann die enge und vertrauensvolle Beziehung des Jugendlichen zu seinem Koordinator gewertet werden.

Arbeiten an der Biographie

Die Tatsache, dass die Eltern Kontakt zu Sebastian hielten und ihn in Schweden besuchten, hätte in der Einschätzung des Koordinators Anknüpfungspunkte für eine wohlwollend-konfrontative, realitätsabgleichende Elternarbeit sowohl mit Vater und Mutter (Wer und was wollen/können wir für Sebastian sein?) als auch mit Sebastian (Welche Rolle können meine Eltern für mich einnehmen?) geboten, in die auch die Betreuenden (Wie definieren wir unsere Rollen gegenüber Sebastian – als Mann und als Frau? In welche Rollen werden wir von Sebastian gedrängt? Welche Übertragungen finden statt und wie können die Gegenübertragungen korrigiert werden?) hätten einbezogen werden können. Es ist anzunehmen, dass Sebastian so unter Umständen in der Lage gewesen wäre, sich von realitätsfernen Illusionen (beispielsweise bei der Mutter leben zu wollen oder vom Vater so geliebt zu werden wie seine Schwester) zu verabschieden. Umgekehrt wäre es hilfreich gewesen, die Eltern weit mehr für die Bedürfnisse von Sebastian zu sensibilisieren. Möglicherweise wäre – wie es der Koordinator formuliert – ein längerer Aufenthalt des Jugendlichen in Schweden und eine konsequente fachliche Begleitung der Beteiligten (Sebastian, Eltern, Betreuerinnen) durch Koordination und Supervision für diese Art von Elternarbeit unterstützend gewesen.

Übergang Schweden – Deutschland

Während die Anbahnung der Hilfe in Schweden als gelungen gelten kann, wird der Übergang von Schweden nach Deutschland durch die Koordinatorinnen sehr kritisch gesehen. Beim Jugendamt gingen offenbar Kostenbedenken vor inhaltliche Erwägungen, die Dynamiken in der Betreuungsstelle wurden möglicherweise durch die Illusionen des Jugendlichen bezüglich seiner Eltern forciert und Sebastian wurde, solange er noch in Schweden war, offenbar nicht konsequent in die Entscheidungsfindung einbezogen. Die Symptomatik seiner Bindungsunsicherheit wurde in dieser Phase bedauerlicherweise durch das Helfersystem reproduziert: Ein bindungsunsicherer Jugendlicher wusste nicht, wo er nach dem Projektaufenthalt in Schweden leben wird. Der nachholende Abschied von der schwedischen Projektstelle mit dem neuen Betreuer könnte sich hingegen als unterstützende Intervention stabilisierend auf Sebastian ausgewirkt haben.

Settinggestaltung Deutschland: „Zuviel des Guten"?

Die Anbahnung der Hilfe in der deutschen Projektstelle einschließlich der einmonatigen Probezeit kann als gelungen angesehen werden, wenn man von der Mogelpackung des Jugendamtes absieht, Sebastian könne, wenn er wolle, nach Schweden zurückgehen. Die Projektstelle bot Sebastian positive Erfahrungen mit einer „heilen Familie", mit Nähe und Zuwendung und sehr viel Unterstützung in den Bereichen Schule, Ausbildung und Arbeit, die aber – so lautet eine Hypothese der Koordinatorinnen – eventuell zugleich ein „Zuviel des Guten" bedeutet haben könnten und deshalb von Sebastian nicht in dem Umfang angenommen werden konnten wie vom Helfersystem erhofft.

Zwei Faktoren wirkten der Hilfe in Deutschland in der Auffassung der befragten Helferinnen entgegen: Die Nähe zu den Eltern und die Nähe zu schädigenden Milieus. Beides hätte in den Überlegungen der Koordinatorinnen unter Umständen durch einen längeren Aufenthalt in Schweden vermieden werden können, wo es offenbar gute Möglichkeiten gegeben hätte, Sebastian weiter zu integrieren, ihn emotional zu verorten, einen Schulbesuch zu organisieren (er lernte die Sprache sehr schnell) und an einer realistischeren Sicht auf seine Eltern zu arbeiten. Das alles konnte in Deutschland – trotz umfangreicher Beziehungs- und realitätsabgleichender Elternarbeit des Betreuers – unter den gegebenen Bedingungen leider nur ansatzweise Früchte tragen.

Kurz vor Veröffentlichung der Studie erreichte das Autorinnenteam die Nachricht, dass Sebastian im Sommer 2013 vermutlich an den Folgen einer Überdosis aus Drogen und Medikamenten verstarb. Er wurde 25 Jahre alt. Wir trauern um Sebastian und sind dankbar, ihm begegnet zu sein.

9 Zusammenfassung

9.1 Die Betreuungsbeziehung als Basis und Chance

In den sieben Fallstudien wird deutlich, dass eines der bedeutsamsten Elemente in einer individualpädagogischen Einzelfallhilfe die Betreuungsbeziehung ist. Dies ist nicht neu: In der pädagogischen und psychologischen Fachliteratur gilt die Beziehungsgestaltung zwischen Betreuenden und den zumeist traumatisierten und von großem Misstrauen gegenüber erwachsenen Personen geprägten Kindern und Jugendlichen längst als ein zentraler, wenn nicht als der zentrale Wirkfaktor.

So bezeichnet Klawe „die Persönlichkeit des Betreuers, seine sozialen Kompetenzen, seine Haltung und seine soziale Einbindung vor Ort" als wichtigste Faktoren „für einen gelingenden Verlauf und Erfolg des Betreuungsprozesses."[18] Fröhlich-Gildhoff beschreibt in einer Studie über Einzelbetreuungen in der Jugendhilfe die Variablen Akzeptanz, Vertrauen, Einfühlsamkeit, Aushalten/Dranbleiben und Echtheit/Klarheit als konstituierend für die Grundhaltung eines Betreuers. Außerdem benennt er sechs zentrale Handlungselemente in der Beziehungsgestaltung: Konkrete Hilfen/Unterstützung, Da-Sein und Erreichbarkeit, Fordern und Konfrontieren, Grenzen setzen, Ermutigung und Zutrauen sowie Spaß.[19] Diese lassen sich im Querschnitt durchaus in den für diese Studie evaluierten Fällen erkennen und rekonstruieren[20], wobei sich erwartungsgemäß ein sehr differenziertes Bild der Beziehungsqualitäten und beziehungsstiftenden Elemente in den einzelnen Betreuungsverläufen ergibt.

So wurde in der Betreuung von Lena aufgrund ihrer Geschichte und der daraus resultierenden Ängste und Unsicherheiten in beiden Betreuungsphasen (Standortprojekt in Portugal und ambulante Nachbetreuung in Deutschland) großer Wert auf eine vertrauensvolle, Schutz und Sicherheit gewährende Beziehung gelegt, in der allmählich konkrete Hilfen und Unterstützungsangebote ihren Platz finden konnten. Lena erwähnt mehrfach, wie wichtig für sie die ständige Präsenz und die absolute Verlässlichkeit des Betreuerpaares waren. Bei André mit seinen destruktiven und dissozialen Verhaltensdispositionen waren dagegen Fordern und Konfrontieren, das Grenzen setzen und konkrete alltagsbezogene Hilfen wesentliche Beziehungselemente – bei

18 Klawe 2010: 17

19 Fröhlich-Gildhoff 2003: 328

20 vgl. Riemann 2012

gleichzeitiger großer emotionaler Nähe, Vertrautheit und einer beinahe ständigen Verfügbarkeit seines ambulanten Betreuers.

Es liegt auf der Hand, dass es für solch unterschiedliche Anforderungen in der pädagogischen Arbeit auch unterschiedlicher Betreuerpersönlichkeiten bedarf, die dem, was die Jugendlichen aktuell und für ihre Entwicklung brauchen, mit ihrem Charakter, ihren Fähigkeiten, ihren Erfahrungen usw. entsprechen. Zur Frage der „Passung" von Jugendlichen und Betreuenden sei hier auf den Ausblick verwiesen, in dem die Relevanz bindungstheoretischer Aspekte für die Entfaltung unterstützender, fördernder oder heilender Wirkungen in Betreuungsbeziehungen erörtert und diesbezügliche Forschungserfordernisse benannt werden.

Um noch einmal auf die Wirksamkeit von beziehungsorientierten Handlungsmomenten in den für die vorliegende Studie evaluierten Fällen zurückzukommen: Aus allen Äußerungen der Befragten mit Bezug zum Beziehungsthema wurden die folgenden wesentlichen Merkmale generiert:

1. authentisch, einschätzbar und konsequent sein
2. verlässlich und verbindlich sein
3. aushalten, da sein und da bleiben
4. anerkennen, respektieren und wertschätzen
5. emotionale (auch körperliche) Nähe eingehen
6. fordern und konfrontieren
7. begrenzen und deeskalieren
8. unterstützen und begleiten
9. etwas gemeinsam unternehmen, Spaß haben
10. sich als Privatmensch zeigen
11. Rollen-Vorbild sein (väterliche/mütterliche Figur, großer Freund, Kumpel...)

Diese Auflistung weist einen hohen Übereinstimmungsgrad mit den von Fröhlich-Gildhoff erarbeiteten Merkmalen auf (1. bis 9.), wobei in der vorliegenden Studie nicht zwischen haltungs- und handlungsbezogenen Elementen unterschieden wird, da die Schilderungen der Interviewten vorrangig auf die Handlungsebene abzielen (was ist während der Betreuungszeit passiert, was wurde gemeinsam getan, was davon wird rückblickend als hilfreich eingeschätzt und was nicht etc.).

Der Unterschied besteht nun darin, dass in der vorliegenden Studie zusätzlich die Variablen „sich als Privatmensch zeigen" und „Rollen-Vorbild sein" als wirksam eingeschätzt werden. Dieser Befund soll im Folgenden einer genaueren Betrachtung unterzogen werden.

Die persönliche Komponente in einer 1:1-Betreuung

Auf die Frage nach einer gelingenden „Balance zwischen persönlicher und professioneller Beteiligung“[21] in individualpädagogischen ambulanten und stationären Hilfeformen liefert die vergleichende Betrachtung der sieben Fallstudien keine einfachen Antworten. Alle evaluierten Fälle machen deutlich, dass in der Einschätzung von Jugendlichen, Eltern und Helferinnen eine hilfreiche Betreuungsbeziehung offenbar entschieden mehr ist als eine professionelle Beziehung als zeitlich begrenzte Arbeitsform, „für die der Pädagoge bezahlt wird, und die er privat im Regelfall auf diese Art und Weise nicht eingehen würde.“[22] Dies gilt nicht nur für Betreuungen in Standortprojekten, in denen die Betreuenden (und ggf. deren Familie) gemeinsam mit den Jugendlichen leben, sondern offenbar auch für ambulante Hilfen (André, Christian, Katja, Lara, Marvin).

Das lange diskutierte Fazit des Evaluationsteams lautet: Eine „persönliche Komponente“ schadet offenbar nicht nur nicht[23], sondern ihr kommt in der Arbeit mit traumatisierten und von Beziehungsabbrüchen geprägten jungen Menschen – wie in den folgenden Abschnitten gezeigt wird – eine basale und möglicherweise entscheidende Rolle zu.

Sehnsucht der Jugendlichen nach Normalität und Zugehörigkeit

In den Erzählungen der Jugendlichen finden sich Beschreibungen, die eine Sehnsucht deutlich machen nach dem, was als normal und scheinbar idealtypisch für Familien gesehen werden kann. Lara wünschte sich beispielsweise immer mal wieder, gemeinsam mit der Betreuerin Kassler und Sauerkraut zu kochen, so wie es die Oma früher gemacht hatte. Die Betreuerin beschreibt diese Essen als „nett“, bei genauerem Hinsehen erscheinen diese als Ereignisse mit größerer Tragweite: Durch das Anknüpfen an die positiven Erlebnisse der Vergangenheit (mit allen Sinnen) können unter Umständen emotionale Pfropfen weggespült und der Weg frei werden, sich auf Neues einzulassen. Ein anderes Beispiel: Für Sebastian war die Teilnahme an einer Kommunion im Familienkreis des Betreuers so bedeutsam, dass er diese heute noch mit vielen Details und voller Dankbarkeit erinnert. Dies ist vielleicht auch darauf zurückzuführen, dass ein leibliches Kind des Betreuers immer auch ein „Konkurrent“ für

21 Baierl 2010: 66

22 ebenda: 65

23 ebenda

einen betreuten Jugendlichen ist und Sebastian in der geschilderten Situation das Gefühl hatte, Boden gut zu machen. Oder: Marvin gefiel es, gemeinsam mit dem Betreuer und manchmal auch dessen Freunden etwas zu unternehmen – Ski zu fahren oder ins Kino zu gehen. Ein Hauch von Normalität für einen Jugendlichen, dessen Eltern beide an Depressionen litten. Diese Reihe ließe sich weiter fortsetzen.

Betreuungsbeziehung als Chance zur emotionalen Nachreifung

Diese Sehnsucht nach Normalität umfasst auch Teile dessen, was im Leben vor der individualpädagogischen Begleitung nicht ausreichend vorkam und „nachgeholt" werden will. So entstehen in den Betreuungssettings Situationen, die vordergründig wenig pädagogisch unterlegt aussehen, mitunter jedoch sogar therapeutische Wirkung entfalten können, indem sie der (emotionalen) Nachnährung der Jugendlichen dienen.

So erzählt der Betreuer von Marvin davon, dass er den Jungen ein ganzes Wochenende nachgenährt hat und zwar im wahrsten Sinne der Bedeutung dieses Wortes. Er kam dem Wunsch von Marvin nach, mal ausschlafen zu dürfen und nach Herzenslust entspannen zu können. Bis dahin hatte Marvin nie das Gefühl, selbstbestimmt aufstehen zu können – sein jüngerer Bruder weckte ihn immer. Auch wenn die Situation mit viel Humor überzeichnet scheint (der Betreuer bediente den Jugendlichen wie ein Ober), so konnte Marvin in dieser geschaffenen Situation etwas erfahren, was Kinder erleben, wenn sie zum Beispiel krank sind – ein Rundum-Sorglos-Paket: Jemand ist nur für sie da und kümmert sich.

In ähnlicher Weise durfte André in der „Schnullergeschichte" etwas nachholen, was ihn in der Einschätzung des Betreuers im Anschluss in die Lage versetzte, weitere Entwicklungsschritte zu gehen. Wesentlich war nicht nur die Erlaubnis zu bekommen, im pubertären Alter mit einem Schnuller im Mund herumzulaufen, sondern dass der Betreuer dies ohne jeden Kommentar mitmachte. Der Betreuer sah Andrés Bedürftigkeit und ging darauf ein, egal wie es ausschaute, und bereitete dem Jugendlichen die Möglichkeit des Nachreifens.

Auch diese Reihe lässt sich fortschreiben: Die 19-jährige Lena spielte in Portugal wochenlang mit einem liegengebliebenen Sandspielzeug und bekam Einschlafmärchen vorgelesen, der 16-jährige Christian baute sich Holzschwerter und spielte damit, was vielleicht erst in der Begleitung durch den männlichen Betreuer und in der italienischen Abgeschiedenheit möglich war. Und Lara – zum Zeitpunkt der Hilfe bereits eine junge Erwachsene – erinnert sich, wie wichtig es war, dass ihre Betreuerin sie einmal zum Zahnarzt begleitete, ihre Hand hielt, sie nach der OP nach Hause fuhr und mit püriertem Essen versorgte. Die Betreuerin nahm in Laras Erinnerung an diesem Tag und in weiteren Situationen den Platz der Mutter ein.

Der „diffuse" Beziehungsanteil in der Wahrnehmung und Deutung der Jugendlichen

Für die Autorinnen der Studie war es zunächst überraschend, dass fünf der befragten Jugendlichen rückblickend auf die Betreuungszeit die Mama-/Papa- oder Kumpel-Rolle ihrer Betreuerinnen und Betreuer als zentral und wertvoll betonen:

> *„[…] und die Frau O. war so eine, die .. hat so fast wie eine Rolle „Mutter" gespielt, so fast. Also die hat mich mit nach Hause genommen, und .. die hat auch ein paar Sachen, die hat sehr viel unterstützt so auch wie der Herr M., aber das war eine Frau, das war irgendwie so ein bisschen anders als wie bei Herrn M." (André).*

> *„[…] würde ich sagen, habe ich mich in Italien gefangen, das .. lag einfach daran … die Betreuung durch den Klaus B., der halt mein persönlicher Betreuer da war, und .. auch Projektchef, .. wir sind heute auch noch befreundet, wir ha'm gestern miteinander telefoniert, … der hatte .. der Einfluss, den der Klaus auf mich hatte .. war groß … der hat im Grunde, ja, einerseits .. ja, muss man sagen .. schon 'ne fast väterliche Figur für mich eigentlich" (Christian).*

> *„Ja, sie war 'ne richtige Freundin, und dann konnte ich mich auch öffnen und .. vor allem hat sie mich immer ernst genommen, egal was ich gesagt hab, sie hat mich immer ernst genommen" (Katja).*

> *„[…] das kann man mit Freundschaft einfach abdecken, die ganze Sache. Und wie eine Freundschaft halt aus Scheiße raushilft, so hat sie mir .. in mein .. geregelteres Leben geholfen" (Lara).*

> *„Ja, ich hab ihn als Freund angesehen, als großen Freund. … Ja, der hat auch manchmal auch andere Freunde mitgenommen für manche Ausflüge .. also wirklich, der war wie ein großer Freund zu einem" (Marvin).*

Es ist tatsächlich oft nicht leicht, die Bedeutung der Betreuungsbeziehung in einer individualpädagogischen Hilfe von der einer Eltern-Kind-Beziehung oder einer freundschaftlichen Verbindung abzugrenzen. Mutter, Vater, Freunde stehen in der Wahrnehmung von Kindern und Jugendlichen unter anderem für Mitgefühl, Geborgenheit, Orientierung, Versorgung, Schutz, Vertrauen und Verlässlichkeit –alles Attribute, die für eine erfolgversprechende Betreuungsbeziehung unerlässlich sind. Insbesondere in individualpädagogischen Hilfeformen, die zu Teilen in der privaten Lebenswelt der Betreuenden stattfinden, gestalten sich die Grenzen zwischen der Vater-/Mutter-/Kumpel- und Betreuerrolle daher häufig fließend.

Pollak spricht in diesem Zusammenhang von einem widersprüchlichen Doppelcharakter der Beziehung zwischen Betreuerinnen und zu Betreuenden und unterscheidet einen spezifischen und einen diffusen Beziehungsanteil. Der spezifische Teil wird im formalisierten beruflichen Rollenhandeln gespiegelt, welches auf einem theoriegeleiteten Expertenwissen basiert. Hingegen fußt der diffuse Beziehungsanteil eher auf einer extrem belastbaren affektiven Bindung sowie persönlicher Vertrauensbildung und Vertrauenssicherung, die nicht an standardisierte Kriterien gebunden ist und eher der Struktur von primären Sozialbeziehungen zu Eltern oder Freunden entspricht.[24]

Und doch – der Doppelcharakter einer solchen Beziehung dürfte in seiner Widersprüchlichkeit von den Jugendlichen mitunter auch als schwierig und ambivalent erlebt werden. Lena formuliert ihre Wahrnehmungen und Gefühle dazu so:

> *„[...] und insofern war das für mich ganz eng, das Verhältnis, aber ... das so schwierig ist, weil es oft so 'ne Gradwanderung ist [...] [D]u bist nur die Jugendliche und du weißt, sie machen's, weil sie Geld dafür kriegen und du weißt, dass du .. das, was du dir alles erhoffst, dass du da, naja, dass du da für immer bleiben kannst und [lacht verhalten], all diese Sachen und so, du weißt, dass das nur deine Wunschvorstellungen sind, und wirst wachgerüttelt...“ (Lena).*

Gefahr der Verstrickung – oder: Nur mit Abstand ist Nähe gut...

Der diffuse Beziehungsanteil hat nicht nur in der Deutung der Jugendlichen in allen untersuchten Betreuungsbeziehungen eine große Rolle gespielt. Den Berichten der Betreuerinnen, Koordinatorinnen und fallführenden Mitarbeiterinnen der Jugendämter ist zu entnehmen, dass sowohl in den stationären als auch ambulanten 1:1-Betreuungen ein großes, weit über das bezahlte und mitunter – so scheint es – auch verkraftbare Maß hinausreichendes Engagement der Betreuenden als den Fallverlauf maßgeblich mitbestimmend wahrgenommen wird. Auffällig ist auch, dass Kontakte zwischen allen Jugendlichen und ihren Betreuerinnen und Betreuern bis zum Zeitpunkt der Interviews zumindest sporadisch weiter gepflegt wurden.

24 Pollak zit. nach Klawe 2010: 339 f.

Eine ausgeprägte persönliche Komponente halten die Autorinnen der Studie somit als wirkungsvoll für eine gelingende pädagogische Betreuungsbeziehung in der Arbeit mit traumatisierten Jugendlichen. Jedoch weist Baierl zu Recht auf die Gefahr der Verstrickung für die Betreuenden hin, wenn sie die Grenze zwischen persönlicher und professioneller Ebene nicht mehr trennscharf ziehen können.[25] Dieser Eindruck entsteht zum Beispiel bei der ambulanten Betreuerin von Christian, die mit diesem Jugendlichen ihren ersten individualpädagogischen Fall überhaupt übernommen hatte. Sie berichtet von einer äußerst hohen Belastung durch die herausfordernden Verhaltensweisen des Jugendlichen und bezeichnet die Betreuung als eine „lange Zeit [...] nicht enden wollende Krise". Beim Lesen ihrer Schilderungen stellt sich einem immer wieder die Frage, wie sie den Jugendlichen so lange aushalten konnte und inwieweit für eine Rollenklarheit immer gesorgt war. Hinweise auf eine kontinuierliche fachliche Begleitung finden sich in den Helfer-Interviews zu diesem Fall zumindest nicht.

Die Frage lautet daher unseres Erachtens nicht so sehr, wie viel Persönliches in einer professionellen Beziehung enthalten sein darf, sondern eher, wie es gelingen kann, die Besonderheiten einer pädagogischen Betreuungsbeziehung mit diesem in ihr systematisch angelegten Doppelcharakter als solche anzuerkennen, sie laufend (auch gemeinsam mit den Jugendlichen und ihren Eltern) zu reflektieren, fachlich zu begleiten und in Super- und Intervisionen zu bearbeiten.

Dies sollte zu den Qualitätsstandards eines jeden Trägers individualpädagogischer Hilfen gehören.

9.2 Arbeiten an der Biographie

Nach dem heutigen Kenntnisstand sollte biographisches Arbeiten ganz selbstverständlich zum methodischen Repertoire einer jeden intensiven sozialpädagogischen Einzelbetreuung gehören, da die betreuten Jugendlichen in der Regel traumatisiert sowie örtlich und emotional kaum verortet sind.

In den Interviews der Evaluation finden sich eine Reihe von Reflexionen der Betreuerinnen und Koordinatorinnen, die durchaus auf einen biographischen Blick der Hel-

25 Baierl 2010: 66

ferinnen schließen lassen. Im Fokus der Reflexionen steht insbesondere die Begleitung der Jugendlichen bei der Suche nach ihrem Platz im Familiensystem, die sich bei allen Jugendlichen bis zum Betreuungsende teilweise sehr konfliktreich mit unterschiedlichem Ausgang gestaltete: Bei André und Christian erfolgte eine Annäherung an die Mutter bzw. den Vater, während Sebastian, Katja und Lara es noch nicht hinreichend gelungen ist, anstehende Realitätsabgleiche vorzunehmen und sich in der Familie zu verorten.

Inwieweit spezifische Methoden der Biographiearbeit in den untersuchten Fällen zur Anwendung kamen, bleibt hingegen weitgehend ungeklärt. Bekannt ist, dass der Versuch einer Genogrammarbeit mit Marvins Mutter durch den männlichen Betreuer scheiterte und eine Trauerarbeit mit André, dessen Mutter sehr früh verstarb, nicht erfolgte. Auf die Frage, inwieweit das Arbeiten an der Biographie mit den Jugendlichen nicht explizit, sondern immanent und begleitend stattgefunden hat oder gegebenenfalls einen untergeordneten Stellenwert einnahm, findet sich im Auswertungsmaterial keine Antwort.

Im Zuge der Auswertung stellte sich den an den Gruppendiskussionen beteiligten Mitarbeiterinnen des Trägers die Frage, inwieweit beispielsweise bei Lena oder Christian mit Blick auf traumatische biographische Erfahrungen eine therapeutische Begleitung angezeigt gewesen wäre. Dem ist entgegenzuhalten, dass die Jugendlichen, die nach zum Teil langen Jugendhilfe- und Psychiatriekarrieren in eine intensive sozialpädagogische Einzelbetreuung kommen, durch die Betreuenden in der Regel zunächst stabilisiert werden müssen, bevor eine Therapie greifen kann. Letztlich ist davon auszugehen, dass die in der Einzelbetreuung tätigen Pädagoginnen auch therapeutisch wirken, ohne dass ihnen das womöglich immer bewusst ist.

Aus diesen Überlegungen ergeben sich die folgenden Schlussfolgerungen für den Träger:

- Die Koordinatorinnen sind umfassend zur Bindungstheorie und zur Traumapädagogik zu schulen, um die pädagogischen Mitarbeiterinnen in diesen Themen fachlich zu begleiten, zu beraten und sie dabei zu unterstützen, Betreuungsbeziehungen mit traumatisierten Jugendlichen noch wirksamer aufrechterhalten zu können.

- Alle Mitarbeiterinnen des Trägers sollten in den Methoden der Biographiearbeit mit jungen Menschen geschult werden. Als wesentlich werden insbesondere zwei Methoden erachtet: Die Zeitschiene und das Genogramm mit dem Fokus auf familiären Ressourcen. Darüber hinaus wird empfohlen, mit den Jugendlichen Lebensbücher zu führen oder Erinnerungsschachteln anzulegen, die den Lebensweg vor und während der Betreuung dokumentieren und vergegenwärtigen.

9.3 Hilfeplanziele versus Themen

Die Formulierung von Hilfeplänen und Hilfeplanzielen ist ein durch das SGB VIII vorgeschriebener Verwaltungsakt, der unter Einbeziehung der Hilfebeteiligten vor und während einer laufenden Betreuung vorliegen bzw. fortgeschrieben werden muss.

Die Erarbeitung der Fallstudien hat gezeigt, dass häufig eine Diskrepanz zwischen den formulierten Zielen und den im Betreuungsalltag auftretenden Themen besteht. Die Zielformulierung bezieht sich in der Regel auf durchaus sehr wichtige zu erreichende Fernziele, die sich eher an sachlichen Gesichtspunkten wie Schulabschluss, Ausbildung, Verbesserung von sozialen Kompetenzen u. ä. orientieren. Die dem problematischen Sozialverhalten oder der schwierigen Lebensphase zugrundeliegenden eigentlichen Themen wie beispielsweise Kindliches Nachreifen oder Platz im Familiensystem werden in den Hilfeplänen oft sehr randständig oder wenig ausdifferenziert erwähnt. In der Regel ist es aber so, dass die Betreuenden mit den Jugendlichen zunächst eine emotionale Basis und Bereitschaft erarbeiten müssen, um diese eher lebenspraktischen Ziele überhaupt angehen zu können.

So berichtet zum Beispiel das schwedische Betreuerpaar von Sebastian, dass dieser – obwohl er intellektuell dazu in der Lage gewesen wäre – sich kaum auf die Schule konzentrieren konnte, weil er sich ständig Sorgen um seine suchterkrankte Mutter machte, die ihm am Telefon regelmäßig ihre Probleme schilderte. Lena konnte sich den Schilderungen aller Fallbeteiligten zufolge den vermeintlich altersentsprechenden Themen (sie kam mit 18 Jahren in die Betreuung nach Portugal) in den ersten Monaten gar nicht öffnen. Zunächst musste sie in emotionaler und lebenspraktischer Hinsicht umfassend nachgenährt werden und Vertrauen in ihre erwachsenen Bezugspersonen und vor allem in den männlichen Betreuer fassen. Oder aber eine Hypothese des Evaluationsteams lautet, dass Christian für schulische Themen erst bereit war, als er sich vom Betreuer in Italien mit seinen Themen und Gedanken ernst genommen fühlte und seine Energie nicht mehr auf die über Jahre aufrecht erhaltene Drohkulisse und alle damit verbundenen Aktivitäten verwendete.

Werden diese vorrangigen Themen und Herausforderungen im Hilfeplanverfahren übersehen oder unterschätzt bzw. eher als Hemmnisse auf dem Weg zu den vorwiegend an formalen Kriterien orientierten Fernzielen deklariert, kann dies zur Folge haben, dass bei einer Überprüfung der Zielerreichung die tägliche mühsame Arbeit der Betreuerinnen an den eigentlichen Themen eine Entwertung erfährt, da der Fokus des Hilfeplanverfahrens bei den formulierten Fernzielen liegt, die nicht oder nicht hinreichend erreicht werden konnten.

Dieser Defizitblick setzt sich schließlich in den vorliegenden Vorinformationen, Anamnesen und Prozessberichten fort und nimmt vermutlich keinen förderlichen Einfluss auf die gemeinsame Arbeit von Betreuenden und Jugendlichen.

Der Abgleich der in den Fallanalysen herausgefilterten Themen mit den in den Akten dokumentierten Hilfeplanzielen lässt klar erkennen, dass das Verfahren der Hilfeplanung einer Überarbeitung bedarf. Neben den wichtigen sachlich orientierten Fernzielen sollte – vor dem Hintergrund fundierter Kenntnisse der Biographie und des familiären Hintergrundes – der Fokus stärker auf der Herausarbeitung und Formulierung der individuellen Themen der Kinder und Jugendlichen liegen, um die Arbeit der Betreuenden ressourcenorientiert an diesen ausrichten zu können.

Hierfür können in der vorliegenden Studie die aus einer Vielzahl von Interviewaussagen und Dokumenten generierten Themenkategorien mit all ihren in den Fallstudien beschriebenen Facetten eine Systematisierungshilfe bieten. Zu diesen Themenkategorien gehören:

- Kindliches Nachreifen
- Platz im Familiensystem
- Sozialverhalten
- Lebenspraktische Themen

9.4 Partizipation

9.4.1 Partizipation der Jugendlichen

Kindeswohl ist nicht gleich Kindeswille.[26] Diese schlichte Weisheit wird in einigen der vorliegenden Fallstudien von den Jugendlichen selbst in verschiedener Form formuliert. So fällt beispielsweise auf, wie sehr Katja ihre Jetzt-Sicht von ihrer Damals-Sicht trennt und die junge Katja explizit als für zu unreif hält, um damals selbstbestimmt an der Ausgestaltung der Hilfe mitwirken zu können.

Inwieweit ist dann aber eine Partizipation der Jugendlichen an den Hilfeverläufen möglich oder sinnvoll? Inwieweit kann und sollte der Wille der Jugendlichen berücksichtigt werden, wenn es um die Wahl von Betreuungsformen, um Beendigungen oder Sonstiges geht?

Es würde zu kurz greifen, Partizipation so zu verstehen, als frage man ein Kind nach seinem Willen und sei dann gezwungen diesen umzusetzen. Partizipation sollte ein fester und dauerhafter Bestandteil der Beziehungsgestaltung insgesamt sein. Dabei ist Partizipation zum einen eine Form der echten Teilhabe der Jugendlichen insofern, als dass sie Entscheidungen für den weiteren Verlauf der Hilfe treffen können: Etwa wenn Christian sich zwischen Schweden und Italien entscheiden kann; wenn sich Katja während des Reiseprojektes in Malaysia als dauerhafte Projektstelle ein Setting mit Pferden wünscht, diese dann entsprechend gesucht und ausgewählt wird; wenn Sebastian sich die Projektstelle in Schweden zunächst auf Fotos anschauen und vorab einmal zur Besichtigung hinfahren kann.

Partizipation ist eng verknüpft mit dem Themenkomplex der Settinggestaltung und Beziehungsgestaltung und erfordert von Träger und Betreuenden eine hohe Transparenz und eine ständige Einbeziehung der Jugendlichen als permanente Klärung einzelner Schritte. Damit ist Partizipation zum anderen mehr als ein Anbieten von Alternativen, nämlich das Einbeziehen des Kindeswillens in seiner Gesamtheit: ein gemeinsames Agieren, Reflektieren und Aufdröseln von Wünschen, Vorstellungen, Motivationen und Zielen. Das Wahrnehmen und Gesehenwerden der Jugendlichen innerhalb der Beziehung zwischen Betreuenden und Jugendlichen spielt eine große Rolle für die Stabilisierung der jungen Menschen und damit für ihre Selbstwirksamkeit. Es wird in den Interviews von den Jugendlichen immer wieder betont, wie wich-

26 vgl. Dettenborn 2010: 82 ff.

tig ihnen dieses Ernstnehmen seitens der Betreuer ist und wie wesentlich es Teil der Beziehungsgestaltung war. Das erfordert auch ein gewisses Maß an Vertrauen vonseiten der Jugendlichen. Es ist in den einzelnen Fallstudien gut zu sehen, wie sich die Form der Partizipation der Jugendlichen im Verlauf der Hilfen entsprechend wandelt. Beispielsweise bei Katja, die der Hilfe am Anfang ablehnend gegenübersteht, dann eher gleichgültig ins Reiseprojekt geht, dort recht aktiv an der Ausgestaltung einer dauerhaften Projektstelle mitarbeitet und zum Schluss sehr selbständig den weiteren Verlauf ihres Lebens in die Wege leitet. Sebastian dagegen wurde beim Übergang von Schweden nach Deutschland nicht konsequent in die Entscheidungsfindung einbezogen. Zwar beeinflusste er durch sein Verhalten den weiteren Verlauf, indem er sich zunehmend der Betreuung entzog, aber er hatte keinerlei Einfluss auf die Gestaltung des weiteren Hilfeverlaufs. So glaubte er zu Beginn seiner Reise nach Deutschland, dass diese direkt in der Psychiatrie endet. Zudem erkannte das Helfersystem nicht die Motive seines Verhaltens (aus heutiger Sicht kann Sebastian formulieren, dass er zu seinen Eltern zurückwollte) und das Jugendamt entschied ausschließlich nach monetären Gesichtspunkten.

Bei der Durchsicht der Fallstudien wird außerdem deutlich, dass sich die Jugendlichen zu Beginn der Betreuungen häufig in krisenartigen Situationen befinden, in de nen es weniger um eine echte Teilhabe bei der Settingauswahl gehen kann. Wenn bei Lena etwa zu Beginn der Schutzgedanke überwog, so war die Unterbringung in Portugal aus verschiedenen Gründen alternativlos aus Sicht des Trägers und des Jugendamtes und Lena hatte an dieser Stelle wenig Wahlmöglichkeiten. Christian, André oder Marvin erinnern sich, dass sie zu Beginn der Hilfe der Settingauswahl aufgrund ihrer Lebenssituation eher wenig ambitioniert gegenüberstanden. Gerade hier wäre es wichtig, den Jugendlichen die einzelnen Schritte transparent zu machen, sie so entsprechend einzubinden und damit ernst zu nehmen.

In Einzelfällen kann ernst gemeinte Partizipation auch so weit gehen, dass das Helfersystem mit Entscheidungen der Jugendlichen mitgeht, die auf den ersten Blick aus fachlicher Sicht weniger dem Kindeswohl als dem Kindeswillen zu entsprechen scheinen. Christian verweigerte sich beispielsweise zwischenzeitlich allen Hilfeangeboten, so dass ein Einbeziehen im obigen Sinne nicht mehr möglich schien. Das hatte zur Konsequenz, dass er zwischenzeitlich immer wieder auf der Straße landete und dort ambulant betreut wurde. Diese existenzielle Erfahrung führte unter Umständen dazu, dass eine produktive Weiterarbeit überhaupt erst wieder möglich wurde.

Bei einer solchen Auslotung der eigenen Wünsche auch in unsichere Gefilde hinein, muss aber ganz klar im Vordergrund die Begleitung stehen. Als sich Christian mit Vollendung des 18. Lebensjahres dazu entschied, seinen Projektaufenthalt in Italien zu beenden und nach Deutschland zurückzugehen, geschah dies entgegen der Argumente seitens des Helfersystems. Christian selbst bezeichnet diese Entscheidung heute als größten Fehler seines Lebens. Insbesondere moniert er, dass die ihm zur Seite gestellte ambulante Betreuung vom Zeitumfang nicht ausreichend war.

Das gilt insbesondere auch für Elternkontakte, die von den Jugendlichen häufig sehr entschieden eingefordert oder abgelehnt werden. Auch wenn aus Sicht der Betreuenden beispielweise der Kontakt mit den Eltern ein Kind aus dem emotionalen Gleichgewicht bringen kann, ist hier das Ernstnehmen der Wünsche, das Begleiten, das gemeinsame Reflektieren, das freundliche emotionale Ko-Regulieren häufig entscheidender als die Vorahnung, dass es dem Kind nach solch einem Kontakt nicht gut gehen könnte. Sebastian beispielsweise wollte erst weit weg von seinen Eltern und entschied sich für Schweden, dann wollte er aber wieder zurück nach Deutschland, ohne dass in der Betreuung mit ihm daran gearbeitet wurde, was die Eltern für ihn überhaupt sein können oder wollen. Es fand also kein Realitätsabgleich und damit keine ausreichende Begleitung statt. Der Betreuer in Deutschland konnte diese Arbeit dann in der Nähe zu den Eltern nur sehr viel schwerer leisten, als es in Schweden womöglich hätte gestaltet werden können.

9.4.2 Partizipation der Eltern

Die Auswertung der Fallstudien legt die Vermutung nahe, dass es seitens des Helfersystems als entlastend empfunden wird, wenn die Eltern der Hilfe zumindest keine Steine in den Weg legten. Häufig war Partizipation auf formale Akte beschränkt (André, Christian), spielte keine Rolle (Lara, Katja, Lena) und nur in Ausnahmefällen (Sebastian, Marvin) kam es zu einer Beteiligung im weitergehenden Sinne, beispielsweise nahm Marvins Mutter regelmäßig an Elterntrainings des Trägers teil und mit Sebastians Eltern wurden ein halbes Jahr lang Gespräche geführt, um sie für die Bedürfnisse ihres Sohnes zu sensibilisieren.

Da die Eltern in vielen Prozessen kaum in Erscheinung traten, war der Raum für Partizipation offenbar kaum gegeben.

Aus den Fallstudien lässt sich nicht sicher ableiten, inwieweit Partizipation in Form einer Betreuungshaltung vorhanden war, in der Eltern innerhalb der Hilfen mitgedacht wurden.

Es lassen sich folgende Punkte ableiten, die unter dem Blickwinkel der Partizipation für eine gelingende Jugendhilfe wesentlich sind:

- Partizipation der Jugendlichen ist besonders wesentlich bei Übergängen wie Settingwechseln, Beginn und Beendigung von Hilfen, Abschieden etc.
- Die Jugendlichen sind entwicklungsgemäß und situationsbedingt einzubeziehen in die Ausgestaltung der Hilfe, was Transparenz und Austauschprozesse erfordert.
- Partizipation ist ein ständiger Prozess und kann vor allem in einer sich vertiefenden Beziehung stattfinden. Sie ist somit auch ein wichtiger Baustein für Erfahrungen von Selbstwirksamkeit der Jugendlichen. Entsprechend muss eine Beziehungsarbeit geleistet werden, die von feinfühligem und bindungsorientiertem Verhalten geprägt ist.
- Partizipation bedeutet mitunter auch, mit Wünschen der Jugendlichen mitzugehen, die fachlichen Vorstellungen der Helferinnen zu widersprechen scheinen. Dies erfordert eine gute Begleitung im weiteren Verlauf.
- Partizipation der Eltern sollte mehr sein, als sie in formalen Entscheidungsprozessen zu berücksichtigen. Wünschenswert ist eine Haltung bei den Betreuenden, die Eltern als Ressource der Hilfe mitzudenken. Elternarbeit als solche sollte umfangreicher und selbstverständlicher in die Hilfeprozesse integriert werden.

9.5 Ressourcen- und Potentialarbeit

9.5.1 Ressourcen der Jugendlichen

In der pädagogischen Arbeit an Ressourcen und Potentiale der Jugendlichen anzuknüpfen bedeutet zunächst einmal, genau hinzusehen und Eigenschaften, Fähigkeiten, Einstellungen, Werthaltungen, Interessen sowie Ziele der jungen Menschen wertschätzend als solche zu benennen, diese in der Arbeit aufzugreifen, weiterzuentwickeln und neue Räume des Ausprobierens und Entdeckens zu eröffnen.

In den evaluierten Fällen wird ein ausgeprägter Ressourcenblick der Helferinnen insbesondere bei Katja, Lara, Christian und Sebastian deutlich. Bei Lena gelang es, an die vorhandenen kognitiven Ressourcen anzuknüpfen, bei André vor allem an dessen soziale Ressourcen, während bei Marvin zunächst der Defizitblick überwogen zu haben scheint. Zumindest konnten die interviewten Helferinnen im Rückblick kaum Ressourcen des Jugendlichen zu Beginn der Hilfe benennen. Wenn man jedoch die Ausgestaltung der Hilfe durch den Betreuer Thomas Z. betrachtet, wird eine umfassende Potentialarbeit offenbar. Insbesondere durch die gemeinsamen sportlichen Aktivitäten wurden dem Jugendlichen neue Erfahrungsräume eröffnet, in denen er sich erproben und als kompetent erleben durfte. Diese positiven Erfahrungen konnten schließlich auch in andere Lebensbereiche – Schule, Arbeit, Umgang mit anderen Menschen – transferiert werden, wenngleich sich die Aktivitäten bislang als nicht anschlussfähig für Marvins selbstgestalteten Alltag nach der Hilfe erwiesen haben.

Andere Beispiele für Potentialsuche: Lena wurde durch das Betreuerpaar in Portugal angehalten, regelmäßig einen Reitstall aufzusuchen. Hier stand nicht die Arbeit mit den Pferden im Mittelpunkt, sondern es sollten Begegnungen mit Gleichaltrigen ermöglicht werden, was Lena zu jener Zeit aus eigenem Antrieb nicht gelungen wäre.

Bei Sebastian wurde im Rahmen von Arbeitserprobungen das Interesse für die Arbeit mit Holz geweckt, bei Christian für das Schmiedehandwerk. Ein Anliegen der Pädagoginnen in intensiv-sozialpädagogischen Einzelbetreuungen sollte es demnach sein, den Jugendlichen auch über die zu beobachtenden Neigungen und Talente hinaus vielfältige Angebote zu unterbreiten, in denen sie neue Erfahrungen mit sich und anderen machen und neue Ressourcen erschließen können.

Häufig wird es so sein, dass die Jugendlichen in 1:1-Betreuungen es nicht gelernt haben, ihre durchaus vorhandenen kreativen Potentiale so einzusetzen, dass diese für andere anschlussfähig sind. Hinzu kommt, dass die Fähigkeit, über das eigene Verhalten und dessen Wirkungen auf andere zu reflektieren, bei vielen der betreuten Jugendlichen unzureichend entwickelt ist – in der vorliegenden Studie wird diese Stärke beispielsweise nur vier der sieben Jugendlichen bescheinigt. Den Helferinnen kommt daher die Aufgabe zu, die beobachteten, mitunter in destruktiver Gestalt daherkommenden Eigenschaften in einen neuen, positiven, bestärkenden Rahmen zu setzen, sie zu „reframen". So deuten der Koordinator und die Betreuerin von Katja im Interview zum Beispiel die „dickköpfigen" und „sturen" Anteile der Jugendlichen als Willensstärke, Ehrgeiz und die Fähigkeit, Position zu beziehen. Diese bestärkenden Rückmeldungen sollten die Betreuenden den Jugendlichen zur Verfügung stellen und sie zum Perspektivwechsel anhalten.

In der vorliegenden Studie wird dieser Zusammenhang am Beispiel Christian besonders eindrücklich nachvollziehbar: Dem Betreuer in Italien gelang es am ehesten, die Interessen, Themen, Verhaltensweisen und Angebote, die der Jugendliche bis dato an seine Umwelt gemacht hatte, als Ressourcen zu sehen, die es freizulegen und von ihren biographischen Verkrustungen zu befreien galt. In ungezählten Gesprächen zu Themen der Philosophie, Literatur und Kunst gelang es schließlich, Christian den Zugang zu seinen vielfältigen kognitiven Ressourcen zu ermöglichen und später Potentiale etwa im handwerklichen Bereich zu erschließen.

9.5.2 Familiäre Ressourcen

Schließlich sollte der Blick insbesondere bei jüngeren betreuten Kindern auch auf familiäre Ressourcen gelenkt werden, um Unterstützungspotentiale bei Eltern, Geschwistern, Großeltern usw. zu erkennen und verfügbar zu machen.

Die vorliegenden Fallstudien geben hier eine ernüchternde Auskunft: Familiäre Ressourcen sind in der Erinnerung der Helferinnen bei allen Jugendlichen – außer Marvin – Mangelware. Das bedeutet bei drei Jugendlichen (André, Christian, Katja) war ein Elternteil durch Tod oder Trennung der Eltern völlig abwesend und in der Erinnerung nicht greifbar. Bei sämtlichen Jugendlichen standen (Stief)Mutter und/oder (Stief)Vater aufgrund eigener Probleme (Sucht, psychische Erkrankung, Überforderung mit der Erziehung) nicht oder kaum als Ansprechpartnerinnen zur Verfügung, von einer Rollenumkehr zwischen Kind und Eltern ist bei Lara und Sebastian die Rede. Lenas Mutter trat nicht und ihr Vater vermutlich vor allem über Reinszenierungen der Tochter in Erscheinung. Einzig bei Marvin und Sebastian gab es direkte Unterstützungsangebote an die Eltern, so dass diese in der Hilfe präsenter erschienen, was aber noch nichts über die Effekte aussagt. In den übrigen Fällen finden die Eltern in den Interviews und in den Akten nur am Rande Erwähnung. Als wichtige Bezugspersonen werden bei Sebastian, Katja und Christian die Großmutter und bei Lara die jüngere Schwester genannt.

Nun mag argumentiert werden, dass eine kontinuierliche Arbeit mit den Ressourcen der Eltern in intensiv-sozialpädagogischen Betreuungen im Sinne einer umfassenden Elternarbeit strukturell kaum angelegt ist, weil hierfür zu wenig Mittel bereitgestellt werden. Zugleich vertreten die Autorinnen der vorliegenden Studie die Überzeugung, dass es zunächst um eine innere Haltung bei den pädagogischen Fachkräften gehen sollte, die der Suche nach familiären Ressourcen und der Arbeit mit diesen – in welcher Form auch immer – die notwendigen Räume in einer intensiv-sozialpädagogischen Betreuung eröffnet. Diese ist umso wesentlicher, als aus den evaluierten Fällen hervorgeht, dass bei allen Jugendlichen außer Lena (gegen deren Vater schwere Missbrauchsvorwürfe im Raum standen) das Thema „Platz im Familiensystem" zur Bearbeitung anstand. Folgende auf die Einbeziehung und Stärkung familiärer Ressourcen ausgerichtete Interventionen finden in den Erinnerungen der Fallbeteiligten Erwähnung:

- Kontaktanbahnung/Kontaktbegleitung zwischen Jugendlichen und Eltern, gegebenenfalls mit deeskalierenden Elementen (André, Christian, Katja, Lara, Marvin)
- Reflexion mit den Jugendlichen über ihre Bedürfnisse, Wünsche, Sehnsüchte, Erwartungen und ihre Beziehung zu den Eltern – mitunter wird von Versuchen berichtet, mit den Jugendlichen einen Realitätsabgleich herbeizuführen: Was können meine Eltern für mich sein, und was auch nicht? (Christian, Lara, Marvin, Sebastian)
- begleitete Elternbesuche in Standortprojekten (Sebastian)
- Nacherleben bindungsrelevanten Verhaltens vor allem in Konfliktsituationen mit den Betreuenden, Co-Regulation durch diese, so dass neue Beziehungserfahrungen mit den Eltern möglich wurden (André, Christian, Sebastian)
- Elternmediation und Familienkreis (Marvin)
- Teilnahme der Mutter am Elterntraining bei Jugendhilfe Phöinix e.V. (Marvin)
- explizite Elternarbeit in Form von Elterngesprächen (Sebastian)

Zu den **Auswirkungen**: Zwei Jugendliche konnten dabei unterstützt werden, eine neue Beziehung zu Vater (André) bzw. Mutter (Christian) einzugehen. Die Mutter (André) und der Vater (Christian) werden jedoch noch immer tabuisiert. Lara setzte den Prozess des Realitätsabgleichs nach dem Betreuungsende allein fort und verabschiedete sich von einer Reihe von Hoffnungen und Wünschen an ihre Eltern, neigt im Umgang mit ihrem alkoholkranken Vater jedoch zu einer Rollenumkehr. Katja meidet den Kontakt zu ihrer Mutter nach einigen missglückten Versuchen der Kontaktanbahnung und gibt diese Haltung derzeit auch an ihre Tochter weiter. Auch zum Vater besteht kein Kontakt. Marvin lebt noch bei seiner Mutter, die sich während der Betreuungszeit enorm entwickeln konnte, den Kontakt zu seinem Vater hat er aber (möglicherweise aus Loyalitätsgründen der Mutter gegenüber) zwischenzeitlich abgebrochen. Sebastian hat sich wohl immer nach der Anerkennung und Liebe seines Vaters gesehnt, von diesem aber vor allem pragmatische Unterstützung erhalten. Die Mutter konnte während und nach der Hilfe aufgrund ihrer Alkoholerkrankung kaum unterstützend tätig werden.

In der Diskussion der Ergebnisse aus den Fallstudien kam das Evaluationsteam zu der Auffassung, dass in den untersuchten Fällen ein Mehr an folgenden Überzeugungen und Interventionen möglicherweise hilfreich für die Arbeit mit den Ressourcen und Potentialen der Jugendlichen und ihren Familien gewesen wäre:

- ein ausgeprägter Ressourcenblick als Basis für Beziehungsarbeit mit den Jugendlichen und ihren Eltern und die Gabe, auch hinter destruktiven Verhaltensweisen kreative Potentiale sehen zu können, diese den Jugendlichen zurückzumelden und zu reflektieren
- den Jugendlichen Räume zum Ausprobieren und für Selbsterfahrungen eröffnen, damit diese ihren Horizont erweitern und neue Interessen und Fähigkeiten entwickeln können
- begleitende Arbeit mit den Eltern durch eine andere Fachkraft (diese sensibilisieren für die Bedürfnisse ihrer Kinder)
- mehr Realitätsabgleich die Rolle(n) von Mutter und Vater betreffend – auch unter Einbeziehung der Rolle(n) der Betreuerin oder des Betreuers, Co-Regulation; mitunter schließt dies eine offensivere Arbeit am Thema Konkurrenz zwischen Eltern und Betreuenden ein
- Anknüpfen an positive Beziehungserfahrungen zwischen Jugendlichen und Eltern in der weiteren Betreuung und in der Arbeit mit den Eltern
- abwesende Elternteile enttabuisieren
- intensivere Einbeziehung anderer wichtiger Bezugspersonen (Großmutter, Schwester usw.)

9.6 Setting

Als besonders relevant für eine zielführende Settinggestaltung ergibt sich aus den sieben vorliegenden Fallstudien eine individuelle, flexible, offene (transparente) Ausgestaltung; eine höchstmögliche Form der Mitbestimmung für die Jugendlichen im Sinne von Partizipation. Die Settinggestaltung sollte individuell auf die jeweiligen Bedürfnisse zugeschnitten sein und ein rasches Reagieren auf veränderte Bedarfe muss gewährleistet sein. Ganz wichtig in diesem Zusammenhang erscheint die Gestaltung von Übergängen, sprich der Anbahnung, der Beendigung und von Projektstellenwechseln.

Bei der Auswahl einer Projektstelle für Lena beispielsweise stand anfangs der Schutzgedanke im Vordergrund und die Gestaltung von Lenas Hinreise und Ankunft dort findet kaum Erwähnung in den Unterlagen. Dagegen fand ein toller Übergang bei ihrer Rückkehr nach Deutschland statt: Die Betreuerin holte Lena in Portugal ab und verbrachte dort noch eine gewisse Zeit mit ihr, sie konnte auch ihren Hund nach Deutschland mitnehmen, weswegen extra der Landweg für die Rückreise gewählt wurde. Bei Christian und Katja erwies sich die Auswahl des ersten Wohnorts (WG als Gruppensetting) als eher ungeeignet, dagegen war bei Marvin das Setting durch die bewusst eingesetzte Doppelbetreuung auf das Familiensystem zugeschnitten. Bei Sebastian wurden die Projektstellen sorgfältig ausgewählt, aber fraglich bleibt die Lage der deutschen Projektstelle mit ihrer Nähe zu den Eltern.

Das Setting muss darüber hinaus so flexibel und offen gestaltbar sein, dass immer wieder der kleinste gemeinsame Nenner gesucht und genutzt werden kann. Für André war anfangs ein individualpädagogisches Standortprojekt vorgesehen, weil die erwachsenen Hilfebeteiligten zu der nachvollziehbaren Auffassung kamen, dass ein 16-Jähriger nicht alleine leben sollte. André zog es aber vor, lieber auf der Straße zu leben. Von daher fiel die Wahl auf eine sehr niedrigschwellige Betreuungsform (Hotel/Straße) mit dem Nachteil, damit über weniger Kontrollmöglichkeiten zu verfügen, was durch die hohe verfügte Stundenzahl aufgefangen wurde.

Die Chance, die in Auslandsbetreuungen liegt – Milieuferne und das Angewiesensein auf den Betreuer – konnte bei Christian in Italien zum Tragen kommen. Die Jugendlichen verändern in der Ferne ihr Muster des Entziehens. So konnten sich erst im Ausland ebenso Katja und Sebastian auf die Betreuungspersonen und die für sie immer wieder kritischen Momente einlassen.

Bei Lara gelang es, diese Milieuferne in Deutschland zu erreichen, indem ihre Betreuerin ihr in der Stadt, in der sie lebte, neue Lebenswelten aufzeigte. Ähnlich bei Katja, die nach dem gemeinsamen Auslandsaufenthalt selbst ein ländliches Familiensetting in der Rhön zusammen mit ihrer Betreuerin auswählte.

Vordergründiger noch als mit den äußeren Rahmenbedingungen steht und fällt das Setting mit den persönlichen Kompetenzen und Möglichkeiten der Betreuungspersonen und der Passgenauigkeit zwischen Betreuenden und Jugendlichen. Die Wirksamkeit des Settings ist eng an die Betreuerpersönlichkeit, ihr Bindungsverhalten und damit an die Beziehungsqualität geknüpft – eine Bedingung, welche schon in der Wahl von individualpädagogischen Betreuungsformen letztlich implizit angelegt ist. Lena sollte in der Normalität des Betreuerpaares Sicherheit finden, Christian traf auf einen intellektuellen Betreuer, in dem er seinen Meister suchte.

Nahezu ideal erscheint im Rückblick das gegenseitige Einlassen zwischen Lara, Katja und der jeweiligen Betreuerin, ähnlich passte es bei Marvin, der sich in einer pragmatischen und eher introvertierten Persönlichkeit spiegeln konnte.

In der Gruppendiskussion zu der Fallstudie Lena kamen die Teilnehmenden immer wieder zu der Aussage, dass dann, wenn die Pädagogik (bzw. die Betreuenden) an Grenzen stößt, eine Therapie für die Jugendlichen das alleinige Heilmittel sei. Dies konnte in allen sieben Auswertungen so nicht bestätigt werden. Die Pädagoginnen können durch ein feinfühliges Setting eine notwendige emotionale Basis und damit ein sicheres Fundament für weitere therapeutische Schritte zur Aufarbeitung traumatischer Ereignisse herstellen. Eine rein therapeutische Ausrichtung innerhalb der Betreuungen scheint entgegen der Annahmen nicht zwingend erfolgversprechend zu sein.

Zusammengefasst können folgende vier Faktoren hauptsächlich für ein gelingendes Setting verantwortlich sein:

- Passgenauigkeit zwischen Betreuenden und Betreuten (neben Sympathie auch eine Passung aus bindungstheoretischer Sicht, gegenseitiges Einlassen)
- Finden von gemeinsamen kleinsten Nennern
- Flexibilität und Anpassung des Settings auf veränderte Bedürfnisse und Entwicklungsstände der Betreuten (z.B. auch die Frage nach Ausland)
- Ermöglichung des „sicheren Bindungshafen" über den Betreuungszeitraum hinaus

9.7 Zusammenarbeit auf Helferebene

9.7.1 Jugendamt – Träger

Zwei Fallstudien fallen auf, bei denen sich das Helfersystem gegenseitig eine sehr gute Zusammenarbeit bescheinigt: Lara und Katja. Das Jugendamt konnte Vorschläge des Trägers sehr gut annehmen und unterstütze den Träger und Lara in allen Belangen. Insbesondere bei Lara war auch der Abschied sehr gelungen, für den Lara und ihre Betreuerin ein Vierteljahr Zeit eingeräumt wurde.

Eine große Rolle für die Zusammenarbeit spielen Zuständigkeiten und Fallübergaben im Jugendamt. Bei Marvin wird der Wechsel der zuständigen fallführenden Mitarbeiterinnen im Jugendamt als gelungen empfunden. Bei Sebastian werden die mehrfachen Zuständigkeitswechsel im Jugendamt und daraus resultierende Unklarheiten in der Zusammenarbeit problematisiert. Unerwartet kam auch die monetär begründete Entscheidung, den Aufenthalt im Schweden-Projekt abrupt zu beenden. Eine Entscheidung, die völlig losgelöst vom pädagogischen Inhalt schien.

So scheint die Kooperation zwischen Träger und Jugendamt in Wechselwirkung mit dem Hilfeverlauf zu stehen. Eher holprig und schwierig bei Sebastian, dafür zielführender bei Lara, Katja und Marvin.

9.7.2 Träger – Betreuende

Im Rückblick werten Betreuerinnen und Koordinatorinnen ihre Zusammenarbeit bei den vorliegenden Fallstudien in der Regel als positiv. Die Koordinatorinnen standen der Arbeit der Betreuenden wertschätzend gegenüber. Dabei spielt für die Betreuerinnen eine große Rolle, ob sich die Koordinatorinnen Zeit nahmen bei Besuchen vor Ort. Mitunter klingt die Haltung durch, dass das teilweise sehr große Engagement der Betreuerinnen noch mehr gesehen werden sollte, entsprechend äußerte sich die Betreuerin von Christian in der Bewertung der Zusammenarbeit mit dem Koordinator. An dieser Stelle hätte die Koordination aus heutiger Sicht vielleicht selbstinitiativ mehr eingreifen können, um der Betreuerin von Christian mehr Rückzugsraum und Abgrenzungsmöglichkeiten anzubieten.

In zwei Fällen (Marvin und André) fand eine Doppelbetreuung statt (weibliche und männliche Betreuung), was nicht konfliktfrei abgelaufen ist. Während dies bei Marvin gut reguliert werden konnte, führten diese Konflikte zwischen den Betreuenden von André zu einem Ausstieg der weiblichen Betreuerin, was von André wie eine Trennungssituation erinnert wird, mit ihm aber nie bearbeitet wurde. Hier hätte eventuell die Koordination eine stärker regulierende Rolle einnehmen müssen.

Bei der Auswertung der Fallstudien wurde in den Gruppendiskussionen die Doppelrolle der Koordinatorinnen problematisiert, die sowohl Ansprechpartnerinnen für die Jugendlichen als auch für die Betreuerinnen sind. Lena selbst thematisiert in den Interviews, dass es ihr sehr zu schaffen machte, wenn die Koordinatorin teilweise auch allein mit der Betreuerin reden wollte und sie dann keine Möglichkeit sah, „sich zu verteidigen“. Dieser doppelten Aufgabe muss sich die Koordinatorin besonders in krisenhaften Situationen sehr bewusst sein und neben einer Fachberatung auch mentales Coaching leisten.

9.7.3 Betreuende – andere Fachkräfte/Institutionen

Im weiter gefassten Kreis des Helfersystems befinden sich auch Institutionen wie Polizei und Psychiatrie, mit denen häufig zusammengearbeitet werden muss. Hier ist es sicherlich hilfreich, in der Betreuung keine Drohkulissen aufzubauen wie beispielsweise bei Christian in der ersten Projektstelle geschehen, sondern sich gegenseitig fruchtbar zu nutzen. Das gilt auch für weitere Institutionen wie Schulen, Therapeuten oder Personen, die die Settinggestaltung mit sich bringt wie beispielsweise der Hotelchef von André. Hier sollten Träger und Betreuerinnen Netzwerkarbeit leisten und den Unterstützungsaspekt in der Arbeit mit den Jugendlichen immer wieder betonen.

Als Fazit lässt sich formulieren:

- Eine bindungsorientierte Ausbildung der Koordinatorinnen wäre wünschenswert, mindestens aber eine ständige Aufgabenklärung und Reflexion.
- Sehr deutlich spiegelt sich im Verlauf der Hilfe, wie das Jugendamt die in der Betreuung erarbeiteten settinggestalteten Ideen mitträgt und wie die Zuständigkeiten geklärt sind.
- Die Koordinatorinnen sind Fachberaterinnen und Coachingpartnerinnen für die Betreuenden. Die Betreuerinnen sollten sich bei der Koordination auch kollegial Hilfe und Angebote abholen. Eine fallsupervisorische Begleitung der Betreuerinnen sollte Standard sein.
- Bewegen sich mehrere Fachkräfte im Familiensystem, muss die Koordination gut eingebunden werden und die Betreuenden sollten zur Fallsupervision zusätzlich auch Teamsupervision in Anspruch nehmen.
- Es ist sinnvoll, ein Netzwerk aufzubauen mit kooperierenden Institutionen, das durch persönliche Kontakte geprägt ist.

9.8 Rollenspiel Podiumsdiskussion – Flexibel gestalten oder Strukturen verwalten?

Strukturelle Rahmenbedingungen in der Individualpädagogik

Es war im Juni 2013 in Lindau. Zwischen den Verfasserinnen der vorliegenden Studie entspann sich bei laufendem Diktiergerät ein Gespräch über Möglichkeiten der Individualpädagogik in der Gegenwart im Vergleich zu den Bedingungen, die zum Zeitpunkt der hier untersuchten Betreuungsverläufe existierten. Spontan kam die Idee auf, in einem Rollenspiel verschiedene Protagonisten des Helfersystems in einer Art Podiumsdiskussion zu Wort kommen zu lassen.

Die Autorinnen der Studie versetzten sich in folgende Rollen:

- Jugendamtsleiterin
- Einrichtungsleiter des Trägers
- Freiberufliche selbständige Betreuerin (Fachkraft)
- Moderatorin

Moderatorin:

Was ist Ihnen beim Lesen aus Ihren jeweiligen beruflichen Blickwinkeln an dieser Studie aufgefallen?

Einrichtungsleiter:

Es ist nicht einfach, auf die Frage so konkret zu antworten, weil es so viele verschiedene Aspekte in dieser Studie gibt, die vor allem im Vergleich zu heute neue Fragen aufwerfen, da sich die strukturellen Bedingungen doch sehr verändert haben. Einerseits waren zu der Zeit, als die Jugendlichen aus dieser Evaluation in den Hilfen waren, viele Dinge möglich. Andererseits gab es aber auch in den beschriebenen Betreuungsverläufen Situationen, wo ich mir ähnlich wie in der heutigen Zeit als Trägervertreter oder als jemand, der Jugendliche in diesem Prozess begleitet, mehr Flexibilität wünschen würde. Mir ist aus der Evaluation besonders Sebastian in Erinnerung geblieben, der aus Skandinavien nach Deutschland zurückgeführt worden ist. Dieser Übergang schien nicht geglückt. Er hat seinen Aufenthalt in Skandinavien sehr hochgehalten und schien auch nach seiner Rückkehr emotional noch sehr verbunden zu sein. Man hätte ihm mehr zugestehen sollen. Und zwar ein Mehr an Nutzung der Ressource Beziehung. Er hätte beispielsweise die Möglichkeit haben sollen, nochmal dorthin zu reisen, um diese gute Beziehung dort weiterzuführen. Es gibt aber auch ganz andere Fälle, ich erinnere mich an die Betreuerin von Katja. Von der Stundenzahl her schien vieles möglich. Es stand nicht sofort ein pädagogisches Nahziel im Vordergrund, sondern der Beziehungsaufbau, weil das eine zum anderen dazugehört. Ein Beispiel ist, dass die Betreuerin mit Katja erst mal ein Eis essen gegangen ist und eine Beziehung hergestellt hat, ohne gleich sichtbar in den pädagogischen Prozess einzusteigen. Zu jener Zeit war es noch möglich, dass Betreuer mit den Jugendlichen in ein Land ihrer Wahl reisen, um beim kleinsten gemeinsamen Nenner anzufangen. Und wenn jemand sagt, er möchte dahin, wo es warm ist und das ist das

Einzige, was benannt werden kann, dann schaut man, wohin man mit dem zur Verfügung stehenden Budget fahren kann, wo es warm ist, um dann von dort die Hilfe zu gestalten. Dabei geht es ja nicht um Exklusivität sondern darum, dass die Seele sich für den schweren Weg der Veränderung öffnen kann.

Fachkraft:

Das ist genau der Punkt, der mir auch aufgefallen ist. Mit der Betreuerin von Katja und Lara fühle ich mich verbunden, denn ich stelle mir vor, dass sie damals jung und total engagiert war und dass das in ihrer Anfangszeit als Betreuerin war. Sie hat im ambulanten Bereich gearbeitet, hat also ambulante Stunden mit Katja zur Verfügung gehabt und bekommt dann gesagt, sie könne mit Katja ein sechswöchiges Reiseprojekt zum Beispiel machen. Das ist doch eher selten und das stelle ich mir ganz toll vor, auch für die Arbeit. Bei den beiden hat das anscheinend sehr viel bewirkt, wenn man die Evaluation liest. Und dennoch denke ich gleichzeitig: Was wäre mit dieser Betreuerin, wenn sie vielleicht kleine Kinder gehabt hätte oder in einer Partnerschaft eventuell gewesen wäre. Dann hätte diese Arbeit für sie noch eine ganz andere Art der Herausforderung beinhaltet, wenn sie nicht sogar ganz unmöglich gewesen wäre. Es ist nicht nur das Eisessen, was auch heute durchaus noch möglich ist, sondern die ständige Verfügbarkeit. Sie hat Katja auch oft mit nach Hause genommen. An einer Stelle erzählt sie, dass sie krank war und ein Gipsbein hatte, aber trotzdem mit ihr gearbeitet hat. Da frage ich mich, wie der Träger oder das Jugendamt das damals wohl bezahlt haben.

Einrichtungsleiter:

Für mich ist die Art des Kontaktes entscheidend, und Katja hat damals gespürt, dass die Betreuerin sie sehr ernst genommen hat in ihren Bedürfnissen. Die Betreuerin hat sie in gewisser Weise auch an ihrem Leben teilhaben lassen. Ich glaube, das kann in ganz unterschiedlichen Formen passieren. Es gibt heutzutage Städte, die ein ganz fest vereinbartes Stundenkontingent für ambulante Betreuer haben, egal wie der tatsächliche Bedarf aussieht. Darin sehe ich gerade inhaltlich ein ganz großes Problem. Dann ist diese Betreuung darauf konzentriert, die Dinge abzuarbeiten – Hartz IV-Antrag, Schule, Monatskarte. Es gibt bei diesem Konzept sehr wenig Raum für das, was die Arbeit eigentlich ausmacht, nämlich in eine Beziehung zu gehen und zu lernen, über diese Beziehung auch Konflikte zu gestalten. Hinzu kommt, dass wir es hier mit Geschichten zu tun haben, wo die Jugendlichen fast immer mit gutem Grund aus ihrem Milieu herausgenommen worden sind. Es gab bei Christian, der später in

Italien war, den Versuch, dass er in seiner alten Wohngruppe, seinem alten Umfeld verblieb. Das ist aus verschiedenen Gründen nicht gelungen. Dann aber die Flexibilität zu haben, auf diesen Bedarf zu reagieren, das ist wichtig. Wenn da etwas anderes gebraucht wird, sollten wir nicht an dieser einen Betreuungsform, zum Beispiel der WG festhalten, sondern uns auch wirklich am Bedarf einer Einzelbetreuung orientieren. Das hat häufig nichts mit Geld zu tun, sondern mit Flexibilität in den Behörden und bei den Betreuern. Da sehe ich zum Teil einen Unterschied zu heute in der Betreuung. Man darf nicht vergessen, dass wir es in der Jugendhilfe im individualpädagogischen Bereich meistens mit Jugendlichen zu tun haben, die schon sehr viele Jugendhilfeangebote in verschiedenen Formen durchlebt haben, soziale Gruppenarbeit, sozialpädagogische Familienhilfe, Erziehungsbeistandschaft usw. Das hat aber aus verschiedensten Gründen nicht funktioniert, und dann fragt man einen individualpädagogischen Träger an. Auch die Fälle in der Evaluation sind solche, bei denen erwartet wird, dass mit zunehmend beschränkteren Mitteln ein noch besseres Ergebnis erzielt wird. Die Jugendlichen und ihre Familien, mit denen wir es heute zu tun haben, haben häufig derartige Multiproblemlagen vorzuweisen, dass man eigentlich noch flexibler sein, noch mehr Geld und einen noch größeren Pool an Möglichkeiten zur Verfügung haben müsste. Gleichzeitig werden die Einschränkungen aber immer größer. Hier sei das Beispiel „Brüssel IIa-Verfahren“ genannt. Bei dieser Regelung, die eigentlich aus dem Familiengerichtsverfahren kommt, geht es um Kinder und Jugendliche, deren Eltern getrennt sind und bei denen ein Elternteil in ein anderes europäisches Land reist. In der Jugendhilfe greift diese Regelung insofern, dass wir mit einem formalistischen Verfahren konfrontiert sind, das zum Beispiel den Beginn einer Betreuung zum Teil so weit hinauszögert, dass diese gar nicht mehr stattfinden kann. Das sind Strukturen, die der jeweiligen Arbeit nochmal ganz andere Steine in den Weg legen als es zum Beispiel in der Zeit der Evaluations-Fälle war. Da hat sich schon ganz stark etwas verändert.

Jugendamtsleiterin:

Ich bin jetzt seit 20 Jahren auf meiner Position und habe auch schon sehr viele solcher Maßnahmen über meinen Schreibtisch gehen lassen. Früher war es so, dass auch innerhalb der Ämter noch andere Strukturen vorlagen, so dass zum Beispiel die Sachbearbeiter auch flexibel entscheiden konnten über die Hilfe. Inzwischen läuft in unserem Amt und in vielen anderen Ämtern auch ein Antrag mindestens durch ein Team von der Leitungsebene oder sogar einer oberen Chefebene. Diese Entwicklung hat verschiedene Gründe, denn es gab bei aller Flexibilität gerade am Anfang Probleme, als dieses Arbeitsfeld begann. Die gesetzliche Grundlage war in der Form noch nicht vorhanden, da gab es noch das alte Jugendwohlfahrtsgesetz. Da sind fünf Leute abenteuerlich auf Schiffen in ferne Länder losgezogen. Es gab keine Regelung, man ist losgefahren und hat natürlich auch Erfolge erzielt. Und dann wurden notwendige Strukturen um diese Maßnahmen herum geschaffen, weil es auch viele Negativfälle gab.

Einrichtungsleiter:

Wenn man manche Berichte von damals liest, mutet das seltsam und sehr abenteuerlich an, Stichwort: Fachkräftegebot, das damals noch nicht derart in der Diskussion war. Dennoch wage ich die These, dass damals nicht mehr gravierende Dinge passiert sind als heute, denn auch heute, trotz „Brüssel IIa-Verfahren", trotz Verfahren nach §8a SGBVIII, trotz umfangreichem Dokumentationszwang geschehen Dinge, die vermieden werden sollten. Genau solche Fälle, ich erinnere an Chantal und Kevin und viele andere, passieren trotz oder – gewagte These – auch wegen zu viel Kontrolle und Formalismus. Denn dadurch gerät zum Teil – auch eine gewagte These – die eigentliche Arbeit aus dem Fokus, weil man sehr beschäftigt ist mit formalem Schutz. Glauben Sie wirklich, dass sich die gravierenden Fälle in der Zahl verringert haben?

Jugendamtsleiterin:

Nein, das glaube ich tatsächlich nicht. Ich würde Ihnen sogar zustimmen, dass durch Regelungen nicht unbedingt negative Sachen verhindert werden. Aber es ist natürlich so, dass der Staat darauf reagieren muss, wenn etwas passiert, so dass er dann Regelungen schafft. Es gibt natürlich bei jeder Regelung wieder eine Nische, wo wieder etwas passieren kann. Ich kann nicht sagen, ob mehr Regelungen zu mehr Vorfällen führen. Aber die Dinge, die passiert sind und die jetzt passieren, liegen anders als sie früher waren. Ich erinnere an Portugal, wo sich Auswandererfreaks in der Algarve in eine Höhle gesetzt haben und dann für 3.000 DM einen Jugendlichen haben mitlaufen lassen. Es mag schon sein, dass der Jugendliche dort eine Beziehung hatte und vielleicht auch Fortschritte gemacht hat, aber hier konnte niemand den pädagogischen Prozess noch irgendetwas anderes kontrollieren. Das war schwierig. Und vor allen Dingen arbeiten wir mit Steuergeldern. Es ist schwer zu rechtfertigen, wenn der deutsche Ottonormalverbraucher liest, dass da ein Freak ist, der nach Portugal auswandert, weil er es hier nicht auf die Reihe kriegt, und der sich dann für 3.000 DM noch einen Jugendlichen auf dem Surfbrett ans Bein hängt.

Einrichtungsleiter:

Ich denke wir sollten nicht alte Geschichten aufkochen, sondern uns lieber an der Jetztsituation orientieren. Also nochmal: Wir haben es mit Jugendlichen zu tun, die am Ende einer Jugendhilfekarriereleiter stehen. Ein Kollege hat dies in einer Diskussion mal „finales Rettungskonzept" genannt. Wenn nichts funktioniert, dann fragt man die Individualpädagogen an. Und dann sind die Erwartungen auch noch exponentiell höher als in den Hilfen davor. In der Evaluation sieht man schon, dass an einigen Stellen eine hohe Flexibilität möglich war. In der Fallstudie Lena kann man dies sehr gut erkennen. Bereits in Portugal wurde die Anschlusshilfe vorbereitet, in dem Lena die Betreuerin für Deutschland kennenlernen durfte. Die Betreuerin hat Lena im Ausland kennengelernt und ist mit ihr auf dem Landweg langsam zurückgereist. Somit ist Lena nicht zu ihr völlig fremden Menschen nach Deutschland zurückgekehrt. Meines Erachtens steht das der momentanen Entwicklung zum Teil diametral gegenüber. Wir haben Städte, wo das Sozialraumkonzept sehr im Vordergrund steht, teilweise im Zusammenhang mit Inklusionsmodellen. Das heißt immer mehr Betreuungs- und Versorgungsleistungen werden durch die Schule und das darum gestaltete System gewährleistet. Wir bedienen jedoch eine Nische. Wir arbeiten mit Jugendlichen, die in diesen milieunahen Betreuungsformen gar nicht mehr verankert sind oder auch nicht waren. Trotzdem sollen sie in diese Strukturen hineingepresst werden. Hier sollte Flexibilität gezeigt werden, um mit diesen Jugendlichen nach kreativen, querdenkerischen und auch innovativen Lösungen suchen zu können. Wenn jemand eine Einzelbeschulung macht und er will diese Schule abends von 22 bis 24 Uhr machen, dann sollte das möglich sein. Denn kurioserweise ist im Hilfeplan lediglich formuliert, dass der Jugendliche die Schule machen soll, egal wann. Wenn er dann die gesamte Schule um 22 Uhr machen will, dann soll er das machen dürfen und nicht auf irgendein Schulmodell verwiesen werden, wo dann vier Schüler immer von 9.30 Uhr bis 11:35 Uhr zusammensitzen. Das hat nichts mit individuellem Bedarf zu tun. Lustigerweise sind wir eine hochindividualisierte Gesellschaft, jeder soll seines Glückes Schmied sein und ganz individuell für sich eine Lösung finden. Und zugleich stehen Schubladendenken, Kategorisierung und Standardisierung der Entwicklung des Jugendlichen völlig entgegen. Unsere Erfahrungen zeigen im Übrigen, dass Jugendliche, die um Mitternacht Hausaufgaben machen, durchaus andere „Normalzeiten" einhalten lernen.

Fachkraft:

Ich kann Ihnen da beipflichten [an die Jugendamtsleiterin gewandt, Anm. d. Verf.]. Wenn Sie von diesen Menschen in der Algarve erzählen, höre ich eine ganz große Angst vor Kontrollverlust bei Ihnen heraus. Da möchte ich als Betreuerin ebenfalls einhaken. Flexibilität hat nichts damit zu tun, keine Kontrolle zu haben. Wenn ich mir die Fallbeispiele angucke, ging es nie darum, dass sich ein Betreuer absetzen und möglichst keine Kontrolle durch den Träger haben wollte. Es gibt viele Instrumente, wie wir mit den Trägern zusammenarbeiten, wir schreiben Berichte, dann kommt der Koordinator, es gibt Supervisionen usw. Da ist man immer in sehr engem Austausch, den man ja auch braucht. Was hingegen wirklich fehlt, ist folgende Flexibilität: Ich habe einen Jugendlichen, mit dem ich mich soundso oft in der Woche treffe; ich spüre, dass der raus muss aus diesem Milieu, wir müssten mal ganz anders zusammenarbeiten; er hat das Bedürfnis, die Welt aus einem ganz anderen Blickwinkel zu sehen. Genauso, wie es zum Beispiel bei Katja war. Es wurde gesagt, dass Katja und ihre Betreuerin dann sechs Wochen an den Strand in Malaysia fahren, um die Themen auf einer ganz anderen Ebene als sonst anzugehen und auch die entstandene Beziehung dahingehend zu vertiefen, dass sie dann gemeinsam nach einer weiteren Betreuung gucken können. Sie wollten wegfahren, um eine Reflexionsebene zu finden, was sonst selten möglich ist. Es gibt solche bestimmten Zeitpunkte, die man in der ambulanten Betreuung herausarbeiten kann, bei denen man auch spürt, dass das möglich ist, um dann gemeinsam mit dem Jugendamt da weiterzuarbeiten. Ein weiterer Punkt zur Struktur ist mir sehr wichtig: Wenn man einen Jugendlichen vielleicht in einer Projektstelle bei sich zu Hause hat und es kommt zu einem Vorfall, zum Beispiel Streit bei einem Berufsschultraining, dann gibt es eine Auflage für Antiaggressionstraining. Dann muss der Jugendliche dahin, nach zwei Stunden ruft jedoch der Leiter an und sagt, der Jugendliche solle abgeholt werden, weil er nicht gruppenfähig sei. Das wusste man auch schon vorher. Diese Arbeit mit dem Jugendlichen, auch bezüglich der Schule, muss sehr individuell und flexibel gestaltbar sein. Es kann sein, dass sich jemand um 22 Uhr abends am Küchentisch so sicher fühlt, dass er da lernen und seine Hausaufgaben machen kann. Oder um 23 Uhr auf dem Baumhaus kann der Ort sein, wo er offen ist, Sachen in sich aufzunehmen. Dann muss das so möglich sein, und das ist sehr oft nicht gegeben.

Einrichtungsleiter:

Es gab die Geschichte, dass Christian gesagt hat, dass er die Ästhetik, die Schönheit, die Wärme usw. zu schätzen gewusst hat und diese heute immer noch als innere Repräsentanz, als Ressource für sich zur Verfügung hat. Jetzt schauen wir uns an, was Jugendliche heute in der Stadt für Möglichkeiten haben. Die öffentlich zugänglichen Räume werden immer beschränkter, Bahnhofsvorplätze werden privatisiert, die gehören der Bahn, Fußgängerzonen werden privatisiert, die gehören dann den Läden. Das heißt, dort herrscht Privatrecht und die Besitzer können verweisen, wen sie verweisen wollen. Orte zum Verweilen, für den Müßiggang, was auch zur Pubertät gehört – sich langweilen, „chillen" –, solche Orte gibt es nicht mehr. Stattdessen beschwert man sich, dass die Jugendlichen auf den Spielplätzen rumhängen und Dreck hinterlassen. Dies ist eine städtebauliche und gesellschaftliche Entwicklung, die ebenfalls als wichtiger Faktor für die Entwicklung in der Jugendhilfe zu sehen ist. Früher habe ich auch in der Stadt Brachflächen gehabt, wo ich mit den Jugendlichen irgendwas machen konnte. Jetzt sind diese nur schwer zu finden. Auch deshalb kann eine Reise in die Einöde hilfreich sein. Bei den Projektstellen in Deutschland ist es nicht schwer, woanders hinzukommen in wenigen Stunden. Da ist es tatsächlich manchmal nötig, wenn ein Jugendlicher an einem Ort ist, wo er bei einem Konflikt nicht sofort wieder flüchten kann, sondern wo er sich der Situation gemeinsam mit den Betreuern stellen muss und nicht diesem ersten Impuls sofort nachgeben kann. Auch das sind Gründe, warum man bei den Betreuungen, die in der Evaluation dokumentiert sind, Orte gewählt hat, die nicht gleich um die Ecke liegen und … diese Hilfen sind günstiger und nicht menschenverachtend wie geschlossene Unterbringungen à la „Haasenburg".

Jugendamtsleiterin:

Seit 20 Jahren als Jugendamtsleiterin ist es nicht so, dass ich noch keine individualpädagogischen Maßnahmen genehmigt hätte, sowohl im In- als auch im Ausland. Dieses Segment möchte ich daher gar nicht infrage stellen. Was viel wichtiger ist, ist zu schauen, was letztendlich mit den Strukturen ist. Ob sich da etwas verändert hat in den letzten Jahren, ob das negativ oder positiv ist. Ich sehe große positive Aspekte darin, dass genauer hingeschaut wird. Schließlich haben meine Mitarbeiterinnen auch eine Garantenpflicht. Das heißt sie müssen persönlich dafür gerade stehen, was im Ausland passiert. Und da finde ich es gut und nicht dramatisch, wenn einige Dinge geregelt werden.

Einrichtungsleiter:

Aber es geht um die Flexibilität, das ist die Frage. In einer Großstadt wird jemand ambulant betreut und der Betreuer oder der Träger als Medium führt aus inhaltlichen Gründen den Wunsch an, mit dem Jugendlichen eine Auszeit im Harz zu nehmen. Und das scheitert dann. Warum scheitert das eigentlich, können Sie mir das sagen?

Jugendamtsleiterin:

Ich wollte mich nur versichern, dass Auslandsaufenthalte gerade nicht das Thema sind, sondern generelle Angelegenheiten, die mehr geregelt sind. Also „Brüssel II a" ist ein Thema, über das man diskutieren kann, weil diese Verordnung sehr einschränkt. Es schränkt auch Ämter oftmals ein. Manchmal wäre eine Maßnahme gut, aber wir können sie nicht mehr einfach durchführen. Was die Flexibilität anbelangt, das ist richtig. Wenn wir eine individualpädagogische Maßnahme verfügt haben, dann – so würde ich behaupten – ist da noch ein relativ hohes Maß an Flexibilität enthalten. Da sind im Hilfeprozess im regelmäßigen Austausch durchaus auch Veränderungen möglich, das kenne ich. Man wechselt die Stelle, weil es nicht mehr passt usw. Ich stimme Ihnen zu, dass es weitaus schwieriger ist, in einer ambulanten Maßnahme sogenannte Auszeiten zu genehmigen.

Einrichtungsleiter:

Eine ambulante Hilfe, die aber bei einem individualpädagogischen Träger angefragt wurde.

Jugendamtsleiterin:

Genau, die bei einem individualpädagogischen Träger angefragt wurde. Das sind natürlich Strukturen, über die sich viel diskutieren lässt. Oft geht es um Geldfragen, weil ambulante Maßnahmen vor stationären veranlasst werden, um Kosten zu sparen. Das heißt man gibt nicht erst mal soundso viel Euro pro Jugendlichem aus, sondern versucht noch einmal, das ganze System zu stabilisieren, den Jugendlichen im System zu stabilisieren, damit er dort vielleicht langfristig verbleiben kann. Während einer ambulanten Maßnahme dann eine stationäre zu verfügen ist sehr schwierig, das ist richtig. Das stößt an strukturelle Grenzen im Amt.

Einrichtungsleiter:

Das kann man ganz einfach lösen. Es gibt hervorragende Beispiele mittlerweile, da wird ein Budget von beispielsweise 1.000 Betreuungsstunden für einen Fall festgelegt. Wie diese Betreuungsstunden im nächsten halben Jahr verteilt werden – das ist immer die Frequenz für Hilfeplangespräche – ist egal. Da gibt es Fachleistungsstunden als Entgelt, und mit diesen 1.000 Stunden können der Betreuer und der Träger individuell schauen, wie der Bedarf ist. Natürlich geschieht dies immer in ganz engem Kontakt mit dem Sachbearbeiter, die Arbeit muss transparent bleiben. In Abstimmung mit dem Sachbearbeiter hat der Betreuer dann die Möglichkeit, flexibel auf den Jugendlichen zu reagieren. Wenn sich der Jugendliche im Moment entzieht und kaum Betreuung stattfindet, kann man gerade deshalb mit diesem Jugendlichen ein Wochenende auf der Eider in Schleswig-Holstein paddeln fahren oder etwas Ähnliches. Da kommt dann natürlich eine größere Stundenzahl zustande, die man aber aus dem Pool nehmen kann. Das sind keine exotischen oder überteuerten Lösungen. Sie bedürfen lediglich einer Flexibilität, denn hier muss etwas umformuliert werden. Vielleicht gibt es da auch einen gewissen Missbrauch. Es gibt natürlich auch Medienberichte, beispielsweise ein Bericht aus Berlin, wo plötzlich die ambulante Hilfe aufs Korn genommen wurde nach dem Motto: Die verfügen sich selber und erhalten die Maßnahmen am Leben. Wenn dieses Vertrauen zu freien Trägern dahinschwindet, dann ist das ganze Subsidiaritätsprinzip natürlich vor die Wand gefahren. Ist das so, gibt es da Misstrauen?

Jugendamtsleiterin:

Was ich eingangs erwähnt habe: Gerede kommt dann, wenn sich ein Vorfall ereignet hat. Gesetze oder auch Verordnungen und Verfügungen sind in der Regel nach einem Schema aufgebaut. Etwas liegt vor, woraufhin die Verantwortlichen einen Handlungsbedarf sehen. Und genau so ist das auch in der Jugendhilfe gewesen, das kann man auch historisch verfolgen. Immer wenn ein Vorfall war, hat man einen Handlungsbedarf gesehen: eine kommunale Verfügung, oder aber auch Nachbesserungen im SGB VIII, die natürlich aufgrund der Praxis vorgenommen wurden. Die Praxis ist sehr schnelllebig, das wissen alle, die mit den Jugendlichen arbeiten. Was heute gilt, heißt noch lange nicht, dass es in einem halben Jahr immer noch gilt. Die Gesetzesmühlen mahlen natürlich sehr langsam, das heißt jetzt entsteht ein Handlungsbedarf für eine Regelung, die Regelung kommt in einem halben Jahr, und dann ist sie schon wieder überholt. Das ist durchaus problematisch. Was Ihre Frage nach dem Vertrauen anbelangt: Es passieren natürlich Dinge, die dann wiederum zu Folgeerscheinungen führen. Diese betreffen dann auch diejenigen Träger, die nicht zu den schwarzen Schafen gehörten. Die Regeln werden dann aber allumfassend gemacht, so funktioniert das System.

Einrichtungsleiter:

Zwei Bemerkungen: Regelungen werden selbstverständlich nicht nur infolge negativer Ereignisse geschaffen, sondern ganz klar auch aus monetären Gründen. Wenn sich die Finanzlage neu gestaltet, wird ja kurioserweise auch alles inhaltlich begründet, damit ein anderer – reduzierter – Kostenbedarf entsteht. Zweitens: Wir wären sehr seltsam aufgestellt, wenn die Träger das, was sie an Negativem mit dem Jugendamt erlebt haben, weitergetragen hätten. Natürlich gibt es auch schwarze Schafe bei den Trägern, aber genauso gibt es diese in den Jugendämtern. Unsere Arbeit beruht auf dem Glauben, dass der Mensch veränderbar ist. Sonst wären wir nicht in dieser Arbeit tätig. Also heißt das auch, dass wir mit unseren eigenen Fehlern in der Administration, in der Verwaltung umgehen oder Verbesserungen umsetzen. Ich erwarte aber auch von der Politik, dass über die Legislaturperiode hinaus gedacht wird und die Entwicklung von Menschen im Mittelpunkt steht. Wir müssen das Potential, das wir angesichts demographischer Entwicklungen nur noch in geringem Maße haben – also die jungen Menschen – hüten wie unseren Augapfel, wir müssen sie aufpäppeln mit allem, was wir zur Verfügung haben. Meine Befürchtung ist, dass durch diese Standardisierung und Begrenztheit immer weniger möglich ist. Das ist ein Abriss, der hier vielleicht nicht hergehört, aber er ist erwähnenswert.

Fachkraft:

Aus meiner Sicht stößt man immerzu an Grenzen. Ich stelle keine Anträge beim Jugendamt, aber ich merke, dass viele Sachen sehr wichtig wären für die Arbeit. Ein Jugendlicher musste einmal beispielsweise aus einer Krisensituation geholt werden, und ich hätte mir für ihn fließende Übergänge gewünscht. So wünsche ich mir mehr Zeit, auch wenn eine Betreuung endet, wenn jemand 18 wird. Ein anderer Übergang oder eine andere Zeitschiene wären wichtig oder dass man die Möglichkeit hat, mit dem Jugendlichen in sein nächstes Projekt zu gehen, wenn die Projektstelle aus irgendwelchen Gründen gewechselt wird, wenn der Jugendliche zum Beispiel selber woanders hinmöchte. Manchmal bietet es sich an, weil der Zeitpunkt gekommen ist, dass der Jugendliche in eine Projektstelle kommt, wo mit tiergestützter Pädagogik gearbeitet wird, was man selber nicht bieten kann. Ich glaube bei unserem Beispiel von Katja hier gibt es schöne Übergänge, als sie nach ihrem Auslandsaufenthalt in

Malaysia mit ihrer Betreuerin zusammen die Familie in der Rhön aussuchen konnte. Da konnte sie vorher ihre Wünsche formulieren und die zwei sind zusammen da hingefahren und haben sich das angeschaut, die Familie, die Pferde, das Haus. So würde ich mir immer wünschen, dass man gemeinsam mit dem Jugendlichen herausarbeitet, wie es weitergeht. Und dann muss man zusammen mit den Trägern überlegen: Wie bringen wir den dahin, wie binden wir ihn dort ein, wie lösen wir ihn bei uns raus, wie verabschieden wir ihn. Das geht nicht, da stößt man immer an Grenzen. Ich spreche gar nicht nur vom Geld. Als Betreuer hat man verinnerlicht, dass man den Jugendlichen begleitet. Da rechne ich dann nicht ab, dass ich nur bis 17:30 Uhr Zeit habe. Ich finde dieses Stichwort Stundenpool sehr spannend. Wenn man ganz viele Stunden zur Verfügung hat, kann man sie gemeinsam aufteilen und den Fokus genau auf die Stellen richten, die man wichtig findet in der Arbeit.

Einrichtungsleiter:

Es scheint in Deutschland eine Angst vor ganzheitlichem Denken zu geben. Es gibt stattdessen klare Trennlinien für abgesteckte Terrains, Professionen etc. und so haben auch Betreuer Angst, dass ihr Revier betreten wird.

Daher bedarf es viel Offenheit beim Träger und beim Betreuer, gemeinsam an dem Ziel zu arbeiten, den Jugendlichen durch diese schwere Zeit zu bringen und einen Heilungsprozess in Gang zu setzen. Ein Betreuer, der vorher noch in diesem Fall involviert war, kann SMS- oder Telefonkontakt halten. Das sind Dinge, die gar nicht aufwendig sind. Wir sprechen heutzutage immer von Bindung, Bindung, Bindung, wir schneiden jedoch abrupt Bindungen ab, die gut waren. Hinterher kann man dann mit Recht von Beziehungsabbruch, Bindungsabbruch sprechen, ohne im Blick zu haben, dass man das, was positiv gestaltet worden ist, auch mitnehmen kann in die nächste Zeit. Dann wäre es nämlich kein Abbruch, sondern eine Ressource für die Zukunft. Wie hat John Bowlby so schön gesagt: „Bindung ist das gefühlsgetragene Band, das eine Person zu einer anderen spezifischen Person anknüpft und das sie über Raum und Zeit miteinander verbindet." Das sind alles Dinge, die nicht unbedingt teuer sind. Mir erschließt sich noch nicht ganz, warum es da so viele Beschränkungen gibt.

Jugendamtsleiterin:

Es gibt Beschränkungen, keine Frage. Auch bezüglich der Flexibilität stimme ich Ihnen zu. Nur das eine schließt das andere nicht aus. Das Gesetz hat keine Gegenregelung gegen das, was Sie sagen. Laut SGB VIII ist das alles möglich. Man kann alles tun, es gibt auch keine Verordnung, die dem im Weg steht. Das einzige, was dem immer im Weg stehen kann, sind regionale Bedingungen. Das hat monetäre Gründe und liegt außerdem darin begründet, was in Kommunen bereits passiert ist. Da kann es in einzelnen Kommunen zu anderen Strömungen kommen. Es stellt sich die Frage, wie man diese Probleme lösen kann, wie man sowohl der Jugendhilfe als auch den Bedenken und Ängsten der Ämter gerecht wird. Das passiert meiner Meinung nach nur im Dialog, der aber ständig stattfindet. Es gibt Arbeitskreise, Arbeitsgemeinschaften, die permanent im Gespräch stehen mit Behörden, Gesetzesvertretern, politischen Vertretern. Zu „Brüssel II a" gibt es Veranstaltungen, wie man die Verordnung gemeinsam gestalten kann. Meines Erachtens ist der Dialog die einzige Variante. Ich bin eine Vertreterin des Amtes, aber das Amt ist regionalisiert, jedes Amt hat seine eigenen Ausführungen und Strömungen und das können wir nur schwer beeinflussen. Das kann nur der Träger individuell mit den Ämtern besprechen. Die Gesetzesgrundlage für jegliche Flexibilität ist vorhanden, genauso wie sie auch schon vor fünf bis zehn Jahren vorhanden war, in der die Fälle angesiedelt sind, die Sie evaluiert haben.

Einrichtungsleiter:

Natürlich sind wir dem ausgesetzt, was politisch vorgegeben wird, und das ist teilweise Bedingungen unterworfen, die wir scheinbar nur schwer beeinflussen können. Ich rede von der Finanzkrise, Bankenrettung, der drohenden Schuldenbremse für die Kommunen etc. Dies alles hat unmittelbare Folgen für die finanziellen Möglichkeiten, die dem sozialen Bereich zur Verfügung stehen. Ich sehe auch, dass die Mitarbeiter in den Jugendämtern ein großes Engagement haben. Aber oft sind den Kollegen aufgrund der strukturellen Veränderungen die Hände gebunden. Wir sind als Träger nicht so aufgestellt zu sagen, die Jugendämter seien nicht mehr flexibel und wären inkompetent. Die Sachbearbeiter, mit denen wir es zu tun haben, gehen sogar häufig über das übliche Maß hinaus. Mitarbeiterinnen aus den Jugendämtern haben mir hinter vorgehaltener Hand gesagt, dass sie teilweise intern mit sehr „kreative Mitteln" versuchen, den Jugendlichen etwas zu ermöglichen, was aufgrund der internen Struktur eigentlich nicht möglich wäre. Wenn so etwas hinter vorgehaltener Hand stattfindet, ist doch im System irgendetwas nicht in Ordnung.

Moderatorin:

Vielen Dank für Ihre Beiträge. Ich möchte Sie abschließend bitten, eine Brücke zu schlagen zwischen dem, was Ihnen aus der Evaluation wichtig erscheint, Ihrem Arbeitsfeld und Ihrer Argumentation im Hier und Jetzt.

Jugendamtsleiterin:

Hängen geblieben ist bei mir die Flexibilität, das war ein Stichwort, das mich sehr beeindruckt hat beim Lesen der Evaluation aus Sicht der Hilfebeteiligten. Aus Jugendamtssicht oder auch politischer Sicht kann ich sagen, dass Flexibilität nicht unbedingt immer etwas mit Geld zu tun hat. Wir haben monetäre Einschränkungen, das ist ganz klar. Ich denke aber, dass eine bestimmte Flexibilität auch innerhalb eines vorgegebenen finanziellen Rahmens gewahrt werden kann. Es sollte genauer geprüft werden, was in diesem Rahmen möglich ist. Man kann den zur Verfügung stehenden Rahmen ausschöpfen, ohne dass Flexibilität Milliarden mehr kosten muss.

Fachkraft:

Für mich bleibt nach dem Lesen und nach unserem Gespräch heute hängen, wie wichtig die Beziehung in unserer Arbeit ist. Diese Beziehung ist die Basis, die wir mit den Jugendlichen haben. Es ist auch die Basis, die wir schätzen und an die wir immer versuchen zu appellieren. Erst auf der Basis dieser Beziehung können wir in unserer Arbeit andere Themen angehen. Dafür wünsche ich mir sehr, dass der Träger und die Jugendamtsvertreter mit uns an einem Strang ziehen. Es geht gar nicht nur um das Gefühl, dass einem als Betreuer der Rücken von allem Verwaltungskram freigehalten wird, sondern auch um das Gefühl, alle würden wollen, dass diese Beziehung zustande kommen und gedeihen kann. Das beinhaltet auch das Gefühl, dass mir als Betreuerin ein Vertrauen entgegengebracht wird, dass ich auf dieser Ebene mit den Jugendlichen arbeite. Man sollte versuchen, gemeinsam mit dem Träger und dem Jugendamt die Steine aus dem Weg zu räumen. Genau wie Sie gesagt haben, ist der Versuch wichtig, alles dafür zu tun, dass man gemeinsam mit den Jugendlichen Transparenz schafft. Dann können wir zusammen überlegen: Wohin geht es, wie kann es weitergehen und was wäre in dem Rahmen, den wir zur Verfügung haben, nötig.

Einrichtungsleiter:

Wir beschäftigen uns als Träger länger schon mit bindungstheoretischen Konzepten, und es erschließt sich für uns auch in der Evaluation so, dass nicht nur eine gute Beziehung, sondern die darüber hinausgehende Bindung relevant und schützenswert ist. Das heißt die Menschen, mit denen eine gute Beziehung eingegangen worden ist, stehen sogar in der Nicht-Anwesenheit als positive innere Repräsentanz oder Stimme zur Verfügung. Das macht sich an ganz kleinen Dingen bemerkbar. Beispielsweise könnten Personen, die in den Ämtern für einzelne Jugendliche zuständig sind, auch kontinuierlich weiter für diesen Jugendlichen zuständig sind. Es sollte nicht aus internen Gründen immerzu einen Wechsel in der Sachbearbeiterschaft oder in der Vormundschaft geben. Genauso haben wir als Träger darauf zu achten, dass in diesen Beziehungen und mit den Bindungspersonen Kontinuität stattfindet. Das schlägt sich überall nieder. Die Fragen „Ausland oder Inland, zielgestützt oder nicht" sind die Hilfsmittel, der Werkzeugkoffer. Aber über allem stehen die Beziehung und die Bindung. Es gibt inzwischen viele Studien im therapeutischen Bereich, wo danach gefragt wird, was am besten wirkt. Ich bin ein großer Anhänger und Verfechter der These, dass es nicht die Methode ist, auf die es ankommt. Vielmehr geht es um das, was zwischen den beiden Menschen passiert, die in einen Kontakt und/oder einen Arbeitskontext treten. Das ist für mich der Kern. Schulz von Thun hat es die Regenbogenqualität genannt. Aus Regen und Sonne entsteht etwas Wunderbares und Neues, nämlich ein Regenbogen. Um solche Qualitäten sollte es in den Prozessen der Jugendhilfe gehen, aber auch zunehmend in der Forschung.

Moderatorin:

Vielen Dank für das Gespräch.

10 Ausblick – Bindungstheoretische Aspekte in der individual-pädagogischen Arbeit und Forschung

Im Laufe der Untersuchung wurde zunehmend deutlich, dass Jugendliche in individualpädagogischen Betreuungsformen hoch belastete Biographien aufweisen, die in der Regel mit schweren Bindungsstörungen einhergehen. Im Evaluationsteam gab es dazu angeregte Diskussionen, gespeist durch einschlägige Fortbildungen im Bereich der Bindungstheorie. Die Autorinnen gelangten zu der Auffassung, dass Individualpädagogik und Forschung in diesem Bereich an der Bindungsthematik nicht vorbeikommen.

Wenn man die herausragende Methode nennen wollte, um mit traumatisierten Jugendlichen zu arbeiten und/oder mit Jugendlichen, die eine mehr oder minder schwere Bindungsstörung aufweisen, dann wäre es die der bindungsorientierten Arbeit. Die Bindungstheorie wurde von John Bowlby, einem englischen Psychoanalytiker, formuliert und verbindet klinisch-psychoanalytisches Wissen mit evolutionsbiologischem Denken. Demnach ist Bindung die besondere Beziehung eines Kindes zu seinen Eltern oder Betreuungspersonen. Sie ist das gefühlsgetragene Band, das das Individuum mit anderen, spezifischen Personen über Raum und Zeit hinweg miteinander verbindet.[27]

Dieses sichere Band, diese gefühlsgetragene Bindung wird in den ersten Lebensjahren durch eine feinfühlige (primäre) Betreuungsperson geschaffen, welche in den meisten Fällen die Mutter ist. Heute sieht man auch die Möglichkeit, dass es mehrere Personen sein können.[28] Je nachdem also, wie feinfühlig sich die Betreuungsperson um das Baby kümmert, desto stabiler und sicherer gestalten sich die Bindungsmuster aus, die das Kind entwickelt und auf die es immer wieder zurückgreifen wird.

Dieses feinfühlige Verhalten beinhaltet nach Mary Ainsworth vier Bausteine:

1. Die Signale des Kindes wahrnehmen,
2. diese richtig interpretieren,
3. angemessen und
4. prompt darauf reagieren.[29]

---

27 vgl. Ainsworth 1973

28 vgl. Chambers; Power; Loucks; Swanson 2000

29 vgl. Ainsworth 1973

Wenn Kinder solch eine (mehr oder weniger) feinfühlige Person in ihren ersten Jahren um sich haben, wird ihnen eine Sicherheit vermittelt, die sie als innere Repräsentanz behalten und die ihnen in Stresssituationen zur Verfügung steht. Dieses Verhalten in Stresssituationen, also das Bindungsverhalten, ist elementar für eine positive Entwicklung. Falls einem Kind dies versagt ist, wird seine Entwicklung nur unter sehr erschwerten Bedingungen stattfinden.[30]

Jugendliche, die irgendwann zu Jugendhilfe Phöinix e.V. oder anderen individualpädagogischen Trägern kommen, leiden genau unter diesen erschwerten Bedingungen. Sie haben häufig Misshandlung und Missbrauch statt Schutz und Geborgenheit erfahren und mussten fast immer Vernachlässigung statt wertschätzender Fürsorge erleben. Sie haben gelernt, dass Nähe keinesfalls immer Sicherheit bedeutet und dass das, was sie erleben mussten, zu Überlebensstrategien geführt hat, die für sie selbst und für die Umgebung nur schwer oder nicht zu ertragen sind. Wenn eine Lena nachts nicht in ihrem Zimmer bleiben kann, sondern stattdessen lieber stundenlang durch einsame Straßen läuft, wenn Christian sich mit der „dunklen Seite" beschäftigt und sich selbst als wandelnde Drohkulisse (schwarzer Ledermantel, Schwert etc.) darstellt, dann sind dies Überlebensstrategien, die eine Kontrolle über Situationen darstellen, die sonst zu bedrohlich scheinen.[31]

Um bei Lena zu bleiben: Wenn ein Kind erlebt, dass der (gemeinhin übliche) Ort der Sicherheit, nämlich das eigene Bett im eigenen Zimmer, plötzlich zum Ort des Horrors wird, warum sollte dieses Kind oder diese Jugendliche dann später in einer Betreuungsstelle darauf vertrauen, dass es sicher ist und vertrauen kann? Dem Betreuerpaar von Lena war dies bewusst und sie konnten Lena trotz ihrer herausfordernden Verhaltensweisen sehr gut begleiten.

Wenn jemand wie Sebastian in der Kindheit einen suchterkrankten Elternteil erlebt und nur eingeschränkt erfahren hat, dass Menschen in der Regel einschätzbar und verlässlich sind, dann darf das Helfersystem nicht erwarten, dass er sich umfänglich auf Harmonie und Strukturen einlassen kann. Im Gegenteil, diese Jugendlichen sprengen häufig jeden erdenklichen Rahmen. Wenn schließlich noch Situationen hinzukommen, deren Logik für die Jugendlichen nicht nachvollziehbar sind, wie z.B. der plötzliche Wechsel der Projektstelle bei Sebastian, dann liegt es in der Logik der Geschichte der Jugendlichen, dass es zu destruktiven Verhaltensweisen kommen kann.

---

30 vgl. Grossmann; Grossmann 2012: 637 ff. sowie: Hüther 2003: 105 ff..

31 vgl. Hüther: 102

Hier zeigen sich Persönlichkeiten in der Betreuung als hilfreich, die so arbeiten, dass (aus dem Blickwinkel der Bindungstheorie) wichtige Elemente nachreifen können. Um all den herausgearbeiteten wichtigen Betreuungsfacetten, wie „Partizipation", „Setting" oder „Arbeiten an der Biographie" zu einer positiven Wirkung zu verhelfen, bedarf es eines Bandes zwischen Betreutem und Betreuerin, das zumindest erahnen lässt, dass dort eine Bindungsnachreifung stattfinden kann. Die Bindungserfahrung wird (im Idealfall) quasi nachgeholt und die Bindungsmuster, die sich im Gehirn des Kleinkindes ausgeprägt haben, werden durch immer wieder neue positive Bindungserfahrungen überschrieben.

Konkret kann das bedeuten, wie bei Katja geschehen, dass die Betreuerin nicht wartet, bis sie der Jugendlichen vertrauen kann, sondern sie als Betreuerin muss erst einmal zeigen, dass ihr vertraut werden kann. Die Anbahnung zu solchen Prozessen kann dann beispielsweise auch in einem Setting stattfinden, was häufig als pädagogisches Eis-Essen abgetan wird. Katjas Aussage ist hierfür sehr bezeichnend, dass sich plötzlich nicht jemand in erster Linie um die Mutter kümmerte, sondern nur auf sie allein schaute. Diese Form der „Feinfühligkeit" [32] gilt es eben nicht nur bei Kleinkindern, sondern auch bei Jugendlichen anzuwenden.

Zusammengefasst ließe sich die Bindungstheorie auf die Jugendhilfearbeit übertragen, wenn die vier Paradigmen (wahrnehmen – interpretieren – prompt und angemessen reagieren) von Mary Ainsworth in abgewandelter Form auch für die Betreuung von Jugendlichen angewendet werden:

- **Die Wahrnehmung des Befindens des Jugendlichen,** das heißt die Betreuerin hat den Jugendlichen im Blick, ist geistig präsent und hat keine zu hohe Wahrnehmungsschwelle.
- **Die angemessene Interpretation der Äußerung des Jugendlichen,** die nicht gefärbt ist durch die Bedürfnisse des Betreuers.
- **Eine prompte (zeitlich angemessene) Reaktion,** die es dem Jugendlichen erlaubt, einen Zusammenhang zwischen seinem Verhalten und der Handlung des Betreuers herzustellen. Eine zeitnahe Reaktion vermittelt ihm ein Gefühl der Wirksamkeit seines Verhaltens und seiner Signale im Gegensatz zur Hilflosigkeit, die sich einstellt, wenn das Verhalten wirkungslos ist.

32 vgl. Ainsworth 1973

- **Die Angemessenheit der Reaktion,** die der Jugendlichen gibt, was sie braucht. Als angemessen gilt, was dem Alter und Entwicklungsstand der Jugendlichen und der Situation entspricht.

Um diese Paradigmen umsetzen zu können, bedarf es Voraussetzungen, die hier als **sechs Haltungsnoten** beschrieben werden.

- **Den Jugendlichen sehen,** gewillt sein, die *wahren Bedürfnisse* zu erahnen und ohne Urteil darüber mit dem Jugendlichen sprechen können. Dazu gehört auch, den Jugendlichen zu akzeptieren wie er ist. Und wenn der Jugendliche schwierig auszuhaltende Verhaltensweisen zeigt (Schwert und Ledermantel bei Christian), dann nach Möglichkeiten suchen, die Bedingungen zu verändern. In Italien war es für Christian nicht nötig, vor allem auch lästig, damit herumzulaufen.
- **Das Leid der Jugendlichen anerkennen,** bereit sein, sich mit der Geschichte der Jugendlichen auseinanderzusetzen und verstehen wollen.
- **Sich dem Jugendlichen auch mit privaten Anteilen zeigen.** Auch ein Jugendlicher versteht eine Betreuerin besser, wenn er weiß, in welchem Kontext diese sich bewegt, was durchaus auch bedeuten kann, sich mit verschiedenen Facetten zu zeigen und somit angreifbarer zu sein.
- **Vertrauen schaffen,** indem ein Betreuer **verlässlich** ist in dem was er sagt und tut und dies auch und gerade in schwierigen Momenten.
- **Dem Impuls (manchmal auch der Lust) widerstehen, es auf einen (ungleichen) Machtkampf anzulegen.**
- **Eine Haltung, die das eigene Handeln immer wieder reflektiert.**

Diese Haltung gilt es generell zu verinnerlichen, um den Jugendlichen tagtäglich in der Praxis damit begegnen zu können. Dies bildet die entscheidende Grundlage für eine gelingende Betreuungsbeziehung.

Nun kommt es in der bindungsorientierten Einzelfallarbeit mit biographisch schwer belasteten Jugendlichen offenbar darauf an, dass das Bindungsverhalten von Betreuerin und Jugendlichem zueinander passt, das heißt dass die Betreuenden in Situationen von Angst, Stress oder Konflikten ein zum Bindungsverhalten des Jugendlichen kompatibles Bindungsverhalten aufweisen. Das so genannte „Matching" (Passgenauigkeit, gegenseitiges Einlassen) zwischen Betreuenden und Jugendlichen bezüglich ihres Bindungsverhaltens könnte – so eine These der Autorinnen dieser Studie – eine bedeutsame Rolle für den Erfolg oder Misserfolg von 1:1-Betreuungen in der Jugendhilfe haben. Das würde bedeuten, dass vor Beginn einer solchen Hilfe zukünftig ein differenzierter Blick auf das Bindungsverhalten der oder des Jugendlichen UND des anvisierten Betreuers vorgenommen wird, um eine Einschätzung der Lern- und Entwicklungschancen des jungen Menschen aufgrund eines mehr oder weniger kompatiblen Bindungsverhaltens vornehmen zu können.

Gegenstand zukünftiger Forschungsaktivitäten könnte es sein, diese „Matching"-These zu überprüfen.

Glossar

Abgrenzung ISE stationär – Erziehungsstelle – Pflegefamilie

In der Vergangenheit kam es immer wieder zu unschönen Diskussionen darüber, ob denn die kostenintensiven stationären ISE-Maßnahmen, bei denen die Betreuungspersonen die Kinder oder Jugendlichen in ihrem eigenen Haushalt betreuen, in Wirklichkeit nicht einfach Pflegefamilien sind, bei denen nur ein neuer Name rechtfertigt, dass sie um Längen teurer sind als eine klassische Pflegefamilie oder eine Erziehungsstelle.

Nachfolgend sollen die einzelnen Hilfeformen in ihrem Wesen beschrieben werden, um danach die Abgrenzung deutlich hervorzuheben. Zugrunde liegen verschiedene Kommentare zu dem Thema aus den einzelnen Landesjugendämtern:

a) Pflegefamilie

Pflegefamilien sind in der Regel Paare, die entweder eigene Kinder haben oder auch nicht. Die Personen verfügen über keine fachspezifische pädagogische Ausbildung. Sie bieten als Ressource einen familiären geborgenen Rahmen, den jede normale stabile Familie ihren eigenen Kindern zur Verfügung stellt. Die Pflegepersonen gehen ihren sonstigen üblichen Tätigkeiten nach, die den Lebensunterhalt der Personen sicherstellt. Dabei ist es durchaus möglich, dass sowohl Pflegevater als auch Pflegemutter einer regelmäßigen Arbeit nachkommen, soweit es das Alter und die Zuwendungsbedürftigkeit der eigenen und der Pflegekinder zulässt. Pflegekinder weisen in der Regel keine besonderen Auffälligkeiten vor, die einer besonderen und über das übliche Maß hinausgehenden Aufmerksamkeit und Zuwendung bedarf.

Die Pflegekinder leben in der Familie mit und nehmen am kompletten Familienleben teil. Das Pflegeverhältnis ist durchaus auf längerfristige Dauer angelegt (solange sich nicht die Voraussetzungen der leiblichen Familie des Pflegekindes verändern) und bildet eine „Ersatzfamilie“ für das Pflegekind.

Vergütet wird die Bereitschaft, ein Pflegekind aufzunehmen, mit einer Aufwandsentschädigung sowie Sachkosten für den Lebensunterhalt des aufgenommenen Kindes.

b) Erziehungsstelle

Erziehungsstellen sind in der Regel Paare, bei denen einer der Partner eine pädagogische Fachausbildung hat. Eigene Kinder sind oft ebenfalls vorhanden. Die Erziehungsstelle stellt neben einem familiären geborgenen Rahmen als weitere Ressource die pädagogische Fachausbildung zur Verfügung, die es zulässt, auf spezielle Verhaltensauffälligkeiten der aufgenommenen Kinder zu reagieren. In der Regel geht einer der beiden Partner einer anderen beruflichen Tätigkeit nach, die das Familieneinkommen zusätzlich sichert. Die pädagogische Fachkraft in der Familie kümmert sich um die spezifischen Belange des aufgenommenen Kindes. Dabei steht aber die Ressource „Familie" im Vordergrund.

Die Erziehungsstelle ist ebenfalls auf Dauer angelegt.

Vergütet wird eine Erziehungsstelle entweder durch eine Festanstellung der pädagogischen Fachkraft beim Träger (Betreuungsschlüssel mit 1:2-3) oder durch eine freie Mitarbeiterschaft mit einem ähnlichen Betreuungsschlüssel sowie durch eine Erstattung der anfallenden Sachkosten, die den Lebensunterhalt des angenommenen Kindes sicherstellen.

c) Resumee

Betreuungsformen, die aufgrund mangelnder Flexibilität durch die Betreuungspersonen (z.B. Ortsgebundenheit aufgrund familiärer Verpflichtungen), gekennzeichnet sind, sind als Pflegefamilie (bei nicht pädagogisch ausgebildetem Personal und einem Klientel ohne besonderen pädagogischen Bedarf) oder als Erziehungsstelle (bei pädagogisch ausgebildetem Personal und einem Klientel mit einem pädagogischen Bedarf) einzuordnen. Erst wenn die Betreuungspersonen in der Lage und bereit sind, den Jugendlichen durch sämtliche Lebensstationen (insbesondere auch in Krisen, denen mit kriseninterveniеrenden Maßnahmen flexibel zu begegnen ist) bis hin zur vollständigen Reintegration zu begleiten, handelt es sich nach offiziellen Stellungnahmen um klassische ISE-Maßnahmen. Das bedeutet, dass eine Hilfeform sowohl im Inland als auch im Ausland die Kennzeichen der oben genannten Anforderungen haben muss, um als intensive sozialpädagogische Einzelbetreuung deklariert und abgerechnet zu werden.

Auslandsprojekt

Die individualpädagogischen Projekte werden zeitweise auch im Ausland durchgeführt, um die Kinder und Jugendlichen für einen Zeitraum aus ihrem schädigenden Umfeld herauszunehmen. Somit besteht die hohe Wahrscheinlichkeit, dass die negativen Einflüsse durch räumliche Entfernung unterbrochen werden, was (so die Annahme) einen Zugang zu den Betreuten und dem Potential der Jgdl. erleichtern kann. Wenn individuelle Lösungen deutlich früher angefragt werden würden, wäre diese Distanz u.U. nicht nötig.

Erlebnispädagogik

In Bezug auf den Untersuchungsgegenstand ist nicht ein Projekt als Ganzes als Erlebnispädagogik zu bezeichnen, sondern einzelne Elemente während der Projektzeit können erlebnisorientierten Charakter haben (z.B. Radtour, Kletteraktivität, etc). Da es hierbei um handlungsorientiertes Lernen geht, welches meistens auch in der Natur stattfindet, sind im Idealfall alle Sinne beteiligt und bieten somit wunderbare Erfahrungs- und damit auch Lernmöglichkeiten.

Individualpädagogik

Eine individualpädagogische Hilfeform orientiert sich an den Vorgaben des § 35 und 35 a des SGB VIII (Kinder- und Jugendhilfegesetzes), der die intensive sozialpädagogische Einzelbetreuung (ISE) regelt. Wesentliche Merkmale der Individualpädagogik sind ein hoher Betreuungsschlüssel (mindestens eine Fachkraft steht für ein Kind/einen Jugendlichen zur Verfügung), die Begleitung durch ein und dieselbe Person ohne einen Wechsel durch Schichtdienstzwänge sowie die auf den Einzelfall zugeschnittene Konzeption des Projektes.

Kinder- und Jugendhilfegesetz

Das Kinder- und Jugendhilfegesetz befindet sich im 8. Gesetzbuch der Sozialgesetzgebung. Wesentliche gesetzliche Grundlagen der Individualpädagogik befinden sich in den §§ 27 ff. und dabei insbesondere im § 35 und 35 a SGB VIII, der ganz speziell den Fokus auf die intensive Betreuungsform richtet.

Maßnahme

= eine Handlung, mit der ein bestimmtes Ziel erreicht werden soll.

Der Begriff kommt allerdings in einem missverständlichen Mantel daher. Es schwingt immer ein Stück Repression mit wenn dieser Begriff benutzt wird. Sowohl juristisch als auch in der Literatur (B. Brecht) werden mit dem Begriff auch Repression und Zwang verbunden. Wir sprechen deshalb lieber von Projekten oder Hilfeformen.

§ 35 Intensive sozialpädagogische Einzelbetreuung

Intensive sozialpädagogische Einzelbetreuung soll Jugendlichen gewährt werden, die einer intensiven Unterstützung zur sozialen Integration und zu einer eigenverantwortlichen Lebensführung bedürfen. Die Hilfe ist in der Regel auf längere Zeit angelegt und soll den individuellen Bedürfnissen des Jugendlichen Rechnung tragen.

§ 35 a Absatz 1 Eingliederungshilfe für seelisch behinderte Kinder und Jugendliche

Kinder oder Jugendliche haben Anspruch auf Eingliederungshilfe, wenn

1. Ihre seelische Gesundheit mit hoher Wahrscheinlichkeit länger als sechs Monate von dem für ihr Lebensalter typischen Zustand abweicht und
2. Daher ihre Teilhabe am Leben in der Gesellschaft beeinträchtigt ist oder eine solche Beeinträchtigung zu erwarten ist.

Von einer seelischen Behinderung bedroht im Sinne dieses Buches sind Kinder oder Jugendliche, bei denen eine Beeinträchtigung ihrer Teilhabe am Leben in der Gesellschaft nach fachlicher Erkenntnis mit hoher Wahrscheinlichkeit zu erwarten ist. § 27 Abs. 4 gilt entsprechend.

Der Gesetzestext des § 35 wird in einigen Kommunen völlig anders ausgelegt. Die individuelle sozialpädagogische Einzelbetreuung nach § 35 SGB VIII stellt eine flexible Hilfe zur Erziehung eines jungen Menschen dar, die aufgrund besonderer Problemlagen eine längerfristige und besonders intensive Betreuung zur Bewältigung ihrer zumeist krisenhaften Lebenssituation benötigen. Das Betreuungsangebot wird jeweils den individuellen Notwendigkeiten und Voraussetzungen „maßgeschneidert" angepasst und kann sowohl ambulant als auch stationär oder sogar im Wechsel der beiden Varianten erfolgen. Die längerfristige Zielsetzung ist die Reintegration in die Gesellschaft sowie die Vermittlung der Befähigung zu einer eigenverantwortlichen Lebensführung. Die ISE-Maßnahme soll dabei jeweils auf die Veränderungen bei den Jugendlichen abgestimmt werden, dabei ist es kennzeichnend, dass ein pädagogisch stark individualisierter und zeitintensiver Betreuungsansatz angewendet wird. Die Umsetzung der Zielsetzung soziale Integration und eigenverantwortliche Lebensführung muss als angestrebter Idealzustand verstanden werden, dem sich die Betreuung schrittweise und oft nur über Umwege und jeweilige individuelle Zielanpassungen annähern kann. Hierbei ist es unerlässlich, dass in regelmäßigen Hilfeplangesprächen die Ziele überprüft und modifiziert werden sowie eine ausreichende und umfassende Dokumentation des Verlaufs erfolgt. Die wichtigste Voraussetzung in dieser Betreuung ist der Aufbau eines Vertrauensverhältnisses zwischen Betreuer und Betreutem sowie die Herstellung einer Balance zwischen Nähe und Distanz im Betreuungsverhältnis. Eine professionelle Haltung des Betreuers ist dabei unerlässlich. Die betreuende Fachkraft versteht sich als parteiliche ModeratorIn zwischen dem jungen Menschen und den sozialen und gesellschaftlichen Ansprüchen, die an sie gestellt werden. Es geht um lebenspraktische, sozialpädagogische und kommunikative Hilfen, die weder Verantwortung abnehmen noch überfordern sollen, sondern immer wieder neu ausgehandelt, überprüft und angepasst/verändert werden. Die Betreuung ist auf längere Zeit und auf Kontinuität in der Betreuungsperson sowie methodische Flexibilität hin konzipiert. Die Betreuung ist grundsätzlich nicht ortsgebunden, sie kann überall stattfinden, je nach Notwendigkeit des Standes. Grundsätzlich arbeiten fachlich und persönlich ausgebildete Menschen im Rahmen der ISE-Maßnahmen, da ein hohes Maß an Fachlichkeit, Flexibilität und Erfahrung in diesem Bereich notwendig ist. Anforderungen an das Fachpersonal sind Belastbarkeit, Flexibilität, Kreativität, kommunikative Fähigkeiten und die Fähigkeit zu Nähe und Distanz. Der Betreuungsschlüssel liegt in der Regel bei 1:1 und bei maximal 1:3.

Literaturverzeichnis

Ainsworth, M. D. S. (1973): The development of infant-mother attachment, In: Caldwell, B. M./Ricciutti, H. (Hg.): Review of child development research Bd. 3. Chicago, S. 1–94.

AIM Arbeitskreis individualpädagogischer Maßnahmen NRW e. V. (2007): Evaluationsstudie. Jugendliche in individualpädagogischen Maßnahmen. Durchgeführt vom Institut des Rauhen Hauses. Hamburg.

Baierl, Marin (2010): Herausforderung Alltag. Praxishandbuch für die pädagogische Arbeit mit psychisch gestörten Jugendlichen. 2. Aufl. Vandenhoeck & Ruprecht Verlag Göttingen.

Brisch, K. H. (2003): Bindungsstörungen und Trauma. Grundlagen für eine gesunde Bindungsentwicklung. In: Brisch K. H./Hellbrügge, T. (2003) (Hg.): Bindung und Trauma. Risiken und Schutzfaktoren für die Entwicklung von Kindern. Klett-Cotta Stuttgart, S. 105–135

Chambers, J. A./Power, K. G./Loucks, N./Swanson, V. (2000): Psychometric properties of the Parental Bonding Instrument and its association with psychological distress in a group of incarcerated young offenders in Scotland. In: Social Psychiatry and Psychiatric Epidemiology No. 35. Springer Verlag Berlin, S. 318–325.

Dettenborn, H. (2010): Kindeswohl und Kindeswille. Psychologische und rechtliche Aspekte. Ernst Reinhardt Verlag München.

Fischer, T./Ziegenspeck, J. W. (2009): Betreuungsreport Ausland. Verlag Edition Erlebnispädagogik Lüneburg.

Flick, U. (2010): Design und Prozess qualitativer Forschung. In: Flick, U./von Kardoff, E./Steinke, I. (2010): Was ist qualitative Forschung? In: Flick, U./von Kardof, E./Steinke, I. (Hg.): Qualitative Forschung. Rowohlt Verlag Reinbek bei Hamburg, S. 252–265

Flick, U./von Kardoff, E./Steinke, I. (2010): Was ist qualitative Forschung? In: Flick, U./von Kardof, E. / Steinke, I. (Hg.): Qualitative Forschung. Rowohlt Verlag Reinbek bei Hamburg, S. 13–29.

Fröhlich-Gildhoff, K. (2003): Einzelbetreuung in der Jugendhilfe. Lit Verlag Münster-Hamburg-London.

Grossmann, K./Grossmann, K. (2012) (Hg.): Bindungen. Das Gefüge psychischer Sicherheit. 5. vllst. über. Aufl. Klett-Cotta Stuttgart.

Hüther, G. (2003): Die Auswirkungen traumatischer Erfahrungen im Kindesalter auf die Hirnentwicklung. In: Brisch K. H./Hellbrügge, T. (2003) (Hg.): Bindung und Trauma. Risiken und Schutzfaktoren für die Entwicklung von Kindern. Klett-Cotta Stuttgart, S. 94–104

von Kardoff, E. (2010): Qualitative Evaluationsforschung. In: Flick, U./von Kardoff, E./Steinke, I. (Hg.): Qualitative Forschung. Rowohlt Verlag Reinbek bei Hamburg, S. 238–250.

Klawe, W. (2010): Verläufe und Wirkfaktoren individualpädagogischer Maßnahmen. Eine explorativ-rekonstruktive Studie. Im Auftrag der Bundesarbeitsgemeinschaft Individualpädagogik e.V. Durchgeführt vom Institut des Rauhen Hauses Hamburg.

Klein, J./Arnold, J./Macsenaere, M. (2011): InHAUS Individualpädagogische Hilfen im Ausland. Evaluation, Effektivität, Effizienz. Lambertus Verlag Freiburg.

Olk, T. (1986): Abschied vom Experten: Sozialarbeit auf dem Weg zu einer alternativen Professionalität. Dissertation. Juventa-Verl. Weinheim.

Otto, H.-U./Polutta, A./Ziegler, H. (2010): What Works. Welches Wissen braucht die soziale Arbeit? Verlag Barbara Budrich Opladen und Farmington Hills.

Riemann, J. (2012): Transfer in der Jugendhilfe oder: Was Kairos, Kassler und Sauerkraut miteinander zu tun haben. In: Ferstl, A./Scholz, M./Thiesen, C. (Hg.): Einsam und Gemeinsam. Sich und Menschen begegnen! ZIEL-Verlag Augsburg, S. 97 – 103

Schmidt, C. (2010): Analyse von Leitfadeninterviews. In: Flick, U./von Kardoff, E./Steinke, I. (Hg.): Qualitative Forschung. Rowohlt Verlag Reinbek bei Hamburg, S. 447 – 454.

Witte, M. D. (2009): Jugendliche in intensivpädagogischen Auslandsprojekten. Schneider Verlag Hohengehren Baltmannsweiler.

Anlage 1

Interviewleitfäden

Interviewleitfaden Jugendliche

Leitfragen	Nachfragen
Erzähle doch bitte zuerst mal was über deine jetzige Lebenssituation. Was machst du so?	Wohnen, Partnerschaft/eigene Familie…, Schule/Ausbildung, Arbeit, Freizeit
Wenn wir jetzt so eine kleine Zeitreise (google-map, Vogelflug, Uhr...) machen und du versetzt dich in die Zeit, als das Projekt bei Jugendhilfe Phöinix e. V. für dich angefangen hat. Woran erinnerst du dich?	Welche Bilder, Geräusche, Gerüche… erinnerst du aus dieser Zeit noch, welche Personen kommen dir in den Kopf, welche Situationen erinnerst du?
Wenn du dich jetzt weiter zurück erinnerst, wie war das damals – wie ist es eigentlich zu der Entscheidung gekommen, das Projekt bei Jugendhilfe Phöinix e. V. zu beginnen?	Hast du jetzt eine Idee, wie du damals eigentlich in diese Situation geraten bist? (Eigene Situation – Familiäre Situation) Wenn du an diese Zeit zurückdenkst: Gibt es vielleicht bestimmte Personen, an die du dich in diesem Zusammenhang erinnerst? (Jugendamt, Jugendhilfe Phöinix, Familie) Und wie war das für dich damals? Konntest du die Entscheidung nachvollziehen? Wurdest du in die Entscheidung einbezogen? (Mitwirkung, Gründe)

Dann lass uns doch mal näher über das Projekt unterhalten. Was fällt dir zu der Zeit im Projekt alles ein?	Wo war das eigentlich? Wer waren deine Betreuer? Und wenn du an deinen Betreuer/deine Betreuerin denkst – was fällt dir dazu spontan ein? Wie ging es dir damals mit dem Betreuer/der Betreuerin? Wie siehst du das jetzt?
Es gab doch jemand bei Jugendhilfe Phöinix, der für dich und das Projekt zuständig war. Kannst du dich an diese Person noch erinnern?	Weißt du, wofür diese Person da war? Welche Bedeutung hatte diese Person (Koordinator/in) für dich?
Was fällt dir zu dieser Zeit im Projekt sonst noch ein, worüber wir noch gar nicht gesprochen haben?	bspw. Heimweh, Konfliktsituationen, schöne Momente, Kontakte zu Mutter oder Vater *(Achtung: abwesender Elternteil!)*, Kontakte zu Geschwistern, Schule… z. B. Und wie sah der Kontakt zu deiner Mutter/deinem Vater aus? Wie hast du das erlebt? Wie siehst du das heute?
Und wenn du jetzt zurückblickst, als das Projekt zu Ende war: Was war da anders als vorher? Gab oder gibt es Momente, in denen du dich an das Projekt erinnerst? (Wenn ja:) Und welche Momente sind das?	Haben dir bestimmte Erfahrungen, die du in dem Projekt gemacht hast, später eigentlich mal geholfen?
Gegenwärtige Situation – Wie geht es dir heute?	Zukunftspläne?
Gibt es noch eine oder mehrere Fragen, die ich dir nicht gestellt habe, auf die du aber gerne geantwortet hättest? Dann hast dujetzt die Gelegenheit, diese zu ergänzen.	

Interviewleitfaden Eltern

Leitfragen	Nachfragen
Was wissen Sie über die gegenwärtige Lebenssituation Ihres Kindes?	Wohnen, Partnerschaft/eigene Familie…, Schule/Ausbildung, Arbeit, Freizeit
Überleitung Wenn wir jetzt so eine kleine Zeitreise (google-map, Vogelflug, Uhr…) machen und Sie versetzen sich in die Zeit, als das Projekt bei Jugendhilfe Phöinix e.V. für Ihren Sohn/Ihre Tochter angefangen hat. Woran erinnern Sie sich?	Welche Bilder, Geräusche, Gerüche… aus dieser Zeit erinnern Sie noch, welche Personen kommen Ihnen in den Kopf, welche Situationen erinnern Sie?
Wenn Sie jetzt in Ihren Erinnerungen noch weiter zurückgehen - wie ist es eigentlich zu der Entscheidung gekommen, das Projekt bei Jugendhilfe Phöinix e.V. zu beginnen?	Haben Sie eine Idee, wie es sich damals entwickelt hat, dass am Ende diese Entscheidung getroffen wurde? (Familiäre Situation - Situation des Sohnes/der Tochter) Wenn Sie an diese Zeit zurückdenken: Gab es Menschen, an die Sie sich in diesem Zusammenhang erinnern? (Jugendamt, Jugendhilfe Phöinix, Familie) Und wie war das für Sie damals? Konnten Sie die Entscheidung nachvollziehen? Hatten Sie das Gefühl, an der Entscheidung teilzuhaben? (Mitwirkung, Gründe)
Dann würde ich jetzt gern nochmal mit Ihnen auf die Zeit sehen, als Ihr Kind im Projekt war. Was fällt Ihnen zu der Zeit im Projekt alles ein?	Wenn Sie an die Betreuer denken – was fällt Ihnen dazu spontan ein? Wie ging es Ihnen damals mit dem Betreuer/der Betreuerin? Wie sehen Sie das jetzt?

Es gab doch jemand bei Jugendhilfe Phöinix, der für Sie und das Projekt zuständig war. Können Sie sich an diese Person noch erinnern?	Wissen Sie, wofür diese Person da war? Welche Bedeutung hatte diese Person (Koordinator/in) für Sie? Was in der Zusammenarbeit war hilfreich, was war hinderlich?
Wie erlebten Sie während des Projektes die Mitarbeiter/innen des Jugendamtes?	Was war hilfreich, was war hinderlich?
Was fällt Ihnen zu dieser Zeit sonst noch ein, worüber wir noch gar nicht gesprochen haben? Wie haben *Sie* diese Zeit erlebt?	z.B. Und wie sah der Kontakt zu Ihrer Tochter/Ihrem Sohn aus? Wie haben Sie das erlebt? Wie haben Sie damals die Zusammenarbeit der Projektstelle mit Ihnen empfunden? Wie sehen Sie das heute?
Und wenn Sie sich jetzt zurückerinnern, als die Betreuung zu Ende war: Welche Veränderungen konnten Sie bei Ihrem Kind bemerken? Gab es auch in Ihrem Leben Veränderungen in dieser Zeit?	
Gegenwärtige Situation – Wie geht es Ihrem Kind heute? Und wie geht es Ihnen selbst	Zukunftspläne Ihres Kindes?
Gibt es noch eine oder mehrere Fragen, die ich Ihnen nicht gestellt habe, auf die Sie aber gerne geantwortet hätten? Dann haben Sie jetzt die Gelegenheit, diese zu ergänzen.	

Interviewleitfaden Betreuer/Betreuerin

Jugendhilfe Phöinixeitfragen	Nachfragen
Zunächst möchte ich Sie um einige Angaben zu Ihrem Projektstandort bitten.	Wo? Besonderheiten (Angebote, Ausstattung)? Fachlicher und Erfahrungshintergrund der Betreuerinnen? Kontakte/Kooperationen vor Ort? Seit wann (bei Jugendhilfe Phöinix e.V.)?
Nun möchte ich Sie bitten, sich an die Zeit vor der Aufnahme von X/Y in Ihrer Projektstelle zurückzuerinnern. Wie ist es damals zu der Entscheidung gekommen, X/Y in Ihre Projektstelle zu geben?	 Wer war beteiligt? Inwiefern glauben Sie, konnte X/Y die Entscheidung nachvollziehen bzw. wurde sie/er in die Entscheidung einbezogen?
Was sprach für eine Aufnahme von X/Y in Ihrer Projektstelle, was dagegen? Was hat sie bewogen, sich für die Betreuung von X/Y zu entscheiden?	Was war Ihr spezifisches Angebot an X/Y?/ Was glauben Sie, machte Sie/Ihre Projektstelle geeignet für X/Y?
Wenn Sie sich an X/Y bei Ihren ersten Begegnungen/in den ersten Tagen und Wochen erinnern: Welche Ressourcen konnten Sie an X/Y beobachten?	 nach Ressourcen des/r Jugendlichen und familiären Ressourcen fragen
Und nun möchte ich Sie bitten, den Projektverlauf im Zeitraffer vor Ihrem inneren Auge vorbeiziehen zu lassen.	Welches waren die Themen von X/Y? An welche besonderen Herausforderungen, Erfolge, kritischen Erlebnisse oder Wendepunkte erinnern Sie sich? Welche Ihrer Interventionen/Angebote schätzen Sie als besonders hilfreich für X/Y ein? Was lief nicht so gut? Was würden Sie aus heutiger Sicht anders machen?

Wie schätzen Sie die Zusammenarbeit mit Jugendhilfe Phöinix e.V. (Koordinator/in) in diesem konkreten Fall ein?	Was war hilfreich, was weniger hilfreich? Was hätten Sie sich anders gewünscht?
Wie sah der Kontakt zu den Eltern (der Mutter/dem Vater) aus?	*Achtung: Rolle des abwesenden Elternteils!* Inwieweit konnten Sie die Eltern einbeziehen, beteiligen? Was gelang gut, wo gab es Schwierigkeiten?
Mit welchen anderen Fachleuten kooperierten Sie während des Projektes? Welche Bedeutung messen Sie diesen Kooperationen bei?	*Koop. mit Schule, Ausbildungsbetrieb, Ärzten, Psychiatrie, mit anderen öffentlichen Institutionen…*
Wenn Sie jetzt auf die Beendigung des Projektes zurückblicken: Wie ging das vonstatten? Was glauben Sie, hatte sich für X/Y durch das Projekt verändert? Wie schätzen Sie den Entwicklungsstand von X/Y zum damaligen Zeitpunkt ein?	Wie wurde das Ende des Projektes vorbereitet / umgesetzt? Wie zufrieden oder unzufrieden waren Sie bei Beendigung des Projektes? Welche Rückmeldungen haben Sie damals oder im Nachhinein von wem zu Ihrer Arbeit mit X/Y erhalten?
Gibt es noch eine oder mehrere Fragen, die ich Ihnen nicht gestellt habe, auf die Sie aber gerne geantwortet hätten? Dann haben Sie jetzt die Gelegenheit, diese zu ergänzen.	

Interviewleitfaden Koordination

Leitfragen	Nachfragen
Zunächst möchte ich Sie bitten, sich an die Zeit vor der Aufnahme von X/Y in die Projektstelle .... zurückzuerinnern. Wie ist es damals zu der Entscheidung gekommen, X/Y in diese Projektstelle zu geben?	Wer war beteiligt? Inwiefern glauben Sie, konnte X/Y die Entscheidung nachvollziehen bzw. wurde sie/er in die Entscheidung einbezogen?
Was sprach für eine Aufnahme von X/Y in dieser Projektstelle, was sprach dagegen? Was hat Sie bewogen, sich für die Aufnahme von X/Y bei A zu entscheiden?	Was war das spezifische Angebot von B an X/Y?/Was machte gerade diese Projektstelle für X/Y geeignet?
Wenn Sie sich an X/Y bei Ihren ersten Begegnungen/in den ersten Tagen und Wochen erinnern: Welche Ressourcen konnten Sie an X/Y beobachten?	nach Ressourcen des/r Jugendlichen und familiären Ressourcen fragen
Und nun möchte ich Sie bitten, den Projektverlauf im Zeitraffer vor Ihrem inneren Auge vorbeiziehen zu lassen.	Welches waren die Themen von X/Y? An welche besonderen Herausforderungen, Erfolge, kritische Erlebnisse oder Wendepunkte erinnern Sie sich? Welche der Interventionen/Angebote des Betreuers/der Betreuerin schätzen Sie als besonders hilfreich für X/Y ein? Was lief aus Ihrer Sicht nicht so gut?
Wie schätzen Sie die Zusammenarbeit zwischen Ihnen und dem Betreuer/der Betreuerin in diesem konkreten Fall ein?	Was war hilfreich, was weniger hilfreich? Was hätten Sie sich anders gewünscht?

Wie sah der Kontakt zu den Eltern (der Mutter/dem Vater) aus?	*Achtung: Rolle des abwesenden Elternteils!* Inwieweit konnten Sie die Eltern einbeziehen, beteiligen? Was gelang gut, wo gab es Schwierigkeiten?
Wie klappte die Zusammenarbeit mit dem Jugendamt?	*Bedarfsfeststellung – Auftragsformulierung an Jugendhilfe Phöinix e.V. – Organisation der fachlichen Kooperation aller Beteiligten – flexibel fortgeschriebene Hilfeplanung – Beendigung des Projektes*
Wenn Sie jetzt auf die Beendigung des Projektes zurückblicken: Wie ging das vonstatten? Was glauben Sie, hatte sich für X/Y durch die Maßnahme verändert? Wie schätzen Sie den Entwicklungsstand von X/Y zum damaligen Zeitpunkt ein?	Wie wurde das Ende des Projektes vorbereitet/umgesetzt? Wie zufrieden oder unzufrieden waren Sie bei Beendigung des Projektes? Welche Rückmeldungen haben Sie damals oder im Nachhinein von wem zu Ihrer Arbeit als Koordinatorin in diesem konkreten Fall erhalten?
Gibt es noch eine oder mehrere Fragen, die ich Ihnen nicht gestellt habe, auf die Sie aber gerne geantwortet hätten? Dann haben Sie jetzt die Gelegenheit, diese zu ergänzen.	

Interviewleitfaden Jugendamt

Leitfragen	Nachfragen
Zunächst möchte ich Sie bitten, sich an die Zeit vor der Aufnahme von X/Y in die Projektstelle bei Jugendhilfe Phöinix e.V. zurückzuerinnern. Wie ist es damals zu der Entscheidung gekommen, X/Y in diese Projektstelle zu geben?	Wer war beteiligt? Inwiefern glauben Sie, konnte X/Y die Entscheidung nachvollziehen bzw. wurde sie/er in die Entscheidung einbezogen?
Was sprach für eine Aufnahme von X/Y in dieser Projektstelle, was sprach dagegen?	Was hat Sie bewogen, sich für die Aufnahme von X/Y bei A zu entscheiden?
	Was war das spezifische Angebot von B an X/Y?/Was machte gerade diese Projektstelle für X/Y geeignet?
Wenn Sie sich an X/Y zum Zeitpunkt der Aufnahme bei Jugendhilfe Phöinix e.V. erinnern: Welche Ressourcen konnten Sie an X/Y beobachten?	nach Ressourcen des/r Jugendlichen und familiären Ressourcen fragen
Und nun möchte ich Sie bitten, den Projektverlauf im Zeitraffer vor Ihrem inneren Auge vorbeiziehen zu lassen.	Welches waren die Themen von X/Y? An welche besonderen Herausforderungen, Erfolge, kritische Erlebnisse oder Wendepunkte erinnern Sie sich? Welche der Interventionen/Angebote des Betreuers schätzen Sie als besonders hilfreich für X/Y ein? Was lief aus Ihrer Sicht nicht so gut?
Wie schätzen Sie die Zusammenarbeit mit Jugendhilfe Phöinix e.V. ein?	Was gelang gut, was hätten Sie sich anders gewünscht?

Wie sah der Kontakt zu den Eltern (der Mutter/dem Vater) aus?	Achtung: Rolle des abwesenden Elternteils! Inwieweit konnten Sie die Eltern einbeziehen, beteiligen? Was gelang gut, wo gab es Schwierigkeiten?
Wenn Sie jetzt auf die Beendigung des Projektes zurückblicken: Wie ging das vonstatten? Was glauben Sie, hatte sich für X/Y durch die Maßnahme verändert? Wie schätzen Sie den Entwicklungsstand von X/Y zum damaligen Zeitpunkt ein?	Wie wurde das Ende des Projektes vorbereitet/umgesetzt? Wie zufrieden oder unzufrieden waren Sie bei Beendigung des Projektes? Welche Rückmeldungen haben Sie damals oder im Nachhinein von wem zu Ihrer Arbeit als fallführende Mitarbeiterin in diesem konkreten Fall erhalten?
Gibt es noch eine oder mehrere Fragen, die ich Ihnen nicht gestellt habe, auf die Sie aber gerne geantwortet hätten? Dann haben Sie jetzt die Gelegenheit, diese zu ergänzen.	

Anlage 2

Auswertungsbogen Aktenanalyse

Quellen:

Art des Dokumentes

S	Stammblatt/Statistik
HP	Hilfeplanprotokoll halbjährlich
M	Memo monatlich
B	Berichte halbjährlich
BPs	Berichte Psychiatrie
AHzE	Antrag auf HzE (JA)
BvE	Berichte vorheriger Einrichtungen
N	Notizen
?	aus der Akte nicht ersichtlich

1. Basisdaten

		Angaben	Quelle
1.1	**Geschlecht**		
1.2	**Einstiegsalter**		
1.3	**Betreuungsform**		
1.4	**Beginn der ISE**		
1.4	**Dauer der ISE**		
1.5	**Gründe für Beendigung**		

2. Biografische Erfahrungen

		Kurzbeschreibung	Quelle
2.1	**Suchtproblematik in der Familie**		
2.2	**Gewalterfahrungen**		
2.3	**Delinquenz in der Familie**		
2.4	**Vernachlässigung**		
2.5	**Psychische Krankheiten in der Familie**		
2.6	**Eigene Suchtproblematik**		
2.7	**Eigene Gewaltauf fälligkeiten**		
2.8	**Eigene sexuelle Auffälligkeiten**		
2.9	**Eigene Delinquenz**		
2.10	**Eigene psychische Krankheiten**		
2.11	**Entweichen**		
2.12	**Ort des Vertrauens, der Verlässlichkeit, des Rückzugs?**		
2.13	**Vorerfahrungen Jugendhilfe**		
2.14	**Vorerfahrungen Psychiatrie/Therapie**		

3. Situation der Jugendlichen zu Beginn der ISE

		Kurzbeschreibung	Quelle
3.1	**Familiäre Situation**		
3.2	**Eigene Situation**		
	▪ Schule, Ausbildung, Arbeit usw.		
3.3	**Ausgangslage, zentrale Probleme**		
3.4	**Anlass für die Vermittlung in die ISE**		
3.5	**Eigene Ressourcen**		
3.6	**Familiäre Ressourcen**		
3.5	**Bedürfnisse der Jugendlichen**		

4. Betreuungssetting

		Kurzbeschreibung	Quelle
4.1	**Ressourcen des Betreuers und der sekundären Betreuungspersonen**		
4.2	**Umfeld**		
	▪ Stadt/Land		
	▪ Inland/Ausland		

	▪ Integration des Betreuers in das Umfeld – Kontakte zu Kooperationspartnern wie Schulen, Praktikumsstellen, Freizeiteinrichtungen; Unterstützung durch soziale Netzwerke wie Nachbarn, Freunde etc.		
4.3	**Ausstattung der Projektstelle**		
	▪ Räumliche Ausstattung		
	▪ Ausstattung mit Kommunikationstechnik (Telefon, Internet)		
	▪ Sonstiges		

5. Verlauf des Projektes

Phasen, Einschnitte, Brüche, Wechsel …

Zeit	Ereignis	Anmerkungen	Quelle
…			

Anlage 3

Codierleitfaden

	Kategorien	Unterkategorien
1	Aktuelle Lebenssituation des Jugendlichen	▪ Wohnung ▪ Schule ▪ Ausbildung ▪ Arbeit ▪ Freizeit ▪ Freunde ▪ Gesundheit ▪ Finanzen ▪ Familie
2	Vorgeschichte	▪ familiär ▪ Hilfebezogen
3	Ausgangssituation	▪ Jugendliche/r ▪ Familic ▪ Schule ▪ Jugendhilfeeinrichtungen ▪ Soziales Umfeld
4	Ressourcen	▪ Jugendlicher ▪ Familie
5	Hilfeplanung und -gestaltung	▪ Kontaktaufnahme/Anbahnung ▪ Ziele der Hilfe ▪ Settinggestaltung ▪ Partizipation der Eltern ▪ Partizipation des Jugendlichen ▪ Übergänge ▪ Beendigung der Maßnahme ▪ Anschlusshilfen
6	Beruflicher Werdegang/Fachlicher Hintergrund des Betreuers/der Betreuerin	
7	Interventionen des Betreuers/der Betreuerin	

8	Beziehung Jugendliche/r – Personen im professionellen Helfersystem	▪ Beziehung Jugendliche/r – Betreuer 1 ▪ Beziehung Jugendliche/r – Betreuerin 2 ▪ Beziehung Jugendliche/r – Jugendamt ▪ Beziehung Jugendliche/r – Koordination ▪ Beziehung Jugendliche/r – weitere Personen
9	Beziehung Jugendlicher – informelle Personen	z.B. Freunde, Nachbarn, Partnerin, Trainerin ...
10	Beziehung Jugendlicher - Familie	▪ Beziehung Jugendliche/r – Eltern ▪ Beziehung Jugendliche/r – Großeltern ▪ Beziehung Jugendliche/r – Geschwister ▪ Beziehung Jugendliche/r – eigenes Kind ▪ Beziehung Jugendliche/r – weitere Familienangehörige
11	Elternkontakte	▪ Koordination – Eltern ▪ Betreuer – Eltern ▪ Jugendamt – Eltern ▪ Träger – Eltern
12	Rolle der Koordination	
13	Kooperationen im Fall	▪ Koordination – Betreuer ▪ Jugendamt – Phöinix ▪ Zusammenarbeit mit anderen Fachkräften
14	Erinnerungen an den Verlauf	

15	Lebenssituation bei Beendigung der Maßnahme	▪ Wohnung ▪ Schule ▪ Ausbildung ▪ Arbeit ▪ Freizeit ▪ Freunde ▪ Gesundheit ▪ Finanzen ▪ Familie ▪ Abweichendes Verhalten – Delinquenz
16	Auswirkungen der Hilfe	▪ Jugendliche/r ▪ Familie ▪ jeweils unterscheiden nach: ▪ Einschätzung damals ▪ Einschätzung heute
17	Rückmeldungen zur eigenen Arbeit im Fall	▪ Betreuer/in ▪ Koordination ▪ Jugendamt
18	Zukunftspläne Jugendliche/r	

Die Autorinnen und Autoren

Jenne Riemann, Jahrgang 1958

- lebt in Hamburg, ist verheiratet und Vater von zwei Kindern
- Dipl.-Sozialpädagoge (FH), Zusatzqualifikationen im Bereich Erlebnispädagogik (Outward Bound), systemische Beratung und Therapie, etc.
- seit ca. 20 Jahren in der Jugendhilfe tätig, hat langjährig eigene Projekte mit Jugendlichen durchgeführt (mobil und stationär)
- leitet für Jugendhilfe Phöinix e.V. das Hamburger Büro, ist als Koordinator und beratend mit Schwerpunkt Bindung und Trauma tätig

Steffi Jöst, Jahrgang 1966

- lebt in Lindau, Mutter eines Sohnes
- Ausbildung zur Verwaltungsfachangestellten, Studium der Sozialpädagogik, Dipl.-Sozialpädagogin
- mehrere Zusatzqualifikationen wie Erlebnispädagogik (Outward Bound), Leitung und Führung von sozialen Einrichtungen, Bindungsbasierte Beratung und Therapie sowie eine Ausbildung zur SAFE-Mentorin (Sichere Ausbildung für Eltern) und die Aufnahme eines Masterstudiums Sozialmanagement
- nach mehrjähriger Tätigkeit als Sozialpädagogin im Bereich der erlebnispädagogischen Reiseprojekte in Nordamerika, Kanada und Neuseeland sowie im südeuropäischen Raum Gründung des Jugendhilfe Phöinix e. V. im Jahr 1995
- seitdem Koordination und Leitung des Vereins, der sich auf individualpädagogische Maßnahmen sowie die konzeptionelle Weiterentwicklung in der Kinder- und Jugendhilfe spezialisiert hat

Catrin Fischer, Jahrgang 1965

- lebt im Oderbruch, Mutter zweier erwachsener Töchter
- Dipl.-Sozialpädagogin (FH), Systemische Beraterin (SG)
- berufliche Erfahrungen in den Bereichen Sozialplanung, empirische Sozial- und Praxisforschung, Berufsbildung, Projektmanagement, Team- und Organisationsentwicklung
- seit 2009 freiberufliche Teamberaterin, Coach, Dozentin, Supervisorin in sozialen Arbeitsfeldern

Nicola Berchtold, Jahrgang 1973

- lebt in Hamburg, Mutter von zwei Kindern
- studierte Historikerin (M.A.)
- arbeitet als Lehrbeauftragte (Universität Hamburg) sowie Online-Journalistin und in Teilzeit in der Verwaltung für Jugendhilfe Phöinix e. V.
- durch ihren Lebenspartner, der als Betreuer in der individualpädagogischen Jugendhilfe arbeitet, vertraut gemacht mit der Betreuung von Jugendlichen im eigenen Haushalt

Christoph Sonntag

Abenteuer Spiel 2

Eine Sammlung kooperativer Abenteuerspiele
220 Seiten, Format 20 x 24 cm
zahlreiche Abbildungen / 89 Spiele und Übungen
19,80 € (D) / 20,40 € (A) / 35,00 sFr
ISBN 978-3-940 562-45-6 (Softcover)

„Abenteuer Spiel 2" ist eine Entdeckungsreise: Erlebnispädagoge Christoph Sonntag stellt 89 unkomplizierte Spiele, spannende Kooperationsaufgaben und ereignisreiche Reflexionsmethoden für Gruppen vor. Mit Materialien wie Gummihühnern, Schlumpffiguren, Kletterseilen, Toilettenpapier oder Holzklötzen schafft er eine faszinierende Welt voller Abenteuer.

Besondere Schätze sind die sechs Spielketten, in denen Christoph Sonntag mit zusammenhängenden Geschichten verschiedene Spiele miteinander verknüpft: So reisen die Spielerinnen und Spieler als Piraten auf der Suche nach dem Schatz über die Meere oder versuchen als Einbrechergang eine wertvolle Edelsteinsammlung aus dem Museum zu stehlen.

Alle Anleitungen sind mit praxiserprobten Hinweisen zur Umsetzung und einem anschaulichen Foto zur Erklärung versehen. Zusätzlich bietet das Buch Einführungen in den Aufbau und die Möglichkeiten von Spaß- und Abenteuerspielen sowie ein Extrakapitel zur Anleitung und Gestaltung von Reflexionen.

Annette Reiners

Praktische Erlebnispädagogik 2

Neue Sammlung handlungsorientierter Übungen für Seminar und Training – Band 2
2. überarbeitete Auflage
272 Seiten, Format 20 x 24 cm
73 Illustrationen, 68 Abbildungen
19,80 € (D) / 20,40 € (A) / 35,00 sFr
ISBN 978-3-937 210-90-2 (Softcover)

Band 2 des Bestsellers von Annette Reiners konzentriert sich auf handlungsorientierte Übungen für Seminare und Training. Im umfangreichen Praxisteil bietet dieser Band über 120 erprobte erlebnispädagogische Übungen, die – nach Anwendungskriterien und Schwerpunkten kategorisiert – übersichtlich präsentiert werden. Aus ihrem Erfahrungsschatz gibt A. Reiners hilfreiche Tipps und Diskussionsanregungen zu den einzelnen Übungen und erweitert das Repertoire durch zusätzliche Variationsmöglichkeiten. Ein unschätzbarer Fundus für die Seminar- und Trainingsarbeit!

Aus dem Inhalt:
Phasenmodell – Praxisbeispiele – Kennenlernen – Warming-Up – Perspektivenwechsel, Einstimmung und Wahrnehmung – Kommunikation, Argumentation und Entscheidung – Kooperation und Strategie – City Bound – Reflexion und Ausklang

Barbara Grill (Hrsg.)

Abenteuer Rosarot?!

Erlebnispädagogik mit Mädchen
348 Seiten, Format 20 x 24 cm
zahlreiche Fotos / Abb. / Grafiken
24,80 € (D) / 25,50 € (A) / 45,00 sFr
ISBN 978-3-940562-12-8 (Softcover)

Welche Wege sind für Mädchen begehbar, wenn es heißt widersprüchlichen Erwartungen zu begegnen? Sei nett, freundlich, friedlich, hübsch und mutig, stark, selbstbewusst! Mädchen bringen andere Erfahrungen, Interessen und Bedürfnisse mit in erlebnispädagogische Maßnahmen. Diesen möglichst gut gerecht werden zu können, ist Anliegen dieses Buches. Neben Zielen und Inhalten einer mädchenorientierten Erlebnispädagogik werden die wichtigsten Medien der Erlebnispädagogik, z.B. Klettern, Seilgarten, Kajak oder Citybound, hinsichtlich ihrer Inhalte für Maßnahmen mit Mädchen vorgestellt und Hinweise für die Planung gegeben.

Aus dem Inhalt:
Gendersensible Erlebnispädagogik – Die Medien in der Erlebnispädagogik mit Mädchen – Segeln – Kajak – Trekking – Winteraktivitäten – Seilgarten – Orientierungstour – Klettern – LandArt – Inlineskaten – City Bound – Intervention – Reflexion – Transfer – Frauen als Vorbilder in der Erlebnispädagogik – Vielfältige Mädchenwelten

Heike Hornig, Markus Hönig

Faszination Outdoor-Küche

mit großem Extra-Teil „interkulturelle Aspekte" und heraustrennbaren Rezeptkarten
208 Seiten, Format 20 x 24 cm
19,80 € (D) / 20,40 € (A) / 35,00 sFr
ISBN 978-3-940 562-10-4 (Softcover)

Outdoorküche muss nicht spartanisch sein, sondern bietet ganz im Gegenteil viele reizvolle Möglichkeiten, Kochen und Essen in der Natur als faszinierendes Erlebnis zu gestalten. Kreative Outdoorküche als Methode! Dazu bietet das vorliegende Buch zahlreiche Tipps und Tricks. Von verschiedenen Feuerarten, über aktionsbegleitende Kochtechniken und Outdoorküchenaktionen als Programminhalt, Erfahrungsberichten aus der Praxis bis hin zu einer Sammlung von „Best practice"-Rezepten ist alles dabei. Auch am Lagerfeuer muss es nicht immer nur Stockbrot sein. Ein besonderes Augenmerk legen die AutorInnen in einem Extrakapitel auf den Bereich „Outdoorküche mit kulturell gemischten Gruppen", denn Essen und Trinken sind sowohl zentral in menschlicher Kommunikation, als auch zutiefst kulturell geprägt!

Fordern Sie den aktuellen Verlagskatalog an oder sehen Sie ins Internet: www.ziel-verlag.de

Bestellungen bitte an:

ZIEL – Zentrum für interdisziplinäres erfahrungsorientiertes Lernen GmbH
Zeuggasse 7–9, 86150 Augsburg
Tel. (08 21) 420 99 77, Fax (08 21) 420 99 78
E-Mail: verlag@ziel.org

Die Bücher unserer „gelben Reihe" zu erlebnispädagogischen und handlungsorientierten Themen – meist im Hardcover – sind eine ideale Verknüpfung von theoretischem Wissen und Anwendung in der Praxis. Die anregende und abwechslungsreiche Gestaltung, anschauliche Grafiken und die verständliche Sprache erhöhen den Gebrauchswert der Publikationen.

Online **www.ziel-verlag.de**
... und bei Ihrem Buchhändler!